사회복지행정론

고수현 외 공저

양 성 원

머리말

사회복지학은 크게 사회복지정책 / 제도론 영역과 사회복지실천 / 기술론 영역으로 구분이 되어 실천학문적인 성장을 하고 있다. 그러므로 사회복지실천 전문직인 사회복지사 자격기준에서도 이러한 양대 영역과 관련된 전공교과목들이 이수과목이나 국가시험과목으로 선정되어 있다.

그 중에서도 '사회복지행정론'은 사회복지정책론이나 사회복지법제론과 함께 사회복지학의 교과목 중에서도 비중이 가장 크며, 정치 · 경제 · 시민사회적인 사회복지환경에도 영향을 많이 받는 영역에 속한다. 그러므로 사회복지교육의 현장에서는 이러한 특성을 기본적으로 감안하여 학습과 지도가 이루어질 필요가 있다. 즉 사회복지사 1급 국가시험에서도 사회복지행정론이 사회복지정책론 및 사회복지법제론과 같은 정책 · 제도론 영역에서 출제가 되고 있으나 실제 교육과정에서는 별개로 다루어지는 오류가 발생될 수 있다. 따라서 이 책은 사회복지행정의 이론이나 실제부문을 정책과 법제적인 관련성 속에서 접근하는 것을 기본원칙으로 저술되었다. 다시 말하면 사회복지행정은 추상적 차원의 사회복지정책과 구체적 모습의 사회복지법제를 근거로 실천적인 사회복지서비스로 전환하는 과정이라는 관점에서 다루었다.

이러한 관점에서 이 책은 사회복지행정의 주체인 사회복지조직에 대한 이해를 기초로 하여, 효과적 · 효율적인 조직관리에 필요한 지식과 기술을 학습케 하는 것을 기본목표로 다음과 같이 13개 장으로 구성하였다.

서론에 해당하는 제1부에서는 사회복지행정의 정의와 역사라는 주제로 제1장과 제2장에서 사회복지행정의 개념과 특수성에 이어 사회복지행정의 역사적 배경을 다루었다.

제2부에서는 사회복지행정의 조직이론과 리더십이란 주제로 제3장은 사회복지조직이론, 제4장은 조직구조의 개념과 유형, 제5장은 리더십과 조직문화를 다루었다.

제3부에서는 사회복지행정의 관리 분야라는 주제로 제6장에서는 사회복지서비스의 제공

자 역할을 하는 사회복지 인적자원관리를 배치하고, 제7장에서는 사회복지 재정관리, 제8장과 제9장에서는 정보관리와 품질관리를 각각 다루었다.

결론에 해당하는 제4부에서는 사회복지행정의 서비스 평가와 홍보라는 주제로 제10장은 사회복지 전달체계, 제11장은 프로그램 개발과 평가, 제12장에서는 사회복지평가와 책임성, 마지막으로 제13장은 사회복지 마케팅과 홍보를 다룸으로써『사회복지행정론』전반에 대한 지식체계를 완성할 수 있도록 하였다.

끝으로 이 책은 한국복지행정학회 명의로 출간된 내용을 새롭게 저술하였음을 밝힌다. 아울러 이번에도 편집과정에서 전체적인 맥락을 유지하기 위하여 주저자가 상당 부분을 수정·보완하였다는 점에서 공저자의 혜량을 구하며, 이 책을 매개로 하여 사회복지 교육현장에서 사제동행하게 될 교수님들과 예비사회복지사 여러분의 건승을 기원한다.

2016년 8월

공저자를 대표하여 고 수 현

차 례

제 3 부 사회복지행정의 관리 분야

제 1 부

사회복지행정의 정의와 역사

제 1 장

사회복지행정의 개념과 특수성

1절 사회복지행정의 개념

2절 사회복지행정과 일반행정의 비교

3절 사회복지행정의 특수성과 실천원리

1절 사회복지행정의 개념

사회복지행정의 분야는 대체로 공공복지행정, 사회사업행정, 일반 행정, 경영관리, 프로그램 개발 및 평가, 사회복지의 가치와 철학 등의 분야들이 혼합된 영역이다. 이 분야가 사회적 적실성과 사회적 가치를 적절히 지니려면 학문과 제도 면에서 하나의 독립된 영역을 확립해야 한다. 이를 위해서는 먼저 사회복지행정의 개념이 명확히 정의되고 그 특수성에 대한 의미 있는 분석이 이루어지며, 나아가 거기에 담겨져 있는 실천적 과제에 대한 고찰이 있어야 한다. 따라서 사회복지행정의 문헌들에서 나타나는 다양한 개념적 정의들을 살펴보고 그로부터 개념적 특성들을 도출·분석함으로써,[1] 개념 정의를 명확히 하고 그 정의된 개념이 지니는 특수성 및 실천적 의미를 살펴보고자 한다.

미국에서의 사회복지행정의 분야는 대체적으로 1970년대 이래 학계와 교육계에서 몇 가지 경향을 통해 급속히 발전해 왔다. 우선 공공정책의 측면에서 볼 때, 점차 심화되는 사회적 해체문제의 해결을 위해 사회적 개입과 그에 따른 대규모의 공공투자가 이루어졌는데, 그러한 것이 사회복지의 조직과 행정에 대한 관심을 증대시켰던 것이다. 또한 효율적인 정책집행의 방법과 사회복지의 새로운 체제 속에서 좋은 정책의 개발을 위한 지식에 대한 필요성을 정책결정자들이 인식하게 된 것이 자연스럽게 사회복지행정의 발달에 대한 관심의 증대로 이어졌다. 그것은 정부 관리자들이 실제로 정책결정에 깊숙이 관여할 뿐만 아니라 사회정책의 행정에 핵심적인 역할을 했기 때문이다.

그리고 이 시기에는 사회복지분야 전문직의 상당수가 지속적으로 사회서비스 행정에 관심을 갖고, 실무에 대한 이론 및 경험적 기초를 구축하면서 동시에 사회복지행정 분야의 경력을 쌓는 데 많은 관심을 가졌다. 1970년대 이후 주로 사회적 프로그램을 통한 사회적 개입과 공공정책의 전달 과정에서, 자원봉사기관들의 역할이 늘어나게 되었고, 그로 인해 비영리 조직들의 사명, 특성, 행정, 그리고 공공부문과의 상호 작용 등에 관심이 집중되었으며, 비영리조직들에 대한 폭넓은 학제 간의 관심도 함께 늘어났다(Drucker, 1990; Herman & Heimovics, 1991).

1980년대 이후 레이건 행정부가 들어서면서, 미국 사회의 보수화 성향의 진전이 사회복지

1) 여기서 '개념적 특성'은 사회복지행정의 개념이 담고 있는 의미나 실제적인 기능적 요소 혹은 실제 행정의 범위 등을 모두 포함하는 의미로 사용된다.

의 민영화와 함께 사회복지 프로그램의 지속적인 삭감과 긴축을 가져 왔고, 그로 인해 사회복지 프로그램에 대한 능률성과 효과성에 대한 관심과 책임성이 커졌다. 이러한 변화들로 인해 사회복지 교육에서 행정적 지식을 다루어야 할 필요성은 증대될 수밖에 없었다.

1990년대에 와서는 서비스 전달체계에서 공공과 민간 조직의 전통적인 구분을 어렵게 하는 복합적인 조직들이 나타났다. 즉 공공 관료조직들이 영리 및 비영리의 다양한 민간조직들과 계약이나 서비스 구매를 통해 간접적인 형태로 서비스를 제공하게 된 것이다. 1990년대의 또 다른 현상들로서, 우선 민간조직들이 다양한 프로그램과 복합적인 자원 제공처를 가지면서 그 규모가 점차 커졌다. 그리고 유사한 컴퓨터 시스템의 공유와 정보교환 기술에 대한 관심, 클라이언트 옹호집단들의 다양한 요구와 법률적 요구들로 인해 서비스 네트워크에 대한 관심도 높아지게 되었다.[2] 이러한 변화들로 인해서 공공이든 민간이든 사회복지 영역에서는 행정관리에 대한 지식과 행정과정의 책임성을 위한 공식 절차들이 필수적인 것으로 받아들여지면서, 사회복지행정에 대한 관심이 계속 커져 왔다.

한국의 경우 사회복지행정이 본격적으로 주목받기 시작한 시기는, 전문적인 행정개입이 필요할 정도로 사회복지서비스의 팽창이 이루어졌던 1980년대 중·후반이었다. 그리고 1990년대 지방자치의 실시로 사회복지서비스의 전달이 보다 체계적으로 관리되어야 할 필요성이 커졌다. 특히 미국과 마찬가지로 공공과 민간의 전통적인 구분도 약해지고 있다. 대부분 민간 사회복지기관들이 많은 부분 공공의 보조금과 계약에 의해 운영되고 있다. 사회복지의 이러한 환경적 변화들에도 불구하고 사회복지행정의 지식에 대한 관심이 별로 없었다. 그러다가 1990년대 후반에 와서야 급격한 변화가 나타났는데, 필드에서의 행정 수요가 급증했을 뿐만 아니라 학계에서도 많은 연구가 이루어지게 되었던 것이다(김영종, 1999).

한편 이러한 많은 연구에도 불구하고 사회복지행정의 개념 정의 과정에서 검토되어야 할 개념적 특수성과 그에 따른 실천적 과제 내지 의미를 분명하게 밝히려는 노력은 별로 없다. 대부분 미국 문헌에 의지해서 사회복지행정과 일반 행정 사이의 공통점과 차이점들을 열거하는 수준에 그치고 있는 실정이다.[3] 말하자면 분석적 과정을 거쳐 개념 정의를 종합화하려는

---

2) 1990년대의 미국 사회복지행정과 관련된 변화를 요약하면, 첫째 기획에서 서비스 전달까지를 직접 담당했던 거대 공공 관료조직이 퇴조하였으며, 둘째 계약이나 서비스 구입의 방법이 활발해지면서 민간조직의 역할이 증대되었으며, 셋째 사회복지에 있어서 공공과 민간의 전통적인 구분이 약화되었고, 넷째 서비스 전달체계의 통합에 대한 필요성이 커지고 네트워크의 방법이 확산되었으며, 다섯째 사회복지서비스의 책임성을 강화할 수 있는 행정실천 노력이 강화되었다(김영종, 2004: 66 재인용).

3) 대표적인 두 예를 들면 최성재·남기민은 "… 이 책에서 다루고자 하는 사회복지행정의 범위는 협의의 사회복지행정을 포

노력이 없는 것이다. 이러한 관점에서 미국 문헌에 나타나고 있는 개념적 정의들을 중점적으로 살펴보되, 일반 행정과의 유사점과 차이점 및 그 개념적 특성들을 분석하고, 개념적 정의의 종합화를 시도하며, 나아가 개념적 특성에 담겨져 있는 실천적 과제들을 살펴보고자 한다.

1. 사회복지행정의 기존 정의

사회복지행정의 개념이 매우 다양하게 정의되고 있다. 우선 여러 학자들의 정의를 살펴보자. 키드나이(Kidneigh)는 사회복지행정을 "사회정책을 사회적 서비스로 전환하는 과정이며, 여기에는 정책을 구체적인 서비스로 전환하는 것과, 경험을 활용하여 정책 수정을 제안하는 것과 같은 두 과정을 지닌다"라고 하였다(Kidneigh, 1950: 58). 스펜서(Spencer)는 "행정이란 조직의 내부 관계들과 활동을 목적 달성에 기여하도록 의식적으로 지도하는 것이라는 데 일반적인 의견일치가 있으며, 기관과 속해 있는 지역사회 사이에 존재하는 상호 작용의 힘들에 의식적으로 개입하는 것을 포함한다"라고 하였다(Spencer, 1962: 32). 던햄(Dunham)은 행정을 "사회기관의 서비스 제공을 위한 직·간접의 활동을 지원하거나 촉진해 주는 과정이며, 행정활동의 범위는 조직의 기능 및 정책의 결정과 행정적 리더십으로부터 기록·회계의 유지와 유지관리 서비스의 수행과 같은 일상적인 운영에까지 이른다"라고 하였다(Dunham, 1962: 42). 스타인(Stein)은 행정의 정의가 수없이 많지만, "조정과 협동의 노력체계를 통해 조직의 목표를 규정하고 달성하는 과정으로서의 행정 개념이 현재 받아들여지고 있는 개념들에서 핵심을 이룬다"라고 했다(Stein, 1970: 7). 트레커(Trecker)는 사회복지행정을 "사람들이 지니고 있는 에너지가 자유롭게 발휘되고 서로 연관성을 갖게 해서 지역사회에 필요한 서비스와 프로그램을 제공하려는 목적을 달성하는 데 모든 가능한 자원을 사용하도록 함께 일하는 과정"이라 했다(Trecker, 1971: 24-25).

여러 학자들이 내린 이상의 다양한 정의들에 중요한 공통요소들을 다음과 같이 추출해 볼 수 있다.[4)]

① 행정은 연속적이고 역동적인 과정이다.

괄하면서 광의의 사회복지행정을 지향하고자 노력하였다.…"(2006: 28), 그리고 차이점 나열은 (2006: 30-32)에 나와 있음. 김영종은 "결론적으로 행정의 범위에는 목적과 수단의 부분을 포괄하는 광의의 규정도 있을 수 있고, 보다 제한된 범위로서 수단만을 규정하는 협의의 개념도 있을 수 있다. … , 그런 점에서도 사회복지행정에 대한 일반적인 정의는 특정 영역에 집중하기보다는 포괄적으로 규정해 두는 것이 유용하다."(2004: 39)라고만 하였다.

4) 트레커도 이와 비슷하게 공통요소들로 언급하고 있다(Trecker, 1971: 24-25).

② 공동 목적을 달성하기 위해 조직 과정이 움직인다.

③ 인적·물적 자원이 공동 목적의 달성에 동원된다.

④ 조정과 협동은 인적·물적 자원이 동원되게 하는 수단이다.

⑤ 기획, 조직화, 리더십 등의 요소들이 개념 규정에 포함되어 있다.

여기서 두 번째로 언급된 '공동 목적'은 공공의 영역을 함께 고려한다면 보다 일반적으로 사회정책 혹은 사회복지정책으로 간주될 수도 있다. 그래서 사회복지행정은 '기관의 사회정책을 사회적 서비스로 전환하기 위해 사회적 과정을 활용하는 구성원들의 행위'로 간주될 수 있을 것이다. 그러한 구성원들에는 리더인 행정책임자들과 다른 모든 직원들(하급자나 팀 구성원)이 있다. 특히 스키드모어(Skidmore)는 가장 빈번히 이루어지는 기본적인 과정으로서 기획, 조직화, 인력배치, 지휘, 통제 등을 들고 있는데(Skidmore, 1995: 3), 대체적으로 역시 앞에서 언급한 공통요소들에 포함되고 있다.

이러한 다양한 개념 정의들을 바탕으로 사회제도적 영역과 관련된 로커스(Locus)의 문제와 기능적 영역의 내용과 관련된 포커스(Focus)의 문제라는 두 개의 차원에서 개념 정의의 과정 및 그 특수성을 살펴보려고 한다. 학문에서 어느 분야이든 정체성의 확립과 발전은 그 분야가 '로커스(Locus)'나 '포커스(Focus)'를 분명하게 지니느냐 그렇지 않느냐에 따라 발전 단계들을 식별해 볼 수 있기 때문이다. '로커스'와 '포커스'는 골렘비위스키(Golembiewski)가 행정학 분야의 발달과정을 연구하면서 제시한 개념들이다. '로커스'는 어느 특정 분야가 제도적인 측면에서 어디에 근거하고 있는가 하는 것이고, '포커스'는 그 분야의 전문화된 구체적 내용이 무엇이냐에 관한 개념이다(Golembiewski, 1974).

1) 로커스(Locus)의 문제

사회복지행정이라는 특정한 사회현상이 발생하는 제도적 영역이 어느 곳이냐 하는 것이 로커스(Locus)의 문제이다. 즉 이 분야가 대상으로 삼고 있는 사회적 현상이 고유하고 독립적인 사회적·제도적 영역을 갖느냐, 아니면 사회의 모든 조직이나 제도에 보편적으로 나타나는 공통적인 현상이냐 하는 것이다. 따라서 사회복지행정이 주로 이루어지고 있는 비영리 및 영리 조직, 휴먼서비스 조직과 여타 서비스 조직들이 갖는 특성들이 사회복지행정의 실천에 관련된 가치와 지식에 대해 여타 인접 분야와 어떤 차이가 존재한다고 보느냐 그렇지 않느냐 하는 것이 주된 쟁점이 될 수 있다. 이 로커스의 관점에서 보면 여러 입장들을 일원론, 이원론, 그리고 주체의 문제라는 관점에서 비교해 볼 것이다.

(1) 일원론

행정의 가장 핵심적인 요소들은 분야를 달리해도 지속적이며, 옮겨 적용될 수 있다고 주장하는 것이 일원론의 입장이다. 즉 휴먼서비스 조직들의 특수성이 일반 행정의 가치와 원리의 적용을 거부할 정도로 큰 것은 아니라는 것이다(Stein, 1981). 정책 내용, 생산기술, 전문적인 문화 등 이 분야의 실제적이고 독특한 성격은 행정이나 기업경영의 기본적인 관리 원칙과 과정에 큰 영향을 미치지 않는다고 본다. 이러한 입장이 보편화되고 있는 데에는 몇 가지의 이유가 있다.

자본주의체제의 핵심에는 이윤 추구가 주목적인 법인조직체가 있고, 그러한 법인조직체가 사회적 성공을 나타내는 상징적인 존재가 되어 왔다. 세계에서 가장 강력한 자본주의 경제체제인 미국에서는, 기업경영과 경제학에 관한 이론이 법인조직체의 효과적인 운영에 필수적인 것으로 인정되면서 그러한 분야의 졸업생들은 사회적으로도 큰 환영을 받아 왔다. 경영대학 졸업생들이 법인조직들에 의해 좋은 평가를 받고 또 법인들이 미국 사회의 꽃으로 인정되면서, 경영교육과 민간 부문의 관리 경험이 성공과 관련되어 있다고 보는 사회적 인식은 당연할 것이다. 경영 책임자들이 공공기관의 상위직에 쉽게 채용되는 것은, 성공적인 기업 관리자가 어떠한 상황에서도 효과적인 리더십을 발휘할 수 있다는 믿음을 나타낸다.

즉 기업경영이 다른 모든 조직경영의 지배적인 패러다임이 되고 있는 것이다(Gummer, 1997). 비록 사회사업과 비영리조직의 관리 분야에서 전문화된 학문적 프로그램을 통해 훈련받은 사람들이 배출되었지만, 행정이나 기업경영의 생산기술과 관점을 훈련받은 사람들이 여전히 사회복지조직의 효과적인 관리자로 인정을 받고 있는 것이다. 사회적 서비스 기관의 관리자들을 대상으로 한 사회조사 연구에서 과반수가 행정이나 경영과 같은 일반관리의 학위 과정에서 다루는 관리기술이 사회적 서비스 기관의 최상위 관리직에 더 적합하다고 믿는다는 연구결과가 있는데(Hoefer, 1993), 바로 이러한 일원론을 대변하고 있는 것이다.

(2) 이원론

일원론과 달리 지난 40년 동안의 사회복지조직과 행정에 관련된 광범위한 조사에 근거를 둔 다른 관점이 있다. 사회복지행정은 일반 행정과 다른 것이라고 주장하는 입장이다. 실제적인 업무수행에서 행정의 핵심적인 일반적 요소가 존재하긴 하지만, 사회복지에서 효과적인 행정은 이 영역에 있는 조직의 차별적인 욕구와 특수성에 맞게 수정된 이론과 실제가 필요하다고 주장한다(Patti, 1983; Austin, 1988, 1994; Hasenfeld, 1992b). 이러한 주장들에서는 강조점이나 용어의 차이가 있지만, 분야의 고유한 실제를 집합적으로 구성하고 있는 기능과 과업들이 존재하며 또한 그것이 바람직한 조직성과에 영향이 있다는 것이다.

특히 클라이언트의 인간적이고 질적인 측면들이 조직의 원료이자 산출물이 되는 것은 사회복지행정의 가장 큰 특징이라는 것이다(Sarri, 1987; Hasenfeld, 1992). 또한 조직의 운영과 관리에서, 비영리 목적들에 대한 가치나 가격 설정의 어려움, 외부 통제의 어려움, 환경 의존성, 다양한 이해집단의 개입으로 인한 목적 정립의 혼란, 인간 변화를 가져오기 위한 기술의 불명확성 등이 사회복지행정의 특수한 과제들이다(Gates, 1980; Hasenfeld, 1992; Austin, 1995). 결국 이러한 특수성을 감안하여 사회복지행정에는 일반 행정이나 경영과는 다른 독특한 가치와 지식들이 존재한다고 본다.

(3) 주체의 문제

사회복지행정에서 로커스의 문제와 관련된 또 하나의 문제는 주체의 문제이다. 사회복지행정의 주체에는 민간복지기관과 국가 및 지방자치단체가 있다. 이러한 주체의 문제와 관련하여 그 의미와 범위를 [그림 1-1]의 분류에 의거해 살펴볼 수 있다(송근원, 1979: 193).

그림 1-1 사회복지행정의 주체와 객체

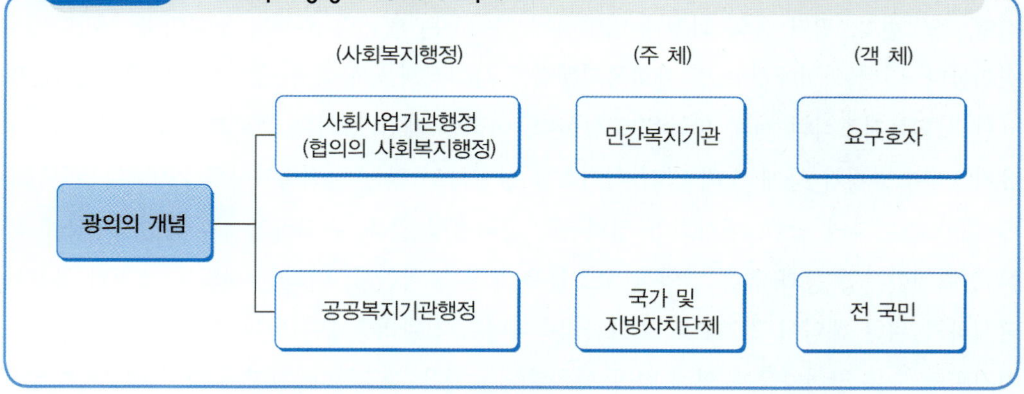

[그림 1-1]에서 광의의 개념은 주체나 객체에 관계없이 단지 사회복지기관에서의 행정현상을 중심으로 관리라고 하는 일련의 기술적 과정 또는 협동적 집단활동을 사회복지행정

으로 파악하는 견해이다. 즉 사회복지기관의 업무처리에 관한 기술에 중점을 두면서, 사회복지 목표를 정립하고 그 달성을 위해 협동하는 집단의 활동과정으로 본다. 사회사업기관행정 혹은 협의의 사회복지행정은 주체를 민간기관으로 보고, 그 객체를 요구호자로 한정시키며, 요구호자에 대한 사회복지기관의 서비스 제공에 필요한 전문적 기술을 중요하게 여기는 견해이다. 끝으로 공공복지(기관)행정이란 사회복지행정의 주체를 공공복지기관으로 보고 그 객체를 요구호자를 포함한 전 국민으로 파악하며, 사회 전체적 입장에서의 문제해결을 중요시하는 견해이다.

2) 포커스(Focus)의 문제

개념 정의의 측면에서 사회복지행정이 다루는 기능적 영역의 내용이 무엇이냐 하는 것이 포커스의 문제이다. 여기에는 기능적 영역을 광의로 규정하는 것과 협의로 규정하는 두 가지 방향이 존재해 왔다. 따라서 미국에서 사회복지행정도 대체적으로 광의와 협의라는 두 가지 방향으로 개념 정의가 이루어져 왔다(Patti, 1983: 24–26). 한편 이러한 포커스의 관점에서 보면, 광의와 협의라는 두 가지 방향 외에 정책과의 관계라는 또 하나의 관점에 대해서도 논의할 필요가 있다.

(1) 광의의 정의

광의의 정의에서는 사회복지행정을 모든 조직구성원을 참여시켜 그들이 목표 형성, 기획, 집행, 조직변화, 평가 등의 과정에 다양하게 기여하는 협동과 조정의 노력이라는 관점에서 정의한다. 이런 의미에서 보면 사회복지행정은 사회정책을 사회적 서비스로 전환하는 데 필요한 사회복지조직의 전체 활동을 포함한다. 이러한 개념 정의는 프로그램의 개발, 기록의 유지, 서비스 평가 등에 대해 직접 서비스를 담당하고 있는 사회복지사의 기여, 자문위원회에 대한 소비자의 참여, 이사회와 입법부의 정책결정 활동, 슈퍼바이저와 훈련책임자에 의한 인력개발사업 등과 같은 다양한 요소들을 모두 포함한다. 이러한 정의는 조직의 목표를 달성하기 위한 책임이 전적으로 최고관리층이나 중간관리층에만 있는 것이 아니라, 사회복지기관의 모든 참여자들에 의해 널리 공유된다는 점을 강조한다. 그것은 조직 내부사회에서 조직구성원의 시민권이라는 개념을 강조함으로써 민주적인 행정의 개념을 형성한다. 그러한 개념하에서는 기관의 모든 구성원 및 그 역할과 모든 기능적 실체가 행정과정에 핵심적인 역할을 수행하게 된다.

(2) 협의의 정의

좀 더 제한적인 개념 정의는 사회복지행정을 하나의 실천방법으로 간주한다(Schwartz, 1970: 26–27; Skidmore, 1995: 2). 여기서의 사회복지행정은 사회사업행정이라고도 하면서, 개별사회사업, 집단사회사업, 지역사회조직사업과 같은 사회사업 3대 방법론들처럼 하나의 실천방법이 된다. 즉 개별사회사업은 개인과 가족에 대하여, 집단사회사업은 집단 속의 개인을 대상으로, 지역사회 조직사업은 지역사회를 대상으로 변화를 유도하는 것처럼, 사회사업행정은 사회복지서비스를 계획하고 전달하는 사회복지조직(기관)을 대상으로 변화를 유도하는 과정이라는 것이다. 즉 사회사업행정도 사회복지조직의 구성원에게 계획된 개입으로 사회복지서비스를 촉진시키고 원활한 전달을 도모하는 과정이라는 의미에서 사회사업의 한 중요한 실천방법이라고 본다. 그래서 사회사업 행정은 사회사업 조직의 운영과 기능을 촉진시키고 조직을 통해 사회사업의 실천활동을 증진시켜 직접적으로는 변화체계인 사회복지기관의 활동에 변화를 유도하고, 간접적으로는 클라이언트 체계인 가족, 개인, 소집단 및 지역사회의 성장과 행동에 변화를 가져오기 때문에 사회사업 행정은 사회사업의 한 개입방법이 된다는 것이다.

이러한 관점에서 보면 사회복지행정은 선택된 조직 목적과 목표의 실현이 용이하도록 하기 위해 관리계층의 인력이 취한 상호 의존적인 과업과 기능 및 관련 활동들로 구성되어 있는, 체계적인 개입의 과정을 말한다. 그것은 목표의 정의와 프로그램의 기획, 자원의 동원과 유지, 결과의 평가와 같은 과업들에 지식과 기술 및 가치들을 의도적으로 적용시키는 것을 가리킨다. 하나의 실천방법으로서 사회복지행정은 일반적인 조직이론, 행정이론, 관리과학으로부터 지식을 얻긴 하지만, 사회복지기관의 구체적인 목적과 특성들에 의해 제한을 받게 된다.

(3) 정책과의 관계

한편 포커스의 문제와 관련된 또 다른 주제는 정책과의 관계이다. 사회정책 혹은 사회복지정책과 관련하여 본다면 사회복지행정이란 사회정책과 계획들을 지역사회의 가치와 지지라는 틀 내에서 효과적이고도 효율적으로 수행하는 과정이기도 하다(Spergel, 1977). 검머(Gummer)는 사회복지행정의 통합적인 성격을 강조하면서 〈표 1-1〉과 같이 다양한 영역들을 포함한다고 주장했다(Gummer, 1975). 영국의 도니슨(Donnison)은 "사회복지행정은 행정관리의 과정뿐만 아니라 사회정책의 결정과정 및 전문적·기술적 실천과정도 포함하는 것"(Donnison, 1964:

40)이라고 했으며, 티트머스(Titmuss)도 "사회복지행정은 사회정책과 깊은 연관이 있어 행정의 방법이나 서비스 전달의 과정, 조직구조 등은 정책에 큰 영향을 끼치며, 반대로 정책 또한 행정에 영향을 미치고 있다. 따라서 사회정책과 행정은 하나의 통합과제를 구성하는 것으로 보아야 한다"라고 했다(Titmuss, 1974: 57).

이처럼 많은 학자들이 정책과 관련하여 사회복지행정을 매우 광의로 해석하고 있음을 알 수 있다. 전체적으로는 사회정책과 사회복지행정은 상대적이나마 각기 고유한 영역을 지니는 동시에 현실적으로 그 양자는 하나의 연속체로서 긴밀한 상호 작용을 하는 것으로 본다. 따라서 검머(Gummer)가 제시한 다양한 영역 중 정책 활동에 속하는 것 역시 현실적으로 그러한 활동들을 통해 정책에 영향을 미치고 있다고 볼 수 있다.

| 표 1-1 | 사회복지행정의 전체 영역

목적 ←→ 수단

(정책)	(계획) (행정)	(관리)
• 사회복지에 대한 규범적 접근 • 장기경향 분석: 프로그램 예상 결과의 분석 • 프로그램 분석 · 개발 모델의 개발 • 사회자료의 기반 개선	• 프로그램 목적의 개념적 · 조작적 확인 • 사회복지 가치와 결부하여 프로그램 의도를 구체화 • 프로그램 실행을 위한 적절한 구조의 디자인 • 프로그램 활동들의 모니터링과 평가 • 일관적이고 합리적인 서비스 체계 개발	• 조직운영 자원기반의 확보와 유지 • 조직 하위단위들의 조정과 통합 • 프로그램 효과성 증진을 위한 조직구조 디자인 • 적절한 조직적 활동들에 참여 유도

출처: Gummer(1975: 66-73).

2. 사회복지행정의 개념화

행정이나 관리는 모든 종류의 조직에서 이루어지고 있는 보편적인 현상이다. 그것이 정부조직에서 이루어질 경우 (공공)행정이라 하고, 기업의 경우는 경영이라 하며, 교육의 분야에서는 교육행정이라 한다. 따라서 사회복지행정은 사회복지조직에서 이루어지는 행정임에 분명하다. 여기서 사회복지행정도 일단 행정의 영역에 속하므로 당연히 일반적이고 보편적인 공통요소들을 지닌다고 할 수 있다. 예컨대 문제의 확인 및 해결과정, 상호 관련된 하위체계들의 상호 작용 체계로서의 조직 및 행정, 의사결정 및 대안선택에서 가치판단적 요소의 존재, 운영관리의 객관화와 인적자원의 효율적 활용, 의사소통, 구성원 간의 집단관계, 행정에의 참여 등은 분야를 불문하고 들 수 있는 행정의 주요 하위 영역들이라 할 수 있다.

그런 보편적인 측면과는 달리 사회복지조직은 나름대로의 고유한 특수성을 지니고 있기 때문에 사회복지행정 역시 다른 행정이나 관리와 구분되는 여러 가지 특수성을 지니지 않을 수 없다. 따라서 모든 조직에 공통적인 패러다임만으로 사회복지조직과 그 행정을 모두 설명할 수 없다. 결국 사회복지행정은 행정이라는 보편적 측면과 사회복지조직의 특수성으로 인한 개별성을 모두 지닌다고 봐야 한다.

다음으로 정책과의 관계 속에서 의미와 범위를 살펴보자. 기본적으로 정책은 갈등적인 정책 목표와 수단의 선택에 관해서, 행정은 정책을 사회서비스로 전환하여 제공하는 정형화된 구조들에 주된 관심이 있다. 이러한 구분은 정책은 목적에 관한 것이고, 행정은 수단적 집행에 관한 것으로 볼 수 있다. 하지만 목적과 수단 혹은 정책과 행정은 엄격하게 구분되지도 않고 오히려 하나의 연속체를 이루고 있다. 따라서 그러한 통합적인 관점에서 사회복지행정을 규정하면서 사회복지행정을 광의로 해석하고 있는 입장들이 많다. 그런데 사회복지정책과 사회복지행정은 하나의 연속체로서 상호 밀접한 관계가 있고, 또한 광의로 해석한다 하더라도 정책과 행정에는 상대적으로 각기 고유한 영역이 존재한다고 보는 것이 타당하다. 즉 사회복지행정은 사회정책 그 자체를 포함하는 것은 아니고 다만 사회정책과 밀접하게 상호 작용하는 관계를 갖는 것이다. 이렇게 본다면, 다음과 같이 개념적 성격을 받아들일 필요가 있다.

> 사회복지행정은 사회정책 혹은 사회복지정책과 밀접한 관계를 가지면서 그것을 구체적 서비스로 전환 · 제공하는 과정에 수반되는 행정적 · 전문적 제반 활동을 포함하는 체계적인 총체적 활동이다.

또한 사회복지조직이나 행정은 민간영역뿐만 아니라 공공영역에도 존재한다. 오히려 오늘날 사회복지는 공공영역이 훨씬 더 큰 비중을 차지한다고 볼 수 있다. 따라서 사회복지행정을 하나의 개입 및 실천전략으로서만 개념화한다면 지나치게 협소화하여 관련된 현상 중 많은 부분을 포괄하지 못하는 잘못을 범할 수도 있다. 따라서 [그림 1-2]에서 광의로 보아 다음과 같이 정의할 수 있다.

> 사회복지행정은 사회정책 혹은 사회복지정책과의 밀접한 상호 작용 관계 속에서 그것을 구체적인

사회적 서비스로 전환하는 데 따르는 정부관료제 및 사회복지조직의 체계적인 총체적 활동이다.

그림 1-2 사회복지행정의 개념적 영역

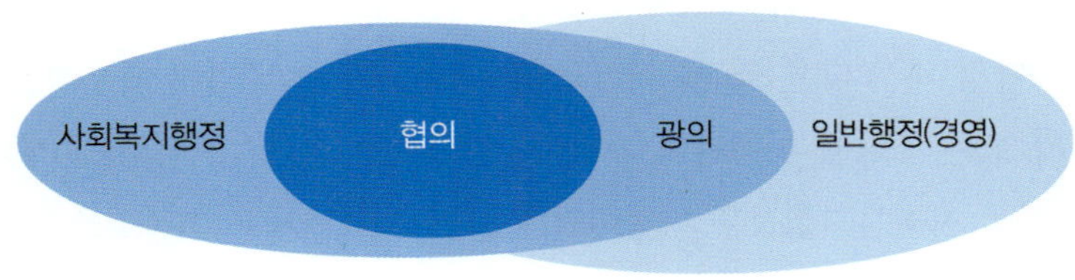

2절 사회복지행정과 일반행정의 비교

이전의 논의를 정리해 보면 우선 행정이란 사회복지에만 고유한 것이 아니며 기업, 정부 및 다른 전문직에서도 중요한 일부분이다. 기업에서 행정은 교육훈련의 주된 관심과 초점이 되고 있고, 경영학부에서는 학생들에게 많은 관리 과정을 이수시킨다. 실제로 관리나 행정은 기업 세계의 중요한 부분이 되어 왔으며, 정부에서도 중앙과 지방을 막론하고 행정의 중요성이 인식되어 왔다. 반면에 사회복지조직은 민간의 기업조직이나 정부의 일반 관료제와는 다른 독특한 성격을 지니기 때문에 사회복지행정 역시 일반적인 관리나 행정과는 여러 가지 다른 특수성을 갖기도 한다. 즉 사회복지행정의 개념이 담고 있는 속성들에는 일반적인 행정과 비교해 볼 때 공통점과 차이점이 모두 존재한다.

1. 공통점

이러한 관점에서 먼저 공통적 속성들을 보면 다음과 같이 요약할 수 있다(Spencer, 1959: 21-20; Patti, 1983: 24-26; Skidmore, 1995: 14).

① 행정은 일차적으로 문제해결의 과정으로서 문제의 확인, 문제가 지닌 다양한 측면의 연구, 문제해결을 가능하게 할 계획의 개발, 계획의 집행, 후속의 효과성 평가 등을 포함한다.

② 행정은 상호 연관되고 상호 작용하는 부분들의 체계나 집합체이다.

③ 행정은 대안선택에서 가치판단의 요소를 포함한다.

④ 행정은 개인이나 집단이 보다 효과적으로 기능할 수 있도록 해 주는 '역량부여 과정'(enabling process)으로 간주된다.

⑤ 행정은 상당 부분 '미래(futures)'와 관련되어 있다.

⑥ 행정에서 지식과 기술의 사용은 일상화된 관례적인 절차이기보다는 창조적인 측면을 지닌다.

⑦ 행정은 재화와 서비스의 생산 및 최대의 효율성을 촉진하기 위하여 프로그램, 서비스, 직원을 구조화하는 일과 관련되어 있다.

⑧ 행정은 어느 정도 공공 의지(public will)를 집행하는 일과 관련되어 있다.

⑨ 행정은 관리운영을 객관화하여 공정성을 기하는 것과 인적자원을 활용하는 것 사이에 적절한 균형을 유지하는 일을 포함한다.

⑩ 행정은 개별 직원들을 지위와 인정에 따라 대우해 주는 일과 그들이 조직의 목표, 가치, 방법들을 긍정적인 방향으로 인식하도록 하는 일과 연관되어 있다.

⑪ 의사소통, 직원 간 집단관계, 그리고 기관 행정에 대한 참여 등이 전문적 관심의 주된 영역들이다.

2. 차이점

사회복지행정이 이처럼 기업이나 정부의 행정과 많은 특성들을 공유하고 있긴 하지만, 동시에 그들과 구별되는 특성들도 많이 지닌다. 차별적 속성들을 다음과 같이 정리해 볼 수 있다(Patti, 1983: 26-33; Skidmore, 1995: 14-15; Patti, 2000: 6-9).

① 사회복지행정은 사회복지기관들이 지역사회의 확인된 욕구를 충족할 수 있도록 돕기 위해 존재한다.

② 사회복지기관이 제공하는 서비스는 다음의 세 범주들 중 어느 하나에 속한다: ㉠ 손상된 사회적 기능의 회복, ㉡ 사회와 개인의 보다 효과적인 사회적 기능을 위한 자원의 제공, ㉢ 사회적 역기능의 예방

③ 대표적인 사회복지기관은 지역사회를 전반적으로 대변하는 구속력 있는 이사회를 갖는다.

④ 사회복지기관들의 조직은 규모, 범위, 구조, 형태의 면에서 상당한 편차 범위와 다양성을 갖는다.

⑤ 행정가는 기관 내부의 운영과 지역사회를 연결시키는 책임을 지닌다.

⑥ 자원 사용에 관한 새로운 선택을 할 필요성이 항상 존재한다.

⑦ 사회복지기관들은 스스로의 생존을 위해 지나치게 많은 자원을 사용하지 않아야 할 필요성이 있다. 최적의 기능을 생산하고, 유지하고, 지키는 일차적인 책임은 행정가에게 맡겨져 있다.

⑧ 사회복지기관이 수행하는 서비스에는 전문화된 사회사업적 요소가 점차 늘어나고 있다.

⑨ 모든 조직계층의 직원들이 행정과정에 참여하고 어느 정도까지는 전체 기관의 프로젝트에 영향을 미친다.

이처럼 일반 행정과 공통점 및 차이점을 지니는 사회복지행정은 종합적으로 볼 때 하나의 조직 내에서 이루어지는 다음과 같은 과정들로 이루어진다(Sarri, 1987: 29–30).

① 정책을 형성하는 것과 정책을 운영 목적들로 전환하는 것

② 프로그램의 디자인과 실행

③ 재원 확보(funding) 및 자원 할당

④ 조직 내부 및 조직 상호 간의 운영 관리

⑤ 인력관리 및 슈퍼비전

⑥ 조직 대표 및 홍보·섭외 활동

⑦ 지역사회교육

⑧ 조직의 생산성 향상을 위한 모니터링·평가·혁신

한편 셀즈닉(Selznick)은 조직의 모든 행정관리 과정들을, 제도적 리더십(institutional leadership)과 관리(management)라는 두 영역으로 대별하기도 하였다(Selznick, 1957). 즉 한 조직의 목적을 확인하고 그 실행에 적합한 구조를 개발하는 조직 활동들을 제도적 리더십이라 하고, 조직의 하위체계들을 조정하고 통합하여 일관성 있는 메커니즘으로 만드는 조직 활동들을 관리라는 것이다.

사리(Sarri)의 행정 과정들과 셀즈닉(Selznick)의 리더십 구분을 참조하여 우리는 사회복지행정의 기능적 영역을 크게 제도적 체계와 관리적 체계로 나누어 볼 수 있을 것이다. 정책이나

목적과의 상호 작용 영역 및 그것을 서비스로 전환시키는 서비스 내용의 생산과 관련된 활동은 제도적 체계이며, 그러한 생산 활동을 지원하고 또 전달하는 내부 및 외부의 모든 활동은 관리적 체계가 될 것이다. 바람직한 사회복지행정의 영역은 조직 내부의 생산 및 관리 활동뿐만 아니라, 목적(정책) 형성이나 외부 환경과의 관계에 관한 영역들도 동시에 포함해야 한다. 이것은 사회복지행정에 대해 개방체계적 관점을 갖는다는 의미이다.

3절 사회복지행정의 특수성과 실천원리

1. 사회복지행정의 특수성

사회복지행정의 특수성은 휴먼서비스의 기본적인 속성에서 나온다. 휴먼서비스의 독특성은 곧 사회복지서비스의 독특성을 의미하며, 이러한 독특성이 사회복지서비스를 운영·관리하는 사회복지행정의 특수성과 과제들을 결정짓게 된다. 휴먼서비스란 인간에 대한 직접적 서비스를 제공하는 의료, 교육, 복지 등의 부문을 포함하는 것으로, 개인의 행동이나 속성 혹은 사회적 지위를 규정하거나 변화시켜 그 사람의 안녕을 유지하거나 증진시키는 데에 기여하는 것이다. 휴먼서비스가 내포하는 독특한 가치와 실천방법들은 다른 서비스와 조직들의 운영원리들을 적용시키기 어려운 독특함을 가지고 있고, 그래서 독자적인 가치와 실천방법들을 담고 있는 행정 지식이 필요하다.

따라서 휴먼서비스 체계는 대상으로 삼고 있는 인간체계, 그러한 서비스를 생산하고 제공하는 사람들로 이루어져 있는 조직체계, 또 그러한 조직체계를 둘러싸고 있는 독특한 환경체계로 구성되어 있는 것으로 볼 수 있다. 사회복지행정의 특수성은 바로 이 세 체계의 기본적인 속성들에서 도출된다.

1) 인간체계

휴먼서비스는 사람이 사람과 함께 사람에 대해 직접적으로 일을 하는 인간체계이다. 사회복지서비스는 서비스의 대상이 되는 인간들을 직접 변화·유지하기 위해 제공되며, 변화나 유지의 대상자인 클라이언트는 곧 서비스를 위한 원료인 동시에 서비스 결과 발생하는 산출물이다. 이로 인해 인간존재의 가치와 도덕성, 인간존재의 전체성과 개별성이라는 두 가지

속성이 나온다.

① **인간존재의 가치와 도덕성**: 휴먼서비스의 가장 근원적인 특성을 이루며, 휴먼서비스 행정의 공통적인 가치는 절대적으로 여기에 근거해야 한다.

② **인간존재의 전체성과 개별성**: 인간존재에 대해서 전체적 접근과 개별적 접근이 동시에 요구된다. 개인의 제반 문제들이 서로 밀접하게 상호 관련되어 있어서 하나의 문제를 해결하기 위해서는 다른 문제들과 결부시켜서 생각해야 하므로 전체적 접근이 필요하다. 한편 인간 욕구의 개별성에 대한 강조는 표준화를 배격하고 개별적 접근을 요한다. 주문자 생산 방식으로 개인의 개별화된 욕구를 진단하고 그에 적합한 서비스 계획을 세우는 것이 필요하다.

2) 조직체계

사회복지서비스는 개인과 개인에 의한 관계라기보다 개인과 조직 간 및 조직과 조직 간의 관계로 이루어지는 조직체계이다. 워커(Worker)와 클라이언트(Client)의 관계에서 워커도 엄격하게 말하면 조직과 사회정책을 대변하는 공적인 존재이다. 그래서 인간문제를 통합적으로 해결하기 위해 조직 내부의 조직단위들뿐만 아니라 조직들 간의 연계성이 중요하게 다루어져야 한다. 개별 조직과 서비스들을 연계하거나 통합하여 개인 욕구의 전체성과 통합성을 확보하기 위한 노력이 중요하다. 여기서는 상호 작용의 전문성과 조직들 간의 체계적 관련성이란 속성이 나온다.

① **전문직 중심의 조직과 서비스 통제의 어려움**: 사회복지조직들에서는 서비스의 핵심이 클라이언트와의 관계에 있고 또한 그것을 유형화할 수 있는 기술 개발이 힘들다. 그래서 사회복지서비스 조직들은 서비스 과정의 대부분을 전문가에게 의존하게 된다. 또한 소비자가 서비스 생산 과정에 적극적으로 참여해야만 효과적인 서비스 결과가 나타난다. 개별 서비스들의 목표를 조직이 일방적으로 결정하기 어렵다는 것은 조직이 서비스 과정에 대한 정형화된 평가를 하기가 어렵다는 뜻이다.

② **조직들 간의 체계적 관련성**: 사회복지서비스는 개별적으로 독자적인 기능들을 발휘하는 조직들의 단순 집합이 아니라 서로 보완적 기능을 발휘하는 전문직들 간 분야들 간의 상호 의존적 조직망으로 인식하는 체계적 관점이 필요하다.

3) 환경체계

사회복지조직의 외부환경은 자원을 제공하고 조직의 사회적 활동에 대한 합법성을 제공하며 새로운 서비스 기술이나 행정기법들을 제공한다. 또한 환경체계에는 각종 이해 집단들이 존재하기도 한다. 이러한 환경체계는 업무환경과 일반환경으로 구성되어 있다(Hasenfeld, 1983: 50-93).

특히 일반환경을 보면, 첫째, 경기의 불황 및 호황, 자치단체 재정의 증감 등과 같이 자원공급의 절대량과 서비스 수요에 영향을 미치는 경제적 조건, 둘째, 연령별 인구 분포, 성별 분포, 가족구성, 지역·계층 간 분포 등 장기적 서비스수요 변동과 예측에 영향을 미치는 인구사회학적 조건, 셋째, 가족주의 가치, 빈곤에 대한 사회적 인식의 변화 등 사회의 가치와 규범에 관한 것으로 사회복지조직의 목표와 방법들에 영향을 미치는 문화적 조건, 넷째, 「정신보건법」의 제정으로 인한 서비스 공급자와 수요자의 상황 변화 등 자원의 흐름에 대한 통제를 행사하는 정치적·법적 조건, 다섯째, 컴퓨터의 발달이 조직관리 방법의 변화 압력, 신경안정제 개발이 탈시설화를 유도하는 것과 같이, 사회의 기술적 진보 혹은 변화가 영향을 미치게 되는 그러한 기술적 조건 등이 있다.

이러한 환경이 사회복지조직에 대해 다음과 같이 세 가지 의미를 갖는다. 첫째, 사회복지조직은 외부환경에 의존적이다. 사회복지조직은 서비스 생산에 필요한 자원의 대부분을 자체적으로 해결할 수 없기 때문에 자원을 통제하는 외부환경에 의존적이다. 둘째, 사회복지조직의 환경은 역동적이다. 소비자로서의 클라이언트 집단의 성격과 구성이 변하고, 또 자원제공자들의 성격도 변한다. 사회적 가치와 문화, 기술수준의 변화 등에 따라 조직이 다루는 문제와 서비스 대응양식들도 변한다. 셋째, 환경에는 조직에 요구되는 대립적인 가치들이 상존한다. 클라이언트에게 제공되는 서비스가 클라이언트의 만족만을 고려해서는 부족하고 공공의 이해와 관심에 부합되는지의 여부를 동시에 고려해야 한다. 가치에 대한 해결이나 정답을 선택하는 것이 아니라 다양한 가치들의 조정과 이런 것들이 조직적 과정에 부정적 요소로 작용하지 않도록 이를 관리할 필요가 있다.

지금까지 설명한 휴먼서비스 체계의 세 가지 속성과 사회복지행정의 특수성 및 과제들을 요약·정리하면 〈표 1-2〉와 같다.

| 표 1-2 | 휴먼서비스 체계와 사회복지행정의 특수성

휴먼서비스 체계	속 성	사회복지행정의 특성 · 과제
인간체계	인간존재의 가치와 도덕성	• 가치중립적 행정 배격 • 인간과 사회에 대한 휴머니즘적 가치에 입각한 행정 구현
	인간존재의 전체성과 개별성	• 전체적 접근(holistic approach) 방식의 행정 구현 • 개별화된 클라이언트 욕구를 구현하기 위한 행정
조직체계	W+C의 전문적 상호 작용	• 참여적 · 수평적 조직구조를 통한 창의성과 역동성 추구
	조직들 간의 체계적 관련성	• 초조직적이며 개방적인 조직체계 구축
환경체계	의존성	• 환경요소들의 영향에 대한 지속적인 관심과 관리
	역동성	• 환경 변화에 대한 탄력성과 유연성 구비
	다면적 가치들의 상존	• 혼합재 관리 • 다양한 기준으로부터의 책임성 요구들에 대한 적응

2. 사회복지행정의 실천원리

사회복지행정의 특수성에 근거하여 사회복지행정가의 역할 혹은 실천적 과제들을 제시한 경우들이 많다(Trecker, 1971; Patti, 1983; Skidmore, 1995; Sheafor et al., 2000; Lewis et al., 2001; 정무성 · 박차상, 2002). 패티(Patti)는 사회적 양면성과 행정적 창조의 필요성, 다양한 기대를 지닌 업무환경 속에서 지지와 협동의 구축, 다양한 조직구성원들의 관점의 조화, 사회서비스 기술과 관리의 통제 등을 차별적 속성들로 들고(Patti, 1983, 26–33), 그에 근거하여 관리의 과업과 활동들을 다음과 같이 제시하였다: 프로그램의 기획과 개발, 재정적 자원과 지지의 획득, 조직의 구조와 과정의 설계, 직원능력의 개발과 유지, 기관 프로그램의 사정, 기관 프로그램의 변경 등이다(Patti, 1983: 33–36). 스키드모어(Skidmore)는 사회복지행정이 효과성을 지니기 위해 수용, 기관의 정책과 프로그램의 형성에의 민주적 관여, 열린 커뮤니케이션의 세 가지를 실천적 원칙들로 제시하였다(Skidmore, 1995: 26–27). 한편 트레커(Trecker)는 다양하게 제시된 실천원리들을 종합하여 다음과 같이 18가지를 제시했다(Trecker, 1971: 186–194).

- **소셜워크 가치의 원칙**: 전문적 가치들은 서비스가 개발되고 그것이 필요한 사람들에게 이용할 수 있도록 하는 과정에서 가장 근본이 된다.
- **지역사회와 클라이언트의 욕구의 원칙**: 지역사회 및 소속 개인들의 욕구는 언제나 사회적 기관과 프로그램 제공의 기초가 된다.

- **기관 목적의 원칙**: 기관의 사회적 목적은 분명하게 공식화되어 진술되고, 이해되고, 활용되어야 한다.
- **문화적 환경의 원칙**: 지역사회의 문화는 욕구가 표현되고 서비스가 인정 · 지지 · 활용되는 방식에 영향을 미치는 한도 내에서 이해되어야 한다.
- **합목적적인 관계성의 원칙**: 행정가, 이사회, 직원, 지역 주민 간에는 효과적이고 합목적적인 업무 관련성이 확립되어야 한다.
- **기관 전체성의 원칙**: 기관은 전체성의 관점에서 이해되어야 한다. 그것은 상호 연관된 부분들로 이루어진 살아 있는 매개체로 봐야 한다.
- **전문적 책임성의 원칙**: 행정가는 전문적 실천의 기준에 근거한 고품질의 전문적 서비스 제공에 책임을 져야 한다.
- **참여의 원칙**: 동태적인 참여의 지속적인 과정을 통해 이사회, 직원, 지역 주민의 적절한 기여가 모색되고 활용되어야 한다.
- **커뮤니케이션의 원칙**: 인적자원의 완벽한 기능을 위해서는 개방적인 커뮤니케이션의 통로가 필수적이다.
- **리더십의 원칙**: 목표 달성 및 전문적 서비스의 제공을 위해 행정가는 기관의 리더십에 대한 주된 책임을 다해야 한다.
- **기획의 원칙**: 지속적인 기획의 과정은 가치 있는 서비스의 개발의 근본을 이룬다.
- **조직화의 원칙**: 많은 사람들의 업무는 조직화의 방식에 따라 정돈되어야 하고 또한 책임과 관계가 명확히 규정될 수 있도록 구조화되어야 한다.
- **위임의 원칙**: 다른 전문가들에 대한 책임과 권위의 위임은 필수적이다.
- **조정의 원칙**: 개개인의 기여가 기관의 주된 임무에 관련되고 모든 에너지가 수행될 임무에 적절하게 집중될 수 있도록 많은 사람들의 위임업무는 알맞게 조정되어야 한다.
- **자원활용의 원칙**: 예산, 장비, 인적자원 등은 기관의 사회적 신뢰를 유지하면서 신중하게 형성되고, 보존되고, 활용되어야 한다.
- **변화의 원칙**: 지역사회에서나 기관에서나 변화의 과정은 지속적이다.
- **평가의 원칙**: 과정과 프로그램의 지속적인 평가는 기관 목표의 실현에 필수적이다.
- **성장의 원칙**: 도전적인 업무 배정, 세심한 슈퍼비전, 개인과 집단의 학습을 위한 기회 등을 제공하는 행정가에 의해 모든 참여자들의 성장과 발전은 증진된다.

3. 사회복지행정가의 실천과제

다양하게 제시된 실천원리와 사회복지행정의 특수성을 고려하여 사회복지행정가의 실천과제들을 살펴보기로 하자. 이러한 실천과제들로는 도덕적 고민, 소외계층의 옹호, 가치와 목적의 구체화, 다양한 이해관계의 조정, 타 기관과의 협력, 조직성과의 측정치들에 대한 관심, 직원지지 및 역량강화 과정의 개발, 소비자 선택에 대한 관심, 프로그램에 대한 민주적 통제 등이 있다(Patti, 2000: 4-15).

이러한 실천과제들에는 소외계층의 옹호라는 매우 추상적인 수준의 것도 있는 반면, 조직성과의 측정치에 대한 관심이라고 하는 매우 구체적인 것도 있어 다소 이질성이 없지 않다. 또 그 아홉 개가 모두 상호 배타적이거나 체계적인 것도 아니다. 다만 이러한 실천과제들을 통해 사회복지행정이 일반 행정과 구별되는 특수성은 무엇이고, 또 그로 인해 사회복지행정에 요구되는 실천과업과 범위에 대해 알 수 있을 것이다. 그리고 이러한 실천적 과제들을 사회복지행정의 특수성을 나타내는 일부 요소들과 연결시켜 보면 〈표 1-3〉과 같다.

| 표 1-3 | 사회복지행정의 특수성과 실천과제의 연결

특수성	실천과제
(i) : 지역사회의 욕구충족	도덕적 고민, 소외계층의 옹호
(ii) : 사회적 기능	소외계층의 옹호, 가치와 목적의 구체화
(iii) : 지역사회 대변 이사회	다양한 이해관계의 조정
(iv) : 조직의 다양성	타 기관과의 협력
(v) : 내부운영과 지역사회 연결	다양한 이해관계의 조정
(vi) : 자원 사용에 관한 선택	도덕적 고민, 다양한 이해관계의 조정
(vii) : 자원의 최소 사용	조직성과의 측정치들에 대한 관심
(viii) : 사회사업 전문성 강조	직원 지지 및 역량 강화 과정의 개발
(ix) : 민주적 참여성	소비자 선택에 대한 관심, 프로그램에 민주적 통제

1) 도덕적 고민

사회복지행정가들은 윤리적 정당성을 갖는 의사결정을 요구하는 도덕적 딜레마에 일상적으로 늘 직면하고 있다. 비록 행정가들은 공공정책과 제도적 이데올로기로 방향감각을 얻긴 하지만, 어려운 도덕적 선택을 해야 하는 상황이 많다. 즉 그들은 기관의 자원을 가장 심각한 욕구를 가지고 있는 취약한 인구들에 집중하느냐 아니면 욕구는 덜 긴급하지만 재활의 잠재적 가능성이 더 큰 인구집단에게 집중하느냐 하는 매우 거시적인 수준에서부터, 부모에게서 그 친권을 박탈할 것인가, 장애를 가진 사람들을 가족에게 돌려보낼 것인가 아니면 너싱홈에 보내어 케어할 것인가, 정신질환자로부터 그가 치료를 거부할 권리를 박탈할 것인가 하는 프로그램 혹은 서비스 수준의 결정들까지 해야 한다. 이처럼 어려운 결정들이 휴먼서비스에 보편화되어 있으며 개인, 가족, 그리고 지역사회에 심각한 의미들을 갖는다. 휴먼서비스 행정가들은 그러한 선택들을 하는 데 직·간접적으로 관여하고 있다(Patti, 1983; Hasenfeld, 1992; Austin, 1994).

사회복지에서 행정적 결정들은 흔히 기관의 중요한 이해관계자들에게 서로 갈등을 일으키는 여러 가치들을 함께 내포하고 있다. 다 같이 중요한 여러 가치들이 관련되어 있는 상황에서 그러한 결정들은 윤리적 딜레마로 인해 어려움을 겪기도 한다. 더구나 판단들은 다른 가치를 실현하기 위하여 어느 한 가치를 희생시키거나 종속시키는 것과 같은 손익상계(trade-off)를 수반하는 경우도 종종 있다. 결정이 이루어지는 이러한 환경 속에서 행정가들은 분명한 윤리적 기준들에 근거를 둔 합리적인 선택을 해야 한다. 기회주의적이거나, 자신을 보호하기 위한 방식이나 일관성이 없는 패턴들은 윤리적인 근거가 결여되어 있음을 나타내며 규범적인 지침들이 명확하지 않은 조직 속에서 도덕적으로 모호한 분위기를 형성한다. 중요한 것은, 행정가들이 조직 전체에 대하여 정직과 윤리적 추론에 틀을 제시하며 그 과정에서 모든 계층의 의사결정에 대한 규범적 분위기를 창출한다는 점이다. 사회복지조직이 소비자들, 협조자들, 그리고 지지자들과의 광범위한 교류를 구축하기 때문에 그러한 역할은 매우 중요하다. 장기적인 성공은 상호 신뢰와 공정성의 감정에 크게 달려 있기 때문이다(Lewis, 1985; Austin, 1994).

정책의 영역과 관련된 도덕적 고민은 사회적 할당의 기초에 대한 검토에 해당된다고 할 수 있다. 사회적 할당의 기초란 사회적 급여가 사회의 특정한 사람들이나 집단에게 주어질 수 있도록 해 주는 다양한 원칙들 가운데서의 선택을 말한다(Gilbert & Terrell, 2002: 61). 나아가 구체적인 할당 기준을 뒷받침하고 있는 가치나 원칙들에 대해서도 분석이 이루어져야 한다. 예컨대 대상자 선정의 기준을 정하는 과정에서 사회통합과 급여비용의 효율적 사용이라는 두 방향 중 어느 것을 택할 것인가 하는 가치의 문제가 대두될 수 있기 때문이다.

2) 다양한 이해관계의 조정

휴먼서비스에서 이루어지는 실제 행정은 외부적 상황들에서 제기되는 선호나 기대들을 조정·중재하고, 영향을 미치는 일에 관심을 기울여야 한다. 사회복지조직들은 기관의 프로그램을 개발·유지하고, 향상시키는 데에 필요한 자원을 얻기 위해 많은 집단들에 의존한다. 사회복지행정가들은 사회복지조직의 업무를 수행하기 위해 여러 지지집단들의 지원과 협조에 의존하며 또한 핵심적인 사안들에 있어서도 일방적으로 행동할 수 있는 입장에 있지 않다(Gummer, 1990: 53). 클라이언트나 고객들은 기관이 재원을 지원받는 목적을 달성하기 위하여 수행하는 업무의 원재료이다. 입법부, 정부기관들, 연합기금단체들, 기부자들, 설립자들이 기관의 운영을 유지하기 위해 필요한 재원을 제공한다. 이사회와 입법가들은 공식적인 권한 부여와 정책방향을 제공하는데, 그러한 것들이 서비스 전달의 핵심적인 변수들을 구성한다. 자격인정 단체들은 그 기관을 살펴보고 어떤 질적인 기준에 비추어 합법화시켜 주기도 한다. 여건이 매우 좋을 경우에는 이러한 집단들이 핵심 조직에 대하여 서로 비슷한 기대들을 갖지만, 그렇지 못한 경우가 대부분이다. 그래서 이러한 집단들의 욕구와 이해관계들을 조정하면서, 동시에 기관으로 하여금 자원을 분산시키게 될 갈등적인 기대들에 직면하는 일이 발생하지 않도록 그들 사이에 충분한 일치점을 이루어나가는 것이 사회복지행정가가 해야 할 몫이 된다.

서로 다른 기대들이 발생하는 근본적인 원인은 서비스를 소비하는 사람들이 그 비용을 거의 지불하지 않는다는 사실에 있다. 재원충당은 대부분 정부, 재단, 기부금, 그리고 보험 등 제3자에 의해 제공된다. 그런데 소비자들과 기금제공자들이 서로 원하는 결과가 다른 경우가 많다. 소비자들은 자신들에게 제공되는 서비스들이 개인적이거나 사적인 재화가 되기를 원하는 반면, 기금제공자들은 대체로 사회적 서비스를 통해 지역공동체의 이익이나 공익의 실현을 기대한다. 정신건강서비스에 기금을 제공하는 정부기관은 입원율을 최소화하는 데 주된 관심이 있고 또한 그것을 기관의 성과지표로 간주하는 반면, 소비자들 특히 심각한 정신질환을 가진 사람의 친지들은 증상을 관리하고 그들의 안전을 보장하는 데 필요한 프로그램이면 어떤 것이든 이용할 수 있게 되는 것에 관심이 더 많을 것이다. 조직이 치료의 목적과 수단에 관하여 서비스 제공자와 소비자 간에 서로 동의하는 데 반드시 필요한 대인 서비스 기술을 사용하는 경우도 있다. 사회복지행정가는 결과가 공익에 부합하도록 소비자에게 제한을 가하거나, 사적 재화를 생산함으로써 공익이 증진된다는 점을 기금제공자가 인식하도록 설득함으로써, 두 집단의 욕구를 충족시키는 일을 한다. 대칭적인 기대를 실현하지 못하게 되면 직원들은 갈등적인 요구에 직면하고 재원은 서로 일관되거나 양립하기 어려운 여러 목표들을 위해 분산되어야 할 것이기 때문에, 조직에 여러 가지 문제점들이 발생하게 된다. 그럴 경우 행정가의 주된 임무는 그러한 차이점들을 서로 조정해 내는 것이다.

한편 클라이언트들에게 사회적 서비스를 제공하는 일에 직·간접으로 관여하고 있는 사회복지행정가는 다양한 이해관계의 조정에 대한 경험을 통해 사회정책의 형성과 집행에 중요한 역할을 할 수 있다. 정책형성과 정책집행의 경계는 관료제 계층처럼 엄격히 구분되는 것이 아니라 상호 투과성을 지닌 구멍 뚫린 막과 같은 것으로 인식하는 것이 학계의 정설이다. 뿐만 아니라 다양한 이해관계의 조정에 대한 경험이 많은 사회복지행정가는 사회정책의 해석이나 조직정책의 방향 설정에 상당한 재량권을 행사할 수 있다.

3) 소외계층에 대한 옹호

사회복지행정가는 공공의 심리적 정서와 유형·무형의 자원을 동원하기 위하여 낙인 찍히고 무시된 집단들을 옹호한다. 다른 휴먼서비스 분야의 행정가들보다 특히 대인적 사회서비스를 감독하는 사람들은, 불리한 위치에 있는 서비스 대상 집단들에 관한 고정관념이나 그러한 집단의 욕구에 관한 공공의 우선순위를 변화시키기 위해 더욱 노력해야 한다. 아동복지행정가는 아동학대 부모들이 재활서비스를 받을 가치가 있다는 것을 지방의회 의원들에게 설득할 필요가 있다. 정신건강행정가는 집이 없는 심각한 정신질환자가 자기 삶의 방식에 만족하지 않으며 아웃리치(빈곤단체에 대한 원조계획) 서비스에 응할 것이라는 점을 증명하기 위해 지방정부의 공무원들과 함께 일해야 한다. 비행방지 프로그램의 행정가들은 갱 단원들이 범죄가 아닌 다른 열망을 가지고 있으며, 만약 기회가 주어진다면 다른 삶의 양식을 선택하도록 도움을 줄 수 있다는 점을 공중에게 설득해야 한다. 그리고 10대 임신방지 프로그램의 행정가는 그들의 고객들이 복지수혜자가 될 목적으로 어린이를 갖는 것이 아니라는 점을 지역사회 지도자들에게 설득해야 한다.

이 모든 상황에서 공통 주제는 프로그램 소비자는 도덕적으로 낙인 찍혀 있다는 것이다. 그럼으로써 그들은 지원을 받을 가치가 없으며 또한 벌을 받아 마땅하다는 식으로 인식되어 있다. 하지만 사회복지행정가들이 적극적으로 관여해서 그러한 소비자들을 옹호해야 할 이유가 세 가지 있다. 첫째, 사회복지기관의 목적은 사람들이나 그들의 사회적 환경을 변화시키는 것이다. 만약 지역사회 지도자들이 도덕적으로 소외된 사람들의 잠재적 가능성을 믿지 않거나, 그들의 운명과 지역사회의 더 큰 이익 간에 관련성이 있다는 것을 인정하지 않는다면, 기관은 그러한 목적을 실현시키는 데 필요한 자원과 협동을 확보하지 못한다. 둘째, 그러한 소비자 집단들에 대한 서비스 제공자들 역시 인정이나 존경을 거의 받지 못한다. 그들의 일이 아무리 숙련된 기술을 갖추고 도전적인 것이라 하더라도 서비스의 목표들이 가치 있는 것으로 인식되지 않기 때문이다. 냉대 분위기는 시간이 흘러감에 따라 직원들의 사기를 떨어뜨리는 경향이 있으며, 나아가 이직이나 소진 등 조직의 성과를 떨어뜨리는 다른 문제들을 발생시킬 것이다. 끝으로 공공의 자원을 요청하는 기관의 주장은 부분적으로는 기관의 직원들이 어떤 방식으로든 지역사회에서 삶의 질에 기여한다는 인식에 근거하고 있다. 만약 도덕적으로 냉대받는 집단들이 지역사회의 잠재적인 자산으로 간주되거나 적어도 위협의 대상이 되지 않는다고 하는 인식 변화가 일어나지 않는다면, 그 기관의 성공은 그 지역사회에 별다른 의미를 갖지 못할 것이다.

정책의 영역과 관련하여서 이 문제는 공동체 시각과 연결된다고 볼 수 있다. 공동체 시각은 지역사회와 정치조직에 대해 일정한 의무를 전제한다. 즉 사회 구성원들을 보살피고, 사회적이고 정치적인 생활에 대한 숙고와 참여를 촉진시키는 그러한 의무이다. 공동체 시각은 특정한 정책을 제시하기보다는 현대 정치적 논의에서 무시되는 것들, 예컨대 인간본성의 사회적 측면, 권리라는 영역에서 개인적으로 집합적으로 시민들이 감수해야 하는 책임성, 가족과 가족을 지지하는 공동체의 허약한 환경, 현재의 결정이 가져오는 단기적 효과와 중장기적 효과 등에 주된 관심을 갖는다(Etzioni, 1991: 4–5).

4) 타 기관과의 협력

사회복지행정가는 자원을 동원하고 그것을 공동의 클라이언트 집단에 집중하는 데 다른 기관들과 협력함으로써 확대된 전문가 풀 집단과 협동의 증진이 가져다주는 이점을 최대한 실현시킬 수 있다. 인간행동의 보호와 변화는 특히 여러 기관들의 연결망에 의해 협동적으로 이루어지기 때문에, 휴먼서비스 행정은 기관들 간의 협동을 개발하고 유지할 필요가 있다. 어느 한 기관의 소비자들에게 실현된 결과는 서비스전달체계에 포함된 다른 기관들이 보충적으로 제공한 지원서비스에 크게 달려 있다. 말하자면 많은 소비자 집단들에게 바람직한 영향은 여러 기관들이 어떤 하나의 목적을 위하여 협동할 때 비로소 실현될 수 있다. 서비스들 간의 틈을 메우고, 접근성을 높이며, 경제성을 실현시키는 전략으로서 협동은 사회복지기관의 성공을 위해 필수적이다.

미국의 경우 지난 20년 이상에 걸쳐 사회정책과 인구통계학적 요인의 발달로 사회적 기관들에 매우 다른 유형의 클라이언트들이 생겨났다. 그 한 예로 상위 소득집단들에 유리한 경제정책과 조세정책으로 인해 부의 불평등이 증대되었다. 이러한 과정에서 특히 아동들에게 현저한 빈곤율은 완만하지만 지속적으로 상승해 왔던 것이다. 동시에 노인들도 수반되는 건강문제나 사회문제와 함께 수적인 면에서 급속한 증가가 있었고, 지역사회의 서비스를 필요로 하는 정신질환자나 발달장애자들의 수도 급격히 증가했으며, 정신적인 외상을 지닌 이민자들도 대거 유입되었다. 종합적으로 이러한 경향들은 공공의 차원에서 지원이 이루어지는 사회적 서비스에 의존하는 인구의 범위를 크게 넓혔던 것이다.

동시에 사회정책의 면에서도 그에 상응한 발달이 이루어졌다. 1970년대와 1980년대 동안에 서비스에 대한 수요가 공적으로 지원된 프로그램들의 역량보다 더 빨리 증대되었는데, 부분적으로는 자원이 부족했거나 일반 시민이 늘어난 서비스 재원을 부담하지 않으려 한 것이 원인이다. 사회복지를 위한 재원 충당은 빈곤층과 차상위 계층자를 위해 자산조사와 재량권이 부여된 프로그램들에서 감소되었다(Salamon, 1998: 139–140). 욕구와 자원 간에 커지는 격차를 해결하기 위하여 정부의 정책결정자들은 점차 할당정책(rationing strategies)을 채택하여, 욕구가 가장 심각하거나 가장 큰 어려움을 겪는 사람들에게 자원을 집중하고, 보다 덜 긴급하거나 덜 임박한 욕구를 가진 사람들을 제외시켰다.

인구와 정책 변화의 이러한 상호 작용이 가져온 순효과는 사회적 서비스에서 여러 가지 문제를 한꺼번에 지니고 있는, 취약하면서도 매우 심각한 욕구를 지닌 사람들의 수를 크게 증가시켰다. 자원이 늘어나지 않는 시기에는 이러한 욕구의 복잡성에 압도되어, 정책결정자와 사회적 기관의 행정가들은 어느 한 기관이나 전문적 해결책이 직면한 문제들을 해결하는데 충분하지 않다는 것을 인식하게 되었다. 그래서 운영상의 경제뿐만 아니라 보다 포괄적이고 통합된 프로그램 전략들을 제시해 줄 협동적인 해결책에 대해 특별한 관심을 가졌다. 처음에는 자신들 기관의 이해를 증진하는 것을 최우선으로 여겼던 사회적 기관의 행정가들은 협동적인 서비스 조정들을 통해 자신들의 이해관계와 소비자들의 이익이 가장 잘 실현될 것이라는 점을 점차 인식하기 시작했던 것이다.

협동은 이제 정책결정의 구조 속에 확고하게 뿌리내려 있다. 일단 공적 부분, 사적 부문,

기업 부문들이 합리적으로 구분된다면, 살라몬(Salamon, 1998)이 말한 제3자적 거버넌스가 발전된다. 거기서는 정부가 영리 및 비영리 실체들에 의지해서 공공정책을 수행한다. 이런 제3자적 거버넌스(third party governance)는 이제 너무나 보편화되어서 실제적으로 사회정책의 모든 영역들이 부문 상호 간의 복잡한 메커니즘 체계에 의해 집행된다. 공적이거나 비영리 혹은 영리 조직들 중 어디에 종사하든 사회복지행정가들은 이러한 협동적인 교류에 효과적으로 일할 수 있어야 한다.

정책영역에서는 이 문제와 관련하여서는 사회복지 전달체계의 전략이 있을 것이다. 사회복지 전달체계의 궁극적 목적은 서비스 전달체계의 효율성과 효과성을 높이는 것이다. 이를 위해 5가지의 선택 사항들이 있는데 첫째, 의사결정의 계층적 구조와 통제의 재구조화, 둘째, 업무 분담의 재구조화, 셋째, 전달체계의 구조 변경, 넷째, 전달체계의 운영 주체, 다섯째, 서비스의 배분 방법 등이다(Gilbert & Terrell, 1993: 126-154).

5) 가치와 목적의 구체화

사회복지행정가는 지지자들, 직원, 그리고 자원봉사자들의 도덕적 의무감을 고취하는 가치와 목적을 구체화한다. 사회복지행정가들은 타 부문의 관리자들보다 개인적 의미를 갖는 가치와 목적들을 구심점으로 조직 전체의 구성원들을 동원할 수 있어야 한다(Patti, Poertner, & Rapp, 1988; Brody, 1993). 지지자들, 전문가들, 그리고 여타 사람들은 취약한 사람들을 범죄자들로부터 보호하거나, 참정권을 박탈당한 사람들의 권리를 보호하거나, 혹은 가정을 보호하고 강화하는 것 등 어떤 방향이든 세상을 변화시키려는 욕구를 강하게 느끼기 때문에 이러한 일에 종사하는 경향이 있다. 무엇보다도 사회적 기관들은 전문가들이 그러한 가치들을 실현시키려는 노력들이 이루어지는 공간적인 토대가 된다.

비록 사회복지사들이나 다른 전문가들의 성과는 본인의 퍼스낼리티 특성들로부터 조직의 분위기, 문화, 구조 등에 이르기까지 많은 요인들에 의해 결정되지만, 동기부여의 가장 중요한 근원들 중 하나는 조직의 업무와 목적 및 사명에 대한 신념이다. 에치오니(Etzioni, 1964)는 조직에 사용되는 권력의 유형들에 대한 고전적인 공식에서 휴먼서비스 조직들은 구성원들의 규범적인 관여를 확보하기 위해 일차적으로 도덕적 권력을 사용한다고 결론지었다. 사회복지조직에서 서비스 제공자들은 서비스의 도구들이다. 이러한 서비스의 질적 수준은 제공자들의 개인적인 자원들 및 클라이언트와의 교류에서 그러한 자원들을 사용하려는 자발성에 크게 달려 있다. 만약 서비스 제공자들이 기관의 목적에 의무감을 갖고 관여하고 있다면 스스로 소비자들을 위하여 더 자발적으로 개인적인 자원을 사용하려고 할 것이다.

직원의 규범적인 관여 역시 조직의 목적에 기여한다. 구체화하기 어려운 목적을 가지고 있고 따라서 가변적이고 불확실한 효과를 가진 서비스 생산기술을 사용하며 또한 일선 직원들의 판단과 자유 재량에 주로 의존하는 조직에서는, 직원들의 규범적인 관여가 일관성과 신뢰성의 주된 근원이 된다. 직원의 행동을 관찰하고 직접 모니터링할 수 없는 기관들은 성과를 확보하는 데 기관의 목적과 가치들에 대한 직원의 도덕적 및 의무적인 관여에 주로 의존한다. 정책영역에서 프로그램이나 정책의 모든 요소들은 프로그램의 목적과 목표를 달성하는 데 그 요소들이 어떤 공헌을 하는가 하는 것을 토대로 평가되어야 한다. 즉 프로그램 또는 정책 요소들이 목적에 공헌하는 정도는 정책운영의 도구로 선택하는 기준이 될 것이다.

6) 조직성과 측정치에 대한 관심

사회복지행정가는 재원이나 정책의 주체가 요구하는 책임성의 기준에 잘 부응할 수 있는 조직성과 측정치들을 개발하고, 그것들을 가용한 자원, 서비스 생산기술이 갖는 예측할 수 없는 효율성, 그리고 서비스 제공자들과 소비자들의 선호 등과 조화시켜야 한다. 조직성과의 정의와 측정은 언제나 복잡한 작업이지만, 최근에 올수록 정책과 재원의 주체들은 자신들이 제공하는 지원에 대한 보답으로 소비자에게 주어지는 바람직한 결과들을 명확하게 구체화하는 데 더 많은 관심을 갖는다(Martin & Kettner, 1996). 영리 부문과는 달리 비영리 조직들은 보편적으로 수용할 수 있는 성과지표들을 갖고 있지도 않으며, 또한 여러 서비스 분야들에 공통적으로 적용되는 기준들도 없다. 정신건강, 아동복지, 고령화 등의 프로그램들에서 그 결과는 각기 다르다. 그럼에도 불구하고 기관들은 성과의 결과를 규정하고 설명하도록 압력을 받고 있다. 아동복지에 있어서 위험성 있는 아동을 가진 가정들을 보호하는 것, 아동들을 영구적인 생활환경에 살게 하는 것, 그리고 반복적인 아동 학대나 유기를 감소시키는 것과 같은 성과기준들이 성공을 측정하는 데 핵심적인 것이 되어 왔다. 정신건강에 있어서 지역사회의 심각한 정신질환자들을 돌보고 적응시키는 것이 점점 보편화되고 있는 기준이다. 소득지원 프로그램에서 복지의존성을 줄이고 근로에 참여시키는 것이 이제는 국가정책의 사안이 되고 있다. 미국의 경우 구체적인 프로그램의 기준들뿐만 아니라, 관리보호와 같은 보다 넓은 정책 및 재원충당 제도와 1993년의 「정부 성과 및 결과에 관한 법률」이 있는데, 그것들은 비영리 및 정부 부문에 있는 사회복지기관들로 하여금 점점 더 세련된 성과기준들을 개발하고 충분히 설명해 줄 것을 요구하고 있다(Martin & Kettner, 1996: 11-14).

이러한 발전들로 인해 성과에 대한 규정과 측정이 사회복지행정가의 핵심적인 책임으로 되었다. 이것은 다시 또 다른 의미들을 갖기도 한다. 만약 재원충당이나 서비스에 대한 보상이 서비스 결과의 실현과 결부되어 있다면, 그러한 결과를 실현시키는 데 적용되어야 하는 자원과 과정들을 결정하는 능력이 점점 중요하게 될 것이다. 서비스 생산기술을 구체화하는 것, 그러한 서비스를 수행할 수 있는 인적자원을 선발하고 훈련시키는 것, 그리고 서비스 노력들이 결과와 어떻게 관련되어 있는지 추적하기 위한 관리정보체계를 개발하는 것 등 모든 것이 서비스 환경에서 절대적으로 필요한 것이 될 것이다. 재원충당이 결과와 결부되어 있는 수준에 비례하여 서비스의 비용을 결정하는 행정가의 능력이 기관의 재정적인 생존 능력에 필수불가결한 요인이 된다.

비록 지금 사회적 서비스 부문에서 많은 발전들이 일어나고 있지만, 실제 집행에 있어서는 여러 가지 문제와 딜레마가 존재한다. 소비자들은 서비스의 질과 효과성을 평가하기 위한 스스로의 목적과 방법을 가지고 서비스를 경험하게 된다(Anspach, 1990). 결과들과 그 실현수단들이 서비스 교환에서 상호적인 방법으로 규정되기보다는 미리 정해지는 경우가 점점 많아짐에 따라 성과기준들을 충족시키는 데 필요한 관여와 협동을 소비자로부터 끌어내기가 어려워질 것이다. 실제로 그러한 시나리오가 소비자 무력화라는 무서운 망령을 불러오며, 그것은 바람직한 서비스 결과의 협동적인 생산에 완전히 역방향으로 작용한다(Hasenfeld, 1992c). 그 외 일부 기관들은 가장 효과적인 서비스 생산기술들에 가장 잘 부합되는 소비자들을 찾아 나섬에 따라 '크리밍(creaming)'의 실천에 더 관심을 갖기도 한다. 사회복지행정가의 가장 본질적인 도전은 점점 더 구체적인 성과 기대들이 존재하는 맥락 속에서 소비자의 선택권과 영향력이 행사될 수 있는 서비스 생산기술들을 개발하는 것이 될 것이다.

정책영역과 관련하여 사회복지행정가는 특정 프로그램이 각 정책요소를 그리고 궁극적으로 프로그램과 정책시스템의 가치를 어떻게 수행했는지를 판단할 수 있는 평가기준의 개발에 관심을 가져야 한다. 예컨대 목적과 목표는 결과와 관련되어 있는지, 즉 명확하고, 측정할 수 있고 조작할 수 있는 것인지의 여부에 따라 평가될 수 있어야 한다. 자산조사(자격규정)는 낙인화나 소외감 혹은 대상집단을 벗어난 수혜를 발생시키는지의 여부에 바탕을 두고 평가되어야 한다(박성복, 2007: 54-55).

7) 직원지지 및 역량강화 과정의 개발

사회복지행정가는 기관 속에서 도덕적 관여와 주인의식을 형성하고 심리적·정신적 건강에 유익한 분위기를 유지하기 위한 지지와 역량강화의 과정들을 개발해야 한다. 직원들과 여타 사람들을 기관의 일에 끌어들여 종사하게 하는 데에 기관의 가치가 중요하다는 것은 이미 언급되었다. 그러나 높은 수준의 관여를 유지하기 위해서는 행정가들의 중심적인 관심이 직원의 발전과 유지에 있어야 한다. 그들이 바로 서비스가 제공되는 도구들이기 때문이다. 고생을 겪거나, 압박 상태나 혼란 상태에 있거나, 종종 매우 어려운 상태에 있는 소비자들과 상호 작용 관계 속에서 이루어지는 서비스 교환은 판단, 감정이입, 감정노출, 모델링 등 무엇보다도 개인의 자질과 행동을 통해 이루어지기 마련이다(Austin, 1994). 전문적인 직원이나 자원봉사자들은 최고 상태에 있기 위해서는 높은 수준의 개인적 관여를 유지해야 한다. 지지와 스트레스의 관리전략이 효과적이지 못할수록, 감정적인 후퇴, 소비자들의 비인간화, 그리고 감정적인 문제들과 같은 수많은 다루기 힘든 문제들이 발생할 수 있다. 여하튼 사회복지행정가는 서비스전달의 역량이 저하되지 않도록 만족도와 동기부여를 증진시키는 조건들을 조성해내는 데 관심을 기울여야 한다.

한편 이 문제와 관련된 사회복지행정가의 행정기능에는 의사소통체계 연결, 직무수행의 책임성, 프로그램 평가, 사례의 배당 및 업무 부담, 정서적 지지, 각 직원의 경험 활용 등이 있다(Watson, 1973: 81).

8) 프로그램에 대한 통제

사회복지행정가들은 프로그램들에 대해 어느 정도의 통제력을 유지해야 한다. 이것은 그들이 서비스들을 직접 관리하고 있는 상황이 아니더라도 마찬가지이다. 서비스 생산기술들은 성격상 제공자와 소비자 간에 이루어지는 주로 사적인 교환관계를 포함한다. 더구나 직원과 클라이언트 간의 상호 작용은 임기응변식의 조정과 참신한 해결책을 요하는 역동적인 교환과정이다. 요컨대 비록 서비스 개입이 서비스전달 계획안, 슈퍼비전 그리고 교육 등에 의해 인도된다 하더라도, 만약 사회복지사와 클라이언트가 소비자의 목적을 향해 나아갈 수 있는 길을 찾으려고 할 경우, 그에 요구되는 불가피하고 바람직하기도 한 자유 재량과 판단의 요소들이 존재하기 마련이다. 전문가들은 이러한 판단의 행사를 가치 있게 여기고 또한 전문가적 문화는 여러 규범들의 맥락 속에서 자율성의 규범을 강화한다.

서비스와 결과에 관한 정보를 얻기 위한 독립적인 수단이 부족할 경우, 사회복지행정가는 그것을 제공해 주는 직원에 의존한다. 명령과 통제의 책임성 메커니즘은, 특히 서비스 제공자가 정보가 성과의 평가에 사용된다고 믿는 경우, 믿을 만한 정보를 산출해 내지 않을 수도 있다. 반면에 만약 정보가 성과에 관해 배우고 그것을 증진시키는 수단으로 간주된다면, 또 그것이 직원의 발전을 촉진하고 소비자에게 더 나은 서비스를 제공하는 데 사용된다면, 전문가들이 참여하는 것은 당연하다. 무엇보다도 이러한 형태의 심적 태도는 정보체계의 설계와 직원에게 피드백을 제공하기 위한 정보의 사용에 있어 직원의 참여를 필요로 한다. 그러한 체계들은 분권화된 권위 구조 속에서 가장 잘 운영될 것으로 보인다.

모든 계층에 있는 사회복지행정가는 그들의 단위 조직에 책임성을 가져야 한다. 상관과 외부의 주체들은 자신들의 요구에 잘 부합한다는 것을 보여주는 정보를 요구하며 가끔은 성과가 기대 수준 이하일 때는 행정가들이 어떤 변화를 이루어 낼 것을 요구한다. 하지만 사회복지행정가는 학습친화적인 문화의 맥락 속에서는 정보를 획득하고 그것을 사용하여 변화를 이루어낼 가능성이 더 클 것이며, 그러한 것은 소비자에게 더 나은 서비스를 제공하는 데 초점을 둔 전문직의 발전과 조직의 향상을 중요시한다.

9) 소비자 선택의 존중

휴먼서비스의 소비자들은 서비스 경험에서 적극적인 참여자들이며 주로 이루어내려고 하는 변화에 대해 책임이 있기 때문에, 사회복지행정가는 그들이 서비스 전달의 수단과 결과에 대한 선택에서 직접적으로 개입할 수 있는 방법에 대해 관심을 가져야 한다. 최근 수년에 걸쳐 사회적 서비스의 소비자들은 변화의 창출 과정에서 핵심적인 협동적 상대자 혹은 파트너들이라는 점이 인식되어 왔다. 그들은 변화의 공동생산자들이다. 행동, 태도, 기술, 그리고 심지어 환경적인 조건들에서의 모든 변화는 소비자들의 적극적인 참여를 필요로 한다. 비록 그러한 것이 지금 전통적인 지혜가 되어 있긴 하지만, 한편으로는 조직의 실제에서나 전문가의 실천 현장에서 서비스 제공자의 권한을 유지하고 그들의 의존성을 영속화시키려는 힘들은 여전히 존재한다(Hasenfeld, 1992c). 하지만 이러한 힘들은 소비자들을 정상화시키고 그들의 강점과 능력을 인식하는 문화적 규범의 증진이나 거버넌스 절차 속에서, 그리고 소비자 선택과 영향력을 허용하는 서비스전달의 생산기술에서는 약화되기 마련이다(Gutierrez, 1992; Rapp & Poertner, 1992).

정책영역과 관련하여 보면, 사회적 서비스의 소비자들은 흔히 그들의 삶에서 권한 박탈의 상태에 있고, 따라서 자신들의 요구를 주장하기 위한 정치적 및 행정적 기술이 그들에겐 부족하다. 이와 함께 대부분의 조직들이 자신의 정당성과 재원 충당을 클라이언트들이 아닌 다른 사람들에게서 확보함으로써 행정가들과 서비스 제공자들이 서비스 과정에 대한 소비자들의 기여와 이해관계를 경시하거나 무시하려는 경향이 있다. 이러한 일이 일어나지 않도록 또 클라이언트들이 협동적 상대자 혹은 파트너들로서 관련되도록 하는 데에 행정가들의 핵심적인 역할이 기대된다.

이 장에서는 사회복지행정 개념 정의의 과정에 만나게 되는 차별적인 개념적 속성들과 그로부터 논의된 아홉 가지의 실천적 과제들은 사회복지 분야의 행정이 일반 행정과 구별되는 많은 특징들을 설명했다. 어느 정도까지는 이러한 기능과 과업들이 휴먼서비스의 다른 분야들이나 영리 부문에서도 존재한다. 하지만 종합적으로 볼 때, 그것들이 다른 분야들보다 사회복지행정의 성공에 보다 더 핵심적인 요소로 보인다.

사회복지행정 패러다임의 요소들로서 최고책임자, 중간관리층, 그리고 슈퍼바이저 등 여러 층의 관리자들이 수행하는 기능과 과업들이 지적되고 있다. 비록 특정한 기능들을 수행할 책임이 어느 한 계층에 좀 더 많이 있을 수 있겠지만, 우수한 조직성과를 만들어내는 것은 그러한 기능들의 조정된 집행이지 최고책임자 한 사람만의 행동에 의한 것은 아니다. 따라서 기능과 과업들이 조직의 목표를 달성하기 위하여 집단적 형태로 행동하는 모든 계층에 있는 관리자들의 책임이다.

물론 행정과 조직성과 간에 정확한 관련성에 관해서는 아직 밝혀져야 할 점이 많은 것도 사실이다. 다만 이러한 과업들과 기능들은 사회복지행정의 경계를 설정하며 성공적인 조직성과를 위해서는 기본적인 관리기술들 외에 더 필요한 것이 있다는 것을 말해 준다. 예컨대 관리자가 기획, 조직, 인사, 통제 등 기본적인 관리기능들을 혼자서 모두 수행하더라도 그것들을 사회복지행정의 본질적 특성들로 표현되는 사회복지 환경의 욕구에 따라 특수화하지 않는다면, 어떠한 기준으로 보더라도 그 기관은 성공할 수 없다는 것이다. 그러므로 사회복지조직에 관리기술들을 적용함에 있어서 사회복지행정의 특수성이 충분히 이해되고 감안되어야 할 필요성이 있다.

요컨대, 사회복지행정은 사회복지적 측면과 행정적 측면 둘 다를 포함하고 있으므로 일반행정과 비교해서 유사성 및 특이성을 모두 갖는 양면성을 지닐 수밖에 없다. 즉 비록 조직들의 성격이 다르고 목표나 구조, 기술, 대상 인구들이 조직에 따라 다르다 해도 모든 조직들을 움직이는 행정의 궁극적인 기술과 방법은 일관적이고 유사하다. 반면에 각 조직들이 추구하는 가치와 목표, 업무활동들은 각기 다르므로 각 조직의 특성은 행정의 본질을 규정하는 데 중요할 수밖에 없다. 그래서 사회복지행정은 일반 행정과 구별할 수 있는 독특성을 가지게 된다. 다만 외부에서 차용한 행정적 지식들을 어떻게 사회복지적 고유가치들을 구현하기에 적절한 행정원리들로 변화시켜 나갈 것인가 하는 점이 중요한 과제이다.

제 2 장

사회복지행정의 발전과 영역

1절 미국 사회복지행정의 발전

오늘날 복지국가를 지향하는 대부분의 국가들은 사회복지서비스의 효율성과 지역사회에 대한 책임성 확보라는 측면에서 사회복지행정의 중요성을 강조하고 있다. 따라서 시대적 상황과 사회복지전문직의 배경에 따라 사회복지행정의 변화를 고찰해 보는 것은 미래의 사회복지행정의 발전방향과 과제를 파악하는 데 반드시 필요하다.

사회복지행정의 역사를 고찰함에 있어서 사회복지행정이 다른 나라에 비해 발전한 미국의 역사를 고찰한 후 한국 사회복지행정의 역사를 고찰하고자 한다. 왜냐하면 선진 사회복지행정 역사와의 비교를 통해 한국 사회복지행정의 발전과제 및 방향을 설정하는 데 중요한 함의를 얻을 수 있기 때문이다.

패티(Patti, 1983: 1-23)는 미국 사회복지행정의 역사를 그 발달과정상에 나타나는 중요한 사항들을 중심으로 인식기(19세기 말엽부터 1930년대 초반까지), 기초 정립기(1930년대 중반부터 1960년까지), 정체기(1960년대), 발달기(1970년대부터 중반까지), 새로운 도전과 응전기(1980년대 후반부터 현재까지)로 각각 구분하고 있다. 따라서 본 절에서는 패티가 제시한 역사적 구분을 기초하여 제시하고자 한다.

1. 미국 사회복지행정의 인식기

사회복지는 산업화의 사회적 환경 변화에 따른 다양한 사회문제 출현에 의해 나타났지만, 사회복지행정에 대한 관심이 최초로 이루어진 것은 19세기 말엽이라고 볼 수 있다. 그 이유는 사회복지 역사에 많은 업적을 남긴 제인 아담스(Jane Addams), 메리 리치먼드(Mary Richmond), 해리 홉킨스(Harry Hopkins), 줄리아 라트롭(Julia Lathrop) 등의 학자들이 사회복지 프로그램의 개발과 관리에 헌신적으로 노력한 결과다. 그러나 명목상으로나마 사회복지행정에 관한 인식이 이루어진 것은 20세기에 들어와서부터라고 할 수 있다.

20세기 초반은 전체 사회복지의 역사에서 보면 전문화의 시대였으며, 전문직업으로서 사회복지의 독자적 영역이 형성되고, 전문직 실천의 지배적이고 독특한 방법으로서 케이스워크가 확립되는 시기였다(Lubove, 1965: 119). 즉 이 당시 사회복지의 이론과 지식, 기술은 물론 심지어 사회복지교육까지도 대부분 케이스워크에 초점을 두고 있었으므로 케이스워크가 전체 사회사업전문직을 대표하는 것으로 생각되었다. 그러나 이에 대한 비판과 반성이 몇몇 학자들 그리고 전문직협회 및 관계 문헌들에서 나타나기 시작했는데, 이것이 사회복지행정에 대한 인식의 시초라고 볼 수 있다.

1) 사회복지전문가의 인식

사회복지전문가들은 빈민들의 사회적 조건을 개선하고, 과거부터 내려오는 사회사업기관들의 실천을 합리적으로 관리할 책임이 있었고 또한 사회사업전문가들의 활동이 직접 또는 간접으로 불가피하게 행정과 관련되어 있었기 때문에 완전히 행정에 무관심하기는 어려웠다(Lubove, 1965: 22–34). 따라서 사회복지전문직 자체는 사회사업기관들의 실천을 합리적으로 관리하고 효율성을 높일 수 있는 전문적 방법의 필요성을 인식하게 되었던 것이다. 그리고 몇몇 사회사업학자들은 케이스워크가 사회복지서비스의 목적, 조직, 그리고 전달에 영향을 미치는 하나의 전문직으로서는 너무 좁은 영역이므로 보다 광범위한 접근이 필요하다고 주장했다. 이와 같은 학자들 중에서 대표적인 사람은 애보트(Abbott)와 던햄(Dunham), 그리고 해거티(Hagerty) 등이었다(Patti, 1983: 3–4).

애보트(Abbott, 1931: 30–37)는 1927년 미국사회사업가협회(American Association of Social Workers) 회의에서 사회사업전문교육이 케이스워크에 초점을 둔 고도의 기술적이고 전문적인 과정으로 되어 있으나 이러한 케이스워커들은 이후에 주 사회복지이사회나 혹은 사회복지기관협의회의 간부(secretary)가 될 자격을 갖추어야 한다고 주장하였다. 그녀는 사회사업을 전공하는 대학생들은 케이스워크와 같은 직접적 실천에 관한 지식과 경험뿐만 아니라 행정과 정책에 관한 지식과 경험을 갖추어야 한다고 인식하고 있었던 것이다.

한편, 던햄(Dunham, 1939: 16)은 사회복지행정과 직접적 실천을 분리된 것으로 생각해서는 안 된다고 주장하면서 케이스워크의 지식과 기술은 모든 형태의 전문적 실천의 기초가 되므로 사회사업가들은 케이스워크를 학습한 후에 행정을 효과적으로 관리하는 데 필요한 것들을 학습해야 한다고 주장하였다. 이처럼 던햄은 사회복지행정을 간접적인 방법, 즉 직접적인 실천의 보조적인 방법으로 인식하고 있었다. 해거티(Hagerty, 1931: 99)는 사회사업대학의 첫째 임무가 행정가들의 교육에 있고, 그러한 교육을 하기 위해서는 교과과정 속에 행정에 관한 내용이 필수적으로 포함되어야 한다고 주장하였다. 해거티의 사회복지행정에 대한 주장은 이후 사회사업대학들의 교과과정에 많은 영향을 미치게 되었다.

2) 사회사업대학의 인식

스키드모어(Skidmore, 1983: 24)는 사회사업대학 교과과정 속에 최초로 행정이 나타난 것이 1914년이었다고 기술하였지만 구체적인 내용을 제시하지는 않았다. 따라서 사회사업대학에서의 행정에 대한 인식은 1929년의 밀퍼드(Milford)회의 이후로 볼 수 있다. 이 회의에서는 전문적 사회사업교육기관은 사회사업가 양성을 위하여 케이스워크, 그룹워크, 지역사회조직, 사회사업조사, 행정을 포괄하는 하나의 교과과정을 제안하였다(NASW, 1929: 78). 특히 이 제안에는 사회복지기관에 필요한 조직구조의 틀(framework)과 기준, 효과적인 서비스 전달체계, 조직을 언급하고 있었다.

그러나 이 시대의 영향력 있는 보고서의 내용으로 미루어 볼 때 당시 사회사업실천가나 교육을 담당하는 사람들은 사회복지행정의 필요성을 인식하면서도 행정업무나 행정가의 역할 등 구체적인 내용을 정립하지는 못했던 것으로 보인다. 밀퍼드회의 이후로 많은 대학들이 교과과정 속에 행정을 포함시켰다고 하지만 실질적으로 몇 개 학교의 교육과정 속에 행정이 들어 있었는지는 분명하지 않다.

사회복지행정에 대한 인식은 지금까지 논의한 바와 같이 대략 19세기 후반부터 1930년대 초반 사이에 이루어졌다고 볼 수 있다. 그러나 이 시기에서는 사실상 사회복지행정의 실천지식과 기술이 일관성 있게 발전하지는 못했으며 또한 행정실천 영역을 지도할 전문적 규범과 가치 및 원리도 정립되지 못한 상태였다.

2. 미국 사회복지행정의 기초 정립기

미국 사회복지행정의 기초는 사회사업 인식기를 거쳐서 사회사업가들의 행정지식에 대한 관심과 노력, 그리고 당시의 대공황의 문제해결을 위해 수립된 공공복지정책의 실현과 연계가 이루어지면서 형성된다. 따라서 이 시기는 사회복지행정 실천영역이 형성되어 가고 있었고 사회복지행정의 개념과 이론의 기초가 정립되는 시기였다.

1) 실천영역의 형성

사회복지행정의 실천영역은 대공황의 결과로 나타난 실업자와 경제적 파탄자를 위한 원조에 연방정부가 관여하여 1934년 연방긴급구호청(FERA: Federal Emergency Relief Administration)이 설립되고 1935년의 「사회보장법」을 제정하여 연방과 주의 공공부조제도가 실시됨에 따라 형성되었다고 볼 수 있다. 연방긴급구호청의 설립으로 각 주 및 지방에는 공공구제기관이 설치되어 그 기관에서 업무를 수행할 직원들이 필요하게 되었으며, 이러한 직원들의 업무를 관리하고, 효율적인 구제를 시행하기 위한 많은 관리자가 필요하였다(Brown, 1940: 280–289).

이처럼 「사회보장법」의 제정은 공공부조의 기준을 확립하였으며 주와 지방이 공공복지부를 창설하게 하거나 또는 기존의 조직을 확장시키는 데 공헌하였다(Dunham, 1970: 45). 이러한 제도들의 실시는 연방에서 위임된 사회적 서비스를 계획하고 조직하며, 관리 및 감독할 많은 훈련된 직원을 필요로 하게 되었다(Brown, 1940: 273–298). 이같이 행정 훈련을 받은 직원의 수요가 급증하게 된 현상은 사회복지행정의 실천영역이 만들어지고 행정 발전의 기초가 형성된 것으로 볼 수 있다.

이러한 사회적 변화에 따라 사회복지대학들은 케이스워크를 중심으로 한 직접적 실천가를 양성하는 것에서부터 공공복지행정에 속하는 하나 혹은 그 이상의 과정을 두고 공공행정가를 양성하는 방향으로 교과과정을 개정하였다(Street, 1940: 6). 개정된 교과과정을 이수한 학생들이 연방긴급구호청을 비롯한 지방긴급구호기관, 공공부조연방기관 등 공공기관과 각종 민간기관에서 효율적 운영에 참여함으로써 사회복지행정 실천영역을 더욱 확고하게 하였다.

2) 개념과 이론의 정립

사회복지행정의 개념 및 이론은 학자들과 사회사업대학에서 행정에 관한 집중적·전문적 교육을 받은 실천가들이 협력하여 사회복지의 핵심적 지식, 가치, 기술과 체계적으로 관련되는 하나의 실천방법으로 정립하려고 노력하는 과정에서 발전하였다. 즉 사회복지행정은 일반 행정과는 다른 특성을 가지고 있으며, 그 실천에는 고도의 전문성이 요구될 뿐만 아니라 민주적이고 참여적인 과정, 인간관계기술의 적용 등이 요구된다는 것이다.

사회복지행정의 개념과 이론을 정립시키려는 노력들은 다음과 같이 나타나고 있다. 첫째, 일반 행정의 요소들은 모든 조직적 영역에 일반화될 수 있지만 사회복지기관 및 사회복지서비스가 가지는 독특한 특성은 사회복지 영역에 실천되는 행정을 조건화한다. 따라서 사회복지행정은 사회복지조직 외에는 적용할 수 없는 독특성이 있으며, 그 특성은 급여와 서비스의 적합성, 클라이언트 중심의 서비스, 전문적 능력, 프로그램의 효과성, 운영의 효율성 등 서비스의 질을 강조하는 것이라고 보았다(Kidneigh, 1950: 57).

둘째, 사회복지행정도 케이스워크, 그룹워크, 지역사회조직 등과 같은 전문성이 있는 방법론으로 확립하고자 하는 노력이다. 즉 행정과 다른 전문적 방법론이 그 가치, 원리 및 지식과 기술 측면에서 서로 밀접한 관계가 있음을 확인하려는 것이었다. 그리고 사회복지행정가의 역할은 자신과 직원들, 기관 내·외의 많은 집단들, 그리고 그들 모두와의 관계 및 기관의 공식 목적과 구체적 목표 사이의 관계를 발달시키는 데 있다고 보았다(Johnson, 1947: 257).

셋째, 사회복지행정은 일반 행정보다 그 과정에 있어 민주적이고 참여적인 경향이 더욱 강조된다는 것이다. 사회복지행정 과정에서는 행정가에 의한 일방적 권력의 행사가 아니라 직원, 이사회, 자원봉사자, 회원 및 이용자를 포함하는 모든 집단 및 이해관계자들이 참여하고 책임을 공유하는 것이 강조된다고 보았다(최성재·남기민, 2000: 43). 사회복지행정실천에는 독특한 기술과 전문적 지식이 요구된다는 점을 확인하는 과정에서 민주적 과정과 참여의 강조가 일반 행정과 구별되는 것으로 나타나 사회복지행정의 실천영역과 개념, 이론, 원리 등이 정립되었던 것이다.

이와 같은 사회복지행정의 실천영역, 개념, 이론, 원칙들의 기초 정립을 통해 행정을 단지 하나의 도구나 보조적인 것이 아닌 독립적인 영역으로 확립되게 하였다(Trecker, 1946: 16). 사회복지행정 영역의 확립은 사회복지행정 교육을 위한 기반 형성과 함께 사회사업 방법론에서 사회복지행정이 동등한 위치를 확립하도록 하는 데 공헌하였다고 볼 수 있다.

3. 미국 사회복지행정의 정체기

사회복지행정은 실천영역 및 이론적 기초 정립을 바탕으로 1960년대 초반에는 상당한 발달이 기대되었는데, 그러한 기대는 다음과 같은 사실로 나타났다.

첫째, 1960년대 초반 사회사업가협회(NASW: National Association of Social Workers)의 후원하에 사회복지조직 및 행정에 이용할 수 있는 많은 이론들이 연구되었고 또한 행정 발달에 대한 건의안이 발표되었으며(Fanshel, 1962: 18), 사회복지협의회(NCSW: National Council of Social Welfare)는 사회복지행정에 관한 요소를 다룬 많은 논문들을 발표했다(Reed, 1961: 18).

둘째, 1961년 사회사업교육협의회(CSWE: Council on Social Work Education)가 사회사업대학의 교과과정을 제시하면서 그 속에 사회복지행정을 포함시키고 있었다(Skidmore, 1983: 10). 또한 사회복지행정 영역에서 일하려는 실천가들을 위한 연구과정의 필요성이 주장되었고(Burns, 1961: 78), 이러한 주장에 따라 사회사업교육협의회는 개별대학들이 사회복지행정 교육을 강화하는 교과과정을 인정하였다(CSWE, 1965: 73-75).

셋째, 이들과 같은 사회사업행정에 대한 전문적 관심의 증대와 사회사업대학에서의 행정교육 강조의 영향으로 1963년 NASW 산하에 사회사업행정위원회(Council on Social Work Administration)가 창설되었다(Trecker, 1977: 17).

이러한 사실에 입각하여 1960년대 초반에는 사회복지행정의 주요한 발전이 이루어질 것으로 기대하였지만 불행히도 그러한 기대는 충족되지 못했다. 그러므로 1960년대는 사회복지행정 발달과정에 있어 하나의 정체기라 할 수 있다. 그 원인은 빈곤투쟁(War on Poverty)정책수행에 따른 커다란 사회적 변화 요구에 사회복지기관들이 적절히 대처하지 못한 데 대한 국민들의 불신과 사회복지행정의 대안으로 지역사회조직사업이 급격히 발달하였기 때문이었다.

1) 사회복지기관에 대한 태도

1960년대의 미국 역사는 중요한 사회 변화를 추구하였다는 점에 의해 특징지어질 수 있다. 즉 미국은 경제적 풍요를 바탕으로 정치·경제·사회적으로 제도들을 혁신하여 빈곤문제를 비롯한 대규모 사회문제들도 효과적으로 해결할 수 있다는 신념을 가지고 있었다. 이러한 신념을 실현하기 위해 빈곤 투쟁을 비롯한 대규모 사회복지 프로그램들을 개발하였으며, 이러한 프로그램들의 효과적 관리와 실천을 위해 엄청난 재원을 투자하여 경제원조국(OEO: Office of Economic Opportunity) 및 지역사회행동기관(CAA: Community Action Agency)을 비롯한 수많은 기관들을 설립했다.

그러나 많은 노력과 재원의 투자에도 불구하고 이러한 프로그램 개발과 관리기관들은 빈곤문제를 비롯한 사회문제를 해결하는 데 실패하였다. 따라서 국민들은 문제해결에 실패한 지역사회기관에 대하여 비판과 불신을 나타내게 되었다. 특히 모리스와 레인(Morris & Rein, 1967: 40-55)은 사회복지기관들이 클라이언트들에게 봉사할 책임을 태만히 하고 변화하는 사회적 욕구와 조건에 적절히 대처하지 못할 뿐만 아니라 서비스급여보다는 기관의 유지와 안전에 더욱 치중하고 있음을 비판하였다.

이러한 비판들은 사회복지조직 및 기관에 대한 불신이 사회복지행정가에 대한 불신으로 연결되고 그것이 행정가의 결함 때문이라고 인식하는 국민들의 태도를 반영하고 있었다. 이러한 사회복지기관 및 행정가에 대한 국민의 태도는 결국 사회복지행정의 발달을 정체시키는 결과를 가져왔던 것이다.

2) 지역사회조직사업의 발달

지역사회조직사업의 역사에서 보면 1960년대는 사회 변화와의 관계 속에서 지역사회조직사업의 전문적 발달이 이루어지는 시기이다(Dunham, 1970: 37). 행동적이고 개혁적인 지역사회조직사업의 특성은 미국 국민들로 하여금 그들이 지향하는 사회적 변화 및 욕구와 아울러 광범한 사회문제를 해결해 줄 수 있는 방법으로 인식하게 하였다. 지역사회조직사업은 그 당시의 인권운동과 인종차별방지운동 및 도시재개발운동 등 많은 사회문제 해결에 직접적으로 응용되었으며 또한 많은 성과를 거두게 되었다.

사회복지행정에 대한 대안으로서 지역사회조직사업의 획기적 발달(Dunham, 1970: 221-222)은 상대적으로 사회복지행정의 발달을 정체시키는 결과를 가져왔다. 그러나 지역사회조직사업의 발달과 사회복지행정의 발달은 결코 상호 배타적인 것은 아니었다. 즉 지역사회조직사업의 지식을 기초로 사회복지행정의 지식이 보다 확장된 부분도 있었으며, 어떤 측면에서는 중복되는 부분도 있었다. 그러나 지역사회조직사업의 발달은 사회복지행정에 대한 관심을 약화시키는 결과를 가져왔으며, 이로 인하여 사회사업대학에서의 교육도 지역사회조직을 강화함으로써 사회사업행정의 발달을 저해했다는 것은 부인할 수 없는 사실이 되었다.

4. 미국 사회복지행정의 발달기

1960년대는 지역사회조직의 발달로 인한 사회복지행정의 발전이 정체되는 시기였으나 지역사회조직의 발달로 인한 많은 사회복지기관 및 프로그램들의 개발은 사회복지행정 발달을 위한 여건을 마련해 주었다. 이러한 여건 속에서 사회복지행정은 1970년대에 들어와 베트남전의 패전으로 인한 경제 악화와 인플레이션, 사회복지에 대한 정부책임 증가에 따른 비용 증가 등으로 심각한 도전에 직면하게 된다. 특히 사리(Sarri, 1973: 31-32)는 사회사업전문직이 행정에 대한 사회적 요구를 해결할 수 없고, 사회복지서비스의 계획 및 전달에 있어 지도력을 제공하지 못한다면 다른 전문직의 시녀로 전락할 것이라고 경고하고 있었다.

따라서 사회사업전문직은 행정 발전의 요구에 적절히 부응하기 위해 실천과 교육의 면에서 상당한 노력을 경주하게 되었다. 사회복지비용 절감이라는 1970년대의 시대적 요청과 함께 사회복지행정에 대한 수요 증가는 사회복지행정에 대한 관심이 보다 확대되는 국면에 접어들게 되었으며, 이러한 관심과 요구를 반영하여 사회복지행정에 관한 전문잡지들이 출판되었다.

1) 사회복지행정에 대한 관심

1960년대 후반부터 미국은 베트남 전쟁의 영향으로 계속적인 경제성장의 둔화와 만성적인 인플레이션으로 인하여 이전에 급격히 확장된 사회복지 프로그램의 비용부담이 어렵게 되었다. 이러한 재정상의 문제 때문에 1970년대부터는 기존의 사회복지 프로그램들 중에서 사회문제 해결에 필수적이면서 효과성과 생산성이 큰 프로그램을 선택해야만 하는 상황에 직면하게 되었다.

따라서 정책결정자들은 사회복지 프로그램을 선택하는 데 전문적 정보를 제공해 줄 수 있는 사회복지행정가가 필요하게 되었다. 정책결정자들은 사회복지행정가에게 어떠한 프로그램을 선택하고 실시해야 할 것이며, 그 비용은 얼마가 소요되고 어떠한 효과를 가져 올 것인가에 대한 정보를 요구하였다. 이러한 요구들에 부응하기 위해서는 결국 사회복지행정가의 관심과 임무가 프로그램의 유지·확장으로부터 프로그램의 해석, 선택, 통제 그리고 평가로 변화되지 않을 수 없었다.

이러한 상황에 대처하기 위해 사회사업전문직과 사회복지조직들은 새로운 행정 지식 및 기술 영역의 개발에 심혈을 기울이게 되었다. 즉 사회복지조직의 관리·운영에 경험이 많은 전문가와 프로그램관리자들은 새로운 시대의 욕구에 부응하는 데 필요한 기술과 지식들을 개발하고 발전시키게 되었다.

또한 사회사업전문직과 대학 그리고 사회복지조직들도 새로운 시대의 요구에 부응하기 위한 지식과 기술의 발전은 물론 이러한 지식과 기술을 겸비한 행정가들을 양성하는 데 적극적인 노력을 하게 되었다. 이러한 과정에서 새로운 관리기법(PPBS, PERT 등)들이 사회복지행정 영역에 도입되면서 행정은 효과적이고 효율적인 사회서비스의 계획, 유지, 관리, 평가의 고유한 방법으로 발전되었다.

2) 전문적 문헌의 출현

1970년대의 사회복지행정 발전에 대한 사회적 요청을 충족시키기 위해 사회사업대학들은 행정교육을 확장하였다. 1975년까지 미국 84개 사회사업대학들 중에서 19개 대학이 사회복지행정이란 과목으로 교육을 실시했으며, 그 외 많은 대학들도 명칭은 약간씩 다르지만 기획, 조직 그리고 행정을 결합한 내용들을 학생들에게 교육하고 있었다(Kazmerski & Macarov, 1976: 18).

이러한 사회복지행정 교육의 확산은 행정실천 방법에 대한 학문적 관심을 증가시켜 CSWE, NASW, NCSW 등에서도 행정실천에 관한 많은 논문을 게재하여 발전적인 토론의 장을 제공하였다. 또한 사회복지이론을 논의하는 저널에서도 행정 및 관리를 주제로 한 논문들이 급격히 증가해 갔다. 그 결과 1970년대에는 사회복지행정에 관한 전문적 문헌과 잡지가 출현하게 되었다. 그 중에서도 사회사업행정의 발전에 크게 공헌한 문헌은 『사회사업행정(*Social Work Administration: A Resource Book*)』과 『사회사업행정사례집(*A Casebook in Social Work Administration*)』이다(Skidmore, 1983: 25). 그리고 1976년에 사회복지행정 영역 발전에 지대한 공헌을 한 최초의 저널 『사회사업행정(*Administration in Social Work*)』이 출간되었다. 이러한 문헌의 출현은 사회복지행정 발달의 중요한 계기를 제공하였고, 특히 정기적인 저널의 출현은 사회복지행정 이론에 관한 전문적 논의를 용이하게 했으며, 행정 연구를 위한 풍부한 자료들을 제공해 주었을 뿐만 아니라 행정실천을 위한 지식과 기술을 검증하는 데 공헌하였다(Austin, 1981: 47). 그 결과로 사회복지행정의 원칙, 이론, 역할 등에 대한 다양한 사례 및 모델이 정립되었다고 할 수 있다.

5. 미국 사회복지행정의 도전과 응전기

1980년대 이후 레이건 행정부에 의해 가속화된 연방정부의 사회복지 역할 축소 정책과 함께 1990년 이후에 급변하는 사회복지환경에 따라 사회복지행정에 있어서도 중대한 변화가 나타났다. 1990년대의 사회복지환경의 변화는 첫째, 기획에서 서비스 전달까지 직접 담당했던 거대 공공 관료조직들이 퇴조하게 되었고, 둘째, 계약이나 서비스 구입 등의 방법을 통한 민간 부분의 직접서비스 전달에서의 역할 증대, 셋째, 민간과 공공의 엄격한 조직적 구분의 퇴조, 넷째, 서비스목적 실현을 위해서는 느슨하게 연결되어 있는 다양한 서비스 조직들을 연계할 서비스 전달체계의 통합이 필요하다는 인식의 확산, 다섯째, 사회복지서비스의 책임성에 대한 구체적인 행정 실천 등이다(김영종, 2001: 66).

이러한 사회복지환경의 변화는 사회복지행정을 통한 효율성과 효과성의 강화를 요구하는 도전이기 때문에 이러한 도전에 대응하기 위한 시도가 나타나게 되었다.

1) 민간 참여 강화

도전에 대한 우선적 대응은 사회복지서비스의 제공 및 그 전달체계를 민간화하는 것에서 시작되었다(Austin, 1995: 1645). 즉 정부의 부담을 줄이면서도 서비스의 다양성과 범위를 확보할 수 있도록 하기 위해 정부 재원으로 공공복지조직을 운영하는 대신 민간 사회복지 프로그램에 대해 정부가 보조금을 지급하거나 민간서비스 구입 계약을 체결하는 방법 등으로 민간 부분을 적극 참여시키는 것이었다. 그 결과 서비스를 판매하거나 정부 보조금에 의해 운영되는 많은 민간복지기관들이 설립되었고 심지어는 이윤추구를 목적으로 하는 기업들까지 사회서비스 조직 및 프로그램에의 참여가 가속화되어 결과적으로 이를 효율적으로 관리할 행정적 전문지식과 기술을 겸비한 행정가를 요구하게 되었다.

사회복지서비스 제공 및 그 전달체계에 민간의 적극적 참여로 인해 나타난 또 하나의 변화는 공공기관과 민간기관이라는 전통적인 구분을 어렵게 만드는 복합적인 복지조직들이 등장하였다는 것이다. 이러한 새로운 조직 형태의 등장은 전통적인 민간서비스기관, 관립민영기관, 공공기관 등의 구분을 점차 희미하게 만들어 소위 제3섹터적인 복지조직의 형태가 나타나게 하였다.

2) 조정, 연계의 강조

새로운 복지조직 형태의 등장으로 전통적인 중앙집권적 공공 관료조직들이 점차로 기능적 혹은 지리적으로 탈집중화되어 느슨하게 연결된 공공서비스조직들에 의해 대체되기 시작하였다. 이들 조직들의 특징은 개인 서비스제공자, 비영리 서비스조직, 영리기업 등과 계약을 통해 서비스를 구입하여 제공한다는 것이다. 즉 실질적인 서비스 제공은 자신들이 직접 담당하지 않고 다양한 차원의 서비스 제공조직들을 연결하는 역할만을 담당하게 되는 것이다(김영종, 1998: 50).

따라서 이러한 조직을 관리 · 운영하는 행정가에게는 직접적 서비스에 관한 지식과 기술보다는 구입이 필요한 서비스의 선택과 계약의 체결, 서비스의 조정 및 연계, 직접서비스 기관의 지도 · 감독과 통제, 평가 등에 대한 지식과 기술이 더욱 중요하다. 따라서 사회복지전문직에서도 행정가에게는 임상훈련보다는 행정적 지식과 기술에 대한 훈련과정을 더욱 효과적으로 시행할 것을 요구하였다(Patti, 1983: 19).

또한 지역사회를 중심으로 제공되는 서비스들을 연계하면서 그 효과성과 효율성을 제고

시킬 수 있는 망(network)이 구축되어 가고 있다. 따라서 제각기 다른 유형의 자금원을 가진 기관들이 차츰 복잡한 연계망을 형성하고 유사한 정보시스템을 공유함으로써 급격하게 변화하는 정보교환 기술에 대한 합의를 이루기 위해 노력하고 있다. 한편, 민간기관들은 점차 대규모화되어 다양한 프로그램과 복합적인 자원제공처를 갖게 되었는데, 서비스 구매 계약과 보조금에 의한 프로그램 개발 및 운영 등이 일반화되면서 연방정부와 주정부 및 공동모금회를 비롯한 다양한 민간지원법인과 단체들이 주요 자원제공처로 등장하게 되었던 것이다.

이처럼 자원제공처의 다양화 및 효율적인 서비스 연계망의 구축을 요구하는 사회복지환경의 변화는 사회복지행정가의 조정 및 연계의 역할과 책임성이 요구되었다.

지금까지 논의한 미국 사회복지행정의 역사를 정리하면 〈표 2-1〉과 같다.

| 표 2-1 | 미국 사회복지행정의 역사

인식기	19세기 말 ~ 1930년대 초반	• 사회복지행정에 대한 최초 관심 • 사회사업교과과정에 최초로 행정 등장(1914) • Abbott: 1927년 사회사업가들에게는 공공복지행정을 포함하는 교육과정이 필요함을 언급 • Dunham: 사회복지행정을 실천의 보조적 방법으로 인식 • James Hagerty: 교과과정 속에 행정에 관한 내용을 포함시켜야 한다고 주장 • Milford 회의(1929): 사회사업 기본기술 및 행정을 포함한 교과과정 제안 • 미국 사회사업대학협의회의 채택 교과과정에 행정이 선택과목으로 포함(1923)
기초 정립기	1930년대 중반 ~ 1950년대 후반	• 연방긴급구호청(1934) 설립: 대공황 극복을 위한 실업문제 해결 시도 • 사회보장법제정(1935): 연방, 주 공적부조제도 창설 → 행정 발전의 기초 형성 • 사회복지행정의 개념과 기초의 정립 → 행정을 독립적인 영역으로 확립
정체기	1960년대	• 사회사업가협회에서 행정 관련 이론 연구 및 행정 발달에 대한 건의안 발표 • 사회복지협의회에서 사회복지행정에 관한 요소를 다룬 논문 발표 • 사회사업교육협의회(1961): 사회복지행정 교육을 강화하는 교과과정 인정 • NASW산하 사회사업행정위원회(1963) 창설 • 사회복지기관에 대한 불신, 지역사회조직사업의 발달 → 행정 발달의 정체
발달기	1970년대 ~ 1980년대 중반	• 프로그램 비용 부담의 어려움, 사회복지정책 선택 문제에 직면 → 새로운 관리기법의 도입 • 1975년까지 미국 84개 대학 중 19개 대학이 사회복지행정이란 과목으로 교육 • 1977년에는 사회복지행정을 필수과목으로 하는 대학이 35개로 증가 • 행정 관련 논문 수의 급증 • 사회복지행정에 관한 문헌과 잡지 출현 → 원칙, 이론, 역학, 모델 정립 • 1976년 최초의 정기적 저널인 『사회사업행정』 창간

도전과 응전기	1980년대 후반 ~ 현재	• 레이건 행정부의 사회복지 역할 축소 이후 사회복지행정에 대한 도전과 응전 • 민간의 사회복지행정에의 참여 증대(공공관료조직 퇴조, 민간부문의 직접서비스 전달에서의 역할 증대, 민간 · 공공의 엄격한 조직적 구분 퇴조) • 조정, 연계, 책임성 이행 기술의 강조(서비스 연계조직의 출현과 자원제공처의 다양화)

2절 한국 사회복지행정의 발전

한국의 사회복지행정의 역사는 민간복지행정 및 공공복지행정에 관한 자료의 부족 등의 한계 속에서 논의하기는 쉽지 않다. 그럼에도 불구하고 최성재와 남기민(2000: 53-63)은 한국 사회복지행정의 역사를 정리하여 세 가지 단계로 구분하고 있다. 즉 사회복지행정의 미인식 단계(1950년대 및 이전), 명목상 인정 단계(1960년대~1970년대), 그리고 실질적 중요성 인식 단계(1980년대~1990년대)로 구분하여 제시하고 있다. 이러한 단계 구분은 명확한 근거가 부족하기 때문에 본 절에서는 공화국별로 사회복지행정의 역사를 정리하고자 한다.

1. 일제와 미군정하의 사회복지행정

일제와 미군정하의 사회복지행정에 관한 사항은 사회복지행정이라기보다는 구호행정이었다. 그러나 이러한 구호행정이 지금까지의 구호행정에 많은 영향을 미치고 있고 근대 한국 사회복지행정 역사의 출발점이 되었기 때문에 검토의 의의가 있다.

1) 일제시대

1910년 한일합방이 이루어짐에 따라 종래의 구제사업은 거의 자취를 감추었고, 1921년 조선총독부 내무국에 사회과가 신설되어 우리나라 사회복지사업의 지도 · 통제를 전담하게 되었다. 이것을 한국 사회복지행정 실천의 효시로 볼 수 있으나 광복되기까지 공적 조직의 사회복지활동은 시혜적인 활동에 국한되어 공적인 사회복지조직이라고 보기는 어렵다(최성재 · 남기민, 2000: 53).

1944년 3월 전문 33조로 된 조선구호령이 공포 · 실시되었는데, 동령에는 국민의 빈곤, 불구, 폐질 등에 대처하는 구호의 종류로 생활부조, 의료부조, 조산부조, 생업부조의 4가지를 규정하였고, 특정한 피보호자에게는 매장부조도 규정하고 있었다. 구호의 방법은 거택구호와 수용구호로 구분하였으나 거택구호를 원칙으로 하였다(동령 제10조~제16조).

이와 같이 조선구호령에는 조선총독부, 즉 국가가 국민의 빈곤, 불구, 폐질 등에 대하여 생활을 구호할 의무를 가지는 것으로 나타나 있어 이들을 실현하기 위한 공공구호행정이 전개되어야 할 상황이었다. 그러나 이 법령은 당시 조선총독부가 국민들을 회유하고 종속시키고 관리하기 위한 정치적 맥락에서 시행한 법령상의 명문규정에 지나지 않았기 때문에 그 실현을 위한 구호행정도 형식적이며 명목적인 것에 불과하였다. 그러나 조선구호령에 근거한 구호행정은 「생활보호법」의 제정에 기초가 되었으며, 우리나라 공공구호행정의 근거가 되었다는 데 그 의미를 찾을 수 있다.

2) 미군정시대

광복은 우리 국민에게 새로운 국가를 건설할 기회를 제공하였으나 당시 국제 상황에 의해 독자적인 정부를 수립하지 못하고 약 3년간의 미군정이 실시되는 상황이었다. 미군정은 1945년 10월 27일 군정법령 제18호로 보건후생국을 설립하였으며, 보건후생국은 1946년 3월 2일 보건후생부로 승격하게 된다. 보건후생국은 1946년 1월 12일 후생국보 3호를 발표하여 1944년 일제가 제정·공포한 조선구호령과 함께 시행하였다. 또한 1946년 9월 18일의 후생국보 제3A호에는 재해민과 피난민 구호계획이 발표되고, 그들에게 식량, 의류, 연료, 긴급의료, 매장, 치료 등의 편의를 제공하고자 했다. 동보 제3C호는 빈민 및 실업자 구호계획을 제시하고 있다.

후생국보 3호의 구호계획이 조선구호령과 함께 시행되기는 했지만 그 내용은 계획적인 구호행정의 필요성과 그 기준을 제시한 것에 불과하였기 때문에 역시 근대적 사회복지행정과는 거리가 있었다. 즉 미군정의 구호정책은 요구호자에 대한 구호의 필요성에 대응한 것이 아니라 정치적 불안에 대응하여 전개되었고 구호의 범위와 수준이 열악하고 구호행정이 배제적·일방적인 성격을 가지고 있었다(최항순, 1994: 121).

특히 미군정은 1946년 9월 18일 법령 제112호로 「아동노동법규」를 공포·시행함에 이어 1947년 5월 16일에는 과도정부 법령 제4호로 「미성년자노동보호법」을 공포·시행하였다. 이것은 당시 선진국들이 운영하고 있었던 인도적·계몽적 원리에 따라 아동 및 미성년자의 노동을 보호하게 함으로써 아동복지행정의 기초를 이루었다고 볼 수도 있으나 역시 아동에 대한 구호행정 수준을 벗어나지 못하였다.

미군정 시기에는 사회사업을 실천할 현장이 없었기 때문에 사회복지교육에 대한 필요성과 욕구도 없었지만 1947년 이화여자대학교에 기독교사회사업학과가 설치되어 비로소 전문 사회사업교육이 시작되었다. 이러한 현상은 사회복지실천 현장의 요구보다는 기독교 교육이념 수용과정에서 미국의 사회사업교육이 도입될 수 있었던 것으로 해석된다.

이 시기의 구호행정의 특성은 계획적이거나 장기적인 관점에서 이루어지지 못하고 주로 혼란과 과도기에 대처하기 위한 기아의 방지, 최저생계 유지, 의료보호 등의 임시구호 형태로 시행되었다는 것이다. 따라서 근대적 사회복지 개념에 입각한 사회복지행정으로 보기에는 무리가 있다.

2. 제1 · 2공화국 시대의 사회복지행정

1948년 8월 15일에 대한민국 정부가 수립되었고 제1공화국이 탄생되었지만, 당시의 정치적 상황은 매우 불안정하였고 1950년에는 한국전쟁이 발발하였다. 휴전의 특수한 상황하에서 미국 등에 의한 원조와 민간 차원의 많은 외국의 원조기관이 실시하는 자선 및 구제의 상황이었다고 할 수 있다. 제1 · 2공화국의 사회복지행정은 당시 사회복지행정직제의 개편 내용을 통해 살펴볼 수 있다. 제1공화국은 미군정 당시 보건후생부(1946. 3. 2)와 노동부를 병합하여 사회부로 개칭하고 보건, 위생, 노동, 부녀 행정을 관장하게 하였다. 그 후 1949년 3월 사회부의 관장하에 있던 보건행정을 분리하여 보건부를 신설하였다가 1955년 2월 다시 보건부와 사회부를 보건사회부로 통합하여 사회, 복지, 보건, 부녀 행정을 총괄하는 중심 부서로 운영하였다.

「제헌헌법」 제19조에 근거하여 이러한 공적 조직을 설치하였으나 보건사회부의 사회복지활동은 월남피난민과 전쟁고아 및 피해자의 긴급구호에 급급한 상황이었기 때문에 현대적 의미의 사회복지행정은 실시되지 못하였다. 그러나 사회부는 당시 매우 열악하였던 육아시설의 설비를 충실히 하고 그 운영의 강화 및 적정을 기하기 위하여 1950년 2월 27일 '후생시설 설치기준령'을 제정하였고(신섭중 외, 1999: 71), 1952년 10월 4일에는 전쟁고아 수용보호시설을 비롯하여, 전란으로 혼란에 빠진 기존 각종 구호시설들의 운영과 지도 · 감독의 준칙으로 삼기 위해 전문 7장 33조로 된 '후생시설 운영요령'이란 훈령을 제정하였다(구자헌, 1984: 203).

이 훈령을 통해서 사회부는 긴급구호활동 중심으로 구호행정을 펼쳐 나가고 있었지만 구호시설의 설치와 운영 및 지도·감독에 대한 필요성에 대해서 인식하고 있었던 것으로 보인다.

한편, 6·25전쟁 이후 급증한 전쟁피해자들을 위한 외국의 원조기관들이 들어오면서 민간사회복지기관들이 설립되어 사회복지행정 실천의 장이 마련되었다. 그러나 이러한 외원기관들의 활동은 전쟁피해자인 고아, 미망인, 무의탁 노인, 빈민들에 대한 긴급구조를 위주로 하였기 때문에 조직적인 원조활동과 전문적 사회복지활동을 수행할 수 없는 상태였다(최성재·남기민, 2000: 53).

1953년에 강남대학교의 전신인 중앙신학교, 1958년 이화여자대학교, 서울대학교 대학원 및 학부에 사회사업학과가 설치되어 사회복지교육을 실시하게 되었고, 1956년 사회복지전문인력 단기양성소인 국립 중앙사회사업종사자 훈련소가 창설되었다. 이 당시 사회사업학과 교과과정에 필수 또는 선택으로라도 사회사업(복지)행정이 있었는지는 알 수가 없다. 다만 1954년 키드네이(Kidneigh) 박사가 서울대학교에 사회사업학과 설치를 건의하면서 제안한 교과과정에는 사회사업행정이 포함되어 있었고 학과 개설 이래 사회사업행정 교과목을 개설할 수 있었다고 한다(최성재·남기민, 2000: 54).

이와 같은 사실로 미루어 보면 제1·2공화국 시기의 사회복지행정은 초기의 두 훈령 제정과 외원의 배분에 총력을 기울인 것 외에는 전문적이고 체계적인 활동의 흔적이 보이지 않고 있다. 다만 사회사업교육의 실시와 교과목상에 사회사업행정이 포함되었다는 점이 이 당시 상황에서 전문가 집단의 사회복지행정에 대한 인식을 확인할 수 있다.

3. 제3 · 4공화국의 사회복지행정

5·16군사 쿠데타에 의해 탄생한 제3공화국 정부는 시급한 민생고의 해결을 위해 경제개발을 최우선 목표로 설정하고 절대빈곤의 탈피에 주력하였다. 아울러 당시의 생활무능력자들에 대한 생계보호를 시행하기 위해 「조선구호령」을 모방한 「생활보호법」(1961. 12. 30 법률 제913호)이 제정되었다. 「생활보호법」에 따라 정부의 사회복지행정은 저소득층에 대한 공공부조를 위주로 하는 생활보호행정이 실시되었지만, 당시 정부 재정의 부족으로 인해 긴급하게 발생되는 사회문제로 인한 복지욕구는 주로 민간 외원단체의 원조로 해결하였다.

주무부서인 보건사회부의 역할도 전반적으로 생활보호 위주의 정책수행이었고, 123개의 외원기관도 거의 전부 저소득층에 대한 원조를 위주로 하였다. 이러한 상황에서 공적 사회복지행정조직의 역할은 단순한 정책적 계획과 비전문적 활동 위주였으며 사회복지서비스의 효과성과 효율성을 생각할 수 있는 정도가 되지 못하였다(최성재 · 남기민, 2000: 55). 그리고 공공부조행정과 관련된 「군사원호보상법」 및 「재해구호법」의 제정이 있었으나 이것 역시 군사정부의 특성을 반영하고 사회질서 유지에 일차적 목적이 있어 전문적인 사회복지행정으로 보기에는 어렵다.

특히 이 시기에 가장 심각한 사회문제인 전쟁고아에 대한 해결책으로 「고아입양특례법」과 「아동복리법」과 같은 법률을 제정하였던 것은 아동복지행정의 효시로 간주할 수도 있으나 이 법령에서도 사회사업행정이라는 용어는 사용되지 않았다. 이러한 사회적 상황 속에서 1970년에 비로소 사회복지사업에 대한 기본적인 사항을 규정한 「사회복지사업법」이 제정됨에 따라 민간 사회복지사업의 체계 확립과 국가와 지방자치단체에 의한 사회복지법인에 대한 보조와 지도 · 감독이 가능하게 되었다. 「사회복지사업법」의 제정은 한국의 민간 사회복지행정과 공공사회복지행정을 위한 토대가 마련되는 계기가 되었다.

1970년대 후반부터는 경제개발정책으로 국민소득과 국가의 재정 능력이 향상되어 독자적인 복지문제 해결이 가능하다는 외국의 평가로 외원단체들이 원조감소 및 중단, 외원기관의 철수가 있었으나 사회복지법인 및 시설의 설립은 저조하였다. 따라서 민간사회복지행정의 토대는 마련되었으나 그 실천의 장과 전문성이 부족하여 사회복지행정의 발전으로 연결되지는 못하였다. 이 시기의 모든 대학은 사회사업행정을 교과과정에 포함시키고 있었지만 전공 필수과목 또는 선택과목으로 되어 있었다. 그러나 사회복지학자들도 사회사업행정을 전공분야로 하거나 행정에 관한 논문을 발표한 적이 거의 없고 행정을 전공 분야로 하는 학생들도 거의 없었다. 하지만 제3 · 4공화국에서는 공공부조제도의 수립과 사회복지법인제도의 도입 등으로 공공 및 민간 사회복지행정의 발전 기초를 마련하였다고 평가할 수 있다.

4. 제5공화국의 사회복지행정

제5공화국은 제4공화국 이래 계속되어 온 선경제개발 후분배주의 정책에 따른 소득분배상의 불균형 문제, 소득 격차, 상대적 빈곤, 지역 간의 격차, 지속적인 산업화, 도시화에 따른 각종 새로운 사회문제, 가치관의 분열, 광주민주화운동에 따른 후유증, 그리고 학생 및 재야 세력의 반정부 민주화투쟁, 정부의 불신 등 많은 부담을 내포한 채 출범하였다(김만두, 1991: 112).

제5공화국은 복지사회의 구현을 사회목표로 설정하였기 때문에 건국 이래 사회복지에 대한 논의가 가장 고조되었던 시기였다. 즉 복지사회의 건설은 민주주의의 토착화, 정의사회의 구현, 교육혁신 및 문화창달과 더불어 제5공화국의 국정지표였다. 제5공화국은 유신체제의 잔재를 청산하고 사회정의와 기회균등에 입각하여 전 국민의 행복이 보장되는 복지이념을 천명하면서, 경제 일변도의 개발계획에서 벗어나 경제와 사회의 균형적인 발전을 기본 목표로 삼았다.

제5공화국은 「헌법」에서 "국가는 사회보장·사회복지의 증진에 노력할 의무를 진다"라고 하여 제3·4공화국에 비해 사회복지에 대한 국가의 책임을 더욱 명백히 하였다. 여기서 사회보장은 소득보장, 의료부조를 말하고 사회복지는 아동복지, 모자복지, 장애인복지, 노인복지 등을 포괄하는 대인사회서비스를 말한 것이라 이해할 수 있다(김만두, 1991: 115).

이러한 국가 책임을 강조한 정부는 사회보장정책과 함께 당시 심각한 국민욕구로 표출되었던 아동, 노인, 장애인 등에 대한 사회복지서비스의 중요성을 인식하고 이에 대한 국가와 지방자치단체의 책임을 강화하는 조치를 시행하여 사회복지행정의 범위를 보다 확장시켰다. 또한 생활보호 급여에 교육보호와 자활보호를 첨가하여 공공부조 행정의 범위를 확대하고 종래의 생계보호 중심의 보호 목적과 자활 목적을 중시하는 행정을 병행하도록 하였다.

이와 같이 제5공화국의 사회복지행정은 이전과 비교해 볼 때 발전된 면이 있었지만 다양한 사회복지 욕구를 가진 국민들의 인간다운 생활보장 목적을 달성하는 데는 한계가 있었다. 다만 그 당시까지 사회복지행정의 범위를 사회복지서비스 행정까지 확대시켰다는 특징이 있다.

5. 제6공화국 이후의 사회복지행정

제6공화국은 6·29 민주화 선언, 88올림픽의 개최, 남북통일을 위한 창구의 마련, 노사관계의 개선 등으로 다양한 정치적 변화와 함께 사회적 변화를 가져왔는데, 특히 이 시기는 민주화에 따른 정치참여에 대한 욕구가 어느 시대보다 강했던 시기였다. 그러나 김영삼 정부에서 김대중 정부에 걸친 IMF의 경제위기, 기업의 구조조정과 대량실업, 남북 정상회담 등 커다란 일련의 정치적·경제적·사회적 변화를 통해서 아동의 유기, 학대를 포함한 가족해체, 청소년들의 폭력, 약물 사용, 자살, 실업자, 노숙자, 인구 고령화 등 매우 심각한 사회문제가 양산되고 있다.

이러한 상황에서 1987년부터 연차적으로 저소득층 밀집지역 읍·면·동 단위에 사회복지 전문요원을 배치한 것이 공공사회복지행정의 획기적 발전을 위한 전환점이 되었다. 초기에는 법적 근거 없이 배치되었으나 1991년 「사회복지사업법」 개정에서 사회복지전담공무원과 복지사무전담기구를 설치할 수 있는 법적 근거가 마련되었고, 사회복지 직렬을 5급까지 설치하면서 전문직에 의한 공공복지행정 수행의 기초를 마련하였다.

그러나 신자유주의 이념의 영향으로 오히려 사회복지에의 민간의 참여, 즉 사회복지의 민간 이양이 강조되었다. 따라서 많은 공공사회복지기관들이 사회복지법인 또는 단체에 위탁되어 운영됨으로써 민간 사회복지행정의 중요성이 강조되었다.

이에 따라 1990년에는 공공사회복지를 담당할 뿐만 아니라 민간 사회복지를 감독하는 중앙정부의 사회국과 가정복지국을 통합하여 사회복지정책실로 개편하였다. 이러한 개편은 2000년대의 증대하는 선진복지행정 수요와 사회복지 욕구에 효율적으로 대처하기 위한 사회복지정책 기능과 증가된 민간복지사업의 감독기능을 강화하기 위한 것이었다. 또한 사회복지정책실에 실장을 보좌하는 심의관제를 도입하고 사회복지의 주요 분야별로 과를 두었다(박석돈, 2001: 93). 이러한 변화는 협의의 사회복지에 관련되는 공공행정이 따로 분리되어 독자적인 부서를 마련함과 동시에 그 유기적 관련성을 제고하여 종합적인 사회복지행정을 수행할 수 있는 계기를 마련하였다. 특히 1990년대 중반의 중요한 정치질서 변화로서 지방자치제의 전면 실시는 공공과 민간 부문에 있어 사회복지 전달체계가 보다 체계적으로 정비되어야 함을 강조하였다(김영종, 1998: 55). 따라서 각 지방자치단체들은 보건복지부 사회복지정책실의 업무를 지역 차원에서 수행할 독자적인 부서의 설치를 조례로 재정할 수 있게 되어 지역실정에 적합한 전달체계를 구성할 수 있게 되었다. 또한 지방자치제의 실시는 중앙과 지방의 사회복지에 대한 역할 분담에 대한 논의를 가속화하였다.

1990년대 후반의 경제위기와 IMF 국제금융체제 및 「사회복지사업법」 전면개정으로 사회복지환경은 급변하였고 이에 따라 사회복지행정의 중요성은 크게 확산되었다. 즉 시설 설치의 신고제와 설치주체의 다양화, 평가제의 도입 등은 민간의 사회복지서비스 참여 확대를 조장함과 아울러 시설의 설치 및 운영에 있어서 개방성과 투명성의 확보를 위한 제도적 장치를 강화할 것을 요구하고 있다. 민간의 사회복지 참여확대는 결국 민간 사회복지기관의 양적 확대를 가져올 것이고 확대된 민간기관들의 사업운영에 대한 감독, 평가 등에 공공 복지행정의 초점을 두고 있다.

특히 시설 평가제도의 도입과 정부 보조금 지원에 있어 평가결과의 반영, 그리고 시설운영위원회의 설치 등은 개방성과 투명성을 포함한 사회복지행정의 책임성에 대한 요구를 더욱 강화하고 있다.

IMF 상황에서 대량실업자 양산과 고용보험의 한계 등으로 도입된 국민기초생활보장제도는 우리나라 사회복지행정의 역사에 획기적인 전환점이 되고 있다. 왜냐하면 과거 시혜대상으로서의 보호대상자들이 수급권자가 되어 권리성이 강화되었고 수급 범위의 확대로 인해 그 수가 증가하고 있을 뿐만 아니라 신청자들의 소득과 재산을 정확히 파악하고 자활지원계획과 연계한 적절한 서비스를 제공하기 위해서는 체계적인 사회복지행정의 발전이 없이는 불가능하기 때문이다.

이에 사회복지행정을 전공하는 학자들이 1999년 3월 한국사회복지행정학회를 창립하고 정기 학술지 『한국사회복지행정학』을 발간하게 되었다. 즉 1999년 3월 27일에 개최된 창립총회 및 창립기념학술대회에서는 기획주제를 "21세기 한국 사회복지행정의 과제"로 정하고 장래의 발전을 위한 과제를 도출하고 토론하는 장을 마련하였다. 이후 매년 2회의 학술대회와 학술지를 발간하여 학자들과 실천 분야의 행정가들의 연구발표와 토론의 장을 제공하고 있다. 또한 사회복지 분야를 담당할 인력의 전문성을 보다 강화하기 위하여 사회복지사자격제도를 개선하였다. "사회복지사 1급은 국가시험에 합격하여야 한다"는 규정에 따라 국가시험에 합격한 자에 한하여 1급 자격증을 교부하도록 하였다. 그리고 보건복지부장관은 이러한 국가시험에 관련한 업무를 사회복지법인 한국사회복지사협회에 위탁함으로써 전문직 단체에 의한 자율적인 시험관리와 자격증 교부업무가 이루어질 수 있도록 하였다. 이러한 업무의 위탁은 한국사회복지사협회가 의사나 약사 등 타 전문직의 협회와 동등하게 하나의 전문직으로 자율적이고 독자적인 행정 및 자격관리를 하도록 인정한 것으로 평가된다.

김대중 정부(1998. 2~2003. 2)는 생산적 복지행정의 모토로 사회보장제도 가운데 공공부조의 활성화에 초점을 두었다. 국민의 정부에서는 민간부문에 대한 국가개입을 최소화하는 경향으로 사회복지행정의 제공자로서 시민단체나 기업 같은 민간부문의 역할을 강조했다. 공공부조 영역에서는 2000년 10월부터 기존의 생활보호제도가 폐지되고, 저소득층에 대한 보다 포괄적이고 권리적 개념으로서 국민기초생활보장제도를 실시하게 되면서, 최저생계비 이하의 모든 국민에게 최저생활을 보장하여 스스로 자립할 수 있도록 제도적 개선이 이루어졌다. 사회보험의 내실화로는 1995년 고용보험 도입, 1998년 지역의료보험조합과 공무원·교직원 의료보험공단을 통합한 건강보험제도, 1999년 도시지역주민에까지 확대된 전 국민연금제도, 2000년 1인 이상 사업장근로자까지 확대된 산재보험제도의 개선 등이다. 사회서비스 영역에서는 저소득 노인에게 월 3~5만 원의 경로연금 지급, 장애인범주의 확대 등의 복지행정의 변화가 있었다.

노무현 정부(2003. 2~2008)는 생산적 복지행정을 확대 · 보완한 시기로 이 시기는 국가만이 아니라 민간부문의 모든 사회구성원들이 복지제공의 주체가 되어야 함을 강조했다. 참여정부에서는 2007년 4월 「노인장기요양보험법」이 제정되어 2008년 7월 시행됨에 따라 고령이나 노인성 질병 등으로 일상생활을 혼자서 수행하기 어려운 노인 등에게 장기요양급여를 지급하여 노후의 건강증진 및 생활안정을 도모하고 그 가족의 부양부담을 덜어주었다. 이는 국가책임의 강화, 보편적 복지의 실현, 그리고 민간참여의 확대로 설명할 수 있다.

이명박 정부(2008. 2~2013. 2)는 '능동적 복지행정'을 모토로 복지를 사후적 문제 해결이 아닌 가난과 질병에 대한 예방적 기능, 미래세대에 대한 사회투자 개념으로 접근하고자 하였다. 이 시기는 2010년 1월 4일에 개통된 사회복지통합관리망 '행복e음' 등으로 복지행정의 제도적 개선이 이루어졌다. 이는 기존의 각종 사회복지 급여 및 서비스 지원 대상자의 자격 및 이력에 관한 정보를 통합 · 관리하고, 지자체의 복지업무 처리를 지원하기 위한 정보시스템으로 기존 시스템 중 복지분야를 분리하여 중앙에서 통합 · 구축하는 것이었다. 이는 정보화 시대의 현상을 반영한 복지행정의 효율성을 추구한 변화라고 할 수 있다.

이처럼 6공화국 이후의 사회복지행정은 노령화와 저출산 등의 사회적 현상과 함께 다변화되어가는 사회적 현상에 대응하기 위한 제도적 개선이 이루어지고 있다. 하지만, 현재 심화되어가고 있는 고령화에 대한 대책, 저출산 문제와 청년일자리 문제, 양극화 등을 효율적으로 개입할 수 있는 복지행정의 제도적 개선은 여전히 요구되고 있는 현실이다.

3절 사회복지행정의 영역

사회복지행정에 대한 정의는 그 사회의 환경적 여건들에 의해 영향을 받는다. 사회복지의 단순한 정의는 사회복지를 행정 관리한다는 것으로 사회복지라는 목적 개념을 행정이라는 방법 개념을 통해 실천해 나가는 과정이라는 뜻이다. 사회복지에 대한 개념과 정의는 사회마다 다르게 나타나고(Titmuss, 1974), 행정에 대한 정의 역시 선험적이기보다는 임의적일 수밖에 없다. 따라서 사회복지행정에 대한 정의는 필연적으로 그 사회의 가치, 지식 발전의 수준, 전문직의 이념 등을 반영하여 규정되는 것이다(Sarri, 1987).

사회복지행정은 이처럼 다양한 시대적 · 사회적 환경들을 반영하고 있으므로, 그 정의에 관한 일치된 합의점을 도출하기가 쉽지 않다. 그럼에도 불구하고 대부분의 사회복지행정에 관한 기존의 정의들은 사회복지조직의 행정관리에 초점을 두어 왔다. 대표적으로는 사리(Sarri, 1987: 29–30)의 정의를 들 수 있는데, 그는 사회복지행정이란 하나의 조직 내에서 이루어지는 과정으로 ① 정책의 형성과 정책을 운영 가능한 목적들로 전환하는 것, ② 프로그램 디자인과 실행, ③ 자금 확보 및 자원 할당, ④ 조직 내부 및 조직 상호 간의 운영에 대한 관리, ⑤ 인력관리 및 슈퍼비전, ⑥ 조직을 대표하기 및 공보 · 섭외 활동, ⑦ 지역사회교육, ⑧ 조직의 생산성 향상을 위한 모니터링 · 평가 · 혁신 등의 합으로 보았다.

이처럼 사회복지행정은 외부 환경이나 정책형성에서부터 사례관리에 이르기까지 다양한 영역들을 포함하고 있다.

1. 일반 행정과 사회복지행정의 관점 차이

사회복지행정이 일반 행정과 어떻게 다른지에 대해서는 상당한 논란이 있어 왔는데, 그 주된 쟁점들은 비영리조직과 영리조직, 휴먼서비스와 여타 서비스들 간에 보이는 특성들의 차이가 사회복지행정 실천의 가치와 지식들에 어떻게 작용하는지와 관련되어 있다. 일부에서는 휴먼서비스 조직들의 특성이 일반 행정의 가치와 원리를 거부할 정도는 아니라는 주장들도 있어 왔으나(Stein, 1981), 현재로서는 휴먼서비스 조직들은 다른 조직들과는 구분되는 독특한 목적과 수단을 가지고 있다는 점에서 일반 행정의 원리나 가치들로부터 분리되어 다루어져야 한다는 입장이 보편적이다(최성재 · 남기민, 1993; 성규탁, 1996; 김영종, 1998; Ssrri, 1987; Hasenfeld, 1992; Austin, 1995).

이처럼 클라이언트의 인간적인 측면들이 조직에 대한 원료이자 산출물이 된다는 것은 사회복지행정의 가장 두드러진 특징으로 표현된다(Sarri, 1987; Hasenfeld, 1992). 또한 조직의 운영과 관리에 있어서 비영리 목적들에 대한 가치나 서비스 가격 설정의 어려움, 외부 통제의 어려움, 환경에 대한 의존성, 다양한 이해집단의 개입으로 인한 목적 설정의 혼란, 인간 변화에 대한 불명확한 기술 등이 사회복지행정에 제시되는 독특한 과제이다(Gates, 19980; Hasenfeld,

1992; Austin, 1995). 사회복지행정의 이러한 특성들은 일반 행정과 관점의 차이가 있다는 것을 부인할 수 없을 것이다.

2. 사회복지행정 영역의 분화

모든 조직에서의 활동과 과업들은 다수의 개인들에 의해 분할되어 수행된다. 휴먼서비스를 제공하는 사회복지조직들도 예외는 아니다. 그럼에도 사회복지행정의 지식발전은 이러한 부분들을 적절히 다루지 못해 왔었던 것처럼 보인다(Sarri, 1987; Menefee & Thompson, 1994). 미국의 경우에도 사회복지행정에서 기관의 크기나 유형, 실천 분야의 특수성 등과 같은 관리환경의 차이에 많은 관심을 두지 않았던 것처럼 보인다(Austin, 1995; 1649-1650).

일반적으로 조직의 위계에서 보면 행정의 영역은 크게 세 부분으로 나눌 수 있는데, ① 경영자급 혹은 제도적 영역: 사회적 위임 사항들을 행동으로 옮기는 작업영역이다. 다른 조직들과의 교환관계의 본질을 결정하는 기능을 하며, 조직의 경계 잇기, 외부 환경과의 관계, 자원 동원 등의 활동들을 포함한다. ② 관리자급 혹은 프로그램영역: 계획을 운영 가능한 실체로 변환하는 작업영역으로 소비자와 조직의 기술적 하위단위들과 중재를 주된 역할로 한다. 서비스의 조달과 할당, 구조디자인, 조직 단위들 간의 조정, 인력지휘와 개발 등을 담당한다. ③ 슈퍼바이저급 혹은 기술적 영역: 일선 업무자들과의 관계가 주된 작업영역이며, 표준화, 일상화 정기적인 사정 및 평가, 컨설팅, 사례관리, 강습, 의뢰, 모니터링 등이 주요활동들이다. 클라이언트에 대한 직접 서비스 전달도 경우에 따라서는 이 영역의 행정관리 활동으로 포함되기도 한다(Spergel, 1977; Patti, 1983).

이러한 영역 구분이 모든 사회복지조직들에 유사한 정도로 나타나는 것은 아니다. 조직의 성격과 규모 등에 따라 구분이 분명하게도 혹은 희미하게도 나타날 수 있는 것이다(Patti, 1983; Sarri, 1987). 사회복지서비스들을 직접 제공하는 사회복지조직들은 전형적으로 규모가 그리 크지 않았으며, 전문직 위주로 서비스를 제공하므로 행정역할들에 대한 분화가 그리 심하지 않았던 것으로 보인다. 그러나 1990년대 미국의 경우에서처럼 휴먼서비스 조직들의 규모가 확대되는 경향들이 나타나면서(Austin, 1995), 사회복지행정의 지식 혹은 실천영역들에 대한 분화는 더욱 필요해졌다.

3. 사회복지행정 관점의 이동

사회복지행정가들의 전형적인 역할들에서 많은 변화가 일어나고 있다. 메네피와 톰슨(Menefee & Thompson, 1994)은 미국 전역의 사회복지행정가들을 대상으로 1990년대에 실시한 조사연구에서 사회복지행정가들의 주요 역할이 단순 내부관리에서부터 전략적인 차원으로 옮겨 가고 있다고 제시하였다. 즉 사회복지행정가들은 이전에 비해 외부 환경과 조직 내부 사이의 경계를 모니터링하고 관리하는 데 더 많은 역할들을 수행하고 있으며, 그로 인해 서비스 전달의 전반적인 맥락에 보다 많은 관심을 두고 있다고 하였다. 이처럼 한 조직 영역 내에서의 역할들보다는 조직들 간의 관계를 관리하고 네트워킹하는 등과 같은 조직의 경계 잇기(boundary spaning) 역할들이 사회복지행정 관리자들 사이에서 점차 중요하게 다루어지고 있다(Edwards & Ausin, 1991; Ausin, 1995).

실천현장에서 이러한 변화들을 적절히 뒷받침하기 위해서는 사회복지행정 학문체계의 관점이 변화되어야 한다. 특히 행정지식의 근간을 이루는 '조직에 대한 이해'에서 관점의 전환이 요구된다. 오스틴(Ausin, 1995)은 미국의 사회복지행정 교과서를 분석한 결과 대부분이 폐쇄체계적 관점에 근거하여 기술되어 있다고 지적하고 있다. 조직을 폐쇄체계적 관점으로 이해하면 합리적인 의사결정과 관리 활동들이 주된 관심의 대상이 되는 반면에 개방체계적 관점으로 이해하면 조직들 간의 상호 의존적 성격을 강조하여 조직의 외부환경이나 조직들 간의 거래관계에 보다 많은 관심을 두게 된다. 따라서 사회복지행정가들은 폐쇄체계적 관점에 의한 행정관리 방법들을 적용할 때 보다 많은 한계를 가지게 될 것이므로 조직 상호 간의 과정과 본질을 이해하고 실천하기 위한 개방체계 관점으로 새로운 행정지식과 기법을 개발할 필요가 있다.

이와 같이 실천현장의 변화를 이끌어 갈 수 있는 사회복지행정의 과학적이고 개방적인 지식과 기법의 개발은 복지국가 실현을 앞당길 수 있는 기반이 될 수 있을 것이다. 아울러 복지기관 운영의 투명성은 사회복지기관 및 행정가에 대한 국민의 태도에 영향을 미쳐 사회복지행정의 발달을 가져올 수 있을 것으로 본다.

제 2 부

사회복지행정의 조직과 리더십

제 3 장

사회복지조직의 이론

1절 전통적 조직이론

2절 현대적 조직이론(Ⅰ)

3절 현대적 조직이론(Ⅱ)

1절 전통적 조직이론

전통적 혹은 고전적 이론(classical theory)에 속하는 관료제 이론과 과학적 관리론은 다음과 같은 공통점이 있다. 첫째, 조직은 공식적인 목표를 중요시하고 개인과 조직의 목표는 일치되고 있다. 둘째, 조직은 합리적인 체계로 설계되면 효율성을 높일 수 있다는 관점이다.

1. 관료제 이론

관료제(bureaucracy)라 하면 부정적인 개념으로 인식하는 경향이 있지만, 일반적으로 관료제란 계층적 조직구조를 가지고 있는 합리적인 지배가 제도화된 조직 형태를 의미한다. 관료제 이론(bureaucracy theory)은 막스 베버(Max Weber, 1975)에 의해서 확립된 이론으로 베버는 산업사회에서는 관료제가 발달하고 가장 보편적인 사회조직으로 등장할 수밖에 없다고 주장했다.

베버(Weber, 1975: 38)에 의하면 관료조직은 다음과 같은 특징이 있다.

① 고도의 세분화와 합리화에 의한 과제의 분할
② 위계질서에 근거한 분명한 책임소재
③ 조직과 조직성원 간의 공식화된 관계
④ 능력과 기술적 지식의 소유 여부에 근거한 조직성원의 인사관리
⑤ 직책수행능력에 준하는 급여와 소득의 차별화
⑥ 성문화된 규제와 절차
⑦ 취업의 영구 보장

관료제는 조직의 효율적 운영의 순기능이 있지만 역기능도 나타나고 있다. 이러한 관료제를 유지하다 보면 권위의 위계질서는 지켜지는 반면에 하위직원의 의사소통을 저해하는 등 비효율적인 결과가 나타날 수도 있다. 즉 규칙과 규정은 업무의 지속성과 통일성을 확보해 주는 반면 조직의 규칙이 너무 엄격하면 업무수행이 경직되고 목표전치현상이 발생할 수 있다는 것이다. 목표전치(goal-displacement)는 조직의 규칙과 규정이 전체 목표 달성을 위한 수단으로 간주되지 않고 규칙과 규정 그 자체가 목적이 되거나 원래 목적이 다른 목적으로

변질되거나 대체되는 현상을 말하는데, 이것은 직원이 규정에 지나치게 얽매이다 보면 적절한 적응능력을 상실하게 되어 원래의 목적 달성은 어려워지고 조직이 다른 방향으로 나아갈 수 있는 관료제의 대표적인 역기능 현상이다. 머튼(Merton, 1957: 199)은 관료제 병리현상으로 목표전치 이외에도 비인간화, 할거주의, 형식주의, 무사안일주의, 번문욕례(red-tape) 등의 폐단이 발생할 가능성이 있다고 지적했다.

호이와 미스켈(Hoy & Miskel, 1987: 114-115)은 관료제의 순기능과 역기능을 〈표 3-1〉과 같이 제시했다.

일반적으로 전문직의 위계는 대개 수평적 자문관계를 이루지만, 관료제의 위계는 수직적이며 매우 엄격한 통제체계를 이루고 있다. 따라서 관료제하에서는 자유재량이 거의 없고 상관의 규칙 해석에 따라야 하기 때문에 사회복지행정조직에서는 사회복지전문가로서의 전문직 조직과 관료제 조직 사이의 갈등이 일어나고 있다고 볼 수 있다.

| 표 3-1 | 호이와 미스켈의 관료제 특성에 따른 순기능과 역기능

관료제 특성	순기능	역기능
권위의 위계구조	엄격한 지시이행과 조정	의사소통의 저해
규칙과 규정	지속성과 통일성	경직성과 목표전치
사적 감정 배제	합리성 확보	직원의 사기저하
분 업	전문성 강화	직무에 대한 권태
경력지향성	유인체계	연공과 업적 간의 갈등

2. 과학적 관리론

과학적 관리론(scientific management)을 창시한 테일러(Taylor, 1911)는 공장에서 직원들이 주요 업무를 효율적으로 수행할 수 있는 방안을 강구하는 과정에서 그 이론적 토대를 마련했다. 그는 조직 내 직원의 업무를 과학적으로 분석하며 이에 관한 지식을 적극적으로 활용한다면 조직의 능률성은 극대화될 수 있다고 보았다. 따라서 조직에서 개개인이 수행하는 일의 형태와 소요시간을 표준화하여 적정 일일작업량을 산출하여 분업을 해서 개인별 과업 부여와 성과에 기초한 임금을 지급하면 조직의 생산성은 높아질 수 있다고 주장했다.

테일러의 과학적 관리의 원리를 요약하면 다음과 같다.

① **최선의 방법을 모색한다.** 업무를 수행하는 가장 능률적인 방법을 결정하기 위한 과학적 방법을 이용하여, 근로자의 업무를 설계하는 것이다. 테일러의 과학적 관리에서 상관은 명령을 하는 사람이 아니라 근로자의 심부름꾼이다. 상관은 업무에 관한 최선의 방법을 발견하여 합리적 체제를 집행하는 역할을 담당한다.

② **직원의 과학적 선발과 훈련이다.** 설계된 작업을 수행할 가장 적합한 사람을 선발하고 업무를 가장 능률적으로 수행할 수 있도록 훈련시켜야 한다.

③ **경제적 유인을 제공하여야 한다.** 적재적소의 원리만으로 높은 생산성을 가져오기 어렵기 때문에 근로자들이 최선을 다할 수 있게 하고, 상관의 명령에 복종할 수 있도록 하는 동기부여에 관한 계획도 필요하다고 주장했다.

④ **기능적인 제도를 확립하여야 한다.** 관리자와 직원 간의 분업을 강조함으로써 직원은 실제적인 업무를 수행하고 관리자는 모든 계획, 준비 및 검사 업무를 수행할 것을 주장하였다. 특정 분야의 각 전문가는 직원 업무의 특정한 분야에 책임을 지도록 하는 것이다.

그러나 테일러의 과학적 관리론은 조직구성원을 단지 기계의 부품처럼 취급하고 인간의 개성과 능력 등을 고려하지 않고 오직 조직의 생산성을 향상시키려는 수단으로 보았기 때문에 상당히 비판을 받아 왔다(Zastrow, 1999: 17). 그럼에도 불구하고 과학적 관리론은 20세기 초 산업사회에서 효율적인 관리를 통하여, 특히 시간 및 동작연구(time and motion study), 조직관리 기법은 아직도 광범위하게 활용되고 있다.

과학적 관리론을 사회복지행정조직에 적용하여 사회복지사들로 하여금 조직을 기계와 동일하게 인식하게 하기는 어려울 수도 있지만, 사회복지조직도 어떤 사회적 목표를 달성하기 위한 하나의 기제이기 때문에 그 효과와 효율성을 거부하기는 어렵다.

2절 현대적 조직이론(Ⅰ)

1. 인간관계이론

인간관계이론(human relations theory)은 산업심리학자 메이어(Mayo)와 그의 동료들이 1920년대 후반과 1930년대 초기에 미국 시카고 인근에 위치한 웨스턴전기회사(Western Electric Company)의 호손(Hawthorne) 공장의 실험적 연구결과를 통해서 제시한 조직이론이다. 이 연구는 공장의 작업조건, 예를 들면 조명도 등과 같은 작업환경이 생산성에 어떤 영향을 미치는가를 확인하고 작업환경 향상을 통한 생산성 증가가 주된 관심사였다. 연구결과 작업환경이 밝은 작업반의 생산성이 높은 것이 확인되었으나, 어떤 작업반에서는 조명도를 낮추거나 높이는 것에 상관없이 생산성이 증가되고 있었다. 연구자들은 연구대상인 노동자들은 자신들의 행동이 관찰되고 있음을 의식하고서 주변 상황이 바뀔 때마다 연구자와 회사를 위해 최선의 노력을 기울이고 있음을 확인하였다. 이러한 발견, 즉 실험이 진행되고 있다는 자체가 실험내용에 상관없이 효과를 가진다는 사실은 호손효과(Hawthorne Effect)라고 한다. 이 연구결과에서 나타난 보다 중요한 발견은 과학적 관리론에서 주장하는 것처럼 인간은 기계적이고 합리적인 경제적 행위자로서 행동하는 것이 아니라 여러 가지 다양한 가치와 감정을 가진 복합적인 존재로서 행동한다는 사실이다. 구체적으로 호손공장의 연구에서 나온 결과들은 다음과 같다(Mayo, 1945).

① 직원의 생산성 향상을 좌우하는 것은 근로조건과 환경이 아니라 작업반 내 동료와 상사와의 인간관계에 의해서 좌우된다.

② 조직의 직원은 개인으로서 일하기보다는 비공식적인 집단의 성원으로 행동하며 이러한 집단 내의 인간관계는 비합리적이며 정서적인 요소에 따라 이루어진다.

③ 조직에는 공식적인 부서와는 다른 비공식적인 집단이 존재하며 이러한 비공식적인 집단이 개인의 태도와 생산성에 영향을 준다.

④ 조직에서 개인은 경제적인 동기에 입각한 합리적인 행동보다는 비경제적인 동기인 심리적·사회적 욕구에 따라 행동한다.

이러한 점에서 호손연구는 과학적 관리론이 소홀히 다루었거나 무시했던 측면을 발견하였다. 즉 노동자를 경제적 대상이라기보다는 사회심리학적인 대상으로, 조직구조적 차원에서는 비공식적인 조직의 중요성을 입증했다.

인간관계이론은 실험연구의 타당성 문제로 비판의 대상이 되었다가 1960년대 조직인간주의(organizational humanism) 학자들에 의해서 새롭게 조명되어 각광받기 시작했다. 대표적인 조직인간주의 학자인 맥그리거(McGregor, 1960)는 XY이론을 제시하여 인간관계이론의 맥을 이어갔다.

X이론은 지시와 통제가 행해지는 전통적인 관리이론으로서 인간의 본성과 행위에 관하여 다음과 같이 가정한다(Skidmore, 1983: 21–22).

첫째, 평범한 인간은 본성적으로 일을 싫어하며 가능하면 일을 하지 않으려고 한다.

둘째, 일에 대한 이러한 인간의 속성 때문에 조직의 목표를 성취하려면 대부분의 사람들은 강제와 통제 및 지시를 받아야 한다.

셋째, 평범한 인간은 지시받기를 좋아하며 책임을 회피하고자 하며 야망이 적고 무엇보다 애정을 원한다.

이와 대조적으로 인간관계론의 관점을 가지고 있는 Y이론은 인간의 권리와 제안이 지지되며 민주적인 참여가 이루어지는 작업환경을 강조하고 있다.

Y이론과 관련되는 기본 가정은 다음과 같다(Skidmore, 1983: 22).

첫째, 작업에서 육체적·정신적 노력의 지출은 놀이나 휴식과 같이 자연스러운 것이다.

둘째, 외적인 통제와 처벌의 위협은 조직의 목표를 달성하는 유일한 수단이 아니다. 인간은 자신이 헌신하고 있는 목표에 기여하기 위하여 자기통제와 자기지시를 행한다.

셋째, 목표에 대한 헌신은 그 목표와 관련된 보상의 기능을 한다. 그러한 보상의 가장 중요한 것으로 자기실현 욕구와 자아의 만족은 조직의 목표를 지향하는 노력의 직접적인 산물이 될 수 있다.

넷째, 평범한 인간은 적절한 조건하에서 책임을 받아들일 뿐만 아니라 스스로 추구한다.

다섯째, 대부분의 사람들은 조직의 문제해결에 있어 비교적 높은 수준의 창의성과 상상력을 발휘할 능력을 가지고 있다.

모스와 로쉬(Morse & Lorsch, 1970)에 의하면 조직에서 수행되는 과업의 성격에 따라 각 이론의 적용효과성은 달라진다고 보았다. 즉 반복적이고 예측가능한 과업 또는 직무수행은 X이론에 의한 통제중심의 관리가 효과적이지만 과업이 다양하고 직무의 성격이 전문성을 가질 때는 Y이론에 의한 민주적 의사결정이 더욱 효과적이라고 주장했다. 네팅(Netting)과 그의 동료(1993)들은 사회복지기관에서 사회복지사의 업무는 과업이 명확히 설정될 수 없고 사회복지사의 자율적인 판단에 크게 의존하므로 Y이론에 의한 관리방법이 더욱 적합하다는 견해를 제시했다.

Y이론을 포함한 인간관계이론은 조직의 목표와 조직구성원의 목표는 일치될 수 있다는 가정하에서 직원의 태도, 사기, 대인관계의 중요성을 강조한 이론이다. 이처럼 인간관계이론은 인간을 보는 시각이 단순히 조직목표의 달성을 위한 수단이 아니라 인간 자체가 목적이 된다는 점에서 인도주의적 견해를 갖고 있기 때문에 사회복지의 철학과 이념이 부합된다. 또한 직원의 조직에 대한 태도와 동료 직원과의 관계가 직접적으로 클라이언트 관계에 영향을 주는 특수한 환경 때문에 더욱 사회복지조직의 조직에 잘 적용된다는 것이다(Hasenfeld, 1992: 27).

이처럼 인간관계론은 관료제 이론이나 과학적 관리론이 인간을 엄격한 통제와 지시로써 관리하는 데 대한 비판과 함께 대안으로 제시한 이론으로, 조직 내의 비공식적인 소집단활동과 스스로 작업동기를 설정하는 자율성이 중요시되어야 한다는 점을 강조하고 있다.

그러나 인간관계이론은 인간의 정서적 측면과 조직에서 인간관계인 사회적 측면을 지나치게 강조한 나머지 조직의 효과성을 결정하는 목표, 자원, 기술, 구조적인 특성 등을 소홀히 다루는 경향이 있기 때문에 비판의 여지가 있다. 따라서 인간관계이론은 조직 내 인간의 심리사회적 요인을 지나치게 강조한 나머지 조직 내에서 인간의 정치경제적 과정을 경시하고 있다는 비판에서 자유로울 수 없다.

2. 행정관리이론

행정관리이론(administrative management)은 테일러의 과학적 관리론에 영향을 받은 굴릭(Gulick), 어윅(Urwick), 파욜(Fayol) 등과 같은 학자들이 개발하였다. 행정관리이론은 조직관리에 대한 '이상적' 혹은 '전형적' 조직구조의 원칙들을 제시하고 있다.

행정관리에 따르는 전형적인 관리요소들을 분류하고, 관리자들이 수행해야 할 규범으로써의 조직 원칙들을 제시하는 것이다. 굴릭은 그의 행정학 논문집(Papers on the Science of Administration)에서 조직행정의 핵심적 기능 7가지 관리기능을 POSDCoRB라는 약어를 사용해서 제시하였다. 이 약자는 기획(Planning), 조직(Organizing), 인사관리(Staffing), 지도(Directing), 조정(Coordinating), 보고(Reporting), 예산(Budgeting)이다.

세클러 헌슨(Seckler-Hundson, 1955: 61-62)은 앞선 일곱 가지 기능을 열두 가지로 확대시켰는데, 즉 정책형성과 재형성, 자원 확보, 위치 설정, 권위의 사용, 기획, 조직, 예산, 인사, 운용, 보고, 지도, 관리규제 등이다. 과학적 관리론이 산업조직의 생산성과 효율성에 중점을 두었다면, 행정관리이론은 관리기능 향상에 중점을 두었다고 볼 수 있다.

행정관리이론은 과학적 관리이론가들과 인간관계이론가들에게 지탄을 받아왔는데, 그 주된 이유는 '행정원칙'의 단순성과 타당성, 즉 과학적인 검증을 적절히 갖추지 못했으며, 인간관계이론에서 강조한 인간적인 요소를 무시했다는 것이다. 행정관리이론에 대한 많은 비판이 있음에도 불구하고 행정관리이론은 체계이론의 발전에 영향을 미쳤을 뿐만 아니라 오늘날까지 조직운영에 지대한 영향을 미치고 있음을 부인할 수 없다.

3. 체계이론

조직을 폐쇄적인 것이 아니라 개방적인 체계로서 인식하기 시작한 것은 사회학의 구조기능주의와 일반체계이론이 조직에 적용되기 시작하면서부터이다. 과학적 관리론에서 조직을 하나의 기계로 규정하고 인간관계이론에서는 조직을 가족으로서 규정하고 있는 반면에 체계이론에서는 조직을 하나의 유기체로 규정하고 있다.

체계이론(system theory)은 조직을 다양한 역동성과 메커니즘에 기초를 둔 구체적 기능을 수행하는 많은 하위체계로 구성된 복합체로 보고 있다. 체계이론은 조직의 문제를 분석하고 진단하기 위한 방법을 제공해 줌으로써 조직의 어느 부분이 잘못 기능하고 있는가를 찾아내어 개선하도록 한다. 체계이론의 핵심적 내용은 조직 내 개체 간의 상호 의존성, 조직의 욕구, 환경으로 그 구체적인 내용은 다음과 같다.

첫째, 조직을 형성하고 있는 다양한 구성체와 단위 간의 상호 의존성은 조직성원들이 결코 독립적·독자적인 성원일 수 없다는 점이다. 따라서 조직의 성원들은 공생적 관계이며 성원들이 상호 연대함으로써 조직이 보다 잘 기능한다는 것이다.

둘째, 조직은 유기체와 마찬가지로 생존해야 하고 환경에 적응해야 하며, 성장에 대한 욕구를 가지고 있다는 것이다. 이러한 조직의 욕구에는 조직의 기능을 수행하는 조직 내 욕구와 지역사회의 기대에 부응하기 위한 조직 외적 욕구가 있다는 것을 제시하고 있다.

셋째, 조직 환경의 중요성이다. 조직은 그들이 속한 환경 속에서 다양한 형태의 자원을 확보하고 표면적 또는 내면적 절차에 따라 자원을 여러 형태의 서비스로 전환시키는 등 조직과 교환관계를 형성하고 있다는 것을 제시하고 있다.

체계이론에서 조직은 ① 생산하위체계, ② 유지하위체계, ③ 경계하위체계, ④ 적응하위체계, ⑤ 관리하위체계로 구성되어 있다고 규정한다. 체계이론에 기초할 때, 사회복지조직은 다섯 가지의 하위체계로 구성된다(Neugeboren, 1985). 첫 번째는 생산하위체계로서, 사회복지조직에서 이 체계는 클라이언트에게 서비스를 제공하는 것이다. 이 체계는 모든 사회복지조직의 기본적인 역할과도 일맥상통하는 것이다. 두 번째는 유지하위체계이다. 이 체계는 조직의 영속성을 확보하고 조직을 안정 상태로 유지하는 것이다. 이를 위해서는 조직활동을 공식화하는 것, 보상체계를 확립하는 것, 새로운 구성원을 선발하고 교육과 훈련을 시키는 것이 필요하다. 세 번째는 경계하위체계이다. 사회복지조직의 외부환경에 대한 의존도를 고려한다면, 경계하위체계는 사회복지조직의 생존과 발전을 위해 필요한 체계가 된다. 특히 외부환경의 변화에 대한 적절한 반응과 대응은 조직의 목표 달성과 조직의 유지를 위해 필요하다. 네 번째는 적응하위체계이다. 이 체계는 변화하는 환경의 욕구에 반응하여 조직을 변화시킬 필요성을 인식하고 실제 조직변화를 위한 최적의 대안을 찾기 위해 연구하고 평가하는 것이다. 다섯 번째는 관리하위체계이다. 이 체계는 위의 네 가지 체계를 조정하고 통합하는 체계이다. 이 체계는 조직구성원 간 혹은 부서 간 갈등 해결과 조정, 적절한 업무환경의 제공, 외부환경의 영향에 대한 조직의 대응책을 모색하기 위한 노력 등의 방법을 사용한다.

체계이론에서 각각의 하위체계는 생존과 발전을 위한 경쟁의 역동성 때문에 부단히 활동하고 있으며, 하위체계 간 갈등과 모순은 불가피하다는 것을 가정하고 있다(최성재 · 남기민, 1993: 77-84).

결론적으로 체계이론의 핵심은 조직 내의 갈등이나 분파적 요소보다는 조직의 통합과 상호 의존을 통해 조직의 생존과 성장을 꾀하는 것이다. 그러나 조직의 어떤 부분은 상당히 높은 수준의 자율성을 확보하고 있기 때문에 다른 요소와 독자적으로 얼마든지 기능할 수 있기 때문에 조직 내의 상호 의존성은 단순히 가정하기보다는 분석대상이 되어야 한다는 비판을 받고 있다. 뿐만 아니라 조직은 하나의 조직이 충족해야 될 욕구를 가지고 있다고 하더라도 엄밀한 의미에서 조직은 생물학적 유기체, 기계 또는 가족이 아니기 때문에 조직 내의 개인과 집단은 각각 다른 방법을 통해서 조직욕구에 대응할 수 있다(Silverman, 1970: 36). 이처럼 체계이론은 접근방법이 너무 결정론적이고 상호 관계성이 지나치게 강조된다는 점, 통합만을 강조하며 조직 내의 갈등과 불화 등에 대해서 소홀히 다룬다는 점에서 문제점이 있지만 그럼에도 불구하고 상호 의존성과 조직의 욕구, 환경이 조직에 미치는 영향에 대한 이해를 높여주었다는 점에서 이론적 함의가 있다.

4. 상황이론

상황이론(contingency theory)이 등장하게 된 배경은 과학적 관리론에 대한 반발이다. 상황이론가들은 모든 상황에 똑같이 적용될 수 있는 '가장 정확한 결정' 그리고 '최상의, 최선의 방법'이란 있을 수 없다는 것이다. 즉 조직 상황이 다르면 다른 조직구조를 요구할 것이다. 그러므로 주어진 상황에서 가장 효율적이고 생산적인 조직구조를 결정하는 요인은 당면한 구체적인 상황에 의존해 있다(Lewis et al., 2001: 94). 따라서 행정가는 당면한 상황이 요구하는 것이 무엇인가에 대한 판단에 따라서 적절한 결정을 해야 한다는 관점이다. 상황이론은 본질적으로 결정할 내용에 대한 예측을 불허한다.

상황이론가들은 특정한 조직구조와 관리방법이 다른 구조와 방법보다 효과적이라는 가정을 부정한다. 따라서 그들은 전통적인 관료조직으로부터 시작해서 항상 변화하는 조직에 이르기까지 거의 모든 형태의 조직이 그 조직의 특성과 요구가 상황이나 환경적 특성과 부합된다면 그 조직은 효과적일 수 있다고 본다. 그러므로 효과적인 조직은 다양할 수 있으며, 그 조직의 특성과 환경과의 적합성이 조직의 성패를 좌우한다고 본다.

상황이론의 이론구성은 다음과 같은 두 가지 이론적인 전제에서 출발한다(Lawrence & Lorsch, 1967; Thompson, 1967). 첫째, 환경으로부터의 요구는 조직 내 구조변화의 형태를 결정한다. 둘째, 조직이 사용하는 기술의 속성이 이 기술을 사용하는 부서의 구조를 결정한다. 로렌스와 로쉬(Lawrence & Lorsch)는 조직을 변화무쌍한 환경과 부단히 상호 작용하는 개방체계로 보고 환경적인 변화에 의한 요구를 수용하는 방향으로 조직구조를 형성하는 것이 조직의 목표 달성에 더욱 유리하다는 견해를 제시했다.

사회복지조직에서 관리자가 상황이론을 활용할 경우 가장 우선적으로 고려해야 할 사항이 자신이 운영하는 사회복지조직의 특성과 욕구를 분명히 파악하는 것이며, 그 다음으로 결정할 사항이 환경적 특성을 잘 이해하는 것이다(Lewis et al., 2001: 95). 상황이론이 사회복지조직의 특성을 잘 설명하고 상황과 환경의 중요성을 강조한다는 점에서 시사하는 바가 크다. 실제로 사회복지조직은 환경 변화에 영향을 받기 때문에 이론적 타당성은 충분하다.

이처럼 상황이론은 조직환경, 조직규모, 조직기술이 조직구조 형성에 결정적인 영향을 미친다는 것을 밝혀냈고, 경제, 기술적 상황 이외에 사회, 인간적 상황까지도, 또한 조직 외부요인 이외에 조직 내부요인도 중시함으로써 조직을 '환경－조직－과업－인간'의 유기적 관계 속에서 파악했다는 점에서 의의가 있다. 그러나 상황이론은 ① 부분적인 상황요인만 중시하고 전반적인 사회적·정치적·문화적 변수는 배제한다거나, ② 조직구조 형성의 주체인 의사결정, 가치관, 의도, 목적을 간과하고 있으며, ③ 주로 기존 조직을 대상으로 하여 실증적 연구만을 행하고 있다는 비판이 제기되고 있다(최종태, 1985: 360-371).

그리고 상황이론은 어떠한 상황이나 환경에 어떤 조직이 효과적이라는 일정한 원칙과 지침을 제공하지 못했기 때문에 실제로 이 이론을 과학적으로 검증하거나 현실에 적용하는 데에는 일정한 한계가 있다.

5. 정치경제이론

정치경제이론(political economy theory) 역시 상황이론처럼 조직과 환경의 상호 작용에 초점을 두고 있지만 그 역동적인 상호 작용의 역할 관계에 따라 조직의 성패가 좌우된다는 점을 강조하는 이론이다(Wamsley & Zald, 1976). 정치경제이론에 의하면 조직의 생존과 발전에는 두 가지 기본적인 자원이 필수불가결하다. 하나는 합법성과 권력과 같은 정치적(political) 자원이고, 다른 하나는 생산과 서비스에 요구되는 경제적(economic) 자원이다. 조직에서 합법성은 조직의 설립 기반과 모든 활동의 근거가 되는 중요한 요소이며, 권력과 같은 정치적 자원으로 인하여 조직의 목표 달성을 위한 적절한 권위와 영향력이 행사될 수 있다. 또한 재원, 클라이언트, 인력과 같은 생산과 서비스를 위한 경제적 자원이 확보되지 않는다면 조직은 정상적으로 가동될 수 없을 것이다.

정치경제이론은 조직이 서비스 전달체계를 형성하는 데 있어서 환경의 중요성, 특히 과업환경(task environment)의 중요성을 부각시킨다(Hasenfeld, 1992: 31). 과업환경이란 조직에 직접적으로 영향을 미치는 환경으로 대개 지역사회 내의 다른 조직과 클라이언트 집단을 포함한다. 이러한 과업환경의 요소들은 조직이 필요로 하는 중요한 자원(합법성, 재원, 클라이언트 등)을 통제하고 있고 조직을 통해서 자신들의 목적을 실현시키려 하기 때문에 밀접한 이해관계를 형성하고 있다.

정치경제이론은 사회복지조직의 내·외부 정치경제적 관계가 조직의 서비스 전달 체계에 어떤 영향을 미치는지를 잘 설명해 주기 때문에 이론적으로 기여하는 바가 크다(Hasenfeld, 1992: 32). 특히 사회복지조직이 외부환경에 크게 의존하고 있다는 사실을 강조하고 환경의존성을 탈피하려는 조직의 적응전략을 사용했을 때 어떤 영향이 나타나는가를 명확히 설명해 준다는 점에서 사회복지조직에의 적용성은 매우 높다고 평가된다.

3절 현대적 조직이론(Ⅱ)

1. 제도이론

제도이론(institutional theory)은 조직의 규범과 조직을 둘러싼 사회적 가치와 규범의 결집체인 제도적 환경(institutional environment)이 조직의 특성과 행태를 좌우한다는 점에서 환경의 영향력을 강조하는 관점을 갖는다. 마이어와 로언(Meyer & Rowan)은 현대사회 조직들에서는 조직의 위상, 정책, 프로그램, 절차는 사회적 여론, 주요 이해당사자의 시각, 교육과정에서 인정된 지식, 사회적 지위, 법률과 법원의 판결 등에 의해서 규정된다고 보았다(Meyer & Rowan, 1977: 343-363). 하센펠드(Hasenfeld, 1992)는 사회복지서비스와 같은 특정 유형의 조직들에서는 조직구조가 기술에 의해서 결정되는 것이 아니라, '제도적(institutional)' 환경에서부터 나오는 '규칙(rule)'들에 의해 결정된다고 보았다. 하센펠드는 제도적 환경의 개념을 소개하면서 제도적 규칙들의 핵심 원천으로 ① 국가, ② 전문직, ③ 여론을 들고 있다.

특정조직의 제도화된 규칙은 동일한 영역에서 활동하는 조직들의 네트워크나 개별조직들의 성공적인 실천사례에서도 만들어질 수 있다(DiMaggio & Powell, 1983; Zucker, 1988).

조직이 환경에서 요구하거나 스스로 만든 제도화된 규칙을 받아들이고 지키는 이유는 조직의 생존과 관련되는데, 보다 구체적으로 이러한 규칙들이 바로 합법성의 원천이고 자원획득을 위한 통로가 되기 때문이다.

그리고 제도이론은 개별조직의 이해뿐만 아니라 특정영역에서 활동하는 조직들의 전반적인 특성을 잘 설명한다는 점에서 유용한 조직이론으로 볼 수 있다. 특히, 사회복지조직은 도덕적인 이념이나 가치에 의해서 그 존립의 정당성이 부여되는 측면이 많으므로, 제도적 조직들의 정형이라고 보아도 무방하다(Hansenfeld, 1992: 36). 그러나 제도이론은 핵심적인 개념인 제도화 과정을 명확하게 서술하지 않고 제도화된 규칙을 적용한 결과에 대해서도 언급을 회피하고 있기 때문에 구체적인 조직관리의 원칙을 도출하지 못했다는 한계가 있다.

2. 의사결정이론

고전적 관료제이론이 조직에서의 합리성 원칙을 지나치게 강조한 반면, 인간관계론 관점에서는 이 원칙이 지나치게 과소평가되었다. 마치와 사이먼(March & Simon)은 이 두 가지 극단적 이론을 조직행동의 의사결정모델과 연결시키려고 하였다(성규탁 역, 1985: 46).

마치와 사이먼 이론의 초점은 조직 속에서 상이한 지위를 점하고 있는 개인들의 의사결정이다. 하센펠드에 의하면 "인간의 합리성은 제한되고 한계가 있는데, 그 이유는 인간에게 모든 가능한 대안적 선택, 선택에 따르는 결과, 그리고 각 예상된 결과의 미래가치에 대한 완전한 지식이 결여되어 있기 때문이다. 결과적으로 의사결정자들은 과거의 경험, 현존하는 자극의 선택적 인식, 관습적 대안들을 토대로 하여 단순한 현실 모델을 구성함으로써 만족할 만한 해결책을 모색한다. 의사결정이 조직의 맥락하에서 이루어질 경우, 그 의사결정을 결정하는 변수를 규정하는 주체는 조직이 된다"라고 했다. 즉 그들은 '제한된 합리성'을 개념화함에 있어 인간의 합리적 행동이 한계를 지적하고, 문제해결과 목표 달성을 극대화하기보다는 만족시키는 데 그쳐야 한다고 주장한다(성규탁, 1986: 42).

의사결정이론은 개인의 의사결정을 결정하는 조직적 요인에 초점을 둠으로써 사회복지서비스 조직의 종사자들이 클라이언트에 관하여 내리는 결정을 이해하고 설명할 수 있는 분석적 도구를 제공하여 주었다. 그러나 이론은 의사소통 형태 등 조직 내에서 권력과 자원에 대한 상이한 권한과 분배, 그리고 조직 내 부서 간에 이권을 둘러싸고 일어나는 갈등에 관한 중요한 문제들이 무시되고 있다.

3. 총체적 품질관리(TQM) 이론

총체적 품질관리(TQM: Total Quality Management)는 조직이 산출하는 서비스의 질을 향상시켜 궁극적으로 소비자 만족을 추구하기 위해서 조직문화와 서비스의 질적 향상을 위한 효과적인 관리기법을 통합적으로 운영하는 조직관리방법이다. TQM은 일본기업들이 생산품의 결함을 제거하여 소비자 만족을 극대화하는 조직관리방법을 효과적으로 사용하고 있는 데 착안하여 1980년대 초반부터 미국 기업에도 적용한 경영이론이며 기법이다(Martin, 1993: 22). TQM이 전통적인 관리기법과 구별되는 가장 큰 특징은 고객의 요구나 필요에 따라 조직의 목표가 설정된다는 고객 중심의 관리가 강조되어 조직운영과 서비스의 지속적인 개선을 통해 양질의 서비스를 산출하여 조직의 경쟁력을 증대시키고 이를 위해 전 조직구성원들이 참여하며 노력하는 경영 시스템을 갖추는 것이다. 따라서 TQM은 단순히 제품이나 서비스의 결함을 발견하여 그것을 제거하는 데 있는 것이 아니라 총체적으로 소비자가 만족할 수 있도록 제품과 서비스를 향상시키는 혁신적인 조직관리와 경영기법으로 이해해야 한다. 스위스(Swiss, 1992)는 TQM의 7가지 주요 원리를 다음과 같이 제시한다.

① 서비스의 질은 궁극적으로 고객이 결정한다.
② 서비스의 질은 제공 과정보다는 서비스의 계획 단계부터 고려된다.
③ 서비스의 변이(variation) 가능성을 사전에 방지하는 것이 고품질의 서비스 산출에 중요하다.
④ 고품질의 서비스는 개인의 노력보다는 조직 내 다양한 직원의 협력적 활동의 결과로 나타난다.
⑤ 투입과 과정에 대한 지속적인 개선 노력이 질적 우월성을 가져다준다.
⑥ 질적 개선은 직원들의 적극적인 참여를 통해서 이루어진다.
⑦ 전체 조직의 사명감이 투철해야 질적 개선이 이루어질 수 있다.

기업조직에서 사용된 TQM이 1980년대 후반부터 공공행정 분야와 사회복지서비스조직에도 적용되기 시작했다. 사회복지조직도 최근 클라이언트의 삶의 질이 강조되면서 서비스의 질적 향상을 위한 관리이론과 기법을 적극적으로 활용할 필요가 있다는 인식이 확산되면서 미국과 캐나다의 아동을 위한 재가복지 및 지역사회서비스, 보건 및 의료시설, 재활서비스기관, 공공복지서비스기관 등에서 적용되기 시작했다(Gunther & Hawkin, 1999: 9).

우리나라 사회복지조직에도 TQM을 도입하여 활용할 필요가 있다고 주장하는 학자들(최재성, 1997; 김영란, 1999; 박경일, 2000)이 있지만 전반적으로 사회복지조직이 산출하는 사회복지서비스의 효과성과 질을 객관성 있고 타당하게 측정할 수 있는 척도가 부족하기 때문에 TQM의 도입 이후 질적 향상을 가늠하기가 어렵다는 문제점이 발생할 수 있다. 따라서 이와 같은 문제점으로 인해 조심스럽게 그 적용으로 탐색하는 것이 바람직스럽다.

4. 애드호크라시 이론

애드호크라시(Adhocracy) 이론은 유기적 적응조직, 특별위원회형기구, 비관료적 고객기구, 변증법적 조직으로 불리기도 한다. 애드호크라시란 웹스터 사전에 의하면 ① 그때그때의 일을 유연하게 대응하는 주의로서 1968년경부터 미국에서 사용된 용어이며, ② 변동이 많은 현대 산업사회에서 명확한 선택안을 갖고 문제를 해결하려는 주의이고, ③ 종래의 관료제를 대신하여 특별위원회를 구성하고 소위원회마다 사회나 전문 분야에 창조적으로 일을 해나가는 새로운 사회기구형이라고 한다.

이러한 애드호크라시 이론은 항공, 전자, 용역산업, 연구기관, 광고대행사 등 성장산업에 적합하고 급변하는 환경 변화에 적절히 대처할 수 있는, 관료제에 활력을 불어넣는 도구로 활용되는 경우가 많다. 이 이론에 의하면 조직은 문제해결을 위해 다양한 기술을 갖는 비교적 이질적인 전문가 집단으로 구성된 탄력적이고 적응적이며 일시적인 시스템으로서 프로젝트 조직구조나 매트릭스 조직구조 형태를 취한다(박경일 외, 2001: 195).

애드호크라시 조직 이론의 특징을 살펴보면 다음과 같다.

① 고도의 유기적 조직으로서 일체의 표준화에 의한 통제나 역할의 명확화를 거부하고 기본의 패턴으로부터 벗어나 혁신을 추구하고자 한다. 예를 들어, 관료제 조직을 아파트에 비유한다면 애드호크라시 조직은 텐트에 비유할 수 있다.

② 고도의 수평적 직무 전문화로서 기능의 표준화 대신 전문가 간의 상호 조정에 의존하게 되므로 혁신을 추구할 수 있다.

③ 기능별 집단과 목적별 집단이 공존한다. 즉 조직구성원들은 조직 운영상 각자의 기능별 부서(총무부, 판매부, 생산부 등)에 속해 있으면서 혁신업무를 위해 목적별 집단(예를 들어, 프로젝트팀)에 소속되어 있다(제8장 제4절 조직구조 유형 참조).

④ 정보의 흐름에 따른 효율적인 연락장치의 설치를 시도한다. 즉 조정의 수단으로서 전문가 간 상호 조정 수단을 택하게 되는데 구체적인 예로서 통합관리자, 프로젝트 매니저 등을 들 수 있다.

⑤ 고도의 훈련된 전문가들에게 의존하고 있기 때문에 권력이 분권화된다. 그런데 전문가

들이 수행하는 의사결정의 성질에 따라 의사결정권이 위임되므로 수평적·수직적인 선택적 분권화라고 할 수 있다(최종태, 1985: 346-348).

이러한 애드호크라시 조직 이론의 문제점을 살펴보면 다음과 같다.

① 명백한 상하 관계가 없고 권한과 책임이 명확히 구분되어 있지 않음으로써 조직구성원의 역할이 모호하다.
② 상이한 전문적 기술을 가진 전문가들이 모여서 프로젝트 팀을 구성하므로 구성원 간의 갈등이 상존할 수 있다.
③ 문제해결 및 혁신에 있어서 애드호크라시는 가장 적합한 조직이라고 할 수 있지만 공식적·비공식적 의사소통을 중시하는 관계로 의사소통 비용이 많이 들게 되고 고객으로부터 프로젝트가 없는 경우에도 2개의 기능별·목적별 집단을 운영해야 하므로 비용문제가 발생한다.

5. 개연성 이론

개연성 이론은 조직을 보는 관점이 개방체계(open system)의 특성을 가지며, 조직의 환경과 기술이 조직구조에 어떤 영향을 미치는지에 관심을 갖는다. 조직의 효과성은 조직의 환경과 기술에 의해 제시되는 요구들이 조직의 내부 구조와 어느 정도 일치하는가에 따라 결정되는 것이라고 본다. 과학적 관리론이나 인간관계론과 같은 폐쇄체계이론들에서 제시하는 보편적으로 효과적인 조직은 없으며, 다만 효과적인 조직이란 두 가지 외부 조건들(환경과 기술)이 제시하는 개연성에 각기 적합하게 반응하는 것이라고 간주한다.

조직의 환경은 대부분 다른 조직들로 구성되어 있는데, 안정성과 동질성이라는 두 측면에서 다양하게 나타난다. 안정적이고 동질적인 환경에서는, 조직은 단위들의 분화를 제한하고 표준화된 규칙들을 통해 반응하는 것이 적절하다. 반면에 변화가 심하고 이질적인 환경에서는 높은 수준의 단위 분화와 탈집중화된 의사결정이 가능한 구조로서 반응하는 것이 적합하다. 대체로 휴먼서비스 분야는 후자의 경우에 속한다고 보지만, 그 안에서도 서비스의 성격에 따라 환경요인들은 안정성과 이질성의 정도에 차이가 있을 수 있다.

조직은 각기 다른 기술적 체계를 갖추고 있으며, 이러한 기술체계의 특성이 제시하는 개연성에 적절하게 반응하도록 조직을 디자인하는 것도 필요하다. 이러한 관계는 〈표 3-2〉에 잘 나타나 있다. 조직이 채용하는 기술들은 클라이언트의 속성과 개입 지식의 완성도에 따라 일상적(routine), 숙련적(craft), 엔지니어적(engineering), 비일상적(nonroutine)이라는 네 가지 유형으로 구분할 수 있다. 각각의 기술들은 업무자의 재량권, 파워, 조정, 상호 의존성의 측면에서 각기 다른 정도의 조직구조를 요구한다.

| 표 3-2 | 조직의 기술체계와 조직구조

		조직이 다루는 클라이언트의 속성	
		안정/획일적	불안정/비획일적
개입 지식	완전	일상적 기술(정형화되고, 집중적인 조직구조)	엔지니어링 기술(유연하고, 집중적인 조직구조)
	불완전	숙련적 기술(탈집중적인 조직구조)	비일상적 기술(유연하고, 다집중적인 조직구조)

예를 들어, 일상적 기술을 갖춘 조직은 전형적인 관료제 조직의 형태를 띠는데, 여기서는 업무담당자들의 재량권이 적고, 관리자의 위계적인 권한, 규칙과 표준화된 절차 등으로 일이 규제된다. 반면에, 심리치료센터와 같은 비일상적 기술이 적용되는 조직들은 일선 업무자들의 재량권이 많고, 권한이 분산되며, 조정은 피드백(feedback)을 통해 이루어지게 된다.

개연성 이론 접근자들은 조직 관리에 있어서 '상황적(situational)'인 측면을 강조한다. 조직 양식이나 리더십, 의사결정 스타일 등에서 상황적인 요소들이 미치는 영향을 중요하게 다루는 것이다.

① **사회기술체계**(social technical system) **이론**: 조직이 처한 상황으로부터의 요구에 따라 조직의 사회적·기술적 측면이 반영되도록 하는 조직 양식을 다룬다.

② **상황적 리더십**(situational leadership) **이론**: 조직의 리더십이란 리더들의 개인적 성향에 의존한다기보다 조직이 처한 상황이나 작업 환경, 리더와 하급자들 간의 관계 등에 의해 개연되는 것이라고 본다.

③ **상황적 의사결정**(situational decision making): 비록 관리자 개인의 타고난 스타일이라든지 각 전문 분야에 내재된 의사결정 스타일 같은 것들이 이미 존재하지만, 그 안에서도 개별 의사결정이 내려지는 개별 상황에 따라 각기 유효한 의사결정 스타일이 다르게 나타난다고 본다. 즉 문제가 구조화되어 있는 정도, 결정이 내려져야 하는 속도, 의사결정을 위한 충분한 정보의 가용성, 하급자들의 의식 등과 같은 상황 요소들이 다르면 그에

적합한 의사결정 스타일도 달라진다는 것이다.

개연성 이론이 갖는 어려움은 이론의 고정적이며 기계적인 지향성에서 비롯된다. 환경과 기술, 구조 사이의 연관성을 기계적으로 도식화하려는 시도 때문이다. 조직에서 이러한 연관성은 고정적이지 않고 동적이며, 수많은 요인들에 의해 중재되고 있음을 간과하는 것이다. 특히 조직의 내·외부에 존재하는 다양한 이해집단들이 이념적·정치적·경제적인 요소들과의 상호 작용과 교환을 통해 조직의 선택에 영향을 준다는 사실을 적절하게 다루지 못한다. 그럼에도 불구하고, 개연성 이론은 조직의 이해와 관리 측면에서, 사회복지조직의 관리자들에게도 중요한 지식적인 기반이 될 수 있다.

6. 임파워먼트 이론

최근 들어 각 개인의 능력을 충분히 발휘할 수 있는 조직구조가 필요하다는 점에서 임파워먼트(empowerment) 이론이 더욱 힘을 얻고 있다. 이를 한 마디로 말하면 '사람을 활용하는 기술'이라고 할 수 있으며, 일반적으로는 '실질적인 권한 이양과 활동지원으로 개인의 능력과 의욕을 충분히 발휘할 수 있도록 하는 것'으로 볼 수 있다.

이러한 임파워먼트의 실행을 통해 조직은 다음과 같은 효과를 얻을 수 있다(박원우, 1998).

첫째, 구성원의 보유 능력을 최대한 발휘하게 하고 그들의 직무 몰입을 극대화할 수 있다. 둘째, 업무 수행상의 문제점과 그 해결방안을 가장 잘 알고 있는 실무자들이 고객들에게 적절한 대응을 하게 됨으로써 품질과 서비스 수준을 제고할 수 있게 된다. 셋째, 고객 접점에서의 시장 대응이 보다 신속하고 탄력적으로 이루어진다. 넷째, 지시, 점검, 감독, 감시, 연락, 조정 등에 필요한 노력과 비용이 줄어들기 때문에 코스트가 절감된다.

한편, 콕스와 파슨스(Cox & Parsons, 1992: 64)는 임파워먼트의 개입 차원으로 다음 네 가지 차원을 제시하고 있으며 개입 차원에 따른 문제해결 활동과 행동가 및 변화 대상을 정리하면 다음 〈표 3-3〉과 같다.

① **개인적 차원**: 개인의 내적 임파워먼트에 중점
② **대인관계적 차원**: 소규모의 집단활동에의 참가를 중시
③ **환경·조직적 차원**: 서비스 전달과 관련된 문제에 대해 접근하는 차원
④ **사회·정치적 차원**: 체계와 사회정책과 관련

| 표 3-3 | 콕스와 파슨스의 임파워먼트 4개의 개입 차원

차 원	의식고양문제 사정	문제해결 활동	행동가	변화 대상
개인적 차원	정치 · 경제적 억압에 대한 내 · 외부적 측면에 대한 지속적인 사정과 비판적 사고의 증진	1. 사회복지사와 클라이언트의 관계 설정 / 직접적인 욕구 충족 2. 개인과 가족에게 존재하는 서비스와 정보 전달 3. 의식고양의 과정 시작 4. 자원을 어떻게 찾고 요구하는가에 대해 사실적 인식	개인/가족/Worker	개인, 가족
대인 관계적 차원		1. 자조, 개인성장 2. 상호 문제해결을 위한 지식과 기술의 개발 3. 문제해결을 위해 집단 이용 4. 새로운 기술 발달을 지지하고 조정함 5. 육체적 · 심리적 · 사회적 관점에서 문제해결	개인/가족/Worker 소규모집단	공통의 문제를 가진 개인 집단
환경 · 조직적 차원		1. 자원에 대한 접근성의 보장 및 중간 수준의 체계변화 2. 조직 · 자원에 대한 지식의 획득 및 개발 3. 전문가와 관리자와의 의사소통기술 개발 4. 조직 변화와 지역사회와의 변화기술 개발 5. 의사결정 기회에 참가, 조직체의 결성 6. 공식적 조직에 참가와 자조 프로그램 개발	개인/가족/Worker 대 · 소규모집단 문제 중심 관계망	개별 기관 조직체
사회 · 정치적 차원		1. 정치 · 사회적 변화를 위한 사회행동에의 참가 – 캠페인, 로비, 피켓팅 등 2. 개별적 문제의 정치적 특성으로 구체화 3. 정치 · 경제 · 국가적 이슈에 대한 기술 획득 및 개발 4. 협상기술, 변화 활동에의 참가	개인/가족/Worker 대 · 소규모집단 지역사회 지방정부조직 국가조직	공동체 입법부 사법부 지방 정부국가

출처: Cox & Parsons(1994: 15) 재인용.

임파워먼트의 사회복지 분야에서의 적용은 이미 미국의 경우 여성, 빈곤사회, 게이와 레즈비언, 장애인, 정신보건, 부랑인 또는 가족, 사회서비스, 조사, 평가 분야 등에서 그리고 일본은 사회사업, 케어 매니지먼트, 가족, 교육, 노인시설, 장애인 시설, 아동양호시설, 사회복지사협의회, 상담기관(복지사무소) 분야 등에서 임파워먼트가 활용되고 있다. 우리나라의 경우 임파워먼트에 대한 체계적인 실증 연구부터 그 활용 범위까지 아직 미약하고 경영조직에서나마 활용되고 있는 수준이다.

황성철(2001: 20)은 사회복지조직을 임파워먼트시키는 데 가장 바람직한 방법은 사회복지에 관한 지식과 기술을 개발하여 조직 내에 확산시키는 것이라고 주장하면서 학습조직 형성이 유용한 조직임파워먼트 전략으로 간주된다고 하였다.

결국 임파워먼트를 사회복지행정에서 활용해 본다면 사회복지사들이 담당 센터 업무를 보다 의미 있게 느끼고, 자율적으로 조직에 헌신할 수 있도록 만드느냐 하는 것이 중요하다. 그러므로 조직구성원들의 업무 수행 능력을 향상시키고, 관리자들이 지니고 있는 권한을 실무자에게 이양하여 그들의 책임 범위를 확대함으로써 사회복지사들이 보유하고 있는 잠재능력 및 창의력을 최대한 발휘하도록 하는 방법이 임파워먼트의 중요한 관건이다.

이처럼 사회복지행정의 전문화와 과학화에 영향을 주는 다양한 조직이론은 변화되는 사회복지행정 현장의 행정과정을 통해서 앞으로도 산출될 것이다. 어떤 특정이론이 모든 현상을 다 설명하고 해결할 수 없는 것은 사회복지행정 현장의 다양성과 변화 때문일 수 있다. 복잡하고 다양해지는 현대 사회의 사회복지 욕구와 그 해결을 위한 조직이론은 계속 생성·변화될 수밖에 없을 것으로 예측할 수 있다.

제 4 장

조직구조의 개념과 유형

1절 조직구조의 개념과 구성요소

1. 조직구조의 개념

사회복지조직이든 영리조직 등의 다른 형태의 조직이든 조직을 변화시키는 데 있어 가장 먼저 떠올리는 것이 바로 조직구조이다. 즉 조직의 변화를 위해 가장 먼저 생각할 만큼 조직구조는 조직을 구성하는 핵심적인 요소인 것이다. 이런 중요성을 갖는 조직구조의 내용은 과연 무엇일까를 생각해 보면, 조직구조 개념으로부터 떠오르는 것이 많다. 조직노동의 분화, 위계, 조직 내 과업수행과 관련된 규칙과 규율, 통제와 조정, 의사결정의 권한 등 여러 가지 내용을 조직구조란 개념으로부터 떠올릴 수 있다. 조직구조의 이러한 내용들에 접하게 되면서 다음과 같은 질문을 갖는다. 이러한 조직구조는 조직에서 무엇을 위해 존재하는 것일까 하는 것이다. 이러한 의문에 다음과 같이 단순화시켜 답할 수 있다. 즉 조직구조는 무엇보다도 조직의 목적 달성을 더 효율적이고 효과적으로 달성하기 위해 존재하는 것이라고 볼 수 있다. 조직 목적을 향해 조직활동을 조직화하고 과업이 수행되는 과정을 공식화하고 의사결정의 지점과 방식을 결정해 주는 것을 기본 내용으로 하는 조직구조는 조직목적을 달성하는 데 필요한 산출물을 보다 효율적이고 효과적으로 생산해 내기 위해 존재해야 한다는 것이다(황성철 · 정무성 · 강철희 · 최재성, 2003: 121–122).

조직체의 특징과 조직체의 행동은 조직체가 추구하는 목적과 방침, 그리고 조직구성원에 의하여 형성된다. 이들 요소와 더불어 조직의 성격과 행동에 영향을 주는 것이 조직구조이다. 조직구조가 중요시되는 이유는 조직구성원의 행동과 조직활동의 유효성에 영향을 미치기 때문이다. 즉 조직구조는 조직 내외의 여건들과 함수관계를 가지고 있어 어떻게 조직구조를 변화시키느냐에 따라 조직의 목표를 달성하기 위한 구체적인 활동계획도 상황에 맞게 변하게 되며 이에 따라서 조직유효성도 달라진다(이강란, 1999 재인용).

조직구조란 조직의 기능수행을 위한 권력, 권한, 책임, 체계의 실질적인 배열과 위상을 말한다. 구조는 명령(지휘)과 의사결정의 계통도 되고 임무와 역할의 범위와 책임의 한계 등을 명확히 하는 의미도 있으므로 조직에서 매우 중요하다(신복기 · 박경일 · 장중탁 · 이명현, 2002: 116–117). 현대적 조직구조는 권한분산형이다. 이것은 행정가들과 직원 사이에서 책임을 나눈다는 의미이고 함께 일하여 효과성, 창의성 그리고 사기를 전달할 수 있다는 것이다. 스키드모어

(Skidmore)의 조사에 따르면 권한분산형의 구조와 서비스 효과성 사이에는 강한 관련성이 있다고 제시한다. 즉 권한분산의 정도가 높으면 높을수록 조직의 효과성이 높아진다고 할 수 있다.

2. 조직구조의 구성요소와 결정요인

1) 조직구조의 구성요소

최근까지 이루어진 조직구조의 측정지표에 대한 국내·외 선행연구들을 종합해 보면, 공통적으로 나타나는 요인들에는 복잡성(complexity), 공식화(formalization), 집권화(centralization)라는 세 가지 변수를 조직구조의 공통적인 측정지표로 사용하고 있다.

신복기 외(2002)는 조직구조를 구성하는 요소란 조직구조의 국면 또는 구조적 특성에 영향을 미치는 요인과 지표를 말한다. 여기에는 조직의 규모, 조직의 기술, 조직의 공식화, 집권화와 분권화가 포함된다.

(1) 조직의 규모

조직의 규모는 구성원의 수, 고객의 수, 순자산, 매출고로 구분된다. 현재 대부분의 조직구조에 대한 연구는 조직구성원들의 수에 대한 연구에 집중되어 있다. 그리고 조직구성원의 수와 다른 요인들과의 상관관계는 높은 것으로 인정된다.

(2) 조직의 기술

조직의 기술이란 조직이 일하는 방법과 작업과정에서 사용되는 지식을 말한다. 객관적인 관점에서의 기술이란 조직이 목표 달성을 위하여 투입물을 산출물로 변환시키는 데 이용하는 지식, 도구, 기법, 활동 등을 의미한다. 톰슨(Thompson, 1967)은 조직의 기술유형을 기술 자체보다 단위작업 간의 상호 의존성의 형태에 따라 세 가지로 분류하였다.

① **연속형 기술**(long-linked technology)

과업의 단계가 고정적으로 연속되어 있어서 어느 단계의 활동이 원활하게 이루어지려면 그 전 단계의 활동이 완료되어야 한다. 각 부서는 자원을 서로 교환하고 다른 부서의 작업결과에 영향을 받는다. 이 기술은 여러 가지 행동이 순차적으로 의존적인 관계를 이루고 있을 때 쓰이는 기술을 말하며 대량생산에 쓰이는 일관작업체제(assembly line)를 의미한다. 조직의 투입 및 산출분야에서 불확실성이 많이 발생하므로 여기에 통제를 가하여 불확실성을 줄이고자 한다.

② **중개기술**(mediating technology)

중개기술은 상호 의존 상태에 있거나 서로 의존하기를 원하는 고객들을 연결 짓는 활동에 쓰이는 기술이다. 이 기술은 시간적으로나 공간적으로 분산된 광범위한 고객을 대상으로 하는데, 예를 들면 자원봉사활동에서의 자원봉사조정자가 여기에 해당된다. 중개기술을 활용하는 조직은 고객에게 의존되어 있으므로 불확실성에 빠진다. 이것을 줄이기 위해 규정이나 절차를 이용한다.

③ **집약적 기술**(intensive technology)

집약적 기술은 조직이 다양한 기술의 복합체로서 맞춤기술·주문기술(custom technology)을 의미한다. 즉 상황에 따라 다양한 반응이 가능한 기술이다. 조직이 사용할 기술의 선택과 배합, 적용순서 등은 변동대상으로부터 나오는 환류에 의하여 결정된다. 집약적 기술은 병원에서 환자 치료 시에 병리검사를 하거나 전문의료나 투약, 입원조치 등의 기술을 사용하는 경우에 해당된다. 집약기술 조직은 예측하지 못했던 사건이 발생할 때마다 필요한 기술을 함께 사용해야 하므로 전문가들이 협력하여 동시에 문제에 대응한다.

(3) 공식화

공식화는 조직 내 직무가 표준화된 정도로서 정책, 규제 및 절차가 명문화된 형태로 존재하는 정도를 말하는데, 민츠버그(Mintzberg, 1983)는 이것이 조직구성원의 직무에 대한 행위를 예측하고 조직활동에 있어 행위와 결과의 일치성을 추구하려는 하나의 통제 전략이라고 하였다.

하지만 지나친 조직의 공식화는 목표와 수단의 전도현상을 초래하고 관료제적 악순환을 불러올 수 있으며 인적 전문화의 수준이 높을수록 공식화는 갈등과 소외현상을 심화시킬 수 있다.

(4) 집권화와 분권화

집권화와 분권화는 조직상의 의사결정권의 위치를 나타내는 것이며, 이 의사결정권의 위치를 지표로 하여 집권화의 정도를 측정하는 것이 일반적이다. 요컨대 조직구조의 집권화

문제는 권력의 배분, 즉 의사결정권의 위치, 조직상의 정책, 그리고 조직 활동에 대한 평가 활동의 문제라고 할 수 있다.

집권화와 분권화에 영향을 미치는 요인은 최고관리층의 인간관이나 관리철학, 노동조합, 전문가 등이 될 수 있으며, 통신기술의 발달과 예산 팽창, 그리고 법률의 효과성에 대한 신뢰나 행정수단의 결함 노출, 행정비용의 팽창 등 행정활동의 통일성을 확보하려는 움직임과 최고관리층의 권력욕 등은 집권화를 촉진시키는 요인이 될 수 있다. 그리고 조직의 사기앙양의 필요성과 조직규모 확대, 그리고 기술 수준의 고도화와 조직참여자의 인적 전문화와 능력 향상, 고객에 대한 서비스, 민주주의 생활화 등은 조직의 분권화를 촉진시키는 요인이다.

한편, 집권화를 통해 조직은 통일된 정책의 수립과 집행이 가능해지며 통제와 지도·감독이 수월해지고 재원 절감을 이룰 수 있다. 또한 위기나 비상시의 신속한 대응과 조직기능의 중복을 억제할 수 있으며, 혁신이나 변화를 추구하고 갈등을 신속히 해결할 수 있는 장점을 가질 수 있다. 그러나 집권화는 조직을 관료적이고 권위주의적 성격으로 몰아가고, 형식주의에 얽매여 창의성과 자발성을 저해하며 획일화시키는 단점을 가진다. 이에 반해 분권화는 신속한 의사결정을 이루고 업무를 감소시키며 자발적 협조를 유도하면서 책임감을 증진시키고 조직의 협조관계를 용이하게 하는 장점을 가지지만, 지도·감독과 통제를 약화시키거나 업무를 중복시키며 행정력을 분산시키고, 전문기술을 활용할 수 없게 만드는 등의 단점이 있다.

| 표 4-1 | 집권화와 분권화의 장·단점

구분	집권화	분권화
장점	• 통일된 정책의 수립과 집행 기능 • 통제 · 지도 · 감독의 용이성 • 재원 절감 • 위기 시 신속한 대응기능 • 조직기능의 중복 억제 • 혁신이나 변화 추구 • 신속한 갈등해결	• 새로운 정보에 대한 신속한 대응기능 – 업무를 감소시킴 • 상세한 정보에 의한 의사결정 • 조직구성원의 참여의식 고양 · 동기부여 – 자발적 협조 유도 • 능동적 의사결정 능력을 지닌 관리자의 개발 기회 제공 • 책임전가 증진
단점	• 관료적이고 권위적인 조직이 될 수 있음 • 형식주의로 인한 창의성 · 자발성 저해, 획일화	• 지도 · 감독 · 통제 약화 • 업무의 중복 • 행정력 분산 • 전문 기술을 활용할 수 없음

2) 조직구조의 결정요인

조직구조의 결정요인에는 역할(role), 지위(status), 권력(power)이 있다. 이를 자세히 설명하고자 한다.

(1) 역할(role)

역할이란 사회적인 관계에서 어떤 위치를 점하는 사람이 해야 할 것으로 기대되는 행동의 범주를 말한다. 역할은 기능이나 임무, 일, 과제, 직무 등으로 표현되는 때도 있다. 역할은 그것을 맡는 사람이 바뀌더라도 변하지 않는 일정한 속성을 가지는데, 사람들은 특정한 역할담당자가 그들의 기대를 충족시켜야 할 의무가 있다고 생각한다. 그리고 역할에 대한 기대는 적합한 것 또는 허용되는 것으로 생각하는 행동의 범위를 규범적으로 한정하게 되어, 역할기대가 어긋날 때는 그 역할에 대한 선택, 절충, 회피와 같은 역할 행태(行態)가 나타나게 된다.

(2) 지위(status)

지위란 어떤 사회적 체제 속에서 개인이 점하는 위치의 비교적인 가치 또는 존중도를 의미한다. 따라서 조직에서의 지위는 돈이나 능력, 신분, 활동, 지식, 책임, 선임순위 등에 의해 결정된다. 지위는 다른 사람이 부여하는 것으로, 그들의 지각과 평가에 달렸다. 따라서 조직 내의 지위는 불균등하게 배분되어 차등적 지위에 따라 제복과 계급장, 보수와 특권, 직명, 조직도표상의 위치, 취임할 때의 의식, 사무실의 크기와 장식 등과 같은 상징이 부여된다. 그리고 지위는 역할관계의 모호성을 제거해 주고, 동기유발 요인이 되며 통제력을 강화하는 기능을 가진다. 그러나 지위는 의사전달이나 협동에 장애를 가져오고, 자원을 낭비하게 되며 지위를 남용하는 등 부정적 기능도 있다.

(3) 권력(power)

권력이란 어떤 개인 또는 집단이 다른 개인 또는 집단의 행태에 영향을 미칠 수 있는 능력을 말한다. 권력은 조직 구조의 근간을 형성하고 역할과 지위를 연결 짓고 인간행동을 규합하는 특성이 있다. 그런데 권력을 행사하는 자는 권력 행사에 필요한 다양한 종류의 자원이 있어야 하며, 권력행사자는 상대방이 얻으려 하는 것을 지배하기 때문에 상대방은 권력을 행사하는 사람에게 의존하게 된다. 그리하여 권력행사의 상대방이 권력에 복종하는 길밖에 달리 대안이 없다면 권력은 점차 강화된다. 따라서 권력은 상대방 권력주체의 행태에 영향을 미치는 능력이며 행동 지향적인 성격을 가진다. 전체조직이 가지는 권력의 크기나 조직 내의 개인 또는 조직단위가 갖는 권력의 크기는 변동될 수 있다. 일반적으로 조직 내에서 계층구조를 따라 흘러내리는 하향적 권력관계가 기본적이지만, 전문가와 일반행정가 사이, 그리고 행정소송, 상급자 평가와 같은 상향적 권력관계 등 다(多)방향적인 관계를 형성할 수도 있다.

2절 조직구조의 유형

조직은 조직을 구성할 수 있는 기본 골격이 있다. 이를 조직구조라고 한다. 조직의 구조를 만드는 것은 조직의 목표를 보다 효과적이고 효율적으로 달성하기 위한 것이다. 조직구조의 유형은 매우 다양하다. 장인협과 이정호(1994: 138-144)는 조직구조를 크게 공식조직과 비공식조직, 수직조직과 수평조직으로 나누어 설명하고 있고, 신복기 등(2002: 121-127)은 조직구조의 유형으로 전통적 조직, 사업부제 조직, 동태적 조직 등을 포함시키고 있다. 여기에서는 각 조직구조들을 설명하기로 한다.

1. 공식조직과 비공식조직

1) 공식조직

공식조직(formal organization)이란 기관장(director), 부기관장(assistant director), 슈퍼바이저(supervisor), 실무자(practitioner)가 있는 조직이다. 여기에는 직원관계에서의 위계질서의 조직과 위원회, 이사회의 배열을 포함한다. 공식조직의 구조적 요소는 조직이 갖추어야 할 기본적인 요소를 말한다. 이것은 네 가지로 설명된다.

첫째, 분업이다. 과업을 수행할 때 구성원들 간에 업무를 분담한다는 것이다. 여기에는 특정한 업무를 수행하기 위해 기능을 분담하는 것(differentiation)과 어떤 특정한 기능을 한 사람이나 한 부문이 담당하고 다른 사람이나 부문은 그 기능을 담당하지 않는 전문화(specialization)가 있을 수 있다.

둘째, 위계적 과정이다. 위계적 과정이란 명령(지휘) 계통, 권한의 위임, 명령의 통일성을 포함하는 것이다. 기본적으로 권력, 권한, 의사결정, 책임의 비중과 관련된 아래로부터 위까지의 계층적 조직이 명령 계통이 존재한다.

셋째, 구조이다. 조직구조는 그 기능을 수행하기 위해 권한 및 책임과 관련된 조직의 배열을 갖는다. 즉 정책 및 기능과 관련된 부서가 설정되며, 기관에 따라 사회복지기관의 부서는 상당히 다양하다.

넷째, 통제의 범위이다. 통제의 범위란 한 행정책임자 밑에 하위부서의 수를 얼마나 두며 이들 간의 관계를 어떻게 규정할 것이냐에 관한 것이다. 통제의 범위를 일률적으로 규정하는 것은 어렵지만 사회복지 분야에서는 슈퍼바이저 한 명당 6~7명 이하의 하급자를 두는 것이 일반적이다.

조직의 공식적 구조는 크게 두 가지 차원을 고려한다. 조직의 업무들이 분화된 정도를 나타내는 수평적 세분화와 권한이나 명령 계통을 나타내는 수직적 위계화의 차원이다(김영종, 2012: 167–175).

(1) 업무의 세분화

업무의 세분화란 한 조직 내에서 업무들이 나누어져 있는 정도를 뜻하고, 단순하게는 구분 가능한 업무들의 수로 파악된다. 업무 단위와 그에 따른 직위 수가 많을수록 업무 세분화가 증가한 것으로 본다. 업무가 세분화될수록, 조직 전체의 분업은 더욱 복잡해지는 양상을 띤다. 조직의 업무 세분화는 나름대로의 장·단점을 갖고 있는데, 이를 정리하면 〈표 4–2〉와 같다.

| 표 4-2 | 업무 세분화에 따른 장 · 단점

장점	단점
• 업무와 기술의 단순화 • 전문기술 개발의 용이 • 효율성 증대 • 관리와 감독의 용이	• 업무자의 매너리즘 • 클라이언트의 혼란 • 업무 조정에 따르는 비용 증대

(2) 위계와 정형화

조직구조와 관련해서 업무 세분화가 조직단위들 간의 수평적인 분화를 나타내는 것이라면, 수직적 분화의 정도는 위계구조와 정형화 등으로 나타난다. 수직적 분화는 업무단위들 간 혹은 업무자들 간에 권한은 어떻게 배분되고, 의사결정은 어떻게 이루어지고, 의사소통은 어떤 방식을 쓸 것인지 등에 관한 것이다. 조직구조의 결정에 있어서 이러한 측면은 보통 위계와 정형화의 정도로 나타낸다.

① 위계

위계(hierarchy)는 한 조직의 권한 배분이나 의사결정 방법 등과 주로 관련되어 있다. 권한(authority)이란 조직이 목표 수행에 필요한 의사결정이나 하급자들에 대한 행동 지휘, 자원 할당, 상벌 실시 등에 쓰는 합법적 권리를 말한다. 어떤 조직에서든 하급자의 순응이나 업무조정을 위해 권한을 적절히 배분하는 것은 매우 중요하다. 의사결정(decision making)이란 제반 업무수행의 과정에서 나타나는 여러 대안들 중 어떤 것을 선택하는 행위를 뜻한다. 사회복지조직에서는 조직의 방향이나 목적 설정에서부터 특정 서비스 기술을 선택하는 것에 이르기까지 다양한 성격의 의사결정이 필요하다.

② 정형화

조직구조의 수직적 위계 정도는 정형화와도 밀접하게 관련되어 있다. 정형화(formalization, 공식화)란 업무 수행의 신뢰성과 일관성을 높일 목적으로 개별 업무자들의 재량이나 임의적인 행동반경을 축소하고, 의사결정 과정을 일상화(routinized)하려는 시도다. 한 조직의 정형화 정도는 사전에 설정된 규칙이나 절차들에 업무자들이 얼마나 의존하는지를 통해 파악된다. 업무자들의 행동이 각종 행정 규제나 절차, 업무처리의 문서화 등과 같은 명시적 수단을 통해 통제되는 경향이 많을수록, 그 조직은 정형화 정도가 높다고 한다.

③ 행렬조직

행렬조직(matrix organization, 매트릭스 조직)은 조직구조의 대안적 양식으로, 업무 세분화의 필요성을 인정하면서도 그에 수반되는 문제들에 대처하기 위해 고안된 것이다. 행렬조직의 원리는 합리적인 분업은 허용하면서도 부분들 간의 통합을 이루게 하는 이중적 기능의 구현을 강조한다.

일반 조직에서는 내부기능 위주로 나뉜 분과들만으로 조직구조가 결정된다. 반면에 [그림 4-1]의 예에서 보는 것처럼, 행렬조직의 구조에서는 권한이 두 개의 라인에 의해 구축·유지된다. 이러한 행렬구조를 보통 팀(team)접근 방식이라고도 한다. 여기에서 조직구성원 혹은 업무자들(●)은 일차적으로는 분과(예: 사업부 장애인과)에 소속되어 수직적 위계 구조에 의한 통제를 받는다. 한편 조직구성원들은 각 프로그램 단위 혹은 팀 단위(A~D)로도 묶여서 소속되고 활동한다.

그림 4-1 행렬구조의 예

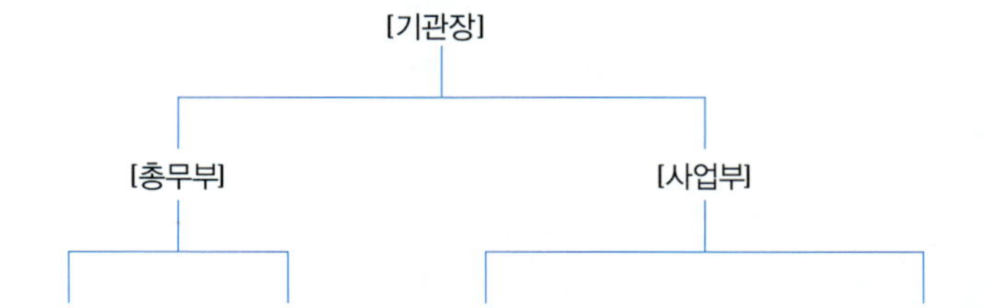

	[총무과]	[홍보과]	[청소년과]	[노인과]	[장애인과]
(A팀) 가족관계 프로그램		●	●	●	
(B팀) 지역사회 프로그램	●	●	●		●
(C팀) 재가복지 프로그램	●				●
(D팀) 직업재활 프로그램		●			●

행렬조직에서는 특정 프로그램이나 프로젝트를 수행하기 위해 관련된 분과의 업무담당자들을 팀에 할당시켜 활동하게 한다. 팀은 보통 프로그램 사안에 대해 전반적인 책임을 진다. 각 팀의 업무자들은 자신이 속한 분과의 상급자에게 행정적인 책임을 계속적으로 지면서도, 한편으로는 팀장의 지휘하에 다른 분과의 전문가들과 협조적으로 묶인 프로그램 구조에서 업무를 수행한다. 각자는 자신이 소속된 분과의 정책의 절차를 수행해야 하지만, 팀 차원에서의 일관된 접근을 생성해야 할 책임도 있다. 한 업무자에게 분과의 프로그램에 대한 이중적 역할과 책임을 부여하는 것이다.

2) 비공식조직

비공식조직(informal organization)은 말 그대로 어떤 공식적인 절차를 통해서 형성된 조직이 아니다. 조직 내 빈번하게 접촉하는 구성원들 사이에서 자연적으로 발생하는 소규모 집단(자생집단)을 말한다. 공식조직을 제도적인 조직이라고 한다면 비공식조직은 현실상의 조직이라고 할 수 있다. 비공식조직은 다음과 같은 효과적이고 적극적인 측면이 있다. 첫째, 비공식조직은 의사소통의 통로(communication channel)로서 생각과 감정을 나눌 수 있는 기회를 제공한다. 둘째, 행정가는 비공식적인 자리에서 직원들과 대화하고 그들의 제안과 건의를 받아들임으로써 조직의 응집력(cohensiveness)과 통합을 향상시킬 수 있다. 셋째, 비공식적인 자리에서 구성원들을 지지하고 인정함으로써 직원의 자아존중(self-esteem)을 향상시킬 수 있다.

또한 비공식조직은 다음과 같은 면에서 공식조직에 도움이 될 수 있다. 첫째, 비공식조직은 공식조직의 결함이나 약점을 보완함으로써 그것을 유지하는 데 도움이 될 수 있다. 둘째, 비공식조직은 공식조직 내의 약점을 평가하는 데 도움을 주며 새로운 욕구에 대한 주의를 환기시킨다. 셋째, 비공식조직은 공식조직에서 야기되는 긴장이나 압박감의 배출구를 마련해 준다. 넷째, 비공식집단은 가끔 변화의 대행자가 되어 변화를 가져오는 데 기여한다.

그러나 비공식조직은 그 비중이 너무 클 경우 목적 도치의 현상이 초래되기 쉽고, 비합리적인 의사결정의 원인이 될 수 있으며, 공식조직의 분열을 초래할 수도 있는 역기능을 가져오기도 한다.

공식조직과 비공식조직 사이의 불협화음을 해결하기 위한 방법으로는 첫째, 소외의 원인 제거, 둘째, 관계자의 설득, 셋째, 공식조직으로의 유인, 넷째, 전보나 해고 등을 제시했다(Skidmore, 1983: 107-108).

2. 전통적 조직

전통적 조직구조는 라인조직을 말한다. 라인조직이란 단일 명령체계와 권한의 라인에 의해 직결된 조직으로 직계조직, 군대식 조직이라 할 수 있다.

1) 기능조직(직능부제 조직)

(1) 기능조직의 의의

조직구조의 기본 변수(복잡성, 집권화, 공식화)를 상황(규모, 기술, 환경, 전략, 권력)에 따라 조절함으로써 조직을 설계한다. 기능조직에서는 구매 · 인사 · 회계 · 영업 등의 업무활동을 기능별로 분화하고 기능관리자는 업무활동에 대한 제반사항을 최고경영층에 보고하도록 설계된다. 각 부서의 관리자는 해당업무에 관련된 모든 사항을 책임지고 관리하게 된다.

이와 같은 조직구조는 업무가 표준화된 서비스를 위주로 하는 조직, 예를 들면 사회보험 관련 조직 또는 정신보건서비스 조직 등과 같은 데서 가능하다. 그러나 대부분의 사회복지 서비스는 생산 일선에서의 완성품과 같이 서비스의 결과에 대해서 합의를 이루기 어렵기 때문에 사회복지 조직구조로서는 그리 흔하지 않다고 볼 수 있다. 이와 같은 조직구조가 효과적으로 되기 위해서는 서비스 검사 및 진단, 사정도구의 표준화가 이루어지고 이를 네트워크로 공유하는 방향으로의 과학화가 훨씬 더 진전되어야 할 것이다(신복기 외, 2002: 122).

(2) 기능조직의 장 · 단점

① 장 점

- **규모의 경제 효과**: 유사한 업무를 결합하여 생기는 전문화의 이점을 기능별로 규모의 경제를 얻을 수 있으며 동일한 장소의 업무수행으로, 자원과 노력의 낭비를 줄일 수 있다.
- **기능별 기술개방 용이**: 개인이 업무수행에 필요한 모든 기술을 소속부서 내에서 짧은 시간에 효과적으로 숙달하여 효과적인 기술 습득에 용이하다.
- **조직분위기, 업무능률 향상**: 부서 동료들 사이에서 공통된 사고와 언어를 공유하게 되므로 조직분위기가 좋아지며, 업무능률을 최대로 향상시킨다.

② 단 점

- **부문 간 상호 조정 곤란**: 부서 간의 상이한 목표는 부서 간의 상호 조정을 곤란하게 하여 조직 전체의 목표 달성을 어렵게 할 수 있으며, 구성원은 부서 목표 달성에 치중하여 조직 전체의 목표 달성에는 제한된 시각을 갖는다.
- **책임소재 불분명**: 과업수행 결과에 대해 단일 기능부서가 전적인 책임을 질 수 없으므로 책임소재가 불분명하다.
- **업무능률 감소**: 기능조직에서 야기되는 하위 부서 간 갈등은 목표와 수단의 전도되는 상황을 유발하여 업무 능률을 감소시킬 수 있다.
- **환경적응과 혁신이 곤란**: 급변하는 환경에 대한 적응력이 매우 낮아 혁신이 늦어진다.
- **최고경영자 양성 곤란**: 최고경영자 직무의 고유 특성인 통합적인 관리업무를 다루는 기술을 배우고 익힐 수 있는 직책의 부재로 조직 전반의 관리기술을 개발하기 어려워 별도의 훈련 계획이 필요하다.

| 표 4-3 | 기능별 조직의 특성

적합한 환경	내부체계
• 조직구조: 기능조직 • 환경: 불확실성이 낮고 안정적 • 기술: 일상적이며 낮은 상호 의존성 • 조직 규모: 작거나 중간 정도 • 조직목표: 내적 효율성, 기술의 전문성과 질	• 운영목표: 기능적 목표 강조 • 계획 및 예산: 비용기준 예산, 통계수치 보고 • 기능관리자
장 점	**단 점**
• 기능별 규모의 경제 획득 • 기능별 기술개발 용이 • 기능별 목표 달성 • 중간 이하 규모의 조직에 적합 • 소품종 생산이 효과적 • 교육훈련이 용이하다. • 최고위층에서의 엄격한 통제가 용이하다.	• 환경 변화에 대한 대응이 낮음 • 의사결정 문제가 최고경영층에 집중됨으로써 과부하 발생 • 부문 간 상호 조정 곤란 • 구성원이 편협한 시야를 갖게 됨 • 특정 제품 고객 시장 지역에 대한 관심이 약화됨 • 혁신이 곤란 • 전체 조직목표에 대한 제한된 시각 • 총괄경영자의 양성이 어려움

2) 라인조직과 스탭조직

라인조직은 수직조직 혹은 계선조직, 종적조직이라 하고, 스탭조직은 수평조직 혹은 막료조직, 참모조직, 횡적조직으로 일컫는다.

기업조직은 규모 확대와 전문화 원리에 따라 점차 분화되는 경향이 있다. 감독 폭의 한계로 조직구조는 위계적 형태를 갖춤과 동시에, 전문화 원리에 따라 과업은 분화되며, 유사한 성격을 가진 경우 통합되어 부문화된다. 이러한 부문화와 위계를 통해 라인이 형성된다.

라인만으로 형성된 조직은 명령의 통일과 획일적 관리를 가능하게 하나, 비일상적·전략적 의사결정을 소홀히 하는 경향이 발생한다. 따라서 전략적이고 비일상적인 의사결정에 필요한 업무를 수행하기 위해 기업조직의 주 활동 부문을 보조하고 전문적 지식과 관련된 사항을 전담하는 스탭 부문이 형성되었다.

(1) 라인조직(line organization)의 특징

조직목표 수행에 직접 책임을 지는 직능으로, 기업의 주 활동 부문을 담당하고 있다. 명령·통일의 원칙에 의한 수직적 의사소통 구조를 가지며, 계획·통제실행의 제반 측면에서 포괄적 권한을 보유하고 있다.

(2) 스탭조직(staff organization)의 특징

라인을 도와 조직의 목표를 가장 효과적으로 달성할 수 있도록 지원, 보완하는 직능을 담당한다. 원칙적으로 지휘명령 권한을 가질 수 없으며, 단지 조언·촉진적 개입만 가능하다.

(3) 수직조직과 수평조직의 장·단점

| 표 4-4 | 수직조직과 수평조직의 장·단점

구 분	수직조직(계선조직)	수평조직(막료조직·참모조직)
장 점	• 업무수행의 능률성 • 결정의 신속성 • 강력한 통솔력 행사 • 조직의 안정성 확보	• 기관장의 통솔 범위 확대 • 전문지식과 경험 활용 • 참여적·객관적 의사결정 • 수평적인 업무의 조정과 협조 • 조직의 융통성, 신축성 부여
단 점	• 업무량 과중 가능성 • 책임자의 주관적·독단적 결정, 조치 우려 • 부문 간의 효과적인 조정 곤란 • 전문가의 지식과 경험 활용 불가 • 조직의 경직성	• 복잡한 조직 내의 인사관계 • 수직조직과 수평조직 간에 권한과 책임 한계를 둘러싼 갈등 조성 • 소요되는 경비지출의 증가 • 수평조직과 수직조직 간의 책임전가 야기 • 의사소통 경로의 혼란 우려

(4) 라인과 스탭의 구분 이유와 관계

① 구분 이유

- 전문화된 원조와 서비스 제공
- 적절한 견제와 균형 유지·확보
- 책임성의 유지·확보

② 라인과 스탭의 관계

- **라인과 스탭의 직능적 관계:** 라인은 기본적 직능 담당, 스탭은 촉진적 직능을 담당한다.
- **라인과 스탭의 권한 관계:** 라인-스탭의 권한 관계는 상보적이며 촉진적 성격을 갖는다. 라인은 주 활동 부분의 계획, 실행, 통제에 관한 포괄적 권한을 수행하고 그에 따른 책임을 지며, 스탭은 라인에 대한 조언, 촉진 역할을 할 뿐 직접적 지시, 명령권이 없다. 따라서 양자의 권한 관계를 공식적·합법적으로 규정하고, 스탭의 개입에 대한 최고경영층의 방지가 필요할 것이다.

(5) 라인과 스탭의 갈등 및 해결방안

① 갈등의 원인

- 라인부문 직능의 배제 또는 축소
- 변화에 대한 저항
- 의사소통 경로상의 위치

② 갈등의 해결방안

- 최고경영자의 올바른 인식
- 순환보직 실시 등

(6) 라인–스탭조직에 대한 평가

라인-스탭조직은 대규모화된 현재 조직구조의 전형으로, 전문화 이점과 명령 통일의 이점을 동시에 추구할 수 있다는 장점이 있다. 또한 특성상 조직구조가 정체적·안정적인 기계적 구조이므로 주변 환경이 안정적이거나 확실성이 높은 경우에는 적합한 조직구조라 할 수 있다. 하지만 일반적인 사회환경이 복잡하게 되고 불확실한 현대사회에서는 프로젝트 조직, 매트릭스 조직, 팀 조직 등 유기적 조직구조로의 변화를 모색해야 할 것이다.

3) 위원회 조직

위원회는 조직목표의 달성을 위하여 특별한 과업이나 문제를 해결하는 조직의 일상적인 업무를 수행하는 기구와는 별도로 구성한 전문가 또는 업무관계자들의 활동조직이다. 위원회는 두 유형으로 구분되는데, 조직에서 발생하는 특별업무를 처리하기 위한 인사위원회나 예산위원회와 같은 상임위원회와 특별한 업무를 처리하기 위하여 조직되는 임시위원회로 구성된다.

위원회는 실질적인 의사결정이나 집행은 수행하지 않지만, 제안을 평가하고 전문가의 의견을 듣고 집단토의 기회를 제공해 준다. 또한 정책수립에서의 참여적 관리를 가능하게 하고 인간관계 측면에서 의사소통을 원활히 할 수 있는 장점이 있다. 반면, 문제처리나 해결에 시간이 걸리고 비용이 많이 들며 이해관계가 얽힌 위원이나 소수위원의 전제나 독단에 의해 파행될 수 있다는 단점이 있다.

3. 사업부제 조직

사업부제란 1차 조직 구분에 제품, 지역, 고객별로 분할하여 독자적인 생산과정과 시장을 갖는 자기완결성이 높은 부문화를 이루고, 이익책임을 갖는 경영 단위를 말한다.

사업부제 조직구조는 대규모 조직에서 분권적인 조직원리를 이용하여 사업부 단위로 조직을 편성하고, 각 사업부 단위의 독자적 생산과 마케팅, 관리 권한을 부여하는 구조이다. 그리고 제품별 · 지역별 · 시장별로 이익 중심점을 설정하여 독립채산제를 실시하고 각 사업부는 모든 과업의 계획과 집행, 성과의 분석까지 하나의 개별 조직처럼 운영되는 구조이다. 예를 들어, 모 화학회사의 경우 사업본부와 사업부로 구분된 18개 내부사업조직의 책임자가 모두 대표이사로 구성되어 있고, 6개월에 1회 보고만 하게 되어 있고 주주봉사실, 직원봉사실의 지원조직만 존재한다. 그리고 모 화학과 내부 사업조직은 계약관계를 맺는 구조로 되어 있다.

1) 사업부제 조직의 특성

이와 같이 기업성장과 전략 다각화로 인하여 기업이 직능부제 조직의 한계를 넘어서서 기업수익을 향상시키고자 할 때에는 시장환경에 따른 혁신적이고 전략적인 의사결정으로만 가능하게 된다.

이러한 점에서 사업부제 조직의 특성을 다음과 같이 들 수 있다.

(1) 전략적 결정의 기업 내 침투

변화하는 외부환경에 기업을 혁신적으로 적응시키기 위한 전략적 결정의 필요성을 최고 및 중간경영층에게 자각시키는 환경을 조성하고, 본사의 최고경영층은 일상적 업무결정에서 해방되어 기업 전체의 전략적 결정에 몰두할 수 있는 체제를 만든다.

(2) 의사결정의 합리성 확보

각 사업부는 상호 독립성을 통해 개개 의사결정에 대하여 타 부문과 조정해야 할 필요가 없기 때문에 결정에 대한 책임이 일원화된 이익책임 단위이므로 모든 결정에는 이익기준이 적용되어 합리성의 기준이 확보된다.

(3) 혁신적 결정에 대한 모티베이션(motivation)

① 이익목표의 조직화: 혁신적 결정에 대한 동기가 강한 이익목표는 대체적으로 구체적이고 계량적이기 때문에 목표 달성에서 하나의 계획안이 어느 정도 공헌하는가를 측정하여 예측할 수 있어 문제 발견뿐 아니라 문제해결을 위한 탐구도 활발하게 진행된다.

② **커뮤니케이션(communication)의 효율화**: 의사결정의 분권화가 일어나 결정장소와 집행장소 간 거리가 짧아져 정보 피드백의 효율성이 높아지며, 각 사업부는 시장별 특수한 성격과 일치하는 방법으로 정보 수집 · 전달이 가능하다.

③ **경영의 자립성**: 계획의 기안 · 평가 · 선택에 대하여 타 부문과 조정하거나 본사 스탭 부문에 크게 의존하지 않아도 되기 때문에 성과에 대한 책임감도 높아 창조적 아이디어 활용에도 적극적이다.

(4) 시장경제 메커니즘(mechanism)의 기업 내 도입

독립적인 시장을 갖고 독자적인 이익책임을 갖는 사업부로 분할되어 있으므로, 각 사업부 간에는 시장경제 메커니즘이 도입된다.

2) 사업부제 조직의 장 · 단점

(1) 장 점

① **최종적인 조직성과 강조**: 제품이나 서비스에 대한 모든 책임이 사업본부장에게 부과되어 전체적인 조직목표를 망각할 가능성이 있는 기능조직의 단점을 제거할 수 있다. 사업부제 조직은 목표 달성 수단에 초점을 두지 않고 최종적인 조직성과를 강조하는 조직구조이다.

② **환경 변화에 신속한 대응**: 각 사업부에서는 여러 가지 소단위 사업을 경영하여 불안정한 환경 변화에 효과적이며 신속한 대응이 가능하다.

③ **사업부 내 기능 간 조정이 용이**: 여러 가지 기능 부서가 한 부서 내에 있기 때문에 기능 간 조정이 용이하다.

④ **고객만족**: 사업부마다 다른 제품을 생산 · 판매하고 시장 특성에 적절히 대응하는 제품의 차별화와 제품에 대한 책임의 명확화로 소비자 만족을 증대시킬 수 있다.

⑤ **최고경영자의 전략 수립과 육성**: 최고경영자층이 일상적인 업무에서 벗어나 장기적인 전략의 수립에 집중하여 환경 변화에 대응할 수 있으며, 이러한 사업부의 포괄적인 업무수행의 특성은 최고경영자를 훈련 · 육성하기에 적합하다.

⑥ **대규모 조직, 다품종 생산에 적합**: 조직 규모가 매우 크거나 제품 종류, 제품 계열이 풍부한 조직에 적합하다.

(2) 단 점

① **규모의 경제 상실**: 규모의 경제로부터 얻는 이점을 갖지 못하며 모든 제품 단위마다 설비를 갖추어야 하므로 자원 활용 측면에서 비경제적이다.

② **제품 라인 간 기능조정 곤란**: 제품 라인 간의 분리로 라인 간 협력을 위한 인센티브가 거의 없기 때문에 제품 라인 간의 조정이 곤란하여 제품의 호환성이 없거나, 각 부서 영업사원들 간의 숙지 부족으로 소비자의 불만이 증가할 수도 있다.

③ **기술전문화 추구 곤란**: 기능이 여러 사업부로 분산되기 때문에 기술의 기능별 전문화가 어려워진다.

④ **제품 라인 간 통합, 표준화 곤란**: 구성원들은 관련 부서의 제품 라인에만 관심을 집중하여 전체 조직 차원에서 기술의 통합과 전문화가 곤란할 수 있다.

| 표 4-5 | 사업부제의 장 · 단점

구분	장점	단점
내용	① 제품, 서비스에 대한 모든 책임을 사업부 책임자에게 부과함으로써 목표 달성의 수단보다 성과에 초점을 맞출 수 있다.	① 전사적 차원에서의 새로운 전략개발 및 실천 곤란
	② 본사의 임원들로 하여금 일상적인 업무에서 벗어나 장기적인 경영문제에 관심을 갖도록 만들어 준다.	② 사업마다 기능이 중복되어 있어 조직의 비용 증대를 가져오고 능률을 감소시킨다.
	③ 각 사업부가 하나의 독립된 사업체로서 자율적으로 이루어지므로 한 부서의 사업 실패가 다른 사업부에 영향을 주지 않는다.	③ 사업부들 사이의 협력이 어렵다.
	④ 소규모 · 사업부별 · 적응성 · 유연성 · 만족감을 고취시킨다.	④ 사업부 간 인력의 이동이 어려워 융통성이 적다.
	⑤ 고객의 세분화, 시장에서의 치열한 경쟁, 의사결정의 신속성, 고객과 시장 수요 변화에 대응력이 요구되는 사업 분야에 효율적이다.	⑤ 각 사업부가 별도의 직능 부분을 갖기 때문에 기능적 전문화의 이점을 누릴 수 없다.

4. 동태적 조직

1) 프로젝트 조직(project organization)

(1) 프로젝트 조직의 의의

특정한 사업목표를 달성하기 위하여 일시적으로 조직 내의 인적 · 물적 자원을 결합하는 조직 형태를 말한다. 프로젝트 자체가 시간적 유한성을 지니기에 프로젝트 조직도 임시적·잠정적이다. 즉 프로젝트 조직은 해산을 전제로 하여 임시로 편성된 일시적 조직이며, 혁신적·비일상적인 과제의 해결을 위해 형성되는 동태적 조직이다.

(2) 프로젝트 조직의 특성

① **프로젝트 단위로 분화된 조직**: 프로젝트 조직은 경영조직을 프로젝트별로 분화하여 조직화를 꾀한 조직 형태이다. 즉 경영조직을 단위조직으로 분화하는 형태임과 동시에 이종의 업무를 종합화하는 조직 형태이다. 직능부제 조직이나 제품별 사업부제 조직은 직능의 전문화를 중심으로 형성된 조직이므로 시스템으로서의 성격이 희박한 반면, 프로젝트 조직은 직능을 종합화하고 있다는 데에 시스템으로서의 특징이 있다.

② **일시적·잠정적·동태적인 조직**: 직능부제 조직 또는 사업부제 조직이 고정화된 정태적인 조직인데 반해서 프로젝트 조직은 프로젝트가 완료되면 해산되므로 일시적·잠정적·동태적인 조직이다.

③ **직무의 체계라는 성격이 강함**: 프로젝트 조직은 직능의 과정을 중심으로 해서 이것과 구조가 통합되고 있는 시스템이기 때문에 권한의 계층적 구조라는 성격보다는 직무의 체계라는 성격이 강하게 나타나고 있다. 즉 조직활동이 권한의 계층적 구조하에서 움직이고 있는 것이 아니라, 직능상의 횡적인 상호 관계에서 움직이고, 유동적인 조직으로서 탄력적으로 운영하기 쉽게 되어 있다.

④ **라인조직 특성**: 프로젝트 조직은 스탭조직이 아니라 라인조직이므로 프로젝트 관리자는 라인의 장이며, 그는 프로젝트를 실현하는 책임과 권한을 갖고 있다. 프로젝트 관리자는 프로젝트에 따라 달라지고 단순한 연공에 의해서가 아니라 능력을 중심으로 임명된다.

⑤ **프로젝트 조직의 권한은 프로젝트의 합법성 내에서 존재**: 프로젝트 조직의 권한은 프로젝트의 합법성 내에서 존재하고, 조직 내에서 수평적·대각적·수직적으로 영향을 미치며 조직 외부로도 방사된다. 프로젝트 조직에서의 권한이란 조직 내에서 직무를 수행하는 힘뿐만 아니라 다른 직능부제 조직과 조언, 지원, 상담을 주고받을 수 있도록 하는 법적·인적 영향력을 포함한다.

| 표 4-6 | 프로젝트 팀의 특징

구분	특징
팀 리더	• 팀 리더는 목적, 과제를 달성하는 데 가장 알맞은 인재를 임명한다. • 목적, 과제 달성에 필요한 실행권한(인사권, 예산권, 업무 운영권)을 가진다. • 팀 리더는 구성원 사이의 의사소통을 원활히 하고, 관계되는 부서와 좋은 인간관계를 유지할 필요가 있다.
조직	• 달성 기한이 한정된 임시 조직이다. • 팀 편성의 목적, 과제가 확실하다. • 팀은 구성원의 주체적인 참가의식을 기반으로 유지된다.
팀 구성원	• 팀 리더에 의해서 선발된 구성원은 목적, 과제 달성에 전문가이다. • 팀 구성원은 임무를 지각하고, 지위에 관계없이 팀에 참가하게 된다.

태스크 포스(Task Force)

프로젝트 팀과 같은 말로 쓰이는 태스크 포스는 2차 세계대전 때 미국 육군이 작전 용어로 사용했다. "태스크 포스는 특정한 작전 또는 임무를 수행할 목적으로 한 사람의 지휘관 아래 조직된 임시로 편성된 조직"이다.

| 표 4-7 | 프로젝트 조직과 기능조직의 비교

현상	프로젝트 조직	기능조직
라인-스탭의 이분원리	계층모형의 자취가 남아 있긴 하지만 라인기능은 지원적인 위치에 있다. 권한과 책임의 연결망이 존재한다.	라인 기능은 목표 달성에 직접적인 책임을 지며 라인에 있는 자에게 지시, 명령하고 스탭은 조언을 한다.
계층원리	수직적 연쇄의 요소가 있으나 수평적·대각적 작업 흐름을 강조한다. 중요한 사업은 그 업무의 정당성에 따라 수행된다.	권한관계의 연쇄는 전체 조직을 통하여 상위자에서 하위자로 연결되어 있다. 중요한 사업은 수직적 계층의 상위에서 하위로 지시되어 수행된다.
상하관계	동료 간, 관리자와 전문 기술자 간의 관계에 기반을 두고 있으며, 이 관계가 사업의 수행에 이용된다.	상하관계는 매우 중요하다. 상하관계가 잘 유지됨으로써 성공을 거둘 수 있고, 모든 중요한 사업은 상위자와 하위자의 피라미드 구조를 통하여 수행된다.
조직의 목표	프로젝트의 관리는 비교적 독립된 많은 부문의 조인트 벤처이다. 따라서 목표는 다변적으로 설정된다.	조직의 목표는 하위자 조직의 집합체로서의 모조직이 환경과의 관계에서 추구한 것이다. 목표는 일방적으로 설정된다.
지시, 명령의 체계	프로젝트 관리자는 조직 간의 공통목표를 달성하기 위하여 직능부제 조직의 라인을 가로질러 업무를 수행한다.	전반 관리자가 동일한 계획을 가진 활동집단의 장으로 행동한다.

현 상	프로젝트 조직	기능조직
권한과 책임	프로젝트 관리자의 경우 책임이 권한을 초과하는 경우가 많다.	직능부제 조직관리에서는 권한과 책임은 일치한다. 상위자-하위자 관계는 직능적 권한과 스탭 서비스 기능에 의해 유지된다.
존속 기간	프로젝트는 일정기간 내에 완료되어야 하므로 프로젝트 조직의 존속기간은 한정되어 있다.	영속적이다.

(3) 프로젝트 조직의 장 · 단점

| 표 4-8 | 프로젝트 조직의 장·단점

구 분	장 점	단 점
내 용	① 풍부한 정보로서 검토할 수 있다. ② 업무수행이 효과적이다. ③ 팀(team)의 목표가 명확하다. ④ 조직의 기동성을 높일 수 있다 ⑤ 인원구성상 강력성을 유지할 수 있다.	① 인간관계의 손상이 우려된다. ② 원 부문의 인원계획에 차질이 온다. ③ 선발된 자의 자만심을 조장한다. ④ 프로젝트팀 편중으로 타 부문 사기저하를 가져온다.

2) 매트릭스 조직(matrix organization)

(1) 매트릭스 조직의 의의

그림 4-2 매트릭스 조직

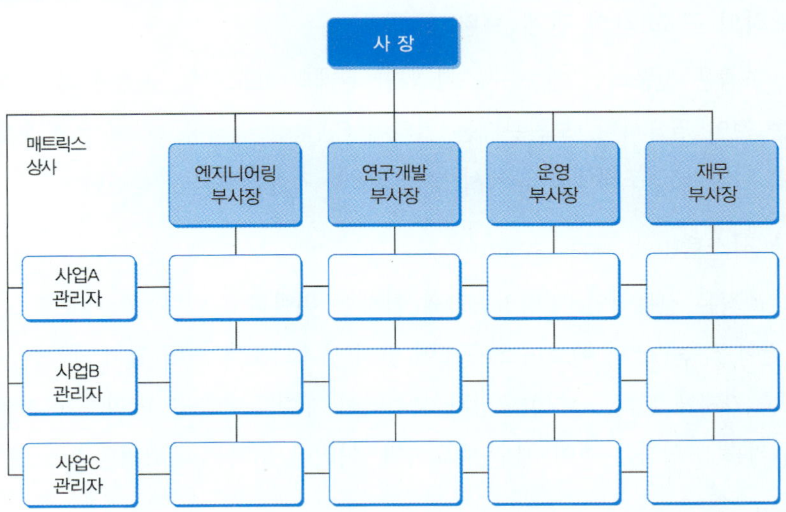

매트릭스 조직은 계층적인 기능식 구조에 수평적인 사업부제 조직을 결합한 부문화의 형태이다. 이 구조는 기능식 구조이면서 동시에 사업부제적인 구조를 가진 것이다. 여기에는 두 가지 형태의 명령 계통을 가지는데 기능식 구조에서 비롯되는 수직적인 것과 사업부제 구조에서 비롯된 수평적 구조이다. 이 형태는 [그림 4-2]에서처럼 엔지니어링, 연구개발, 재무를 담당하는 기능별 부사장들이 있으며, 동시에 각각의 사업 A, B, C를 담당하는 사업부별 담당 부사장들이 있다. 이러한 기능별 부서의 장과 사업부의 장을 매트릭스 보스(matrix boss)라 부른다.

(2) 매트릭스 조직의 특성

| 표 4-9 | 매트릭스 조직의 특성

구분	매트릭스 조직의 특성
적합한 상황	① 조직구조: 매트릭스 조직 ② 환　　경: 매우 높은 불확실성 ③ 기　　술: 비일상적, 높은 상호 의존성 ④ 조직규모: 보통, 소품종 생산 ⑤ 조직목표: 제품혁신, 기술적 전문성
내부체계	① 실제 목표: 제품 부문과 기능 부문의 균형 ② 계획과 예산: 기능 부문과 제품 부문의 2중 체계 ③ 공식 권한: 기능 부문과 제품 부문의 동등한 권한 유지

① 두 조직의 구조 간의 관계 보완

매트릭스 조직은 전통적인 계층 구조에 의한 관계와 프로젝트 구조에 의한 관계를 서로 보완해 주는 것이 필요하다. 보완관계는 협의에 의한 상호 작용으로서 조직관계의 기능의 횡적 역할로 나타나고 조직행동 중에서 협조행동의 기능으로서 작용된다.

② 2상사 시스템(two boss system)

매트릭스 조직은 전통적인 '명령일원화의 원칙'을 위반하고 있다. 즉 매트릭스 조직 자체가 각 구성원이 직능구조와 매트릭스 구조에 동시에 속하도록 되어 있기 때문에 필연적으로 2명의 상사를 가지게 된다. 이러한 2상사 시스템이 제대로 기능을 발휘하기 위해서는 상호 신뢰의 분위기를 조성하는 것이 매우 중요하며, 이러한 노력은 최고경영층으로부터 시작되어야 한다.

(3) 매트릭스 조직의 장 · 단점

① 장 점

- 조직이 기술의 전문성과 제품 라인의 혁신을 동시에 필요로 하는 경우 두 측면을 모두 만족시킬 수 있다.
- 조직의 내부자원을 각 제품 라인에 효율적으로 사용할 수 있으며, 외부환경의 변화에 신속히 대응할 수 있다.
- 조직구성원들에게 양 부문의 관리기술을 습득할 기회를 제공하여 경영자로서의 자질을 함양시켜 준다.
- 조직이 다수의 복잡하고 상호 의존적인 활동을 수행하고 있을 때, 제 활동 간의 조정을 용이하게 할 수 있다.
- 전문기술을 가진 사람들이 특정 기능부서나 사업부에 전속되지 않고 다양한 분야의 업무를 수행하게 됨으로써 규모의 경제로부터 오는 이익을 추구할 수 있다.

② 단 점

- 명령일원화라는 전통적인 관리원칙에서 벗어난 두 명의 상사를 갖는 구조로 역할 갈등의 문제가 발생할 수 있다.
- 관리자들이 원활한 의사소통을 위한 활동을 할 수 있도록 많은 시간을 필요로 한다.
- 매트릭스 내의 사람들이 정보와 권한의 공유에 대하여 적응하지 못하는 경우 조직이 제 기능을 발휘하지 못하게 된다.

| 표 4-10 | 매트릭스 조직구조의 장 · 단점

구분	장점	단점
내용	① 이중적인 고객의 요구에 대응할 수 있도록 필요한 조정을 할 수 있음 ② 여러 제품 라인에 걸쳐 인적자원을 유연하게 공유하거나 활용할 수 있음 ③ 불안정한 환경에서 복잡한 의사결정과 빈번한 변화에 적절하게 대응할 수 있음 ④ 기능, 제품기술개발에 대한 적절한 기회를 제공할 수 있음 ⑤ 소수의 제품 라인을 가지고 있는 중규모 조직에 가장 적절함 ⑥ 상이한 분야 간의 협동을 자극함	① 이중 보고체계로 인해 종업원들이 혼란을 느낄 수 있음 ② 다양한 인간관계 기술에 대한 교육 훈련이 필요함 ③ 빈번한 회의와 갈등조정 과정으로 인해 많은 시간이 소요됨 ④ 종업원들이 매트릭스 구조의 특성을 이해하지 못하거나 적응하지 못할 경우 제대로 작동하지 못함 ⑤ 권력의 균형을 유지하는 데 많은 노력이 필요함(권력투쟁을 유발) ⑥ 실행하는 데 비용이 많이 소요됨

3) 공동관리 조직

고도의 전문적 업무 수행, 모든 중요 결정에 전 구성원이 참여하는 완전 민주주의적인 특성을 가진다. 대학교의 학과 조직을 예로 들 수 있다.

4) 자유형 조직

생존하기 위해 필요하면 끊임없이 조직을 변형시키고, 이익중심점에 따라 급격한 시장욕구의 변화에 직면하는 조직이다. 분권화와 컴퓨터에 의한 정보시스템이 필수적이다.

5) 팀 조직

과거의 전통적인 조직체계인 부, 과, 계의 조직을 업무재편을 통해 통합·분할하여 하나의 팀으로 전환함으로써 팀장을 중심으로 업무가 이루어지도록 만들어진 조직, 즉 팀이란 공동으로 그들 자신이 책임질 수 있는 공동의 목적·업무수행 목표 그리고 업무추진 방법에 전념키로 한 소수의 상호 보완적인 기술을 가진 집단이다.

팀의 형태는 첫째, flat형으로 본부-팀-○○조 또는 그룹으로 구성되는 조직과 둘째, 프로젝트형으로 기존의 조직은 그대로 유지되면서 신규사업이나 업무의 특성상 프로젝트팀을 구성하는 형태이다. 또한 셋째, 대부·대과제형 구조로 기존 조직 중 일부 기능은 그대로 유지하면서 한정된 부서만 팀제로 운영하는 형태이다. 예를 들면, 본부-사업부-팀-과 또는 본부-사업부-부-팀 등의 구조를 이룬다.

가장 효과적인 팀을 위해서는 다음과 같은 특성을 가지고 있는 조직구조를 형성해야 한다.

| 표 4-11 | 가장 성과가 높은 팀(High Performance Team)의 7가지 특성

가장 성과가 높은 팀의 7가지 특성
① 목표(goals): 높은 실적을 올리는 팀들의 구성원들은 동일한 목표의식을 가진다.
② 임파워먼트(empowerment): 목표를 실현할 수 있는 팀의 능력에 대한 신뢰를 갖는다.
③ 인간관계와 의사소통(human relations & communication): 의견과 생각, 그리고 감정을 진술, 경청, 조심스러운 피드백, 신뢰와 수용, 화합의 분위기
④ 융통성(flexibility): 구성원들은 팀의 발전을 위해 책임과 리더십을 분담한다.
⑤ 적정한 생산성(productivity): 높은 수준과 높은 질의 실적을 거두겠다는 공약
⑥ 인정과 평가(recognition & evaluation): 개개인의 실적과 획기적인 팀의 실적을 인정
⑦ 사기(morale): 구성원들은 팀워크에 대하여 열의, 자부심, 낙관적 항상 팀정신이 충만

5. 네트워크 조직

이 조직구조는 외부자원의 효과적 활용을 통해 환경 변화에 보다 신속하고 적절하게 대응할 수 있고 전통적인 계층형 피라미드 조직의 경직성을 극복할 수 있다.

도입 배경은 첫째, 소비자 니즈(요구)의 다양화, 둘째, 업종 간 경계를 초월한 기술혁신, 셋째, 글로벌화의 가속화 때문이다. 네트워크 조직의 설계와 운용은 다음과 같이 요약할 수 있다.

첫째, 자신이 보유한 자원을 핵심사업 창출에 집중하고 그 밖에 부문은 아웃소싱(out-sourcing)한다.

둘째, 기업 간 서로 다른 강점을 결합함으로써 사업 수행에 요구되는 시너지 효과를 창출한다.

셋째, 성공적 네트워크 구축과 효과의 극대화로서 핵심적인 제휴 파트너 선정을 통해 상호 신뢰감을 형성하게 된다.

신뢰에 기반을 둔 이 조직의 특징으로는 이전의 네트워크 관계에 영향을 받고 시장이나 위계조직과는 달리 협력과 경쟁의 요소, 자율과 의존, 신뢰와 통제 등이 공존하는 관계를 형성한다.

한편 네트워크 참여조직 간 권력을 기준으로 관계 형성은 지배적 관계와 협동적 관계로 파악할 수 있다.

6. 권력과 관여의 형태에 따른 조직

이 조직은 에치오니(Etzioni)의 권력의 형태(Smith, 장인협 역, 1984: 51-53 재인용)에 의한 것으로 에치오니는 권력의 형태를 강제적 권력, 보상적 권력, 규범적 권력으로 나누고 관여의 형태를 소외적 관여, 타산적 관여, 도덕적 관여의 3형태로 구분하여 이들 각각이 3가지 형태를 연관시켜 9가지 조직 형태를 제시하고 있다.

1) 권력의 구분

① **강제적 권력**(coercive): 위협이나 신체적 탄압에 근거한다.

② **보상적 권력**(remunerative): 금전과 같은 물질적 보상에 근거한다.

③ **규범적 권력**(normative): 지위의 상징, 존엄이나 위신의 징표와 같은 상징성에 근거한다.

2) 복종과 관여의 유형

조직 성원은 권력 행사자에 대해 무관심하게 관여할 수도 있고 강하게 반응(관여)할 수도 있다. 관여의 유형은 소외적 관여, 타산적 관여, 도덕적 관여로 구분한다.

① 소외적 관여(alienative): 권력 행사자에 대해 강하게 부정하므로 강제적 권력이 필요하다.

② 타산적 관여(calculative): 획득된 보상에 따라 권력에 대해 비교적 무관심을 나타낸다.

③ 도덕적 관여: 권력 행사자에 대한 강한 시인을 나타내므로 규범적 권력이 필요하다.

| 표 4-12 | 복종과 관여의 종류

관여의 종류 / 권력의 종류	소외적	타산적	도덕적
강제적	1	2	3
보상적	4	5	6
규범적	7	8	9

출처: Smith 저 · 장인협 역(1984: 52).

6가지 권력과 관여의 유형에 따라 9가지의 조직 유형이 모두 가능하지만 이 중 3가지가 가장 효과적인 분류이며 실제로도 많이 발견된다. 즉 첫째, 강제적 권력과 소외적 관여(유형 1), 둘째, 보상적 권력과 타산적 관여(유형 5), 셋째, 규범적 권력과 도덕적 관여(유형 9)의 관계를 가진 조직이 가장 많이 발견된다. 조직은 이 세 가지 중 한 가지 유형을 취하는 것이 일반적이다(최성재 · 남기민, 1993: 108). 강제적 조직의 대표적 형태는 강제 수용소, 교도소, 정신병원 등이 있고, 보상적 조직은 산업조직으로서 기업체이다. 또한 규범적 조직은 종교조직과 정치조직, 병원, 학교, 사회복지조직 등이 대표적이다.

7. 수혜자의 종류에 따른 조직

블라우와 스콧(Blau & Scott, 1970: XIV)의 조직 유형으로서 일차적인 수혜자가 누구인지에 기반을 둔 조직구조의 분류로서 다음과 같이 상호 수혜조직, 사업조직, 서비스조직과 공공조직으로 분류할 수 있다.

첫째, 상호 수혜조직은 조직의 회원에게 일차적 혜택을 주는 기관으로 정당과 종교단체, 노동조합이 대표적이다. 둘째, 사업조직은 사업체의 소유주에게 일차적으로 혜택을 주는 조직으로 주식회사와 은행 등이 해당된다. 셋째, 서비스조직은 클라이언트에게 일차적인 서비스를 제공하는 조직이다. 사회복지기관이나 병원이 이에 해당된다. 넷째, 공공조직은 일반 대중에게 혜택을 주는 조직으로 행정기관이나 군대조직 등이 해당된다.

8. 업무의 통제성에 따른 조직

이 조직구조는 길버트 스미스(Gillbert Smith)의 사회사업조직 유형으로 사회복지조직을 관료조직, 일선조직, 전면적 통제조직, 투과성 조직으로 분류하였다. 이 유형은 업무에 대한 통제성에 따른 분류로 볼 수 있다(장인협 역, 1984: 61–112; 최성재 · 남기민, 1993: 110 재인용). 이 유형을 좀 더 구체적으로 살펴보면 다음과 같다.

1) 관료조직

관료조직은 첫째, 공식적인 조직과 규정, 둘째, 위계적 권위구조, 셋째, 명확하고 전문화된 분업, 넷째, 문서에 의한 업무처리, 다섯째, 기술적 자격에 기초한 신분보장 등을 특성으로 하는 합리적 통제체제의 조직을 말한다. 관료조직은 능률성 추구를 장점으로 하지만 민주성과 전문성에 있어서 취약하고 관료적 이기주의가 폐단으로 나타나는 경우가 많다.

2) 일선조직

공식적 위계제도가 있지만 실제에서는 권한의 분산이 행해지고 있는 조직이다. 일선조직은 고객과 가까운 거리에서 복지서비스를 전달하고 있는 조직으로서, 조직의 주도권이 일선업무 단위를 이루는 하위 부분에 존재하고, 각각의 일선업무 단위는 상호 독립된 지위에서 통제와 조정이 쉽지 않다.

3) 전면적 통제조직

클라이언트에 대하여 이들의 유지관리 과정에서 엄격한 규칙에 의하여 전반적인 통제를 가하는 조직이다. 이 조직은 첫째, 강제적 수용, 둘째, 철저히 계획된 일, 셋째, 수용자와 직원 간의 근본적 차이, 넷째, 문화적 충격의 경험, 다섯째, 개인의 개조, 여섯째, 특수한 문화의 형성이 이루어진다. 정신병원, 기숙사, 교도소, 양로시설, 구치소, 아동(보호)시설 등이 대표적이다.

4) 투과성 조직

투과성 조직이란 조직의 외적 사회체계(사회망)가 조직의 내부구조에 영향을 미치는 조직으로 자원봉사조직이 대표적이다. 이 조직은 조직에의 참여와 활동이 엄격한 규정에 의하지 않고 본인의 자유로운 의사에 상당 부분 맡겨져 왔다.

투과성 조직의 특징은 첫째, 자발적인 조직원, 둘째, 조직생활과 개인생활의 엄격한 구분, 셋째, 조직영역의 모호함, 넷째, 역할구조의 복잡성, 다섯째, 개인의 주체성 강조, 여섯째, 업무수행의 개별화, 일곱째, 사회와의 문화적 일치 등을 들 수 있다.

9. 수혜자의 상태와 조직기술에 따른 조직

하센펠드(Hasenfeld)의 사회복지조직의 분류(Hasenfeld, 성규탁 역, 1985: 5-11 재인용)에 의한 것으로 조직기술과 수혜자의 상태에 따라 조직을 6가지 유형으로 분류할 수 있다. 즉 클라이언트를 정상기능(normal functioning)과 비정상기능(malfunctioning)으로 구분하고 복지조직에서 클라이언트를 위하여 사용하는 기술을 인간유별기술, 인간유지기술, 인간변화기술로 나누어 다음과 같이 구분하였다.

1) 조직의 기술

① **인간유별기술**(people-processing technologies): 개인의 속성을 변화시키지 않고, 오히려 다른 사회적 집단으로부터 바람직한 반응을 야기하는 사회적 라벨(label)과 공식적인 지위를 부여받음으로써 클라이언트의 변화를 시도하는 것이다. 정신질환자, 암 환자, 지적장애인과 같은 클라이언트를 식별하는 분류 및 배치체계이다.

② **인간유지기술**(people-sustaining technologies): 개인의 상태와 악화/약화/퇴보를 예방하고, 현 상태로 유지하며 완화시키려는 기술이다. 요양보호(중증장애인, 와병노인, 치매노인)의 기술, 생활보호 프로그램(빈곤 악화 예방) 등이 이에 해당된다.

③ **인간변화기술**(people-changing technologies): 클라이언트의 개인적 속성에 직접 변화를 주려는 기술이다. 교육, 의학적 치료, 심리치료 등을 들 수 있다.

2) 수혜자의 유형

조직이 대상으로 하는 클라이언트의 유형을 정상기능과 비정상기능으로 구분한 것이다.

여기에서 정상과 비정상의 기준은 조직을 둘러싼 사회의 기대와 평가에 근거한 것이다. 따라서 비정상적인 기능을 수행하는 사람은 통제해야 할 클라이언트, 문제가 완화되어야 할 클라이언트, 치유되어야 할 클라이언트로, 정상적인 사회적 기능을 수행하는 사람은 정상기능을 가진 클라이언트로 분류할 수 있다. 그러나 그 구분이 반드시 타당하고 명확한 것은 아니다.

| 표 4-13 | 수혜자의 상태와 조직기술에 따른 유형

수혜자 유형	사용기술 유형		
	인간유별(식별)기술	인간유지기술	인간변화기술
정상기능	유형 1 (대학: 신입생 선발) (신용카드회사)	유형 3 (사회보장청) (휴양시설)	유형 5 (공립학교) (YMCA)
비정상기능	유형 2 (소년법원) (진료소)	유형 4 (공공부조사무소) (요양시설)	유형 6 (병원) (수용치료센터)

출처: Hasenfeld 저 · 성규탁 역(1985: 8).

3) 조직분류

① 유형 1: 정상기능을 가진 클라이언트에 대한 인간유별기술 조직

클라이언트는 정상기능을 하며 복지조직은 이들의 상태를 일정한 기준에 의하여 식별하여 관리하는 조직이다. 신입생을 성적순위 등 일정한 기준에 의하여 선발하는 대학과 재정능력 및 재산 상태에 따라 고객을 선정하는 신용카드 회사가 이 유형에 속한다. 그렇지만 사회복지조직의 존재가치는 단순히 정상인을 식별하는 데에 있는 것이 아니므로 정당화되기가 어렵다. 따라서 이 유형에 속하는 복지조직을 찾기란 쉽지 않다.

② 유형 2: 비정상기능을 가진 클라이언트에 대한 인간유별기술 조직

비정상적인 클라이언트를 일정한 기준에 의하여 식별하고 그들을 관리하는 조직이다. 소년법원과 진료소가 여기에 속한다고 한다. 하지만 소년법원과 진료소가 비행청소년의 의식과 형태의 악화 정도나 환자들의 질병 상태를 단순히 구분하는 데 그친다면 이 유형에 속한다고 할 수 있지만 심리사회적 재활이나 사회적응, 물리화학적 치료를 병행하게 되면 이와 같은 조직들은 유형 4에 속할 수도 있을 것이다.

③ 유형 3: 정상기능을 가진 클라이언트에 대한 인간유지기술 조직

정상기능을 가진 클라이언트의 인간다운 생활조건을 유지하기 위하여 활동하는 조직이다. 국민연금공단이나 건강보험공단 등 사회보장기관과 정상인에 대한 휴양 및 여가시설도 여기에 속한다. 그렇지만 사회보장기관이 직업훈련 및 개발, 고용장려 활동 등 인간능력을 개발시키는 적극적 역할까지 수행하는 경우 이와 같은 조직은 유형 5에 속한다고 할 수 있다.

④ 유형 4: 비정상기능을 가진 클라이언트에 대한 인간유지기술 조직

비정상적인 클라이언트에 대한 생활조건의 유지를 목적으로 하는 조직이다. 사회경제적으로 소외되어 있는 장애인, 노인, 아동, 실직자 등에 대한 공공부조를 담당하는 기관들과 정신질환이나 치매환자 등을 위한 요양시설이 여기에 속한다. 그러나 이러한 기관들도 클라이언트의 상태를 유지하는 것에서 나아가 기술교육이나 인력개발 또는 치료를 통한 재활의 기능까지 담당하게 되면 유형 6에 속한다고 볼 수 있다.

⑤ 유형 5: 정상기능을 가진 클라이언트에 대한 인간변화기술 조직

정상기능을 가진 클라이언트에 대하여 교육, 훈련 등을 통하여 능력이나 생활조건을 향상시키려는 조직이다. 국공립학교와 YMCA 등이 여기에 해당된다. 정부가 설립하고 전액 국고부담으로 운영하고 있는 전문교육훈련기관(직업전문학교, 기능대학 등) 등은 이 유형에 속하는 전형적인 조직이라 할 수 있다.

⑥ 유형 6: 비정상기능을 가진 클라이언트에 대한 인간변화기술 조직

비정상적인 클라이언트들의 능력이나 생활조건을 개선하고자 하는 조직이다. 정부에서 운영하는 공공병원과 산재장애인 등의 치료센터 등이 여기에 속한다. 정부에서 운영하고 있는 산재환자 전문병원, 보훈병원, 직업병환자 전문병원 등이 여기에 속한다.

3절 사회복지조직의 조직화 방법

조직화에서 가장 핵심적인 것으로 간주되는 것이 부문화(departmentation)이다. 사회복지조직에서의 부문화 방법은 다음의 일곱 가지로 설명된다(최성재 · 남기민, 2000: 135-138 재인용).

첫째, 수기준 부문화이다. 같은 역할을 하는 사람들을 한 슈퍼바이저 아래에 소속시키는 방법이다. 한 사람 밑에 사람 수가 너무 많으면 둘 이상의 비슷한 단위를 만들 수 있다. 그러나 조직요원 개인의 능력 차이를 고려하지 못하는 것이 가장 큰 단점이다. 따라서 다른 방법과 같이 적용하는 것이 바람직하다.

둘째, 시간기준 부문화이다. 업무시간을 2교대 또는 3교대로 하여 업무를 부문화하는 방법이다. 24시간 서비스를 제공해야 하는 사회복지 생활시설이나 요양원, 의료 및 보건서비스 조직 등에서 유용하게 활용할 수 있는 조직화 방법이다. 그러나 야간·주말 근무를 원하는 능력 있는 요원을 채용할 수 없는 경우가 많고 서비스 질이 낮다고 인식하기 쉬우며, 업무 연결이 되지 않아 조직의 기능이 단편화될 가능성이 있다.

셋째, 기능기준 부문화이다. 사업, 재무, 총무, 인사 등과 같은 주요한 기능에 따라 동질적 업무를 묶어서 조직하는 것이다. 사회복지조직에서 모금, 홍보, 기획, 프로그램 개발 업무 등에 배치하는 방식이다. 그러나 업무단위 간 경쟁심이 지나칠 경우 단위 간의 협조 부족이나 자신이 속해 있는 업무 추진 단위에만 집중하는 경우가 발생할 수 있다.

넷째, 지리적 영역 기준 부문화이다. 클라이언트의 거주 지역을 중심으로 조직을 구성하고 자율적으로 운영하고 책임질 수 있도록 조직하는 것이다. 이와 같은 방식은 서비스의 효

그림 4-3 조직화 방법

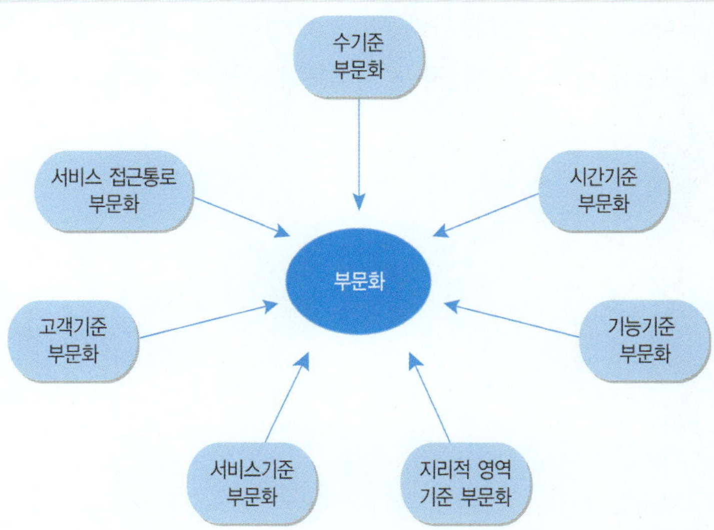

율성을 높이고 서비스 책임자를 분명히 할 수 있다. 하지만 장기적으로 보면 업무단위 간 업무량의 격차가 생기고 특정 지역 담당부서·부문의 사기가 떨어질 수 있다. 그리고 같은 지역이면서도 부서·부문이 달라 서비스를 받지 못하는 사람이 나올 가능성이 있다.

다섯째, 서비스기준 부문화이다. 이 방법은 개별사회사업, 집단사회사업, 지역사회조직사업 등 사회복지실천 방법에 따라 부문화하는 방법이다. 서비스별로 전문화를 촉진하는 장점이 있다. 그러나 고객의 문제가 복합적이고 동시에 여러 가지 서비스를 제공해야 할 경우 서비스를 통합적으로 할 수 없는 단점이 있다.

여섯째, 고객기준 부문화이다. 클라이언트의 종류와 문제에 따라 부문화하는 방법이다. 예컨대 클라이언트를 아동, 노인, 부녀자 등으로 나누든가, 아니면 비행, 가족, 학업, 고용, 경제적 문제 등으로 나누어 부문화하는 것이다. 이 방법은 업무량을 관리 가능한 범위 내에서 유지하고, 한 개인의 문제라도 서로 연관되어 나타나기 때문에 한 사람의 서비스 제공자가 한 클라이언트를 선택할 수 있는 장점이 있다. 그러나 이 방법은 클라이언트의 문제가 다양한 경우 한 사람의 서비스 제공자의 제한된 지식과 기술로서는 다룰 수 없다는 것이다.

일곱째, 서비스 접근통로 부문화이다. 클라이언트가 어떤 서비스에 접근할 수 있는 통로별로 업무를 부문화하는 것이다. 사회복지조직에서 제공되는 서비스의 접근 통로는 학교, 병원, 노인정 및 노인학교, 대중매체 등 다양하다. 그런데 이러한 접근통로는 상당히 제한되어 있어 효과성이 크다고는 볼 수 없다. 다만 서비스에 따라 확실하고 다양한 접근통로가 있을 수 있기 때문에 그러한 서비스를 제공하는 사회복지조직에서는 적용 가능할 것이다.

제 5 장

리더십과 조직문화

1절 리더십의 개념과 필요성

오늘날 사회복지조직의 책임성이 증가하면서 사회복지행정에서 리더십(leadership)은 조직의 성공적인 관리와 운영을 위해 중요한 요소가 되고 있다. 리더십의 개념은 연구의 관점이나 학자에 따라 매우 다양하게 정의되고 있으며, 소규모 집단이나 대규모 조직 모두 리더의 역할은 집단이나 조직의 성패를 좌우하는 핵심적 요소로 작용하고 있다.

리더십(leadership)은 리더(leader)와 십(ship)의 합성어로서 리더(Leader)의 L(Learner)은 배우는 사람, E(Educator)는 가르치는 사람, A(Administrator)는 다스리는 사람(행정가), D(Doer)는 실천하는 사람, E(Encourager)는 격려하는 사람, R(Reviewer)은 재검토하는 사람을 의미한다.

리더십(Leadership)이란 무엇인가? L(Listening)은 잘 들어주는 것, E(Establishing)는 조직을 구성해 이끌어 나가는 것, A(Achieving)는 목적을 성취하는 것, D(Decision making)는 의사를 결정하는 것, E(Exampling)는 본보기가 되는 것, R(Responsibility)은 책임을 질 줄 아는 것, S(Spiritual Gifts)는 성령의 은사에 속하는 것, H(Humbleness)는 겸손을 통해 감화를 주는 것, I(Integrity)는 정직성을 보여 주는 것, P(Pioneer)는 개척자가 되는 것을 의미한다(김경우, 2007: 142).

따라서 리더십은 공동목표를 달성하기 위하여 한 개인이 집단의 구성원들에게 영향을 미치는 과정으로 리더와 구성원들 간에 일어나는 하나의 거래사건이며, 여기서 과정이란 선형적·일방적이 아닌 상호 작용인 것을 강조한다(김경우, 2007: 142). 즉 리더십은 조직의 공동목표를 달성하기 위해 집단 구성원의 참여를 촉진하기 위한 영향력을 행사하는 능력으로서, 집단과정이 초점이 되며 지시하거나 지도하고 구성원들의 복종을 유도하는 사회적 기술이며 능력이라고 할 수 있다.

리더십의 개념을 살펴보기 위해서는 관리자와 리더의 관계도 살펴볼 필요가 있다. 관리자가 과거지향적으로 이미 주어진 일이 완성되도록 관리하는 역할을 한다면, 리더는 미래지향적으로 무엇을 해야 할 것인가를 정해 주고 구성원들 스스로 해나가도록 자극하고 인도해 주는 역할을 한다고 볼 수 있다(Kotter, 1990: 5-6).

리더와 관리자는 그 행동과 가치관의 특성에서 〈표 5-1〉과 같이 차이가 있다(오세영, 2009: 246-247).

| 표 5-1 | 관리자와 리더의 특성 차이점

관리자의 특성	리더의 특성
• 언제, 어떻게, 누가 할 것인가 • 제도, 규칙, 구조에 초점 • 통제, 명령, 지휘 • 유지, 책임수행 • 단기적 사고, 과거지향 • 수직적 의사소통 중시 • 일을 옳게 되도록 함 • 현 상태를 수용, 적응 • 경직적 사고	• 무엇을, 왜 할 것인가 • 인간에 초점 • 자극, 안내, 지도 • 혁신, 창조, 개발 • 장기적 사고, 미래지향 • 수평적 의사소통 중시 • 옳은 일을 함 • 현 상태에 도전, 혁신 • 유연한 사고

출처: Kotter(1990: 5-6); 오세영(2009: 247)에서 재인용.

김영종(2004)은 리더십(leadership)을 조직의 리더가 갖는 성향, 행동, 상황 등과 관련되는 제반 특성을 묶어서 부르는 일반적인 개념으로 정의하면서 지위(position)와 능력(ability)으로 표현하거나 또는 과정(process)이나 속성(property)으로 정의하였고, 성규탁(1993: 322)은 '어떤 목표를 달성하기 위해 사람들에게 행사하는 영향력, 기술 혹은 이를 행사하는 과정'이라고 정의하고 있고, 박태룡(2000: 1217)은 '리더십을 지위(position)와 능력(ability)'으로 정의하고 있는데, 지위로서 리더십은 어떤 상황에 대한 통제의 책임을 지는 것을 의미하며, 그것을 지시하거나 지도하는 지위이다. 즉 지위로서의 리더십은 조직의 공식적 및 비공식적 통제 구조상의 한 위치를 의미한다. 능력으로서 리더십은 다른 사람들이 리더가 선택한 길을 따르도록 다른 사람들과의 관계에 영향을 주는 기술이나 능력을 말한다. 리더십은 바람직한 변화를 가져오거나 다른 사람의 행동을 유발시켜, 사람들의 감정과 사고, 행동에서 다른 사람들의 지지를 이끄는 일종의 활동이며, 이때 리더는 사람들이 행동하도록 격려한다고 정의하고 있다. 그리고 최성재와 남기민(2013)은 "리더십이란 조직의 목표 달성에 있어서 조직의 구성원들이 조직과 관련된 행동에 자발적으로 종사할 수 있게끔 어떤 주어진 상황에서 공식적 직위에 있는 사람이 영향력을 행사하는 과정"이라고 하였다(최성재 · 남기민, 2013: 432-433). 그리고 장천식(2006: 176)은 과정(process)로서의 리더십을 "비강압적인 영향력을 사용해서 집단구성원들이 목적성취를 달성하도록 지휘하고 조정하는 것"으로 규정함으로써 지배복종의 철저한 일방향적인 관계가 근대적 조직에서는 불가능함을 시사하고 있다.

| 표 5-2 | 학자별 리더십의 정의

Hemphill & Coons (1957)	조직구성원에 의하여 공유된 목표를 향하여 집단을 지도하는 과정에서 나타나는 개인의 행위
Janda (1960)	특정 집단 간에 이루어지는 권력관계로서 한 집단이 다른 집단의 행위에 대하여 규정지을 수 있는 힘이며, 이러한 힘이 상대집단에 의하여 어느 정도 지배되어 있느냐 하는 것
Terry (1960)	사람들로 하여금 집단의 목표를 기꺼이 달성하게끔 영향을 미치는 활동
Weshler & Massarik (1961)	주어진 상황에서 구체화된 목표를 달성하고자 하는 노력으로서 효과적 커뮤니케이션을 활용하여 이루어진 대외 관계적 영향력
Jacobs (1970)	쌍방 간의 상호 작용에서 이루어지는 것으로서 한 사람이 상대방에게 적절한 정보를 제공함으로써 상대방이 이를 듣고 받아서 행동하여 발신자가 원하는 방향이나 목표를 달성할 수 있게 하는 힘
Fleishman (1973)	어떤 목표나 목표들의 달성을 향하도록 의사소통 과정을 통해서 개인 간에 영향력을 행사하려는 시도
Stogdill (1974)	목표 설정과 목표 달성을 지향하도록 집단 과정의 초점, 퍼스낼리티와 그 효과, 복종을 유도하는 기술, 영향력 행사, 활동 또는 행동, 설득의 형태, 권력 관계, 목표 달성의 수단, 상호 작용 효과, 분화된 역할, 조직구조의 주도와 유지
Schmiut (1975)	부하가 상사의 영향력을 합법적이라고 받아들이면서 자기의 목표와 일치된다고 믿을 때 가장 효과적임
Koontz & Donnel (1976)	사람들로 하여금 공동목표를 달성하는 데 따라오게끔 영향력을 행사하는 것
Robbins (1977)	목표 달성을 지향하도록 집단에 영향을 미칠 수 있는 능력
Trecker (1977)	공동목표의 달성에 사람들이 협동하여 일하도록 영향을 주는 능력
Gorson(1980)	조직이 추구하는 목표를 달성하기 위하여 개인이나 집단을 조정하여 동작하게 하는 기술이나 과정
Hersey & Blanchard (1982)	어떤 주어진 상황에서 개개인이나 집단의 활동이 목표 달성을 위한 노력이 되도록 영향을 미치는 과정
Skidmore (1983)	능력으로서 다른 사람들이 리더가 취한 길을 따르도록 다른 사람과의 관계에 영향을 주는 기술이나 능력이다. 리더십은 바람직한 변화를 가져오거나 다른 사람의 행동을 일으키는 능력을 포함

리더십의 정의를 학자별로 보면 <표 5-2>와 같다(장천식, 2006: 140; 이상구 외, 2009: 268; 오세영, 2009: 248; Hemphill & Coons, 1957: 7; Janda, 1960: 358; Terry, 1960: 493; Tannenbaum, Wesxher, & Massarik,

1961: 24; Jacobs, 1970: 232; Fleishman, 1973: 3; Koscnana & Schmiut, 1975: 285; Koontz & O'Donnell, 1976: 578; Robbins, 1977: 55; Gorson, 1980: 630–634; Skidmore, 1983: 130).

요컨대 리더십은 조직의 목표 달성을 위해 리더의 전반적인 행위와 노력하는 과정으로서 구성원들이 자발적이고 적극적인 행동을 하도록 동기를 부여하고, 그들의 행동에 영향을 미치는 일련의 노력 과정이라고 할 수 있다.

이상과 같은 정의를 바탕으로 리더십의 일반적인 특성을 살펴보면 다음과 같다(김형식 · 이영철 · 신준섭, 2009: 298; Shortell & Kaluzny, 1994: 88 재인용).

첫째, 리더십은 사람에 의해서 만들어지는 활동이다. 즉 리더십의 활동중심(locus of leadership)은 개인이며 조직이 직면하는 환경과 과업의 다양성에 따라 다양한 활동양식으로 나타나게 된다.

둘째, 리더십은 과정이다. 즉 리더십은 정적인 것이 아닌 리더와 추종자 간에 만들어지는 역동적인 행위이다.

셋째, 리더십은 사람에게 영향력을 주기 위한 활동이다. 즉 리더십의 초점(focus of leadership)은 개인이나 집단과 같은 추종자들이다.

넷째, 리더십의 가장 중요한 요인은 '영향력'이다. 영향력을 받는 대상은 추종자들이며 그들의 감정 및 행동에 대한 영향력을 만들어 내기 위한 활동이 리더십이다.

다섯째, 리더십의 목적은 목표 달성이다. 즉 리더십은 조직이나 개인이 추구하는 목표 달성을 위해 이루어지는 것이 일반적이다.

여섯째, 리더십은 의도적인 것이다. 리더십 행위는 우발적 행위가 아닌 특정한 목적의 달성을 위해 한 개인이 시도하는 노력이다.

이상으로 리더십의 일반적인 특성을 살펴본바와 같이 리더십은 사회복지행정에 있어서 조직이나 집단에 영향을 주어 구성원들로 하여금 사회복지의 조직적인 목표 달성을 이끌어 내도록 하는 의식적인 행동을 주요 특성으로 하고 있다(양승일, 2014: 177).

2절 리더십 이론

1. 기존 이론

사회조직이나 집단의 목표를 효과적이고 효율적으로 달성하는 이론이 무엇인가를 규명하는 데 초점을 맞춘 리더십 연구는 1900년대 초부터 활발하게 진행되어 다양하게 발전되어 왔다. 초창기에는 리더의 특유한 개인적 속성이 무엇인가를 탐색하는 특성이론이 지배적이었으나 리더가 가진 자질에 착안하는 이러한 접근법이 이론적 결함을 노출하면서 리더의 가시적인 행태에 관심을 두는 행동이론이 등장하였다. 이어서 상황에 따라 리더십의 효율성이 차이가 있다는 점에서 상황이론이 출현하게 되었는데, 이들 연구의 초점은 리더십의 효과성에 두고 있다.

1) 특성이론(trait theory)

특성이론은 리더십을 설명해 주는 가장 오래된 이론으로써 1930년부터 1950년대에 주로 등장하였으며 성공적 리더의 개인적 특성(personality)과 밀접한 관계에 있다. 특성이론은 지도자의 개인적 특성에 초점을 맞추어 효과적인 리더십을 설명하고 있으며, 리더의 성격적 특성을 강조하는 입장으로 자질이론 또는 성향이론이라고 불리기도 한다.

이 이론은 리더십에 대한 초기의 연구 경향으로 성공한 리더는 보통 사람들과 다른 자질이나 특성을 가지고 있다는 가정하에 성공한 리더의 자질과 특성을 탐구하고 계량적으로 측정하고 연구하는 것이다.

그림 5-1 특성이론 모형

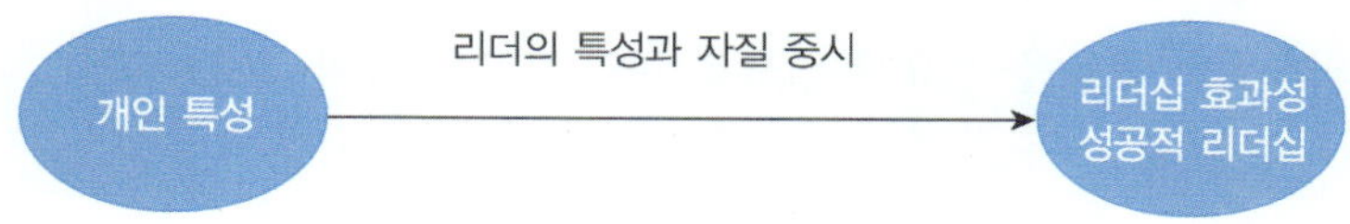

출처: 김형식 · 이영철 · 신준섭(2009: 289).

이 이론은 [그림 5-1]에서 보는 바와 같이 성공적인(효과적인) 리더와 성공하지 못한(비효과적인)

리더 간에는 구별되는 보편적인 특성이 존재하기 때문에 어떤 특정한 특성을 갖추게 되면 성공적인 리더가 될 수 있다는 것을 전제로 하고 있다. 즉 성공한 리더는 '어떤 사람인가?'에 초점을 둔 이론으로 용모와 같은 신체적 특징, 판단력, 언어능력 등을 강조하고 있다(양승일, 2014: 179).

특성이론가들은 리더가 갖춘 공통적인 특성에 대하여 다양한 내용을 제시하였는데 대표적 학자라 할 수 있는 스토그딜(Stogdill, 1974: 74–75)은 리더십의 개인적 특성을 〈표 5-3〉과 같이 6가지로 제시하였다(윤우균, 1999: 562–564). 연구결과에 따르면 6가지 중에서 지능, 퍼스낼리티, 과업과 관련된 특성, 사회적 특성이 효과적인 리더의 특성임이 발견되기도 하였다(임상록 · 박주현, 2012: 75).

| 표 5-3 | 스토그딜의 리더십의 특정 요소

특 성	내 용	특 성	내 용
육체적 특성	활동성, 정력, 연령, 무게, 키, 외모	퍼스낼리티 (성격, 인격)	상응, 공격성 · 자기주장, 지배성, 정서의 안정 · 통제력, 독창성 · 비동조성, 독립성 · 창조성, 자신감
사회적 배경	교육 정도, 사회적 지위, 기동성	과업과 관련된 특성	성취욕구, 책임욕구, 과업지향, 안전욕구
지 능	지능, 지식 학습, 판단력	사회적 특성	관리능력, 사회성 · 대인관계기술, 권력욕구

출처: Stogdill, R. M.(1948; 1974); 윤우균(1999: 562-564); 배정훈(2009); 이상구 외(2009: 270).

특성이론은 리더의 특성을 밝히는 데 많은 공헌을 하였음에도 불구하고 다음과 같은 문제점을 내포하고 있다(최성재 · 남기민, 2013: 435).

첫째, 특성이 모든 효과적인 리더에게 있다는 보편성이 결여되어 있다. 즉 특성이 항상 존재하지는 않는다는 것이다.

둘째, 추종자나 하위자들의 욕구를 무시하고 있다. 즉 추종자나 하위자들도 좋은 특성을 가지고 있다는 것이다.

셋째, 여러 가지 특성들의 상대적 중요성을 밝히는 데 실패한 점이다.

넷째, 상황적 요소를 무시하고 있다. 즉 개인적 자질과 특성에만 지나치게 초점을 두고 있어 개인이 리더십 상황에서 실제로 어떻게 행동하는지를 설명하지 못하고 있다.

다섯째, 하위자의 행동에 영향을 미치기 위하여 보여 줄 행동유형을 알려주지 못하고 있다는 점이다.

이와 같은 문제점을 내포하고 있는 특성이론이 타당하기 위해서는 효과적인 모든 리더로부터 보편적으로 발견할 수 있는 자질들을 찾아낼 수 있어야 하고, 성공한 리더와 성공하지 못한 리더를 구분해 주는 분명한 자질들이 무엇인지 제시할 수 있어야 한다(신복기 · 박경일 · 이명현, 2013: 199).

2) 행동이론(behavioral theory)

리더십 특성이론의 한계를 인식한 행동과학자들은 1950년대 실제적인 리더의 행동과 행태에 어떤 보편성이 있는가에 연구의 초점을 맞추기 시작했다. 리더의 다양한 행동과 행태를 관찰하여 어떤 성과와 그 성과를 내게 하는 리더의 지속적인 행동양식, 즉 리더십 스타일 간의 관계를 규명하는 리더십 이론을 행동이론(behavioral theory: 행태이론, 행위이론)이라고 한다. 1950년대에 나타나기 시작한 행동이론은 경험적 검증이 힘든 특성이론에서부터 탈피하려는 것으로 리더십을 관찰 가능한 과정 혹은 활동으로 접근하려는 이론이다(임상록 · 박주현, 2012: 75). 이러한 행동이론은 [그림 5-2]와 같이 성공적인(효과적인) 리더는 특정 리더십 유형을 활용함으로써 조직의 목표를 효과적으로 달성하고 높은 생산성과 사기를 유지시킨다는 가정에서 출발하며, 리더십의 중요한 측면은 리더의 특성이 아니라 다양한 상황에서 리더가 행동하는 것이며, 성공적인(효과적인) 리더는 그들의 특별한 리더십 행동유형에 의해 비효과적인 리더와 구별된다는 것이다. 즉 특성론적 접근이 리더의 천부적 속성에 관심을 두었다면 행동론적 접근은 리더가 되려는 사람에게 리더십을 전수하거나 개발할 수 있다는 시각에서 리더의 바람직한 행동에 초점을 두고 있다(황성철 · 정무성 외, 2014: 141).

그림 5-2 행동이론 모형

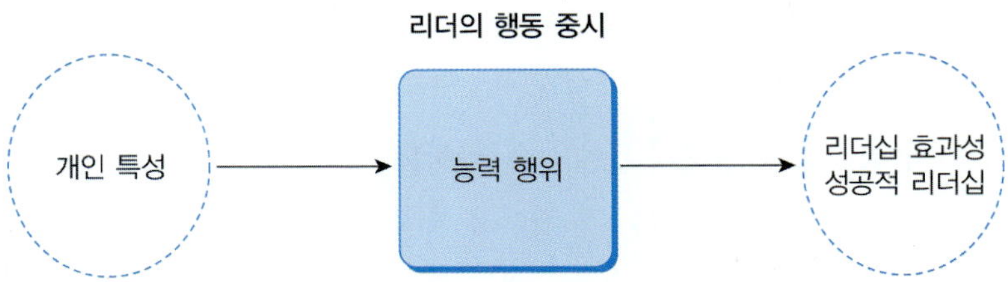

출처: 김형식 · 이영철 · 신준섭(2009: 290).

대표적인 행동이론으로 레윈 등(Lewin, White, & Lippitt)의 연구, 타넨바움과 슈미트(Robert Tannenbaum & Schmidt)의 연구, 오하이오(Ohio) 대학교의 연구, 미시간(Michigan) 대학교의 연구, 브레이크와 모튼(Blake & Mouton)의 관리격자 이론(Managerial Grid Theory) 등이 있다.

(1) 아이오와 대학교의 연구: 권위형, 민주형, 자유방임형 리더십

아이오와 대학에서 행동이론을 처음 시도한 연구자로서의 레윈(Lewin et al., 1939) 등은 리더십 유형을 독재적(authoritarian), 민주적(democratic leader), 자유방임적(laissez-faire leader) 유형으로 나누었다(김형식 외, 2009: 290-291).

독재적 유형은 지시적 유형이라고도 하며 구성원에 대한 지시행위 중심의 유형이다. 민주형은 참여적 유형이라고도 하는데 구성원의 참여를 촉진하는 행위 중심적이다. 그리고 자유방임형은 위임적 유형이라고도 하는데, 지시나 촉진행위 모두를 사용하지 않는다.

아이오와 대학교의 집단역학의 효시자인 레윈(Lewin) 지도하에 1930년 말경 리피트 및 화이트(Lippit & White)는 10세 어린이들의 장난감 조립 실험에서 리더십효과를 평가하기 위해 〈표 5-4〉와 같이 유형을 구분하였다(한동일 외, 2009: 147).

권위형은 리더가 자신의 판단이 최선이라고 생각하기 때문에 부하의 의견이나 충고를 받아들이지 않고 항상 자신의 명령에 부하들이 복종하기를 강요하는 유형이며, 민주형은 의사결정과정이나 업무수행과정에서 구성원들의 참여를 중시하면서 집단적 토론을 활성화시키고 적절한 조언에 자신의 역할을 한정하는 유형이다. 그리고 자유방임형은 리더 자신은 의사결정 등에 전적으로 관여하지 않고 수동적이며, 부하들이 자의적 활동을 방관하는 유형이다.

레윈(Lewin), 화이트(White)와 리피트(Lippit)는 리더십 유형에 따른 특성을 〈표 5-4〉와 같이 제시하고 있다.

| 표 5-4 | 레윈, 화이트와 리피트의 리더십 유형과 특징

리더십 유형	특징
권위형 (지시적) 리더	• 모든 중요 결정은 리더가 독단적으로 결정하고 구성원들은 결정된 사항을 집행하고 수행하는 임무만 진다. • 리더는 모든 작업의 세부 활동에 대해 세세히 명령하고 지시한다. • 통상 미래의 계획 등에 대해서는 집단구성원들이 잘 모르게 한다.
민주형 (참여적) 리더	• 모든 결정은 집단토의를 통해서 한다. 따라서 중요 사항의 결정과 과정에 구성원을 적극 참여시켜 해결방안을 모색·검토하는 인간관계를 중시한다. • 구성원의 창의력과 생산성을 높여주고 구성원들 간의 원만한 인간관계의 유지를 중시한다. • 리더는 집단 활동을 격려하고 도와주며, 기술적인 조언이 필요할 때에는 두 개 또는 그 이상의 대안을 제시한다.
자유방임형 (위임적) 리더	• 작업 수행 시 구성원의 질문이 있을 때에만 답해 준다. • 구성원에게 주요 권한을 대폭 위임하고 구성원들로 하여금 목표 설정에서 집행에 이르기까지 일체의 일을 수행하게 한다.

출처: Lewin, Lippit & White(1939: 271-301); 배정훈(2009: 201); 이상구 외(2009: 272)에서 재인용.

리더십 유형을 권위형, 민주형, 자유방임형 세 가지로 나누어 구성원의 만족도, 일에 대한 흥미도, 리더에 대한 감정 및 생산성에 대하여 관찰한 결과를 보면, 권위형과 민주형이 생산성에서는 높은 결과를 보여주고 있으나, 사기면에서는 민주형이 높으며, 전체적으로 모든 요소에서 민주형이 가장 효과적인 것으로 나타났다(이목훈, 2008: 183-184).

타넨바움(Tannenbaum)과 슈미트(Schumidt)도 리더십의 유형을 독재형(지시적 유형; autocratic or authoritarian style), 민주형(참여적 유형; democratic or equalitarian style), 자유방임형(위임적 유형; lass-es-faire style)으로 나누었다.

[그림 5-3]에서 보는 바와 같이 좌측의 독재형 리더십 형태와 우측의 자유방임형 리더십 형태를 연결하는 연속선상에는 많은 중간 형태의 리더십 유형이 존재한다. 즉 의사결정과정에서 리더의 권한 영역과 부하의 자유재량 영역이 어느 정도인가에 따라 리더십 유형이 결정된다고 보았는데, 이때 리더십 유형은 서로 무관하게 분절된 것이 아니라 독재형(지시적) 유형에서 자유방임형(위임형) 유형까지 연속선상에서 연결되어 변화한다는 것이다(이상구 외, 2009: 274).

그림 5-3 리더의 의사결정 행동과 리더십 유형

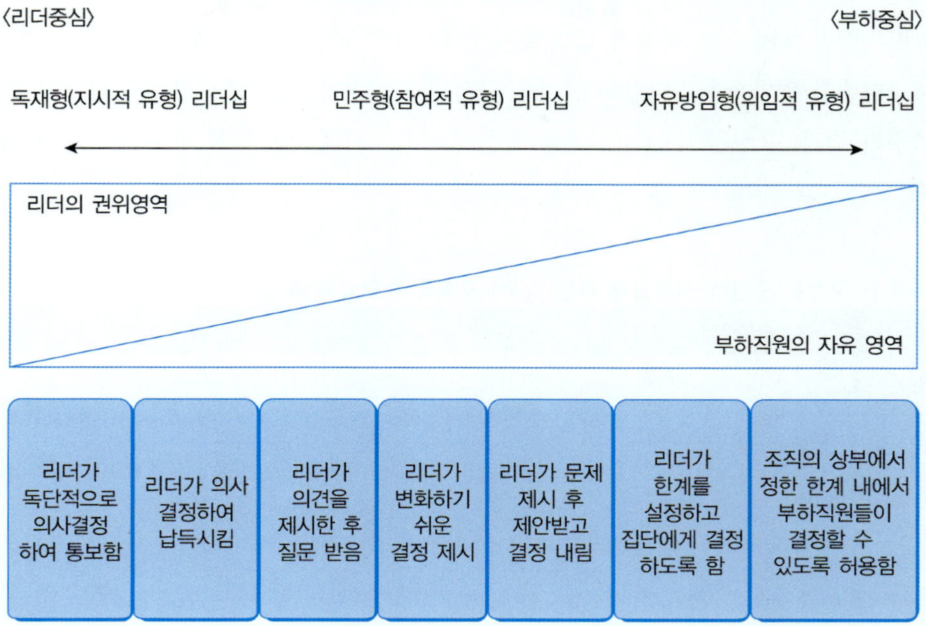

출처: Tannenbaum & Schmidt (1958: 95-101); 김영종(2005: 159); 우종모 · 김재호 · 조당호(2007: 201); 이상구 외(2009: 274)에서 재구성.

이상에서 살펴본 바와 같이 행동이론은 대부분 직무중심과 인간중심의 두 가지 형태가 매우 중요한 요소임을 제시하고 있으나 이 두 가지 형태가 모든 상황에서 유일한 의미를 지니는 최선의 것일 수는 없다는 점이 새로운 리더십 이론을 모색하는 계기를 마련해 주고 있다.

(2) 미시간 대학교의 연구: 구성원 중심적 리더십과 과업 중심적 리더십

미시간 대학의 연구팀원인 리커트(Likert)는 구성원의 만족과 업무 성과를 높일 수 있는 리더의 행동 연구를 진행한 결과 구성원 중심적 리더십과 과업(직무) 중심적 리더십으로 유형화하였고, 그 특성을 〈표 5-5〉와 같이 제시하고 있다.

구성원 중심적 리더십은 보다 인간지향적 행동과 책임위임과 구성원들의 복지, 욕구, 승진, 개인적 성장에 관심을 둔다. 과업(직무) 중심적 리더십은 세밀한 감독과 합법적이고 강제적 권력을 활용하여 업무 계획표에 따라 실천하고 업무성과의 평가에 초점을 둔다(최성재 · 남기민, 2013: 437; Gutknecht & Miller, 1986: 156).

〈표 5-5〉와 같이 구성원 중심적 리더십 유형이 보다 높은 생산성과 구성원의 만족도를 나타내는 반면, 과업(직무) 중심적 리더십은 상대적으로 낮은 집단 생산성과 낮은 직무 만족도를 나타내고 있다. 즉 리더십의 유형을 구성원 중심형과 과업 중심형으로 나누고 효과성을 측정한 결과, 구성원 중심형이 과업 중심형보다 사기와 생산성이 모두 높아 전체적으로 볼 때 보다 효과적이라고 할 수 있다.

| 표 5-5 | 구성원 중심적 리더십과 과업(직무) 중심적 리더십의 특성

리더십 유형	특성
구성원 중심적 리더십	• 리더는 부하직원들과의 건전한 인간관계를 발전시키기 위해 특히 애쓴다. • 리더는 책임의 위임과 구성원의 복지, 욕구, 승진, 개인적인 성장에 대한 관심을 강조한다.
과업(직무) 중심적 리더십	• 리더는 세밀한 감독과 합법적이고 강제적인 권력을 활용하여 업무계획표에 따라 이를 실천하고 업무성과를 평가하는 데 초점을 둔다. • 리더는 생산과 직무의 기술적인 측면만을 강조한다.

출처: Gutknecht & Miller (1986: 156); 이상구 외(2009: 274)에서 재인용.

(3) 오하이오 주립 대학교의 연구: 구조주도 행동 · 배려행동 리더십

스토그딜(Stogdill)과 플레쉬맨(Fleishman) 등 오하이오 주립대학교의 연구는 1945년부터 구성원(추종자)들에게 리더의 행동을 기록하게 하여 총 1,800개 정도의 행위를 수집하고, 이를 다시 150개 행위로 간추려 분석한 후 〈표 5-6〉과 같이 리더의 행동을 구조주도(initiating structure) 행동과 배려(consideration) 행동으로 이분화하였다.

구조주도 행동(initiating structure behavior)이란 일에 대해서 상세한 설명과 함께 지도해 주고 완수할 수 있도록 이끈 것을 내용으로 하는 행동, 즉 리더가 조직의 목표를 달성하기 위해 과업을 조직화하고 구성원들에게 업무를 할당하고 의사전달의 망을 확립하여 업무 성과를 평가하는 행동을 말하며, 배려 행동(consideration behavior)이란 일을 수행하면서 구성원들의 어려움과 특별한 상황들을 고려해서 지지해 주고 반응해 주는 행동, 즉 관계지향적 · 인간중심적으로 구성원에 대한 관심과 상호 존중, 신뢰, 우정, 지원 등 구성원 복지를 위한 부분에 관심을 나타내는 행동유형을 의미한다(김치영 · 최용민, 2006: 118).

| 표 5-6 | 구조주도형 리더와 배려형 리더

구조주도형 리더	배려(고려)형 리더
• 리더는 일을 각각 집단의 구성원에게 할당한다. • 리더는 집단구성원들로 하여금 정해진 규칙을 따르도록 한다. • 리더는 집단구성원에게 그들에게서 무엇이 기대되고 있는가를 알게 한다.	• 리더는 집단구성원의 말을 듣기 위해 시간을 마련한다. • 리더는 기꺼이 변화를 이루려고 하는 사람이다. • 리더는 친절하고 접근하기 쉬운 사람이다.

출처: 김형식 · 이영철 · 신준섭(2008: 219); 배정훈(2009: 210); 이상구 외(2009: 275).

리더십에 대한 오하이오 대학교의 연구는 [그림 5-4]와 같이 구조주도 행동과 배려 행동을 조합하여 구조주도와 배려 행위가 높은 리더가 낮은 리더보다 구성원들의 과업성과와 만족을 높일 수 있는 가장 이상적인 리더십으로 규정하고 있다(Gutknecht & Miller, 1986: 155; 이상구 외, 2009: 275 재인용).

그림 5-4 오하이오 대학교 연구의 리더십이론

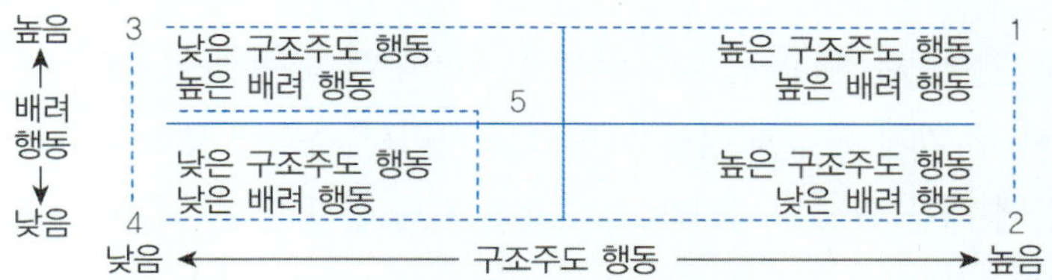

출처: 김형식 · 이영철 · 신준섭(2008: 219); 배정훈(2009: 210); 이상구 외(2009: 275).

오하이오 대학교의 리더십 이론은 리더가 ① 과업을 조직화하여 정의하고, ② 업무를 적절하게 부서별로 할당하며, ③ 의사전달 통로를 확보하여 네트워크를 구축하고, ④ 부서별 · 집단별 업무성과를 평가하며, ⑤ 조직구성원 상호 간 신뢰와 존경으로 지원하여 조직구성원의 복지에 심혈을 기울일 때 높은 지도력을 발휘한다는 이론이다(한동일 외, 2009: 148).

(4) 텍사스 대학교의 연구: 5가지 리더십

텍사스 대학교(University of Texas) 연구팀의 블레이크(Blake)와 머튼(Mouton)은 5가지 리더십 행동유형론을 제시하면서 팀형이 가장 이상적인 리더십 유형임을 주장하고 있다(이목훈, 2008: 186). 즉 가장 효율적인 리더는 과업지향적이면서 인간 중심적인 사람이라고 주장하였다.

① 사람과 생산 모두에 대해서 관심이 다 같이 낮은 무기력형(impoverished management)

② 사람에 대한 관심은 지대하나 생산에 관심은 전혀 없는 인기형(country club management)

③ 생산에 대한 관심이 지대하나 사람에 대해서는 관심이 전혀 없는 과업형(task management)

④ 사람에 대한 관심도 중간이고 생산에 대한 관심도 중간 수준인 중도형(middle of the road management)

⑤ 생산에 대한 관심과 사람에 대한 관심이 모두 지대하게 높은 팀형(team management)

(5) 관리격자이론

블레이크(Blake)와 머튼(Mouton)은 오하이오 연구와 미시간 대학의 이론에 기초하여 리더가 지향할 수 있는 두 차원으로 구분하여 관리격자이론(managerial grid theory)을 정립하였다.

관리격자이론은 생산에 대한 관심과 인간에 대한 관심이 어떻게 관련되는가를 설명한다. 관리격자는 이런 두 가지 관심을 반영하고, 그들 사이의 가능한 상호 작용의 범위를 나타낸다. 횡축은 생산에 대한 관심을 나타내고, 종축은 사람에 대한 관심을 나타낸다. 각각 9개의 위치가 설정된다. 결과적으로 81종류의 리더 유형이 있는 것으로 가정할 수 있는데 이 중에서 대표적인 기본적 리더십 유형은 〈표 5-7〉과 같다(김치영 · 최용민, 2006: 119).

| 표 5-7 | 관리격자이론에 의한 리더십 유형

높음 (9) ↑	1.9형 관리(컨트리 클럽형, 인기형, 사교형) 인간의 욕구에 대한 깊은 관심은 조직의 분위기를 편하게 하며, 목적과 임무의 달성보다는 추종자들과의 관계 설정을 강조하는 리더십		9.9형 관리(팀형, 이상형) 조직의 목표와 인간에 대한 신뢰를 모두 갖춘 사람들에 의해 목표를 달성하며, 추종자의 참여를 강조하는 팀 지향적인 리더십 생산과 인간관계의 유지 모두에 지대한 관심을 보이는 유형으로서 종업원의 자아실현의 욕구를 만족시켜 주고 신뢰와 지원의 분위기를 이루며 한편으로는 과업달성을 이룩하기를 강조하는 유형
인간 (사람) 에 대한 관심		5.5형 관리(중도형, 중용형) 작업수행과 사기 유지의 균형을 이루면서 적절하게 운영하는 중도형 리더십 중간형으로서, 생산과 인간관계의 유지에 모두 적당한 정도의 관심을 보이는 유형	
↓	1.1형 관리(무책임 방임형, 무기력형) 목표 달성과 사기 유지에 최소한의 노력만 기울이며, 무관심한 리더십 생산과 인간에 대한 관심이 모두 무관심한 유형으로 리더 자신의 직분을 유지하는 데 필요한 최소한의 노력만을 투입하는 유형		9.1형 관리(과업지향형, 과업형) 인간적 요소에는 별로 관심이 없고, 극단적인 목적과 임무 달성에 초점을 두고, 철저한 지시와 통제를 통한 효율성과 생산성만을 강조하는 리더십 인간관계의 유지에는 적은 관심을 보이지만 생산에 대해서는 지대한 관심을 보이는 유형
낮음(1)	낮음(1) ←	생산(과업)에 대한 관심	→ 높음(9)

출처: 김치영 · 최용민(2006: 119).

3) 상황이론(situational theory, contingency theory)

상황이론은 행동이론의 한계성을 인식하고 등장한 새로운 이론이다. 행동이론 등의 공통적 과제는 효과성을 증진시키는 데 가장 적합한 이상적인 리더십 유형이나 형태를 발견하려는 것이었으나 모든 상황에 적합한 리더십 유형을 발견해내는 데 실패하였다. 왜냐하면 상황에 따라 최적의 리더십 유형이 다를 수 있기 때문이었다. 행동이론의 한계에 직면하여 1960년대 말부터 1970년대에 이르기까지 새로운 접근방법이 시도되었는데, 리더는 상황의 산물이기 때문에 상황에 따라 성공적인 리더십 유형이 다르다는 것이다. 즉 리더십의 효과성과 유효성을 상황과 연계시키고자 등장한 것이 바로 복합적인 상황이론(situation theory or contingency theory)이다.

상황이론은 [그림 5-5]와 같이 리더의 효과성은 상황에 의존하며, 그 결과 동일한 리더라도 어떤 조직이나 상황에 따라 효과적일 수도 있고 그렇지 못할 수도 있다는 것인데, 그 내용은 리더와 조직원의 관계(리더의 매력, 충성심), 업무구조(일반적, 불규칙적), 직위에 수반된 파워(상벌, 공식 권한, 상급자 지지)이다. 즉 리더란 상황의 산물이기 때문에 리더십 유형이 다르며, 리더십 효과도 모든 상황에 일률적·효과적으로 적용되는 것이 아니라는 것이다(한동일 외, 2009: 148).

그림 5-5 상황이론 모형

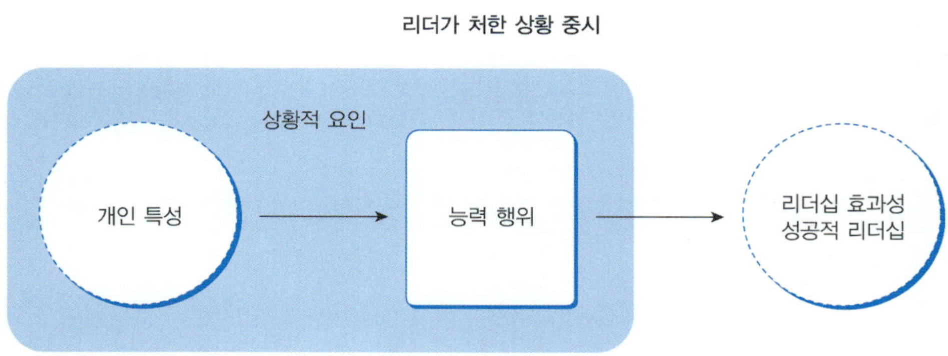

출처: 김형식·이영철·신준섭(2009: 293).

상황이론은 많은 이론적 발전을 이루었음에도 불구하고 리더가 통제할 수 없는 상황의 영향만을 너무 강조하였다는 비판을 받고 있다(이목훈, 2008: 187). 대표적 이론으로 피들러(Fiedler)의 상황적합이론(Contingency Theory), 하우스(House)의 경로－목표이론(Path–Goal theory), 케르(Kerr)의 리더십 대체물이론 등이 있다(이상구 외, 2009: 278).

(1) 상황적합이론

상황적합이론은 피들러(F. E. Fiedler, 1967)에 의하여 최초로 제시되었는데, 피들러는 조직에 대한 리더의 영향력은 세 가지 변수에 의해서 결정된다고 보았다. 그 변수는 첫째, 구성원이 리더에 대하여 갖는 신뢰, 믿음, 존경 정도와 리더의 매력을 포함하는 정도의 리더와 구성원과의 관계, 둘째, 과업 구조, 즉 집단의 과업이 일상적이고 예측 가능한가라는 직무가 절차화된 정도, 셋째, 리더 영향력, 즉 직위권력은 리더가 채용, 해고, 징계, 승진 및 임금인상 등과 같은 권력변수에 대하여 행사하고 있는 영향력의 정도를 말한다(최성재 · 남기민, 2013: 440). 그리고 리더십의 유형을 과업지향적 리더십과 관계지향적인 리더십으로 나누고, 이 두 가지 리더십 유형과 세 가지 변수의 결합이 상황에 어느 정도 적합한지에 따라 리더십의 효과성이 달라진다는 이론이다(김치영 · 최용민, 2006: 120).

피들러는 높은 직무성과를 성취하는 데 있어서 리더십의 유효성은 리더와 집단 간의 상호작용과 상황의 호의성에 따라 결정된다고 한다.

피들러는 LPC검사(Least Preferred Coworker Score: 가장 싫어하는 동료 작업자를 통한 검사)의 연구결과 동료작업자가 좋아하는 유형은 집단지향적이고, 관계지향적 리더로 분류되는 반면 LPC가 낮은 싫어하는 사람은 과업지향적 리더로 지적하고 있다.

또한 세 가지 상황적 조건들이 상호 작용하여 리더에게 매우 호의적인 상황이나 또는 매우 비호의적인 상황으로 처하게 하였다면, 업무지향적인 리더 유형이 더 좋은 성과를 보일 수 있으며, 중간적인 상황에서는 관계지향적 리더가 더욱 효과적이라고 주장하고 있다(우종모 외, 2007: 191).

피들러의 상황적합이론은 리더십의 상황적 속성에 직접 주목하여 리더십의 효과성을 분석하고 있는 설명모델로서 후속하는 리더십 연구의 기폭제 역할을 한 공헌을 인정받고 있다.

(2) 경로－목표이론

경로－목표이론(path－goal theory)은 에반스(Evans)의 초기 연구를 기초로 하여 하우스(House,

1971)에 의해 오하이오 연구와 동기부여의 기대 이론을 결합하여 제시되었는데, 이 이론은 조직의 구성원들이 목표를 성취할 수 있도록 경로를 만들어주는 것을 강조하는 것으로, 사회조직이나 집안의 목표성취를 위해 가장 중요한 요인은 구성원(추종자)의 동기라는 가설을 기초로 한다.

경로-목표이론은 지도자를 조직의 목표를 이루어야 하는 리더인 동시에, 조직구성원 개개인들이 추구하는 길에 서 있는 방해물을 제거해야 하는 사람으로 간주하고 있다(양승일, 2014: 186). 그 후 이 이론은 명제를 확대하고 리더행동을 재정의하여 상황 요소를 추가시켜 보다 정교한 동기부여의 기대이론으로 발전시켰는데, 동기부여의 기대이론(the expectancy theory of motivation)이란 개인이 자신의 행동과정에서 가능한 행동대안이나 행동전략을 평가하여 가장 중요한 결과(보상)를 가져오리라 믿는 행동이나 전력을 선택하게 된다는 이론이다. 즉 이 이론은 리더는 구성원들로 하여금 조직 목표를 달성할 수 있다고 기대하는 행동경로를 명확하게 밝혀주고, 원하는 보상은 더 쉽게 많이 받을 수 있다고 믿게 해야만 동기부여가 이루어져 성과를 높일 수 있다는 것이다(김치영 · 최용민, 2006: 121).

| 표 5-8 | 리더의 행동 특징과 적합 상황 조건

리더십 스타일	특징	적합 상황 조건
지시적 리더십	• 부하들의 활동을 기획, 지시, 조직화하며 통제 조정한다. • 집단의 과업목표를 설정해 주며 부하들은 일일이 리더로부터 지시를 받는다. • 부하의 의사결정을 위한 참여는 허락되지 않는다.	• 직무의 구조화가 안 되어 있는 경우 • 부하들이 리더가 지시해 주기를 원하는 경우 • 하급자가 기술, 정보사항 등을 리더에게 의존하는 경우
지원적 리더십	• 부하에 대해 배려하고 복지에 대해 관심을 보인다. • 부하에 대해 우호적이고 친밀감이 있다. • 부하의 의사표현을 촉진한다.	• 극히 구조화된 경우 • 부하들이 높은 사회적 욕구를 지닌 경우 • 직무성격상 작업집단 간 상호 작용이 요구될 경우
참여적 리더십	• 부하들과 생각을 공유한다. • 부하들의 생각과 제안을 반영하지만 결정은 리더가 한다.	• 과업이 흥미 있고 도전감을 유발하며 적당히 구조화된 경우 • 부하들이 강한 성취감과 독립심을 가진 경우
성취 지향적 리더십	• 리더는 도전해 볼 만한 높은 목표를 설정하고 지속적으로 성과 향상을 추구한다. • 목표 달성과 관련 부하가 최대한 능력을 발휘할 것을 기대하고 성과에 대해 책임진다.	• 대부분 참여적 리더십의 상황과 동일하다. 다만 부하들이 성취지향적 성향을 지닌다.

경로-목표이론은 상황적 특성에 따라 추종자의 동기를 높이기 위해 필요한 리더십 유형을 〈표 5-8〉과 같이 제시하고 있다(배정훈, 2009: 232-233; 이상구 외, 2009: 280-281).

① 지시적(수단적) 리더십(directive leadership)은 도구적 리더십(instrumental leadership)이라고도 하며 과업이 비구조화되어 있어 계획, 조직, 통제와 같은 공식적 활동을 강조한다. 즉 이 유형은 구체적 지침과 표준·작업스케줄을 제공하고 규정을 마련하여 하급자들로 하여금 그들에게 기대되는 것을 알게 해 준다.

② 지원적 리더십(supportive leadership)은 지지적 리더십이라고도 하며 과업이 구조화되어 있으나 과업 스트레스가 심하고 지루하여 하급자들의 복지와 안락에 관심을 쓰며 지원적 분위기 조성에 노력한다. 또한 구성원들 간에 상호 만족스러운 인간관계 발전을 강조한다.

③ 참여적 리더십(participative leadership)은 과업이 구조화되어 있으며 추종자의 업무 성취욕구가 강하여 하급자들에게 자문을 구하고 그들의 제안을 이끌어내어 이를 진지하게 고려하며, 하급자들과 정보를 공유한다.

④ 성취지향적 리더십(achievement oriented leadership)은 과업이 비구조화되어 있어 도전적인 작업목표를 설정하고 성과를 강조하며 하급자들의 능력 발휘에 대해 높은 기대를 설정한다.

경로-목표이론은 조직원의 동기 강화를 위한 환경 요인과 리더의 유형 고찰이라는 특징이 있으나 변수들이 많아 검증이 어렵다는 점, 기대이론을 수용하였기에 기대이론의 문제점에 의하여 이 이론도 제약을 받는다는 점 등이 비판으로 대두되고 있다(장천식, 2006; 2005: 151). 경로-목표이론의 장점은 어떤 상황에서 어떤 유형의 리더가 효과적인가의 이유를 설명해 주고 있으며, 조직이론의 두 중심적 이론인 리더십과 동기부여이론을 결합시켜주고 있다는 점이다(배정훈, 2009: 236).

그림 5-6 하우스의 경로 · 목표이론

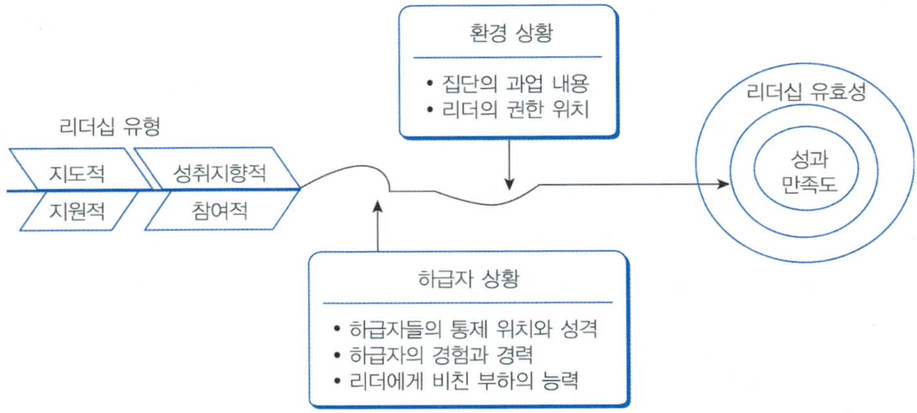

출처: 임창희(2007: 399); 오세영(2009: 262).

하우스의 경로-목표이론은 [그림 5-6]과 같이 훌륭한 리더십이란 하급자들의 성격이나 능력, 그리고 그 집단의 과업과 분위기에 잘 맞을 때 비로소 성립되는 것이지 당초부터 유일무이한 좋은 리더십이 존재하는 것은 아니라는 것을 말해 주고 있다.

(3) 리더십 대체물이론

케르(Kerr, 1977: 135-146)는 리더십 연구에서 리더십 행동을 대체하는 대체물로서 상황변수를 확인하는 작업을 최초로 시도하였으며, 리더십의 영향력을 약화시키는 상황적 측면을 '대체물(substitutes)' 변수와 '장애물(neutralizers)' 변수로 나누었다. 대체물은 리더의 행동을 불필요하게 만드는 부하의 특성, 과업 및 조직의 특성과 같은 상황변수이며, 장애물(중화물)이란 리더행동의 유효한 기능을 방해하고 리더행동의 효과를 약화, 중화시키는 상황변수이다. 또한 그 이후 케르와 저미어(Kerr & Jermier)는 리더십 대체물이론에서 부하의 특성, 과업의 특성, 조직의 특성 등 세 가지 범주의 상황변수를 설명하고 있다(Kerr & Jermier, 1978: 375-403).

케르와 저미어의 연구결과에 의하면 부하의 성과 및 만족에 대한 리더행동의 영향력이 부하의 특성, 과업 특성, 조직의 특성과 같은 리더십 상황에 의해 크게 제약을 받게 된다고 하였다. 결과적으로 리더십 대체물이론은 리더십 연구에 대한 새로운 시각을 제공해 주는 점에서 높게 평가될 수 있다(이상구 외, 2009: 282-283; 최성재 · 남기민, 2013: 443).

(4) 상황 리더십이론

이 이론은 오하이오 대학교의 리더십 연구에서 규정된 과업중심 및 관계중심과 유사한 형태로 다음 네 가지의 리더십 유형을 규정하였다.

① 높은 과업: 낮은 관계 중심 유형

② 높은 과업: 높은 관계 중심 유형

③ 낮은 과업: 높은 관계 중심 유형

④ 낮은 과업: 낮은 관계 중심 유형

허시와 블란차드(Hersey & Blanchard, 1977)는 다양한 상황 중에서 부하직원의 상황에 주목하고 부하가 없으면 리더도 존재하지 않는다는 가정을 기반으로 해서 이론을 전개하였다(황성철 외, 2014: 147). 그리고 효과적 리더십에 가장 큰 영향력을 미치는 상황적 요인을 추종자의 과업과 관련된 성숙도(maturity)로 규정했다. 성숙도란 과업수행을 위한 추종자의 동기, 책임감 및 능력을 의미한다. 이들은 추종자의 성숙도에 따라 보다 효과적일 수 있는 두 개의 리더십 유형을 비교적 단순한 형태로 제시하였다(김형신 · 이영철 · 신준섭, 2009: 295; Shortell & Kaluzny, 1994: 96-97 재인용).

주지한 바와 같이 상황 이론을 요약해 보면 〈표 5-9〉에서 보는 바와 같이 최선의 리더십 유형은 존재하지 않는다는 것이다. 성공적인 리더는 개인이나 집단의 욕구나 상황의 특수성에 적합한 리더십 유형을 사용해야 한다. 즉 리더십의 유효성은 리더, 부하 직원, 환경을 이루고 있는 상황변수에 의해 영향을 받는다는 것이다. 따라서 리더십의 유효성을 증대시키기 위해서는 리더십에 영향을 미치는 상황변수를 정확하게 진단하고 분석하는 리더십 기술을 습득해야 한다(박차상 · 이경철 · 오세영, 2008: 273). 리더십이론은 〈표 5-9〉와 같이 크게 특성적 접근이론, 행동적 접근이론, 상황적 접근이론으로 분류될 수 있다. 그리고 이러한 이론들은 시간이 흐르면서 발달되어 새로운 리더십이론까지 등장하게 되었다.

| 표 5-9 | 리더십이론의 비교

이론	초점	주요 내용	특성
특성이론 (1940년대 ~1950년대)	리더의 자질과 특성 중시	효율적인 리더의 특성 추구	성공적인 리더와 그렇지 못한 리더를 구분할 수 있는 특성이나 특징이 존재
행동이론 (1950년대 ~1960년대)	리더의 행동 중시	리더의 행위유형 기술	리더의 어떤 행위 유형이 모든 상황에서 언제나 효과적이다. 즉 성공적인 리더와 비성공적인 리더는 그들의 리더십 유형에 의해 결정
상황이론 (1970년대 이후)	리더의 상황 중시	리더십 유형과 상황과 관계 기술	모든 상황에 언제나 적합한 유일한 리더십 유형은 없음

출처: 박차상 · 이경철 · 오세영(2009: 273)에서 재구성.

2. 최근 이론

최근의 리더십이론은 기존의 이론을 기반으로 연구되어 왔다. 여기에서는 통합적 관점에서 연구된 퀸(Quinn)의 경쟁적 가치 리더십이론과 비교적 단순하게 이분화시킨 거래적 · 변환적 리더십이론, 카리스마 리더십이론, 귀인이론을 중심으로 살펴보기로 한다(이상구 외, 2009: 283).

1) 경쟁적 가치 리더십이론

경쟁적 가치(competing values) 리더십이론은 통합적 관점을 유지하려는 리더십이론의 하나로서 퀸(Quinn, 1988)에 의해 연구되었다. 특성이론, 행동이론 및 상황이론은 리더의 역할을 과업 중심과 관계 중심의 두 가지 형태로 구분하여 규정하고 있으나 퀸은 [그림 5-7]에서 보는 바와 같이 통합적 관점에서 조직 리더의 다양한 역할을 규정하기 위해 조직에서 나타나는 리더십의 초점을 가로축에는 외부지향적-내부지향적으로 나누고 세로축에는 통제 위주-유연성으로 나누어 네 가지 영역을 제시하였다.

경쟁적 가치 리더십이란 '환경적응, 목적 달성, 형태 유지, 통합 등의 네 가지 활동이 서로 상반된 가치를 추구'한다는 것이다(남일재 외, 2004: 88).

그림 5-7 **경쟁적 가치 리더십이론**

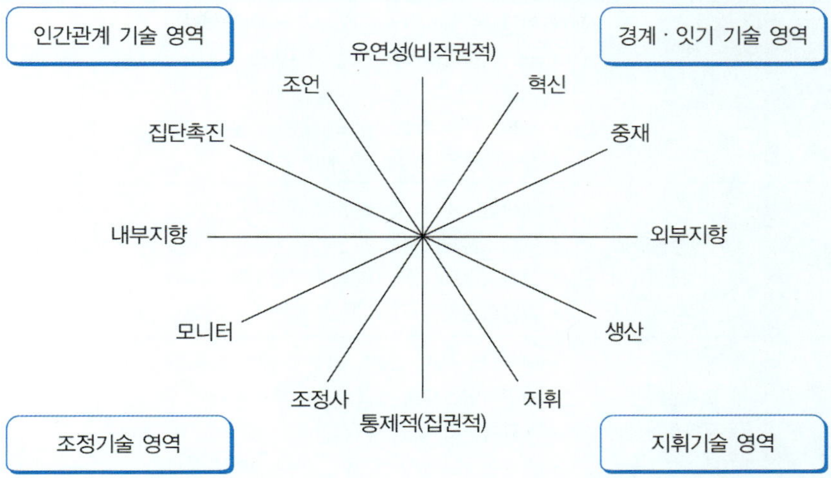

출처: Robert Quinn(1988: 10); 김영종(2002: 157); 우종모 외(2007: 193) 재인용.

비전(방향)제시형 리더십은 외부지향적, 개방적이며 조직 활동의 유연성에 근거한 경계-잇기 기술이 요구되며, 분석형 리더십은 내부지향적, 구조화된 통제 위주의 상반된 가치에 근거한 조정기술이 요구된다. 동기부여형 리더십은 조직구성원 간의 인간관계 향상에 가치를 둠으로써 유연성과 비집권적인 특성에 근거한 인간관계기술이 필요하며, 목표 달성형 리더십은 조직 생산성을 최대한 높이기 위한 통제와 규율 위주의 공식적 리더십을 추구하고 있어 지시기술이 필요하다(장동일, 2006: 250; 박차상 · 이경철 · 오세영, 2008: 276).

리더는 네 가지 기능을 수행하기 위하여 다음과 같은 리더십을 발휘한다(장동일, 2006: 236-237).

① 환경적응: 방향(비전)제시가
② 목적 달성: 목표 달성가
③ 형태유지: 분석가
④ 통합: 동기부여가

| 표 5-10 | 퀸의 리더십이론을 기초로 한 사회복지조직 리더의 역할

유 형	리더십 목표	구체적 역할
비전제시가	기관의 변화/적응	• 기관 운영과 관련된 외부환경 변화 주시 • 클라이언트/지역사회의 욕구변화 주시 • 기관 운영의 새로운 방향 모색/혁신적 변화 주도 • 재원, 인력 확보/기관의 합법성 유지 • 클라이언트 옹호/정책개발 참여
목표 달성가	기관생산력의 극대화	• 기관활동의 목표 달성 및 결과 중시 • 목표 달성을 위한 우선순위 제시 • 클라이언트/지역사회의 욕구변화에 대처하기 위한 기관활동 제시 • 중앙집권적 관리를 통한 생산력 극대화
분석가	기관활동의 지속적 향상	• 기관서비스/프로그램 실행에 대한 이론적·기술적 지식 확보 • 기관서비스/프로그램 진행 상황에 대한 면밀한 분석 • 기관활동의 내부 규정 강조 • 기관활동을 위한 효율적 전문인력의 배치
동기부여가	기관구성원의 관계강화	• 구성원 협동심 및 팀워크 강조/고양 • 구성원, 일선 워커의 자율권 극대화 • 구성원, 일선 워커의 동기 고양 • 전문직 간의 의견 조정/팀워크 고양 • 기관인력(자원봉사자 포함)의 효율적 관리

출처: 김형식 외(2007: 344).

경쟁적 가치 리더십이론은 사회복지조직에서 리더의 효과성을 탐구하기 위해 주목을 받고 있다. 퀸의 리더십이론을 기초로 하여 사회복지리더의 역할을 살펴보면 〈표 5-10〉과 같다.

2) 거래적 · 변환적 리더십이론

번즈(Burns, 1978)는 리더십을 리더가 조직의 안정 또는 변화에 초점을 두는지에 근거하여, 서로의 동기 수준을 높이기 위한 리더와 구성원 간의 상호 작용 또는 교환과정으로 정의하였다. 이에 따라 번즈는 리더십을 거래적 리더십과 변환적 리더십의 형태로 구분하였고, 이후 바스(Bass, 1985)에 의하여 변환적 리더십은 보다 정교하게 연구되었다(이상구 외, 2009: 121-122). 거래적 리더십(transactional leadership)은 구성원의 이기적이며 개인적인 관심에 호소하며, 보수나 지위 등을 보상하는 것과 같은 거래를 통하여 구성원의 동기수준을 높인다. 변환적 리더십(transformation leadership)은 개인적 관심보다는 고차원의 도덕적 가치와 이상에 호소하여 개인의 의식을 변화시키려는 것이다.

거래적 · 변환적 리더십의 특성을 살펴보면 〈표 5-11〉과 같다.

| 표 5-11 | 거래적·변환적 리더십의 특성

구 분	거래적 리더십	변환적(변혁적) 리더십
목 적	현상 유지	변화
활 동	규정, 규칙에 의거	규정, 규칙의 변화
보 상	개인적	비개인적(집단적)
리더-구성원과의 관계	상호 의존적	상호 독립적
과 업	일상적	비일상적

출처: Shortell & Kaluzny(1994: 99); 김형식 외(2007: 341) 재인용.

변혁적(변환적) 리더십이론은 기존의 다른 모든 리더십 연구가 리더와 부하(추종자) 간의 교환관계에 기초한 거래적 리더십에 치중해 왔다고 인식하고, 지금까지의 거래적 리더십과 대비하여 조직 외부로 눈을 돌려 기관 자체를 변혁시키기 위한 대응이라 할 수 있다(신복기 · 박경일 · 이명현, 2013: 204).

1960년대에 들어와서 미국의 기업들이 일본과 같은 타국 기업과의 경쟁에서 살아남기 위해 조직을 새롭게 변화시키는 작업이 필요하다고 인식하던 시기에 번즈(Burns, 1978)가 그의 저서 『리더십』에서 사용함으로써 시작되었다. 그는 부하들과 함께 조직의 목적을 공유하며, 창조적 리더를 위해 권력을 사용하고 리더라는 의미에서 변혁적(변환적) 리더십이라는 개념을 사용하였다.

이러한 변혁적 리더는 부하들과의 관계에서 다음과 같은 네 가지 자질을 갖추어야 한다고 주장하고 있다(정수진 · 김양호, 2005: 392-393; 오세영, 2009: 266). 첫째, 부하들에게 미래의 비전을 제시해 주며 비전을 통한 단결능력을 가져야 한다. 둘째, 비전은 제시하는 것으로 끝나지 않고 그 비전을 전달할 수 있는 능력이 있어야 한다. 셋째, 부하들로부터 전적으로 신뢰감을 얻어야 한다. 넷째, 리더 스스로 자신의 이미지 관리에 능통해야 한다.

3) 카리스마 리더십이론

카리스마 리더십이론(charismatic leadership theory)은 사회학자나 정치학자, 역사학자 등에 의해서 1920년대부터 막스 베버(Max Weber)가 카리스마적인 리더의 개념을 제시한 이후 1980년대에 들어와서 심리학자들에 의해 활발한 연구가 이루어졌다. 카리스마 리더십은 리더의 특출한 능력을 통해 부하(추종자)들로부터 강한 헌신과 리더와의 일체화를 이끌어내는 리더십이다.

이러한 카리스마 리더십이론은 귀인이론의 연장으로서 리더가 어떤 독특하고 위대한 특징을 타고나면서부터 가지고 있다는 부하들의 지각에 근거하여 정의되는데 카리스마 리더십의 특성은 리더의 특성, 부하의 특성, 상황의 특성으로 나뉜다(유기현, 1998: 434).

리더의 특성은 ① 부하에게 비전을 제시할 수 있어야 한다. ② 비전을 전달할 수 있는 능력을 가지고 있어야 한다. ③ 부하들로부터 신뢰를 얻어야 한다. ④ 개인적인 매력을 가지고 있어야 한다.

부하의 특성은 ① 부하들이 리더에 대한 강한 애정을 가지고 있어야 하고, 리더의 신념을 하급자 자신의 것으로 받아들여야 한다. ② 하급자로 하여금 리더의 권위에 순종하여야 한다. ③ 리더의 비전을 따르면 자신들이 원하는 것을 얻을 수 있다는 높은 기대감을 보여주어야 한다. ④ 하급자들이 리더의 개인적인 매력에 정신적으로 빠져야 한다.

그리고 상황의 특성은 ① 리더 자신의 능력보다 상황의 어떤 요인으로 인하여 카리스마적 리더로 자각되는 경우가 있는데, 사람들이 위기의식을 느낄 경우, 자신들이 처한 어려운 상황에서 구할 수 있는 리더를 찾게 될 때 카리스마적 리더가 나타날 가능성이 높다. ② 업무처리를 함에 있어 소속 집단구성원 간의 상호 의존도가 높을 경우 그 집단의 리더는 카리스마적 리더가 될 가능성이 높다.

4) 귀인이론

귀인(attribution)은 한 리더의 행동을 이해하기 위해 우선 리더의 행동을 관찰하고 행동의 원인을 다양한 개인적 특성이나 외부요인에서 추론하듯이 어떤 사람의 행동의 원인을 찾는 과정에 대한 심리학적 용어이다.

귀인이론은 리더가 당면하는 환경에 대한 해석에 의존하여 그의 행동을 변화에 초점을 둔다. 즉 상황의 본질, 관리자의 정보처리능력 그리고 귀인적 예측으로부터 발생하는 것으로 생각된다. 귀인이론은 리더란 부하들의 성과행동 요인이 내부귀인인 부하들 자신에 있는 것인지 혹은 외부귀인인 부하들의 주변에 있는지를 결정하는 단서들을 통합하는 정보처리자이며, 이러한 정보처리가 정확히 되었을 경우 리더 행동의 효과도 증대된다는 것이다(신복기 외, 2007: 231–232).

3절 조직문화

1. 조직문화의 개념과 중요성

1) 조직문화의 개념

사회집단은 각각의 독자적 특징과 개성이 있으며, 조직의 특징을 알 수 있는 기준으로서의 지표라고 할 수 있는 집단성이 존재한다(최재율 외, 1994: 78–88). 개인에게는 개성이 있고, 사회에는 문화가 있듯이 조직에도 독특한 집단성인 조직문화가 있다. 결국 문화란 가치, 규범, 신념 등과 행동양식 및 물질적 대상과의 복합에 의해 형성되는 것이다(신복기·박경일·이명현, 2008: 171–173).

조직문화(organizational culture)란 조직구성원들에게서 뚜렷하게 나타나는 가치나 규범, 신념체계이며 조직구성원의 가치관과 사고방식, 그리고 행동양식을 결정하는 기본요소이다.

조직문화의 개념은 조직체를 사회적 관심과 비공식조직체 관점에서 보기 시작한 것은 호손공장 실험(Hawthorne experiment) 이후부터이다. 호프스테드(Hofstede)에 의하면 조직문화라는 말은 처음 1960년대에 '분위기(climate)'의 동의어로 사용하였고 1970년대에 만들어진 기업문화(corporate culture)라는 용어가 1982년 딜과 케네디(Deal & Kennedy)가 지은 『기업문화』라는 책이 미국에서 나오면서 널리 유행하게 되었고, 이 말이 같은 해 피터스와 워터맨(Peters & Waterman)이 지은 『우월성의 추구(*In search of Excellence*)』가 출판됨으로써 일상적으로 사용되었다고 한다(신복기·박경일·이명현, 2013: 131).

오늘날 우리 사회는 복지사회로 나아가기 위하여 많은 노력을 하고 있다. 이때 필요한 내용은 사회복지조직에 따른 집단성을 갖추어 각각의 독특한 문화를 형성하기 위해서는 다음과 같은 노력이 요구된다(한동일 외, 2009: 154–155).

첫째, 사회복지조직별 클라이언트의 자격을 구체화하여 그 참여율을 높이고, 클라이언트가 사회복지시설과 서비스를 지속적으로 활용하여 그 질을 높여야 한다. 둘째, 사회복지조직의 개방성과 유연성을 갖게 함으로써 클라이언트에게 상호 작용이 이루어져 자주적이고 독립적인 삶을 영위하는 데 전문적 · 지시적 · 재정적 지원이 동시에 이루어져야 한다. 셋째, 사회복지조직의 지위와 역할 분담을 명확하게 하여 조직의 규범을 만들고, 구성원과 클라이언트가 협력하여 동료의식과 응집력을 높인다. 넷째, 사회복지조직의 계층적 특징을 파악하여 그에 대응하는 사회복지 프로그램 개발과 적용으로 계층별 복지수준을 향상시켜야 한다.

| 표 5-12 | 학자별 조직문화 관련 개념

학자	개념
Krech	인간의 문화란 인간행위의 뚜렷한 양식의 형태와 기초가 되는 규제적인 신념, 가치, 규범과 전통, 전제로 구성
Ouchi	조직문화를 결정하는 조직의 가치관, 신조 및 조직 내에서 행동패턴을 규정하는 기준
Hatch	조직구성원들이 집단적으로 공유하는 조직행동의 기본전제로 조직의 가치와 신념, 규범, 관습 및 행동양식
Pettigrew	문화란 일정 시간에 일정 집단을 위하여 작용하는 공식적으로 그리고 집합적으로 받아들여진 의미의 체계, 즉 상징, 언어, 이념, 신념, 의식, 전통 등 조직체 개념의 총체적 원천
Schein	조직문화란 조직체 또는 집단이 내외 환경과의 적응 및 통합과정에 적용하는 기본전제로서 조직구성원의 가치관과 사고방식 그리고 행동을 지배하는 기본 요소

〈표 5-12〉에서 살펴본 바와 같이 조직문화 개념은 아직 정확히 정리되지 않은 상태이며, 조직문화 개발에 있어서도 체계적인 접근과 방법이 아직 구체화되지 않아 개념 정의도 다양하다. 조직문화는 조직구성원들이 동시에 집단적으로 공유하고 있는 것이고 구성원의 행동과 조직 전체 행동의 기본전제로서 작용하는 조직체 고유의 가치관, 신념, 규범, 관습, 행동양식 등 모두를 포함하는 거시적이고 복합적인 개념으로 볼 수 있다(신복기 · 박경일 · 이명현, 2013: 132; Schein, 1983: 14).

2) 조직문화의 중요성

조직문화는 왜 중요한가? 그것은 조직문화가 조직 속에서 다양한 기능을 수행하기 때문이며 또한 문화가 가지고 있는 상징적 역할에 힘입어 조직구성원들을 변화시키는 변형 능력

(transformative potential)을 갖고 있기 때문이다.

조직문화가 조직의 어떠한 측면에 영향을 미치는지를 구체적으로 살펴보면 다음과 같다(백기복, 1996: 580–582; 신복기 · 박경일 · 이명현, 2013: 133; Moorhead & Griffin, 1992: 633–634).

첫째, 조직문화는 조직 내의 여러 과정에 영향을 미친다. 조직 내에서 과업을 수행하는 과정에는 일반적으로 관행이라는 것이 발생하게 되는데, 조직문화가 이러한 관행에 결정적인 영향을 미치고, 관행에 의해 조직 내의 의사결정이 이루어지기도 한다. 둘째, 조직이 통합을 시도하는 경우에도 조직문화의 중요성이 부각된다. 셋째, 조직문화는 조직의 정책 및 전략 과정에 영향을 미친다. 넷째, 결국 조직문화는 조직의 성과와 관련이 있다.

조직문화는 조직이 처한 환경, 수행하는 주요 과업, 사용하는 주요 기술 등에 의해 적합한 조직문화가 결정되는데 일반적으로 환경이 동태적으로 변화하고, 과업의 구조가 낮으며, 기술이 복잡한 조직에서는 '적응적 중심의 조직문화'가 적합한 반면, 환경이 안정되고, 과업이 표준화되어 있으며, 단순한 기술이 사용되는 조직에서는 '일관성 중심의 조직문화'가 적합하다(신복기 · 박경일 · 이명현, 2013: 133).

또한 조직문화는 목표가 명확하여야 하는데 목표를 효과적으로 달성하기 위한 목표 달성 충족요건은 다음과 같다. 첫째, 목표와 달성 계획이 명백하여야 한다. 둘째, 조직원의 목표 달성 의욕이 강하고 달성 방법의 합의가 이루어져야 한다. 셋째, 조직원 상호 간 신뢰하며 의사소통이 원활해야 한다. 넷째, 목표 달성을 위한 자원 확보와 활용이 용이해야 한다. 다섯째, 부서별 역할 분담의 만족도와 인재 배치에 적재적소원칙이 이루어져야 한다. 여섯째, 조직원의 자긍심 · 사명감 · 책임감이 요구된다. 일곱째, 적절한 지도자와 조직원의 자율적 · 적극적 참여가 요구된다(신복기 · 박경일 · 이명현, 2008: 193; 青井和夫, 1962: 125–126).

이상에서 살펴본 바와 같이 어느 시점에서 특정 조직이 갖고 있는 문화적 특성이 그 조직이 처한 상황에 적합한가를 판단하여 적합성을 높이는 방향으로 조직문화를 변화시키는 것이 가장 중요하다고 할 수 있다.

2. 조직문화의 구성요소 및 유형

1) 파스케일(Pascale)과 피터스(Peters)의 7S 모형

파스케일과 아토스(Pascale & Athos, 1981: 78–84), 그리고 피터스와 워터맨(Peters & Waterman, 1982: 8–13)은 일본 조직과 미국 우수조직의 조직문화 연구에서 제시되었는데, [그림 5–8]과 같이 조직문화를 구성하는 공유가치, 구조, 전략, 관리기술, 행동·관리 스타일, 제도·절차 및 구성원 등의 요소들이 모두 S자로 시작되기 때문에 7S모형으로 명명하고 있다.

그림 5-8 조직문화의 구성요소: 7S

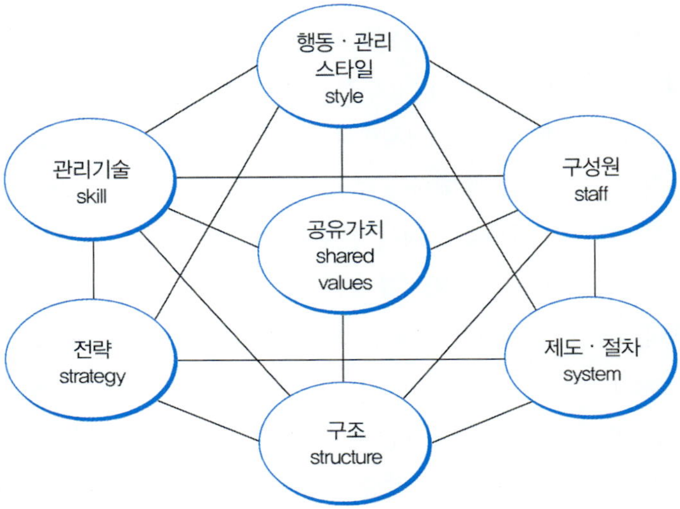

출처: 신복기·박경일·이명현(2013: 135).

이러한 구성 요소는 상호 연결성과 의존성이 높을수록 독특하고 뚜렷한 조직문화를 발현시키는데, 바람직한 조직문화의 개발은 이들 7가지 요소를 상황 적합적으로 개발함으로써 달성된다는 것이다(신복기·박경일·이명현, 2013: 135).

2) 딜(Deal)과 케네디(Kennedy)의 조직문화 모형

딜과 케네디(Deal & Kennedy, 1982)는 조직문화의 구성요소로서 조직체 환경, 기본 가치, 중심인물, 의례와 의식, 문화적 네트워크 등을 주장하고 있다.

① 조직체 환경은 조직문화에 가장 많은 영향을 미치는 외적 요소로서, 기업체 조직의 경우 시장에서 직면하는 상황은 제품, 경쟁회사, 고객, 기술, 정부의 영향력 등에 따라 조직체는 이에 적합한 조직문화를 형성해 나간다.

② 기본가치는 구성원 행동의 기본 전제와 전체 조직체 행동에 직접적인 영향을 주는 조직의 기본적인 사고방식이나 신념으로서 조직문화의 핵심을 이루고 있다.

③ 중심인물은 조직체의 기본 가치를 확립하는 데에는 오랜 기간을 통하여 중심적 역할을 해온 인물들로서, 이들은 주로 그 기업체의 창업자나 전문 경영자 등이다.

④ 의례와 의식은 조직 내의 일상생활에서 체계적으로 또는 행사로서 행해지는 관례이다. 즉 업무를 수행하는 데 있어서 모든 구성원들이 규칙적으로 지켜나가는 관습 또는 행동을 의미한다.

⑤ 문화적 네트워크는 중심인물의 친근자 또는 그들을 추종하는 조직구성원들로 구성되며, 비공식적이지만 조직 내에서 중요한 의사소통 수단으로서 조직의 가치와 중심인물, 신화의 전달매체로서의 역할을 수행한다. 이러한 문화적 네트워크를 효과적으로 잘 이용할 때 조직문화의 형성에 유리하게 작용할 것이다(Deal & Kennedy, 1982: 13–15; 박연호·오세덕, 1996: 142–143 재인용).

3) 해리슨(Harrison)의 조직문화 유형

해리슨(Harrison, 1987: 5–20)은 많은 기업체의 조사를 통하여 조직구성원의 실질적인 작업관련 가치관을 연구한 결과 조직의 문화 특성이 그 조직의 이념적 지향에 달려 있다고 보고, 다음과 같이 서로 상이한 이념형으로 구분하였다(신복기·박경일·이명현, 2013: 137–138).

① 역할문화(role culture)는 조직 내 각자 직위에 있는 사람들이 수행하도록 기대에 대한 조화를 강조하며, 주요 가치관은 합리성을 중요시한다.

② 성취문화(achievement culture)는 규칙에 적합화하기보다는 직무 자체에 관심을 갖고 직무수행에 초점을 둔다.

③ 권력문화(power culture)는 전통적인 가족 공동소유의 기업형태로서 가부장적 지위의 리더에 의하여 구성원이 지배·감독된다. 리더의 권한에 복종하고 추종하는 관습에 따라 조직의 활동은 상대적으로 제한되어 있으나 안정된 사회적 질서가 존재하는 데 리더십은 권한, 정당성, 가부장적 덕목에 바탕을 두고 있다.

④ 지원문화(support culture)는 구성원에게 상호 협조, 귀속의식, 연관성 등 대인관계의 원활화를 통하여 만족도를 높인다. 구성원이 조직에 개인적 이해관계를 맺도록 하여 진실한 구성원으로서의 소속감과 조직몰입(organization commitment)을 갖도록 한다.

4) 핸디(Handy)의 조직문화 유형

핸디(Handy)는 조직문화란 정확하게 정의를 내릴 수 있는 것이 아니라 다만 인식할 수 있는 것이기 때문에 그 어떤 형태이든 그 자체가 좋고 나쁜 것이 아니라 그 환경에 합당한지 아닌지가 중요한 문제라고 주장하고 있다.

| 표 5-13 | 해리슨과 핸디의 문화유형 비교

해리슨의 문화유형	권력문화	역할문화	성취문화	지원문화
핸디의 문화유형	클럽문화	역할문화	과업문화	실존문화
문화유형의 특성	친화와 신뢰를 바탕으로 감정 이입을 통한 의사소통 개인 차이 인정, 비합리적, 자비로운 권력, 신속성	질서와 규칙, 개인특성 무시, 합리적·논리적, 안정성, 예측성, 표준화, 구조화	문제해결 지향 권한 분산, 전문성, 창의성, 다양성	조직에 우선하는 인간의 중요성, 합의에 의한 의사결정, 리더의 존재 불인정
각 문화유형의 예시적 산업 및 기업형태	소기업 투자은행 중개업 정치집단 초창기 기업	관료조직 보험회사 상업은행	컨설팅 회사 기술 집약 산업	전문직(의사, 변호사) 대학연구개발부서

출처: 신복기·박경일·이명현(2013: 139).

핸디는 해리슨(Harrison)의 조직문화 유형을 〈표 5-13〉과 같이 더욱 구체화하였다(Handy, 1978: 25-41). ① 클럽문화(club culture-zeus), ② 역할문화(role culture-apollo), ③ 과업문화(task culture-athena), ④ 실존문화(existential culture-dionysus) 등인데, 이는 해리슨(1987: 5-20)의 조직문화 유형 분류와 비슷하다고 할 수 있다(신복기·박경일·이명현, 2013: 178).

제 3 부

사회복지행정의 관리 분야

제6장 사회복지 인적자원관리

제7장 사회복지 재정관리

제8장 사회복지 정보관리

제9장 사회복지 품질관리

제 6 장

사회복지 인적자원관리

1절 인적자원관리와 사회복지 인사관리

2절 인적자원관리와 조직성과

3절 인적자원개발과 역량강화

1절 인적자원관리와 사회복지 인사관리

1. 인적자원관리의 개념과 목적

1) 인적자원관리의 개념

인적자원관리(Human Resource Management)는 조직의 성장과 유지라는 양대 목적을 달성하기 위하여 필요한 자원 중 인적자원(HR)에 대한 관리(Management)라는 의미가 있다. 즉 '인적자원'과 '관리'라는 두 용어의 합성어로서 인적자원은 사회·경제적 가치를 생산·분배하는 투입요소를 뜻하고 관리는 하나의 제도(institution)나 방식(rule)으로 볼 수 있다. 그러므로 인적자원관리의 의미는 조직에 필요한 인적자원(인력)의 수요와 공급을 계획하는 인적자원계획(Human Resource Planning)에서부터 일단 충원된 인적자원이 조직 내에서 업무수행을 개선할 수 있도록 지식, 기술, 역량을 증진시키는 인적자원개발(Human Resource Development), 그리고 배치, 이동, 평가관리 등의 인적자원활용(Human Resource Utilization)에 이르기까지의 다양한 측면의 활동이라고 정의할 수 있다.

이렇게 볼 때 공공조직이나 민간조직에서의 인적자원관리는 종래의 '인사관리'나 '인사행정'의 개념에 비하여 확대된 개념이다. 왜냐하면 인적자원관리는 조직의 목적 달성을 위한 자원 활용 차원에서 인적자원을 대상으로 획득·개발·평가에 관한 전반적 활동이기 때문이다.

2) 인적자원관리의 목적과 기능

인적자원관리의 목적은 크게 조직의 성장과 유지라는 기본 목적으로 정리할 수 있지만 이를 경제적 가치생산을 목적으로 하는 일반 조직과 사회적 가치생산을 목적으로 하는 사회서비스 조직으로 구분하여 제시하면 다음과 같다.

첫째, 경제적 가치생산을 목적으로 하는 일반조직에서 이루어지는 인적자원관리의 목적은 조직의 생산성 향상이 주된 목적이 되며 조직 내의 직무수행의 질을 향상시키고 개선하기 위하여 인적자원을 대상으로 한 채용, 훈련, 평가, 통제 기능에 있다.

둘째, 사회적 가치생산에 목적을 둔 사회복지행정조직 등에서는 생산성 향상보다는 사회적 취약계층(clients)에게 주어지는 복지서비스를 향상시키고 개선하는 데 필요한 인적자원을 대상으로 채용, 교육, 평가, 통제하는 기능이 주된 목적이 된다.

셋째, 경제적 가치생산과 사회적 가치생산 혹은 분배가치실현을 복합적으로 가지고 있는 조직에서는 양대 가치실현의 목적의 비중이나 상황 변화에 따라 인적자원을 관리하는 활동의 측면이 다른 기능을 할 수도 있다.

2. 인적자원관리의 주요 단계(과정)

1) 채용 계획

조직에서는 전략적 인적자원관리를 위한 첫 단계로 충원하고자 하는 직원에 대한 직위나 직무를 분석한 것을 근거로 충원 계획을 수립하게 된다. 그리고 모집 절차에 따라 능력 있고 대인관계가 원만한 직원(staff)을 선발하는 전반적 채용 단계를 거치게 되는 것이다.

우선 모집 절차는 신설된 조직이나 기존의 조직의 공석인 직위와 직무에 맞는 직원을 신문·인쇄물, 영상·인터넷상의 광고나 공고를 하는 방법이 대표적이며, 조직 내의 구성원들을 통한 대인접촉 방법과 관련기관(취업안내기관)에 알리는 방법이 보완적으로 사용될 수 있다. 따라서 조직에서는 채용과 모집단계 이전에는 해당 직무를 수행하게 될 직원에게 요구되는 직위와 직무분석을 선행하는 것이 요구된다.

선발방법으로는 주로 서류전형과 시험의 방법을 사용하게 된다. 자격이 되는 사람을 서류전형으로 1차 선발한 후, 2차는 필기시험이나 실기시험 혹은 구술면접 시험 등을 거쳐 채용이 이루어진다. 경우에 따라서는 적성검사나 신체검사를 요구하는 조직도 있다.

2) 자원개발 및 교육

채용과정을 거쳐 직원이 임용되면 해당 조직에서 필요로 하는 기본 소양교육을 시작으로 직무교육을 실시하는 단계로 접어든다. 직원교육과 훈련은 기본적으로 개별 직원들이 그들의 직위와 직무에 적합한 능력을 개발할 수 있도록 하는 인적자원개발의 목적에서 이루어진다. 따라서 직원의 직위와 직무에 따라서 다르게 교육훈련이 편성되는 경우가 많다. 즉 신입직원에게는 조직의 기본정책과 규정을 비롯한 근무조건과 복리후생 등을 소개하는 오리엔테이션이 부여되고 기존 직원은 일반직원 훈련, 중간관리자 훈련, 관리자 훈련 등의 유형이 있다. 그러나 소규모 조직이 많은 사회복지조직의 경우에는 기존 직원 교육이 유형별로 구별이 되지 않고 상급자가 하급자를 대상으로 평상시 업무수행과정에서 슈퍼비전이 이루어지는 사례도 있다.

3) 자원활용 및 갈등관리

자원활용과 갈등관리 단계는 일반적인 인적자원의 관리과정이 모집(attraction)과 채용(selection) 단계에 해당하는 신입직원개발과 일단 채용된 이후의 유지(retention)와 개발(development) 단계를 거친 기존 직원을 대상으로 한 이용(utilization) 과정에 해당된다. 즉 조직이 기대하는 효율성이 극대화될 수 있도록 자원을 평가(appraisal)하고 고충처리를 통해 적응토록 갈등관리를 하게 된다. 따라서 이 단계에서는 조직의 조치가 이루어지게 되는 단계이기도 하다.

3. 사회복지 인사관리

1) 사회복지 인사관리의 개념과 목표

(1) 사회복지 인사관리의 개념

인사관리(personal administration)는 인력관리 또는 인사행정이라고 불리기도 하며, 조직이나 기관의 운영목적을 달성하기 위하여 인적자원의 효율적 관리와 관련된 활동으로 개념화할 수 있다. 즉 작업조직 내에서의 개인(사람)들을 관리하는 활동이므로 관리의 대상이 물적자원이 아니라 인적자원이 되며 주로 인사 부서나 인력관리 부서에 할당된 신규 인력의 모집, 배치, 교육, 리더십, 이동 및 승진, 해고나 퇴직에 이르는 인사관리의 전 기능을 의미한다. 그러므로 일반 기업조직에서는 직원의 복무와 근무규율, 복리후생, 보수 등과 관련된 노사 간 관계, 즉 노사관계를 중심으로 한 노무관리도 인사관리 영역에 포함되는 경우가 많다. 그러나 인적자원(HR)관리의 개념에 비하면 협의의 영역으로 볼 수 있다.

이러한 맥락에서 사회복지조직의 인사관리는 사회복지조직이 추구하고자 하는 고유의 운영목적을 달성하기 위해 사회복지업무를 수행하게 될 사회복지서비스 관련 전문직들을 신규로 모집하고 배치하는 활동에서부터, 기존 직원을 대상으로 동기부여나 보상을 통해 조직성과를 향상시킬 수 있도록 하는 관리활동으로 개념화할 수 있다. 다시 말하면 일반 기업조직이 경제적 생산성 향상을 목적으로 조직구성원들을 최대한 효율적으로 관리하고자 한다면 사회복지조직은 클라이언트에 대한 사회심리적인 서비스 향상을 목적으로 사회복지전문직들을 대상으로 인력을 충원하고 양성하며 활용하는 인사관리에 역점을 두게 되는 것이다.

(2) 사회복지 인사관리의 목표

인적자원관리의 주요 목적이 조직의 성장과 유지에 있다고 본다면 세부적인 인사관리의 목표는 생산성목표와 유지목표, 그리고 근로생활의 질 유지목표로 세분화할 수 있다. 우선 생산성목표(productivity target)는 조직의 과업목표(task target)가 되는 것이므로 조직은 부여된 과업을 달성하는 것에 초점을 둔다. 유지목표(maintenance target)는 조직에 부여된 과업보다는 조직구성원의 인간적 측면에 초점을 둔 조직 자체의 유지를 중요시한다. 그리고 근로생활의 질(quality of working life) 유지목표는 조직원들에게 공정한 보상과 작업환경의 개선을 통하여 생산성과 인간성의 조화를 가져 올 수 있도록 하는 데 초점을 둔다.

이처럼 사회복지조직에서도 클라이언트들을 위한 서비스 향상이라는 조직의 과업목표와 사회복지관련 전문직이 그들의 전문성과 윤리성에 초점을 둔 원만한 고용관계를 유지할 수 있도록 관리하는 것이 조직성과에 관건이 된다고 볼 수 있다.

2) 사회복지 인사관리 과정

사회복지 인사관리는 사회복지사를 비롯한 관련 전문직들이 자신의 전문성과 윤리성을 바탕으로 조직의 과업을 충실하게 수행할 수 있도록 해야 한다. 즉 사회복지사의 직무가치는 클라이언트의 욕구와 조직의 과업 달성에 만족을 추구하는 특성이 있으므로 사회복지 인사관리에서도 이러한 차원에서 개별 관리 과정이 구성되어야 한다. 인사관리 과정은 크게 보면 인적자원관리의 주요 과정에 포함되는 과정이지만 여기에서는 스키드모어(Skidmore, 1995)가 제시한 7가지 인사관리 과정에 따라 살펴보고자 한다.

(1) 모집 및 충원

모집의 목적은 전문성이 있고 클라이언트와 기존 직원들과의 대인관계성을 갖춘 유능한 직원을 충원하는 데 있다. 그러므로 직원을 모집하는 공고를 내기 전에는 선발하고자 하는 직위에 대한 직무분석(job analysis)을 하고, 직무의 종류 및 내용 등을 중심으로 직무명세서(job description)를 작성하는 것이 우선되어야 한다.

(2) 선 발

직원 선발에서는 조직의 요구와 채용될 직원의 요구가 고려되어야 하는데, 이와 관련하여 스키드모어(Skidmore, 1995)는 사회복지사가 갖추어야 할 3가지 요소를 ① 능력(competence), ② 돌봄(caring), ③ 사명감(commitment)의 이른바 3C를 들고 있다. 그러므로 선발과정에서는 이러한 직무에 대한 조직의 요구와 기대를 세심하게 파악하고 지원자의 교육 정도나 현장 경험에 대한 문서자료를 사전에 제출케 하여 이를 바탕으로 구술시험을 거치게 된다. 그리고 일부 사회복지기관에서는 전공이나 어학능력을 파악하기 위하여 공인성적이나 필기시험을 병행하는 사례도 있다. 이러한 선발과정을 거쳐 적임자가 선택될 경우 당사자에게는 합격통지서를 보내고 불합격자에게도 일정한 통지 절차를 거치는 것이 보편적이다.

(3) 임용(지명)

선발된 새로운 직원을 지명하고 임용하는 과정에서는 기관의 목적과 그에 해당하는 부서의 서비스에 대한 목표를 재해석하여 알려주는 것이 필요하다. 아울러 그에 따른 책임과 기회에 걸맞는 보수(임금), 근무조건, 근무시간, 휴가, 복무규정 등에 대해서도 충분히 알 수 있도록 하고 문서로 계약하는 과정이 요구된다.

(4) 신입직원 훈련(오리엔테이션)

신입직원에 대해서는 개별적 혹은 집단적으로 임용과정에서 개괄적으로 제시된 조직(기관)의 목표, 부서의 서비스, 업무, 보수 및 근로조건 등에 대하여 소개하는 과정이 필요하다. 슈미트, 리거, 크리만도, 보르디에리(Schmidt, Rigger, Crimando & Bordieri, 1992)는 신입직원에게 필요한 소개로 ① 조직에 대한 소개, ② 부서나 프로그램에 대한 소개, ③ 업무에 대한 소개의 3개 분야로 제시하였다.

(5) 평 가

직원에 대한 평가는 직무수행평가를 통하여 승진이나 임금의 기초자료 활용 및 직무보수교육이나 업무개선의 필요성을 획득하고자 하는 과정이다. 그러므로 평가의 내용에는 직무수행과 관련된 일반적이고 구체적인 사항은 물론 조직 내외의 대인관계에 관한 다면평가(다원평가)도 이루어지기도 한다. 즉 직속상사 한 사람이 평가하는 것이 아니라 동료평가, 부하평가, 고객평가, 자기평가 등의 결과를 합산하는 방식을 채택하기도 한다.

(6) 승 진

승진은 직원이 직무수행한 결과를 평가하고 그에 상응하여 임금이나 직위를 상승시키는 과정이므로 공정하고 구체적인 잣대로 적용되어야 한다. 승진의 고려 요소로는 근무연한, 업무수행능력이 중요하며 그 밖에 학력, 시험성적, 교육훈련 및 상벌사항이 활용된다.

(7) 해임(퇴임)

해임에는 정년퇴임(예: 사회복지시설 시설장 64세, 사회복지시설 직원 60세)의 경우와 본인이 원하는 의원면직, 강제해고 등의 형태가 있으며, 해임은 기관이나 개인에게도 민감한 사안이므로 공정한 절차가 요구된다. 하지만 사회복지시설을 운영하는 주체인 사회복지법인의 대표이사 등이 바뀌는 과정에서 사회복지시설장이 해임되는 사례가 있어서 논란이 되기도 한다.

3) 사회복지 인사관리 대상

사회복지조직이나 기관에서 업무에 종사하는 직종으로는 사회복지사가 주축이 되며, 사회복지관련 전문직으로는 물리치료사, 작업치료사, 보육교사, 의사, 간호사(간호조무사), 심리상담사, 요양보호사 등이 있고 그 외 사무직원이나 운전원, 취사원, 위생원, 경비원 등이 있다.

(1) 사회복지사

사회복지사(Social Worker, 社會福祉士)는 「사회복지사업법」상에서 규정한 사회복지사업 전문직으로 대학 이상에서 일정한 사회복지학 교과목을 이수한 자에게 사회복지사 2급 자격이 주어지며, 사회복지사 1급 시험은 2003년부터 국가자격시험으로 매년 1회에 걸쳐 선발이 되고 있다. 우선 2급 자격취득에 필요한 교과목을 보면 사회복지개론, 인간행동과 사회환경, 사회복지조사론, 사회복지정책론, 사회복지법제, 사회복지행정론, 사회복지실천론, 사회복지실천기술론, 지역사회복지론, 사회복지현장실습 등의 10개 필수과목과 아동복지론, 청소년복지론, 노인복지론, 장애인복지론, 여성복지론, 가족복지론, 산업복지론, 의료사회사업론, 정신보건사회복지론, 정신건강론, 학교사회사업론, 교정복지론, 사회보장론, 사회문제론, 자원봉사론, 사회복지지도감독론, 사회복지자료분석론, 프로그램개발과 평가, 사회복지발달사, 사회복지윤리와 철학 중 4개 과목 이상의 총 14개 과목 42학점이다. 그리고 사회복지사 1급 국가시험의 구성은 인간행동과 사회환경, 사회복지조사론, 사회복지정책론, 사회복지법제, 사회복지행정론, 사회복지실천론, 사회복지실천기술론, 지역사회복지론 등의 8개 과목에 대하여 각 25문항씩 총 200문항을 5지선다형으로 이루어진다.

한편 미국과 영국, 그리고 일본의 사회복지사 자격제도를 보면 다음과 같다. 첫째, 미국의 사회복지사 자격제도는 주마다 다소 다르지만 자격증 취득을 위한 시험방식은 1979년에 설립된 전미 주정부사회사업위원회연합회(AASSWB: American Association of State Social Work Boards)가 4가지 자격유형으로 시험문제를 출제하고 시험절차를 관리한다. 4가지의 시험유형은 응시자의 교육경력 및 실무경력에 따라 학부수준의 초급사회복지사, 대학원 수준의 중급사회복지사, 고급사회복지사, 임상사회복지사로 분류되며, 그 중에서 NASW에 의해 전문성을 인정받는 자격으로 공인사회복지사(Academy of Certified Social Worker)는 중급과 고급이 해당된다. 따라서 우리나라의 경우처럼 평생교육기관을 통한 학점이수나 4년제 전공학부졸업자가 1급 시험을 거쳐 최고수준의 자격을 취득할 수 있는 제도에 비하면 전문성 인정기준에서 상당한 차이가 난다. 특히 고급은 대학원에서 사회사업 석사 또는 박사 학위를 가지고 2년간의 전일제 실무경력자나 3,000시간의 실무 경험 후 3명의 전문가로부터 추천을 받은 자가 공인사회복지사 시험을 통과해야 한다. 단, 고급사회복지사가 아닌 중급사회복지사는 전공학부를 졸업하고 시험을 거쳐 취득하는 초급사회복지사의 경우는 일정한 경력을 쌓은 후에 시험을 거쳐 취득할 수 있고, 전공 석사학위 취득자는 경력이 없어도 바로 시험을 거쳐 자격을 얻을 수 있다. 그리고 최고자격인 임상사회복지사(Clinical Social Worker)는 대학원 졸업 후 일정한 임상경력을 쌓은 후 시험을 치를 수 있는데, 전문성 수준에 따라 면허임상사회복지사(QCSW: Qualified Clinical Social Workers)와 최고수준의 전문임상사회복지사(DCSW: Diplomate in Clinical Social Workers)로 구분이 된다.

영국을 비롯한 뉴질랜드 등의 일부 영연방국가에서는 사회복지시설에 종사하는 일반사회복지사, 병원이나 교도소에 근무하는 정신보건사회복지사(Forensic Social Worker), 프리랜스로 활동하는 상담사·치료사 등이 있으며 미국에 비하여 비교적 느슨한 제도를 운영하고 있는 편이다. 즉 우리나라와 유사하게 2~4년제 대학과정이나 전문교육기관에서 일정 학점을 취득하고 실습(훈련)을 거쳐 취득할 수 있는 사회복지사 자격증(DipSW: Diploma in Social Work)과 더 많은 교육과정과 실무경험을 쌓은 후 취득할 수 있는 사회복지사 전문자격증(PQSW: The Post Qualifying Award in Social Work)으로 구분이 된다. 그리고 일본에서는 우리나라와 유사한 자격제도를 가지고 있으나 사회복지사와는 별도로 간호조무 역할과 요양서비스 역할의 노인요양서비스 전문직인 개호복지사(介護福祉士) 제도를 시험제도로 운영하고 있다.

(2) 물리치료사 / 작업치료사

물리치료사(physical therapist)는 노인과 장애인 혹은 환자를 대상으로 통증의 완화, 근육의 수축 및 이완, 혈액의 순환, 비정상적 자세 및 운동 형태를 개선시킬 목적으로 열, 전기, 광선, 물, 운동의 법칙과 같은 물리적 에너지 현상뿐만 아니라 도수적 방법(manipulation), 즉 맨손으로 하는 도수치료(Manual Therapy, 徒手治療)로 처우하는 의료기사이다. 그리고 작업치료사는 신체적 · 정신적 · 사회적 장애를 입은 사람의 손상된 상태를 교정시켜 기능을 회복하고 상태의 악화를 방지하며 목적 있는 활동을 통해 제한된 능력 및 기능을 향상시켜 주위환경과 사회생활에 잘 적응하여 최대한 독립적으로 살아갈 수 있도록 도와주는 재활치료 의료기사이다. 이외의 의료기사로는 임상병리사, 방사선사, 치위생사, 치기공사, 응급구조사, 안경사 등이 있으나 사회복지기관이나 시설에 배치되는 전문직과는 상관성이 적다.

(3) 보육교사

보육교사는 「영유아보육법」에 근거한 전문직으로 주로 보육시설에서 근무하며, 영유아의 보육, 건강관리 및 보호자와의 상담 그 밖에 보육시설의 관리운영 등의 업무를 담당하는 전문가이다. 보육교사의 역할은 영유아의 성장 · 발달의 자연스러운 과정에 있어 보호와 교육적 측면의 전문가로서 신체적 · 사회적 · 정서적 · 지적 발달을 균형 있게 격려할 수 있도록 교육방법을 연구하고 적용하며, 교실환경을 구성하고 영유아를 교육하는 전문성 수행에 있다.

(4) 의 사

「의료법」에서는 의사, 치과의사, 한의사, 조산사, 간호사에 한하여 의료인이라 정하고 있다. 사회복지시설의 의사는 정규직으로 근무하는 경우도 있으나 간호사와는 달리 대부분 촉탁의로 근무하고 있는 경우가 많다. 사회복지시설에서는 직원배치기준에서 의사인력은 촉탁으로 배치할 수 있도록 허용하고 있는 실정이다.

(5) 간호사 / 간호조무사

간호사는 의사의 진료를 돕거나 개인, 가족, 지역사회를 대상으로 전인적으로 이해하고 과학적인 방법인 '간호과정'을 적용하여 간호(질병을 예방하고 건강을 유지 · 증진 · 회복하도록 돕는 일)하는 역할을 한다. 사회복지시설에서 종사하는 간호사는 일반 병원이나 보건소 조직에서 근무하는 경우와는 다른 역할이 요구된다. 생활시설에서는 생활인들의 주기적인 건강검진 및 건강상담, 정기적인 예방접종, 균형 있는 식이섭취, 바람직한 건강습관 지도 및 식습관 형성, 안전한 위생 및 환경관리 및 제공, 사고예방 및 응급처치, 환자 간호제공, 일상생활 돌보기 등의 업무를 수행한다. 사회복지시설의 직원배치기준에서는 개별시설기준에 따라 간호조무사[5]를 배치할 수 있는 경우도 있다.

5) 간호조무사는 「의료법」상의 간호보조인력이다.

(6) 심리상담사 / 직업상담사

심리상담사는 인간의 심리적 건강 및 효과적인 적응을 다루어 궁극적으로는 심신의 건강 증진을 돕는 사람으로서, 심리적 장애가 있는 사람에게 심리평가와 심리검사, 개인 및 집단 심리상담, 심리재활프로그램의 개발과 실시, 심리학적 교육, 심리학적 지식을 응용해 자문을 하는 전문직이다. 심리치료사라고도 하는 임상심리사는 주로 심리상담에서 인지, 정서, 행동적인 심리상담을 하지만 정신과의사들이 행하는 약물치료는 하지 않는다. 사회복지사업의 상담현장에는 「청소년기본법」상의 국가자격인 청소년상담사, 「국가기술자격법」상의 임상심리사, 직업상담사, 보건복지부 공인자격인 정신보건전문요원(정신보건사회복지사, 정신보건임상심리사, 정신보건간호사)이 그 전문성을 인정받고 있으며, 그 외에도 아동상담사, 노인상담사, 놀이치료사, 미술치료사, 음악치료사, 독서치료사, 진로직업상담사, 교육복지상담사 등의 민간자격을 가진 전문직이 배치되고 있다.

(7) 요양보호사

요양보호사는 「노인복지법」에 의한 국가자격 전문직으로 2008년 7월부터 시행된 노인장기요양보험제도에 따라 노인의료복지시설과 재가노인복지시설에서 요양대상 요인들을 처우하는 기능을 수행한다. 요양보호사의 역할은 일상생활동작(ADL) 지원 영역인 식사 및 목욕서비스, 대·소변처리, 옷 갈아입기, 이동, 욕창 예방, 간단한 재활훈련(산책, 병원동행, 보행훈련), 심리적 지원 및 기타 일상생활 관련 동작의 지원과 수단적 일상생활동작(IADL) 지원 영역인 세탁, 물건사기, 식사준비 및 조리 지원, 은행일 등 업무지원, 기타 우애서비스 등이 있다.

2절 인적자원관리와 조직성과

1. 직무수행평가

1) 직무수행평가의 개념과 원칙

직무수행평가란 계획된 직무를 어느 정도 수행해내었는가를 정기적이고 공식적으로 평가하는 것으로 영어로는 Performance Appraisal, Performance Evaluation, Performance Rating 등으로 표기할 수 있으며, 우리나라에서는 인사고과, 근무평가, 업적(실적)평가와 같은 개념으로 사용된다. 따라서 직무수행평가는 직원에 대한 기대치와 업적달성 정도를 비교해서 평가하고 이를 다시 일정한 구성원들에게 피드백시키는 과정이 이루어지게 되며, 개인의 지식과 기능, 능력과 태도, 직무수행과정과 직무성과 등의 복합적인 요인이 평가내용에 포함된다.

한편 직무수행평가의 일반적인 목적은 임금(보수)관리나 인사이동, 교육훈련이나 사기앙양을 위한 것이므로 평가대상자의 참여가 보장되어야 하고 같은 직위의 모든 대상자에게는 일관된 방법과 기준이 적용됨은 물론 업무활동에 대한 피드백이 이루어져야 한다. 아울러 평가대상자가 수행한 업무에 초점이 맞추어져야 하고 평가결과로 인하여 문제를 해결해 나가는 데 원칙을 두어야 한다.

2) 직무능력평가 도구의 유형

(1) 도표평정식(graphic rating scale)

도표평정식은 주로 세로축에는 바람직한 평정요소(예: 지식, 판단력, 지도력, 주도력 등)를 나열하고 다른 한쪽인 가로축에는 이들 요소와 관련된 직무수행의 등급을 나타내는 4점척도 혹은 5점척도를 배치하여 평가자가 각각의 평정요소에 따라 등급을 표시하는 방식이다. 이 방식은 가장 많이 사용되는 방식이지만 평정표의 작성과 평정방식이 쉬운 반면에 직위 간의 직무 차이를 구별하기 어려운 단점이 있다. 그 외에도 평정요소가 구체적이지 않고 일반적 요소로 구성되어 있어서 해당 직무수행을 구체적으로 평가하는 데는 한계가 있는 방식이다.

(2) 개조서열식(alteration ranking)

개조서열식은 도표평정식과 유사한 방식으로 평정표를 작성하고 평가자가 모든 직원들을 대상으로 척도에 따라 서열(등급)을 매긴다. 그러므로 도표평정식이 가지고 있는 단점을 그대로 가지고 있다.

(3) 이분비교식(paired comparison)

이분비교식은 바람직한 평정요소에 대해 직원들을 주어진 직위 내의 다른 직원들과 상대적으로 비교하여 평가하는 방식이다.

(4) 강제배분식(forced distribution)

강제배분식은 직무수행의 등급을 강제적으로 일정 비율로 정해놓고 상대평가 방식으로 하는 방식이다. 이 방식은 도표평정식에서의 문제점인 등급의 집중현상이나 관대화 경향을 배제하기 위한 방식이다.

(5) 중요사건평가식(critical incident)

중요사건평가식은 상급자가 평소 직무수행과정에서 특별히 좋은 사건과 특별히 좋지 않았던 사건을 기록 유지토록 하여 평가에 사용하거나 슈퍼바이징을 하는 데 활용된다.

(6) 행동계류평정식(behaviorally anchored rating scale)

행동계류(행동기준)평정식은 중요한 사건들을 기록해 두었다가 전문가들에게 델파이 기법(Delphi technique)을 사용해서 그 사건과 관련된 행동의 효과성에 대해 등급을 부여하는 방식이다. 그러므로 중요사건평정식 방식이 보다 세련된 방법이기는 하지만 평가비용과 시간이 많이 소요되는 한계를 가진다. 그러나 사회복지조직의 평가에서는 타당성이 높은 방식으로 볼 수 있다.

2. 직무만족과 소진

1) 직무만족

(1) 직무만족의 개념

직무만족(job satisfaction)이란 직원이 직무수행과정에서 얻게 되는 내적이고 외적인 만족감을 의미하며 다분히 주관적인 개념이다. 내적만족으로는 직무의 난이도, 도전감, 중요성, 다양성, 책임 등 직무 자체의 내재적 가치 만족감이고 외적만족으로는 보상, 작업환경, 승진 등 직무 외부의 가치만족감이다.

직무수행에 대한 결과는 평가자가 직무수행의 정도를 생산성, 효율성 효과성, 서비스의 질의 평가기준에 따라 등급화하는 직무평가로 나타나기도 하지만 직원 스스로가 자신의 업무에 대해 만족하는 정도를 나타내는 직무만족으로도 가늠할 수 있다. 직무만족도가 높다는 것은 결국 직무평가의 기준이 되는 생산성, 효율성, 효과성, 서비스의 질에도 영향을 미칠 수 있기 때문에 조직에서는 직무평가뿐만 아니라 직무만족도 평가가 이루어져야 할 부문이다. 직무에 불만족한 직원의 예상되는 행동에는 퇴직, 불평, 불복종, 책임회피, 공금횡령, 기물파괴, 무관심 등이 있으며, 이는 조직성과에 당연히 부정적 영향을 미친다.

(2) 직무만족도의 측정기법

직무만족도의 측정기법에는 크게 점수법, 중요사건법, 면접법, 외현행동법, 행동경향법의 5가지 정도가 있다.

첫째, 점수법은 가장 널리 사용되는 기법으로서 직무의 여러 측면에 대한 측정치를 합산하는데, 여기에는 직무기술지표(JDI: job descriptive index)와 미네소타만족설문지(MSQ: Minnesota satisfaction questionnaire), 조직반응지표(IOR) 등이 있다.[6)]

둘째, 중요사건법은 허즈버그(Herzberg, 1966)가 이용해서 널리 알려진 방법으로 응답자에게 자기직무에서 특히 만족스러웠거나 불만족스러웠던 사건을 설명하게 한 다음, 그 응답 자료를 기초로 직무만족을 분석하는 방법을 말한다.

셋째, 면접법은 개인면접을 통하여 직무만족도를 측정하는 방법으로 응답자의 왜곡 가능성, 면접자에 따른 측정의 차이, 시간적 소요가 많다는 단점이 있다.

넷째, 외현행동법은 직원의 행동(결근, 지각, 성과하락, 이직 등)을 관찰하는 방법이다.

다섯째, 행동경향법은 행동의도를 설명하려는 것으로서 직원에게 자기직무와 관련해서 질문하여 행동경향을 파악하는 방법이다.

한편 이러한 직무만족도의 측정기법은 단일한 직무만족을 측정하는 도구와 여러 측면의 직무만족을 합산하여 측정하는 방법으로도 구분이 가능하다. 첫째, 단일의 전반적 직무만족을 측정하는 도구에는 호포크(Hoppock) 척도, 브레이필드와 로스(Brayfield & Rothe) 척도, 쿠닌(Kunin)의 얼굴표정 척도, 퀸과 스테인즈(Quinn & Staines) 척도 등이 있다. 둘째, 직무만족의 여러 측면 측정치를 합산하는 방법으로는 직무기술지표(JDI), 미네소타만족설문지(MSQ), 조직반응지표(IOR) 등이 있다.

(3) 직무만족의 결정요인

직무만족에 영향을 미치는 요인에 대한 초기 연구는 주로 1960년대에 이루어졌는데, 브룸(Vroom, 1964), 허즈버그(Hezberg, 1966), 스미스, 켄달과 헐린(Smith, Kendall, & Hulin, 1969) 등에 의한 연구가 대표적이다.

브룸은 직무만족의 요소로 감독, 작업집단, 직무내용, 임금, 승진의 기회, 작업시간을 들었다. 이에 비하여 허즈버그는 직무만족과 불만족을 동기요인(motivators factor)과 위생요인(hygiene

---

6) JDI는 직무의 다섯 가지 측면을 설명해 놓은 문항에 대해 '예' 혹은 '아니요'로 답하게 되어 있고, MSQ는 각 항의 설문을 리커트형의 척도에 의해 측정하는 방식이다.

factor)으로 나누었는데, 불만족요인을 위생요인이라고 명칭한 것은 직무불만족을 예방하는 기본적인 기능을 담당하고 있기 때문이다. 즉 허즈버그의 요인은 서로 다른 이원적 욕구구조가 직무에 대한 성취의욕을 고취시키고 발전적 태도를 가지는 데 중요한 요인이 된다고 말할 수 있다. 허즈버그가 말한 직무만족요인(동기요인)은 성취감, 인정, 직무 자체, 책임, 성장과 발전, 자아실현 등이며, 직무불만족요인(위생요인)은 조직의 정책과 관리, 감독, 작업조건, 대인관계, 임금, 지위 등이다. 그리고 직무만족도를 측정할 수 있는 직무기술지표(JDI)를 개발한 스미스와 켄달, 헐린은 직무만족의 결정요인으로 직무 자체, 현재 급여, 승진 기회, 감독(자), 동료직원을 제시하였다.

이 외에도 긴스버그(Ginsberg)는 경제적 보상, 명예, 특별한 활동과 목표 달성에서의 만족, 사회적이고 환경적인 만족을 들고, 로크(Locke)는 직무 자체, 보수, 승진, 인정, 복리후생, 작업환경, 감독, 동료, 경영방침을 직무만족의 결정요인으로 제시하였다.

2) 직무소진

직무소진(job burnout) 혹은 소진은 평소 직무에 헌신적이었던 직원이 경험하는 스트레스와 고통들에 대한 반응으로써 직무에서 멀어져 가는 과정을 의미한다. 소진현상은 주로 대인관계가 많은 직종의 직원에게 나타나는 부정적 스트레스 현상으로 이는 직원 개인은 물론 기관운영 면이나 클라이언트에 대한 서비스의 질에도 영향을 미치게 된다. 즉 사회복지사와 간호사, 교사 등의 직종은 타인(클라이언트)에 대한 감정이입적 이해나 서비스를 제공하는 감정노동적인 직무가 많으므로 조직 차원에서도 소진현상을 관리할 필요가 있다.

(1) 조직 차원의 소진 예방(관리)방안

사회복지관련 전문직은 직무소진에 취약한 직종이라는 점은 조직의 상급자가 인식하는 것이 우선이 되며 그에 따라 자율성과 통제권을 확대할 필요가 있다. 세부적인 관리방안을 정리해 보면 첫째, 직장의 물리적 환경을 사회복지서비스 업무에 맞게 배치하고 상담실 등을 설치하는 방안이 있다. 둘째, 업무적인 양을 줄여주고 서비스 대상자 수나 집단을 축소하는 방안이 있다. 셋째, 업무처리에 필요한 교육과 훈련 및 휴식을 제공하는 방안이 있다. 넷째, 조직이나 업무의 결정과정에 사회복지전문직을 참여시키고 의사소통의 기회를 확대해야 한다. 다섯째, 조직 내의 일반 직종의 직원과의 업무갈등요인을 파악하여 정신적 부담요인을 줄여주어야 한다.

(2) 직무소진의 단계

직무소진의 단계는 주로 4단계(과정)로 구분하는데 첫째는 열성단계(enthusiasm)이다. 이 단계는 사회복지사가 열의와 성의를 가지고 많은 시간과 노력을 하는 초기단계이다. 둘째는 침체단계(stagnation)로 일 자체보다는 보수, 근무시간, 근무환경에 보다 많은 관심을 가지게 되고 개인적 욕구충족에 초점을 두게 된다. 셋째는 좌절단계(frustration)로 자신의 직무수행능력과 직무 자체의 가치에 대한 회의심을 가지게 되는데, 이 단계에서는 클라이언트를 비롯한 대인관계를 기피하고 피로, 두통 등의 증세가 나타나게 된다. 넷째는 무관심(냉담)단계(apathy)로 신체적 · 정신적으로 에너지가 고갈되고 업무나 클라이언트와의 관계가 무의미해져서 직업을 그만두게 된다.

3. 동기부여(보상)

1) 동기부여의 개념

동기부여(motivation)는 직무만족을 결정하는 요인이기도 하지만 직원들에게 근무의욕을 강화하고 사기를 앙양하여 조직과 업무의 성과를 향상시키게 됨은 물론 사회복지조직에서는 클라이언트에 대한 서비스제공에서도 효율성과 효과성을 높일 수 있는 조건이 된다.

동기부여의 어원은 라틴어의 '모베레(movere)'에서 유래한 것으로 알려져 있으며 '움직이게 하다', '행동하게 하다'의 의미를 내포하고 있다. 원칙적으로 동기부여는 조직의 관리자나 지도자가 조직구성원들을 대상으로 내재적이고 외재적인 영향력을 발휘하여 조직의 목표 달성을 목적으로 하는 과정을 의미한다. 우선 내재적 동기부여는 업무담당자가 일(업무, 직무) 자체와의 직접적 관련 속에서 발생하는 성취감, 도전감, 확신감 등의 내재적 보상이며, 외재적 동기부여는 직원이 직무를 수행하는 과정에서 직원 스스로가 조직목표 달성을 위해 노력을 기울이거나 그러한 동기부여된 행동을 촉진하는 조직의 행동인 급여인상, 승진, 감독권 위임 등과 같은 일 그 자체가 아니라 일의 외부 환경으로부터 발생하는 보상이다.

그러면 이러한 동기를 부여할 수 있는 주된 '동인이 무엇인가(무엇이 동기를 유발하는가?)'의 관심과 '어떻게 동기를 유발할 것인가?'에 대한 이론들을 살펴보면 고전이론에서는 주로 경제적 요소(금전)로 보았지만 현대이론에서는 내용이론(content theories)과 과정이론(process theories)으로 구별하여 정리할 수 있다.

2) 동기부여의 내용이론

동기부여의 내용이론은 개인의 행위를 야기하는 인간욕구를 확인하는 데 초점을 둔 이론이다. 즉 '무엇이 동기를 유발하는가?'하는 문제에 대한 연구들이다. 즉 인간의 자아실현적 욕구 및 성장적 측면에서 동기부여를 연구한다는 차원에서 보면 내용이론을 성장이론으로 볼 수 있다.

(1) 매슬로우(Maslow)의 욕구단계설(need hierarchy theory)

매슬로우(Maslow, 1908~1970)는 인간의 욕구가 낮은 단계에서 높은 단계로 올라가는 계층으로 되어 있다고 보고 1943년에 욕구(동기부여) 5단계 이론(motivational hierarchy theory)을 제시하였다. 최하위의 기초욕구단계로서는 음식, 의복, 주거, 성욕, 수면욕구 등의 생리적 욕구(biological and physiological needs)를 배치하였다. 제2단계 욕구는 안전에 대한 욕구(safety needs)로서 육체적 안전과 심리적 안전에 대한 욕구를 배치하고, 제3단계 욕구는 소속감과 애정의 욕구(belongingness and love needs)로서 인간의 상호 관계 유지와 관련된다. 제4단계 욕구는 존경에 대한 욕구(esteem needs)로 자신에 대한 긍지감과 타인으로부터의 존경받기를 원하는 욕구이다. 최상위의 제5단계 욕구는 자아실현의 욕구(need for self-actualization)로 인간의 자기(자아)완성에 대한 갈망을 최대한 실현하려는 욕구를 말한다.

그리고 노년에 접어들면서부터 매슬로우는 욕구 7단계설로 확장하여 제시하게 되는데, 제4단계의 존경의 욕구와 제5단계의 자아실현의 욕구 사이에 2개의 단계를 추가로 배치하였다. 즉 제5단계는 문화나 교육을 통한 지적탐구를 원하는 인지적 욕구(cognitive needs)를, 제6단계는 정서적이고 균형과 형상의 아름다움을 원하는 심미적 혹은 미학적 욕구(aesthetic needs)를 배치한 것이다. 이러한 매슬로우의 욕구단계설은 인본주의적이고 낙관적인 인간관점이기는 하지만 많은 비판을 받기도 하는데, 인간의 개인주의적 관점에 한정되고 있다는 점도 비판이 될 수 있다. 즉 인간의 이타주의적 욕구를 고려한다면 현재 최상위의 자아실현 욕구 다음에는 '타인의 자아실현을 돕고자 하는 인본주의적 욕구(altruistic humanitarian needs)'가 추가로 배치될 수 있을 것으로 본다.

(2) 앨더퍼(Alderfer)의 ERG이론

앨더퍼는 매슬로의 5단계욕구가 조직생활에 적용하기에는 한계가 있다고 비판하면서 인간의 욕구를 생존욕구(Existence needs), 대인관계욕구(Relatedness needs), 성장욕구(Growth needs)의 세 범주로 분류하고 첫 머리글자를 인용하여 ERG이론이라고 칭하였다. 생존욕구는 '존재욕구'로도 해석할 수 있으며, 매슬로우 욕구에서는 생리적 욕구나 안전욕구와 유사한데, 인간이 생존에 필요한 급여, 물질, 일 등에 대한 욕구이다. 관계욕구는 주변 사람들과 관계를 유지하고 싶은 욕구를 말하며, 매슬로우 욕구단계에서는 안전의 욕구, 소속의 욕구, 존경의 욕구와 유사한 측면이 있다. 그리고 성장의 욕구는 창조적·개인적 발전을 향한 인간의 노력과 관련된 욕구를 말하며 매슬로우 욕구에 비교해 보면 존경의 욕구와 자아실현의 욕구와 어느 정도 일치하는 점이 있다. 그러나 앨더퍼는 욕구에는 위계적 단계가 있는 것이 아니라 고순위의 욕구가 좌절되면 저순위의 욕구로도 퇴행할 수 있다고 보는 관점에 있다는 점이 차별적이다.

(3) 맥클레랜드(McClelland)의 성취동기이론

성취동기를 다루는 성취동기이론(achievement motivation theory)은 맥클레랜드(McClelland, 1962)의 이론이 대표적인데, 매슬로우(Abraham Maslow)의 5단계 욕구 이론(1954)과도 밀접한 연관성이 있다. 왜냐하면 맥클레랜드(McClelland, 1953)도 인간의 동기 역시 욕구와 더불어 순차적이라고 가정했기 때문이다. 그는 동기를 부여하는 욕구(동기)를 최하위에 생존의 욕구를 배치한 후 순차적으로 친교욕구 혹은 귀속욕구(Need for Affiliation), 권력욕구(Need for Power), 성취욕구(Need for Achievement)의 단계를 제시하였다. 가장 높은 단계의 성취욕구는 난관이나 장애를 극복하고 자신의 능력을 최대한 발휘하려는 욕구를 말하며, 권력욕구는 조직구성원이나 타인의 행동에 영향력을 행사하거나 통제력을 발휘하려는 욕구이다. 그리고 친교욕구는 '귀속욕구'라고도 하며 자신의 의사결정이나 성취욕구보다는 다른 사람과 친하고 교류를 하고 싶어 하는 욕구를 의미한다.

(4) 허즈버그(Herzberg)의 동기-위생이론(욕구충족요인 이원론)

허즈버그(Herzberg, 1959)는 조직구성원들에게 직무만족을 주는 요인과 불만족을 주는 요인은 상호 독립되어 있다고 보았다. 즉 본능적으로 인간은 불만족스럽거나 불유쾌한 환경을 피하려는 '위생적인 요인'의 욕구와 성정과 자아실현을 도모하려는 욕구인 '동기적인 요인'이 이원적으로 존재한다는 입장을 보였다. 이러한 허즈버그의 욕구충족요인 이원론(동기-위생이론)에 따르면 조직에서 성과를 향상시키려면 경제적인 요소(돈)나 작업환경(근무여건)만의 개선으로는 부족하고 직무 자체의 개선을 통한 동기요인을 충족시키는 것이 중요하다.

(5) 맥그리거(McGregor)의 X · Y이론

맥그리거(McGregor, 1960)는 조직지도자의 리더십유형(관리전략)을 X이론과 Y이론으로 구분하고 전문적인 조직사회에서는 조직관리자들은 X이론보다는 Y이론에 입각한 조직의 활성화에 관리전략을 두어야 한다고 주장하였다. 우선 X이론은 매슬로우의 하위 욕구단계에 초점을 두고 강제나 통제, 명령이나 처벌 방식의 관리전략을 말하고, Y이론은 관리자의 통제보다는 조직구성원의 창의성이나 능동성에 기초하여 조직의 의사소통을 활성화하고 자율성을 강조한 통제나 관리전략을 의미한다.

(6) 리커트(Likert)의 관리체제이론

미국의 조직심리학자 리커트는 행동과학적 연구를 통하여 기존 학자들의 이론을 기초로 조직개혁을 위해서는 X이론보다는 Y이론, 위생요인보다는 동기요인에 관리방법을 채택해야 한다고 주장하였으며, 조직 내의 여러 변수를 기준으로 4가지 관리체제를 제시하였다. 그 중에서 체제 1과 2는 권위형 체제로, 체제 3과 4는 민주형 체제로 규정하였는데, 세부적으로 보면 체제 1은 착취적 권위형, 체제 2는 온정적 권위형, 체제 3은 협의적 민주형, 참여적 민주형이다.

(7) 해크만과 올드햄(Hackman & Oldham)의 직무특성이론

해크만과 올드햄(Hackman & Oldham, 1976)은 인간의 본질을 단순하고 획일화한 종래의 동기이론을 부정하면서 인간은 복잡한 존재이며 상황에 적응하면서 욕구충족을 한다고 보았다. 즉 조직의 직무특성이 조직원의 성장욕구수준(growth need strength)에 부합해야 해당 직무가 그 조직구성원에게 동기유발이 되어 성과를 달성할 수 있다고 보는 직무특성이론을 제시하였다. 여기에서 직무특성이란 직무의 정체성, 직무의 중요성, 기술의 다양성, 자율성과 직무수행성과에 대한 정보환류 등을 의미한다.

3) 동기부여의 과정이론

내용이론이 주로 어떠한 요인(무엇)이 조직구성원들의 동기를 유발하는가에 관심을 둔 연구라면 과정이론은 조직구성원들이 어떠한 방법(어떻게)으로 욕구충족을 시키고 또한 여러 가지 대안 중에서 어떻게 특정 대안을 선택하는가를 설명하려는 이론이다.

(1) 기대이론(expectancy theory)

기대이론은 인간행동의 본능이론을 거부하고 개인을 사고와 이성을 가진 존재이기 때문에 현재나 미래 행위에 대해 의식적인 선택을 한다고 가정한다. 그리고 인간행동에 대한 동기부여 정도는 행위에 따른 결과의 매력 정도(유의미성)와 그 결과로부터 얻어낼 수 있는 가능성(기대)이라는 2가지 요인에 의해 결정된다고 보았다. 그러므로 인간은 자신의 행동형성과정에서 여러 가지 행동 대안이나 전략을 두고 자기가 원하는 결과가 유의미하고 기대할 수 있는 쪽을 선택한다는 이론으로 볼 수 있다.

① 브룸의 기대이론

브룸(Vroom, 1964)은 인간의 동기부여를 자발적인 활동의 대안들 중 선택을 관리하는 과정으로 파악하고 있다. 즉 인간의 행동을 인지이론에 바탕을 두고 행동에 앞서서 행동의 결과에 대해 생각하고 특정한 결과가 이루어질 확률(기대, 가능성)을 고려해서 행동하며, 그 선택은 결과를 초래할 것으로 지각하는 것에 영향을 받는다고 보았다. 브룸의 기대이론은 VIE이론으로도 불리는데 인간행동을 일으키는 동기(M)는 성과에 대한 유의성(V: Valence)과 자신의 행동이 그러한 성과를 가져올 것으로 보는 기대감(E: Expectancy), 그리고 그 성과의 달성 시 바람직한 보상이 주어지리라고 믿는 정도를 말하는 수단성(I: Instrumentality)에 의해 영향을 받는 것으로 설명된다.

② 포터와 롤러의 기대이론

포터와 롤러(Porter & Lawler, 1968)는 브룸의 기대이론을 바탕으로 직무수행 및 직무만족에 관련된 변수를 추가하여 그 과정을 밝히면서 아담스(Adams)의 공평성(공정성) 이론과 연계시켰다. 즉 브룸이 인간행동의 동기부여는 '노력이 있으면 성과를 기대할 수 있고, 그로 인하여 보상을 받게 된다.'는 인과적 설명방식을 취했다면 포터와 롤러는 동기유발의 내용이론과 연결하여 통합이론을 구축하였는데 이는 전통적 가정인 '만족해야 성과를 달성한다.'는 가설이 아니라 '성과를 통하여 만족을 얻게 된다.'는 방식이다.

(2) 공정성이론(equity theory)

아담스(Adams, 1963)의 공정성이론은 형평성이론, 균형이론, 교환이론으로도 불리며, 페스팅거(Festinger)의 인지부조화이론을 동기부여와 관련하여 체계화한 '사회적 비교이론' 중의 하나이다. 공정성이론은 자신이 기울인 노력이나 공헌이 투입된 양보다 그에 따라 산출된 보상의 크기를 타인의 경우와 비교하여 공정하지 못한 차이를 보이면 그 차이를 줄여 공정성을 유지하는 방향으로 동기가 생긴다고 본다.

공정성이론은 또 사람은 행동에서 투입 대 산출의 비율을 가지고 있는데, 이를 준거인물(타인)과 비교하는 속성이 있고 비형평성을 자각하게 되면 형평성을 추구하려는 동기를 유발하게 된다는 입장이다. 왜냐하면 투입된 노력보다 과다산출(보상)의 경우에는 부담감을 느끼게 되고 과소보상의 경우에는 불평불만을 느끼게 되기 때문이다.

따라서 공정성을 결정하는 요인으로는 자신의 투입과 산출, 준거인물 등이고 불공정성을 결정하는 요인(형평성을 추구하는 방법)은 자신의 투입과 산출(결과)의 조정, 준거인물의 조정(비교대상자의 변경), 조직(직장)이동 등이다.

(3) 목표설정이론(goal setting theory)

목표설정이론은 로크(Locke, 1968)와 그의 동료에 의하여 처음으로 명명된 후 1970년대 와서는 동기에 대한 인지과정적 접근방법으로 알려지게 되었고 목표설정이론은 목표관리(MBO), 기획예산제도(PPBS), 경영정보관리(MIS) 등의 경영기법에 적용되어 왔다.

목표설정이론의 기본 입장은 인간행동결정의 인지적 요인에는 가치관과 목표(의도)가 있는데 우선 가치관이 그에 부합하는 일을 하고 싶은 욕망과 감정을 불러일으키게 되고, 이러한 욕망과 감정이 목표를 설정하도록 영향을 미치고 결국 설정된 목표를 성취할 수 있도록 강력한 동기가 생기게 된다는 것이다. 따라서 조직성과를 달성하려면 과업목표를 설정해야 하는데 과업목표가 지녀야 할 특성(속성) 6가지를 미국 오레곤 대학교의 스티어스(Richard M. Steers, 1975)의 견해에 따라 살펴보면 다음과 같다.

첫째, 구체적인 목표가 행동방향을 명확하게 제시하게 된다. 둘째, 다소 어려운 목표가 쉬운 목표보다 동기유발이나 집중성을 자극하게 된다. 셋째, 조직구성원들이 목표설정과정에 참여해야 성과가 좋다. 넷째, 구성원들의 노력에 대한 피드백이 주어지는 목표라야 한다. 다섯째, 목표 달성에 동료 간의 경쟁이 성과를 높일 수 있다. 여섯째, 구성원들이 자발적으로 수용한 목표가 동기유발에 유리하다.

3절 인적자원개발과 역량강화

1. 인적자원개발의 개념과 구성요소

1) 인적자원개발의 개념

인적자원개발의 개념 정의에 앞서 '개발'의 의미를 살펴보면 '개발'은 "보다 효용 있고 쓸모 있으며 가치 있게 하는 것"이다. 즉 '인적자원개발'이란 사람을 보다 더 가치 있고 쓸모 있게 만드는 활동이라고 개념화할 수 있다. 또한 지식, 기술, 역량을 증진시키고 행동을 개선하기 위한 자기주도적이거나 조직적인 활동을 의미한다. 간단히 말해서, HRD는 조직의 효과성을 높이는 학습, 수행, 변화, 활동을 일컫는다(Gilley & Maycunich, 2000).

2) 인적자원개발 구성요소

인간자원을 개발한다는 말은 조직 내에서 업무 수행을 개선하기 위한 목적으로 지식, 기술, 역량을 증진시키는 것을 의미한다. 이것은 개인개발(individual development)뿐만 아니라 조직 내에서 직업적으로 성장하도록 돕는 경력개발(career development)도 포함한다. 또한 조직에서 사람을 개발하는 것은 조직의 효율성, 효과성, 수익성을 늘리는 수행관리(performance management)와도 직결된다. 그리고 조직의 사명, 전략, 구조, 정책과 절차, 업무환경, 경영관행, 리더십의 변화를 목적으로 하는 다양한 조치들을 통해서 조직 문화를 지속적으로 강화하는 조직개발(organization development)이 포함된다. 이들이 인적자원개발(HRD)의 네 가지 구성요소이다.

2. 직원능력개발의 유형과 방법

인적자원개발의 차원에서 직원능력개발이 필요하게 되는 이유는 조직이 처한 환경 변화 속에서 새로운 지식과 태도의 함양이 요구됨에 따라 직원들의 직무수행에 필요한 지식과 기술을 개발하는 훈련과 교육이 효과적인 서비스 제공에 영향을 미치기 때문이다.

1) 직원능력개발의 유형

(1) 신입직원 오리엔테이션

신규로 채용된 직원에게 조직이나 기관의 정책이나 규정, 업무 형태, 근무 여건 등을 소개하는 정도의 훈련과정이다.

(2) 기존 직원 훈련

기존에 재직하고 있는 직원들을 대상으로 새로운 업무환경에 필요한 지식과 기술, 태도를 습득케 하는 장·단기과정의 훈련을 말한다.

(3) 중간관리자(감독자) 및 관리자 훈련

일선 업무담당자를 감독하는 슈퍼바이저 계층(과장, 계장 등)을 대상으로 한 리더십 훈련이나 인사관리업무를 교육하는 중간관리자 교육과 중·고급계층의 관리자들을 대상으로 한 정책수립 교육이나 리더십 훈련이 있다.

2) 직원능력개발의 방법

(1) 강 의

강의는 일정한 공간에 조직원들을 모이게 하여 상급자나 전문 외부 강사를 동원하여 전문지식과 기술 및 태도를 전달 학습케 하는 방법을 말한다.

(2) 회의 및 토의

일정한 주제를 대상으로 의사전달방식으로 이루어지는 방식이지만 토의는 주로 핵심주제에 대해 소수의 사람들이 발표를 한 다음 참석자들이 토론(논쟁)하는 다양한 형태가 있다.

첫째, 심포지엄(Symposium)은 그리스어의 심포시아(symposia: 함께 술을 마시는 것), 심포시온(symposion: 饗宴·饗應)[7]에서 온 말로 오늘날에는 향연이라는 의미 외에도 화기애애한 분위기에서 진행되는 학술적인 토론회나 그 밖에 신문·잡지 등에서 특정한 테마를 놓고 2명 또는 그 이상의 사람들이 각자의 견해를 발표하는 지상토론회의 뜻으로 널리 통용된다.

둘째, 포럼(Forum)은 로마시대 도시광장에서 자유연설·토론했던 것에서 유래되어 2명 이상의 토론자들의 발언과 함께 질문이 이어지는 심포지엄(Symposium)방식과 유사하지만 토론자 간이나 청중과 토론자 사이에 의견 충돌과 합의가 이루어지는 방식으로 이루어진다.

셋째, 세미나(Seminar)는 독일 대학의 교육방법 중 하나로 교육자가 일방적으로 주입시키지 않고 피교육자를 토론이라는 형식으로 참여시키는 방법이다.

넷째, 분임토의(Syndicate)는 10명 내외의 소집단으로 나누고 집단별 동일 문제를 부여하여 해결방안을 작성케 하고 전체 집단에서 발표 후 토론을 거치는 방식이다.

다섯째, 패널토의(Panel discussion)는 참가자 대표 또는 강사를 3~5명 정도 선정하여 사회자의 진행에 따라 특정 문제를 중심으로 좌담회 형식으로 토론을 한 후 청중의 질문이나 의견을 교환하는 방식이지만 전문가 토론을 하고 연수자는 듣는 방식이 많다.

7) 심포지엄의 정신적인 전형은 플라톤의 초기 저작에 속하는 『향연(*Symposion*)』에서 찾을 수 있다. 플라톤의 향연에서는 처음에 '사랑'은 '아름다움'에 대해 육체미를 초월한 정신미(精神美)로 향하는 마음이지만, 이윽고 이론미(理論美: 眞)로 향하게 되고, 마침내 행동미(行動美: 善)를 지향하게 된다고 본다.

(3) 역할연기(role playing)와 대역(understudy)

여러 구성원들 앞에서 일정 수의 직원들이 실제 연기를 한 후 평가를 하는 방식이 역할연기이며, 언더스터디(대역)는 상사의 부재 시를 대비하여 마치 배우가 공연에서 대역자 역할을 수행케 하는 방식을 말한다.

(4) 사례발표

다수의 구성원들 앞에서 일정수의 직원들이 사례(case)를 발표케 하고 다른 직원들이 듣거나 평가하는 방식을 말한다.

(5) 집단훈련(행동)과 워크숍

집단훈련은 조직원들이 집단적으로 일정 기간 합숙방식으로 태도와 행동 변화 훈련을 하는 것으로, 감수성 훈련집단(Sensitivity group)은 심리사회적이나 정신적 장애를 해결하기 위해서라기보다는 의식화 또는 일정한 훈련을 목적으로 조직된 집단이다. 이러한 집단은 10~20여 명이 하나의 지도자 또는 촉진자를 중심으로 구성된다. 집단구성원들은 토론 또는 각종 실험활동에 참여함으로써 그룹이 어떻게 작용하는지 또는 그룹의 성원들이 어떻게 타인에게 영향을 주는지 등에 대한 이해를 높이고, 타인의 행동과 감정에 대해 이해하는 것을 배운다. 그리고 T－그룹(T-group), 훈련 집단은 실험적 집단 분위기에서의 상호적 관계를 통해 자기 인식과 타인 행동에 대한 감수성을 증가시키는 집단 훈련이다.

워크숍(Workshop)은 집단사고나 집단작업을 통하여 문제제기 및 문제해결방법을 강구하는 연구협의회를 의미한다. 집단사고 · 집단작업을 통하여 교육자의 전문적인 성장을 꾀하고, 직무수행상의 제 문제를 해결하려는 등 여러 가지의 목적을 동시에 달성할 수 있다. 절차는 문제에 따라 다르지만 문제제기, 문제해결을 위한 조언, 문제해결법의 강구와 해결, 잠정적 결론의 형성 등으로 이루어진다.

(6) 사내훈련(On the job training)과 슈퍼비전(Supervision)

직장 내에서 직무를 수행하는 현장에서 상사에게 개별지도를 받는 방식이 사내훈련이며, 슈퍼비전(Supervision)은 직무수행과 관련해 직장 내외에서 상사나 전문가로부터 지도를 받는 형식이다.

(7) 순환보직(rotation)

직장 내의 다양한 업무를 수행할 수 있는 능력개발을 위해 일정기간에 걸쳐서 순차적으로 직무를 변경시키는 훈련방식이다.

(8) 계속교육(보수교육)

신입직원으로 채용된 후 전문성을 강화하기 위하여 재직기간 중 직무연수를 하게 하는 보수교육 방식을 말한다. 서비스전문직인 사회복지사에게 사회복지의 가치관을 형성시키고 지속적이고 새로운 전문지식 습득을 통해 사회복지서비스의 수준을 향상시키기 위한 사회복지사의 보수교육의 필요성에 따라 2004년 5월 10일 한국사회복지사협회에서는 산하 '보수교육법제화 추진위원회구성'을 시작으로, 2007년 12월 「사회복지사업법」 개정안이 공포되고 「사회복지사업법」 제13조 제2항에 근거하여 2008년 11월부터 '사회복지사 보수교육'[8]을 시행하게 된 것이다. 사회복지사보수교육은 법으로 제정된 사항이므로 사회복지법인 및 시설 운영자와 종사자(사회복지사)는 의무사항을 이행하지 않을 경우 과태료처분을 받게 된다.

3. 역량강화와 슈퍼비전

1) 역량강화의 관련 개념

(1) 역량강화의 개념과 사회복지실천에서의 역량강화 접근

역량강화(empowerment)의 개념은 사회복지의 대상이 되는 개인, 가족, 지역사회의 문제를 해결하기 위한 사회복지전문직의 활동에서 개인적 · 대인관계적 · 정치적 힘을 확보하여 통제성을 가지고 능력감을 가지도록 하는 전문적 과정이다. 그러므로 역량강화 개념을 사회복지조직의 인적자원관리에 적용하는 것은 결과적으로 사회복지조직에서 제공하는 서비스의 질적 수준을 향상시키는 방안이 된다. 사회복지실천가들과 사회복지교육자들은 역량강화, 인간체계 그리고 변화의 개념을 그들의 직업적 영역에서 사회복지실천의 틀을 제공하는 과정

8) 보수교육대상은 사회복지법인에서 사회복지업무를 수행하는 사회복지사, 사회복지시설에서 사회복지업무를 수행하는 사회복지사, 관련 법률, 지침에 따라 사회복지사 자격증이 필요한 직종에 배치된 사회복지사, 관련 법률, 지침에 따른 종사자 자격 및 배치기준이 없는 사회복지시설(결핵 · 한센시설 등)에서 실제 사회복지업무를 수행하는 사회복지사 등이다. 보수교육의 필수과목은 사회복지윤리와 가치(인권 포함), 사회복지실천론이며, 선택과목은 사회복지정책과 법제, 사회복지행정, 사회복지조사연구이다. 매년 필수영역을 포함하여 8시간 이상 이수하여야 하며, 집합교육과 사이버 교육방법으로 이루어진다.

으로 변형시켜야 하는 과제를 안고 있다. 마일리, 오멜리아, 두보이스(Miley, O'Melia, & DuBois, 1995)는 대화, 발견과 발전의 요소를 통합한 일반사회복지실천가(generalist)의 역량강화 접근을 제안하고 있다(〈표 6-1〉 참고).

| 표 6-1 | 일반 사회복지실천가의 역량강화모형(임파워먼트모델)의 개입과정

단 계	활 동	전 략	과업들
대화 (Dialogue)	공유하기 (sharing)	클라이언트가 가지고 있는 것으로 알고 있는 역량 및 자원을 구체화하기	1. 상호협력적인 관계 확립하기 2. 기존에 알고 있는 지식을 명확화하기 - 클라이언트의 인지 - 사회복지사의 인지 3. 클라이언트가 알고 있는 것 다루기 4. 초기방향 설정하기 5. 관계형성을 위한 계약하기 및 사정에 동의 하기
발견 (Discovery)	찾기 (searching)	클라이언트가 가지고 있다는 것을 모르는 자원을 탐색하기	1. 잠재되어 있지만 클라이언트가 가지고 있는 것 확인하기 2. 부가적 정보와 경험한 사실과 사고를 연결하기 3. 감정의 사정, 확인, 표현하기 4. 상호적 대인정보 연결하기 - 클라이언트 체계로부터 - 타인 체계로부터 5. 자원체계를 탐색하기 6. 클라이언트체계의 욕구 결정하기(목표의 설정) 7. 문제해결로 이어질 수 있는 계획 개발하기 8. 클라이언트 변화를 위한 계약하기
발달 (Development)	강화하기 (strengthening)	클라이언트 체계가 현재까지 활용하지 않은 부가적 자원과 역량의 사정 혹은 확립하기	1. 클라이언트 욕구의 구체화하기 2. 클라이언트가 활용하지 않고 있는 자원을 사정하기 - 개인적 - 상호 대인관계적 - 조직적 - 지역사회/사회적 3. 신규 자원과 기회를 생성하기 4. 종결에 이를 수 있도록 인도하기

출처: Miley, O'Melia & DuBois(1995, 1998, 2001), 'Generalist Social Work Practice: An Empowering Approach', 재수정.

(2) 슈퍼비전의 개념

슈퍼비전은 라틴어의 'super(over, 위에서)'와 'videre(watch, 지켜보다)'의 합성어에서 유래된 말로 그대로 번역한다면 '타인의 직무에 대해 책임성을 유지하면서 지켜보는 감독자(overseer)의 직무' 정도가 된다. 그러므로 슈퍼비전은 "사회복지기관의 전문직을 비롯한 일반직을 대상으로 더 상위의 지식과 기술을 가진 전문가가 시설운영과 프로그램운영에 관한 내용으로 전문적이고 기술적인 원조와 지도를 하는 활동"으로 정의할 수 있다. 따라서 그동안 사회복지조직에서 '사회복지지도감독'으로 번역되어 왔던 슈퍼비전이라는 용어는 지나치게 프로그램운영에 제한한 지도활동에 치우친 의미라고 할 수 있다. 즉 슈퍼비전은 해당 업무에서 이미 잘 훈련이 되고 경험이 많아 전문지식과 기술을 갖춘 능력자가 전문직업적 태도를 가지고 그러한 수준에 이르지 못한 일선 서비스 전문직들에 시설운영의 관리 측면이나 프로그램실천기술 측면에서 도움을 줄 수 있는 상호 교환적인 교육활동으로 볼 수 있다. 다시 말하면 슈퍼비전은 슈퍼바이저(supervisor)와 그 상대역이 되는 슈퍼바이지(supervisee) 간의 전문적 교환활동이라는 점에서 접근되어야 한다는 것이다.

슈퍼비전(supervision)은 사회복지조직에서는 사회복지전문직의 직원능력개발과 역량강화를 위한 방안이기도 하지만 사회복지조직의 특성이 서비스조직이라는 점에 비추어 보면 직원들의 전문성 향상을 통한 사회복지기관의 서비스 질을 향상할 수 있는 행정적인 중요 절차라고 할 수 있다. 그러므로 사회복지기관에서는 일선 서비스 전문직에게 업무지도를 잘 해낼 수 있는 슈퍼바이저 양성과 관리에 관심을 가져야 하며, 경우에 따라서는 외부 전문가 초청을 통한 슈퍼바이징(supervising)의 방법도 고려할 필요가 있다.

(3) 컨설테이션의 개념

컨설테이션(consultation)은 슈퍼비전의 한 종류이지만 사회복지기관에서 행정적 권력관계가 없는 외부전문가를 초청하는 방식으로 사회복지행정이나 직무기술에 대하여 자문을 받는 방식을 의미한다. 컨설테이션은 주로 외부 자격자를 초청한다는 측면에서 신뢰와 기대감이 따르고 조직 내의 권력관계에서 자유로울 수 있는 점이 슈퍼비전에 비해 차별성이 있다. 컨설테이션은 컨설턴트(consultant)와 자문을 받는 컨설티(consultee)로 구성되고 사회복지기관에서는 정신의학, 심리학, 간호학, 교육심리학 등의 분야에서 전문가를 컨설턴트로 활용하는 경우가 많으며, 이때 컨설턴트는 자문집단에 영향을 주기 위한 방법으로 컨설티와 감정과 태도에 초점을 둔 접근, 컨설티와 컨설턴트 사이의 상호 작용에 초점을 둔 접근, 문제해결을 위한 내부 변화과정에 컨설티를 참여시키는 접근 등으로 컨설테이션을 시도하게 된다.

2) 슈퍼비전의 원칙과 특징

(1) 슈퍼비전의 원칙

스키드모어(Skidmore, 1995)는 효과적인 슈퍼비전이 되기 위해서는 다음과 같은 5가지 기본 원칙이 필요하다고 하였다.

첫째는 슈퍼바이저는 조직과 서비스에 대한 정확한 지식과 기술을 가르치고 슈퍼바이지인 사회복지직이 자율적으로 업무처리를 하도록 조력해야 한다. 둘째는 슈퍼바이지인 직원은 슈퍼바이저가 제시한 지식, 기술, 원칙에 일치하는 목표를 설정하고 스스로 수행해야 한다. 셋째는 슈퍼바이저는 일상적인 도움 이외에 슈퍼비전을 요구하는 직원(슈퍼바이지)의 요구에 응할 수 있도록 준비하고 장소와 시간 등을 개방하고 있어야 한다. 넷째는 직원도 슈퍼비전이 필요할 시에 적극적으로 혹은 원칙에 맞추어 슈퍼바이저에게 도움을 요구해야 한다. 다섯째는 슈퍼바이지(직원)는 업무활동 과정을 슈퍼바이저에게 설명하고 상의하여 정기적 평가기회를 가져야 한다.

(2) 슈퍼비전의 특징(자질)

성공적인 슈퍼바이저의 역할을 하기 위해서는 다음과 같은 몇 가지 특징적인 자질이 요구된다. 첫째는 전문적이고 실제적인 지식(knowledge)과 경험적 실천기술(practice skills)을 갖추어야 한다. 둘째는 슈퍼비전에 대한 진지한 사명감(commitment to supervision)을 바탕으로 개방적 접근(open door)을 허용해야 한다. 셋째는 자신의 능력에 대한 솔직한 태도(attitude of openness)를 가지고 슈퍼바이지에 대하여 칭찬과 인정(appreciation and commendation)을 유지해야 한다.

3) 슈퍼비전의 모델(모형)

(1) 코울세드(Coulshed, 1990)의 모형

첫째, 슈퍼바이저 1인이 몇 명에게 슈퍼비전을 하는가에 따라 개인 슈퍼비전과 집단슈퍼비전 모형으로 구분한다.

둘째, 슈퍼바이저가 슈퍼바이지를 직접 만나는 방법과 기록이나 실험을 통하는 간접적 방법을 취하는가에 따라 직접 슈퍼비전과 간접 슈퍼비전으로 구분한다.

셋째, 사전에 준비된 것인가의 구분에 따라 공식적 슈퍼비전과 비공식적 슈퍼비전으로 나눈다.

(2) 왓슨(Watson, 1973)의 모형

첫째, 슈퍼바이저와 슈퍼바이지가 개인교사와 학생의 관계와 같이 1 : 1로 대응되는 개인교사모델(tutorial model)이 있다.

둘째, 특정한 사례에 대해 일 대 일 관계 혹은 일 대 다수 슈퍼바이지의 관계로 자문을 받는 사례 컨설테이션(case consultation) 혹은 케이스 상담이 있다.

셋째, 개인교사모델의 확대된 유형으로 한 명의 슈퍼바이저가 다수의 직원이 만나는 참여형의 집단 슈퍼비전(supervisionary group) 형태가 있다.

넷째, 특정한 슈퍼바이저가 상급자가 없이 모든 집단구성원들이 동등한 자격으로 참여하는 동료집단 슈퍼비전(peer-group supervision)이 있다.

다섯째, 동료집단 슈퍼비전의 발전된 형태로 두 명의 동료직원이 동등한 자격으로 상호 슈퍼비전을 제공하는 직렬 슈퍼비전 혹은 동료 2인 슈퍼비전(tandem supervision)이 있다.

여섯째, 다양한 구성원들이 팀을 이루어 동등한 입장에서 상호 작용을 통해 특정 안건(agenda)에 관한 결정을 해 나가는 형태인 팀 슈퍼비전(team supervision)이 있다.

(3) 스키드모어(Skidmore, 1995)의 모형

스키드모어는 기존의 개별슈퍼비전(case supervision), 동료슈퍼비전(peer supervision)과 집단슈퍼비전(group supervision)의 3가지 이외에도 목표관리슈퍼비전(supervision by objective), 이동식슈퍼비전(supervision on wheel), 과업슈퍼비전(task supervision), 현장슈퍼비전(live supervision) 등의 7가지 유형으로 제시하였다. 이 중에서 현장슈퍼비전은 실습생에게 일방 거울(one-way mirror)이나 전화를 이용하여 즉각적인 슈퍼비전을 제공하는 형태를 말한다.

이처럼 슈퍼비전과 역량강화는 사회복지조직에서 일하는 전문 직원들의 인적자원개발 부문에서는 중요한 기법이며 상호 연관성을 유지하면서 추진되어야 한다. 즉 슈퍼비전은 역량강화를 위한 기법이기도 하며, 역량강화는 슈퍼비전을 통해서 달성되는 상호 연관적인 개념인 것이다.

제 7 장

사회복지 재정관리

1절 사회복지 재정관리의 이해

2절 사회복지 예산관리

3절 사회복지법인재무 · 회계규칙

1절 사회복지 재정관리의 이해

1. 재정관리의 목적과 정의

1) 재정관리의 목적

최근 사회복지서비스에 대한 효율성과 책임성이 강조되고 있고, 지역사회 내에서도 사적·공적 서비스 조직과 예산분배에 따른 경쟁관계를 형성하게 되면서 각 기관의 관리자는 재정자원획득을 위한 예산 및 운영, 회계 절차 등에 대한 지식과 기술을 활용하여 효과적인 재정관리를 할 수 있어야 한다.

일반적으로 사회복지조직의 재정은 정부와 민간단체, 그리고 개인의 후원금 등으로 구성되기 때문에 대부분의 경우 충분하지 못한 형편이지만 사회복지사업의 다차원적인 특성으로 인하여 재정계획, 자금조달, 부채조정, 예산수립, 지출통제 및 이와 관련된 주제들이 매우 중요하게 인식되고 있는 실정이다.

사회복지조직이 다차원적인 특성이라는 의미는 다른 조직들의 경우와는 다른 독특한 성격을 갖고 있다는 것을 의미한다. 즉 다른 조직과는 달리 사회복지서비스 조직은 무형의 서비스가 이루어지는 관계에서 투입과 산출물, 성과, 서비스 생산과정 등에 대한 명확한 규정이 어렵기 때문에, 재정자원의 운용과 관련한 조직의 의사결정을 다루는 재정관리는 매우 미묘하게 다루어지며, 때로는 재정관리 자체가 그 조직이 추구하는 목표나 방법 등을 대변하는 것으로 파악되기도 한다.

따라서 사회복지사업에 있어서 재정관리는 목표에 의해 수입과 지출의 우선순위를 정한 예산에 따라 관리하는 것으로, 그 목적은 「사회복지법」, 사회복지법 시행령, 사회복지법 시행규칙 등에 의거하여 경비를 조달, 지출, 관리함으로써 보다 효과적인 사회복지사업을 실시하는 데 목적이 있다.

2) 재정관리의 정의

일반적으로 사회복지행정에서의 재정관리는 기관의 목표 달성을 촉진하고 법률, 전문직의 윤리 및 지역사회의 수준과 일치하는 방향에서 한다. 사회복지서비스의 재정은 예산, 기부금 신청, 급료, 세금, 여비 등에 관련된 범위에서 시작하여 사회복지기관의 근본적인 서비스관련 활동에까지 영향을 미친다.

재정관리란 조직이 목표관리를 위해 필요한 재정자원을 합리적이고 계획적으로 동원하고, 배분하고, 효율적으로 사용·관리하는 과정을 의미한다(최성재·남기민, 1993: 226).

공공부문에서 재정관리는 세입창출(조세징수), 분배(공공예산), 지출로 구분되며, 사회복지조직에서도 재무계획, 기금조성, 부채관리, 예산편성, 지출통제과정과 관련한 여러 일들에 사회복지행정가들이 관여하고 있다(신섭중·부성래, 1989: 31 재인용).

따라서 사회복지의 재정관리는 사회복지기관 및 시설의 목적과 목표를 달성하는 제반활동을 어떻게 효율적으로 지원하고 지역사회 내 가용자원을 어떻게 분배하고 사용할 것인가 등에 대한 총괄적인 관리 체제라 할 수 있다.

이러한 사회복지재정은 하나의 목적체계로서 예산작성관리, 보조금 신청, 급료지불, 세금지출, 금전장부의 항목 설정 등과 관련된 기술적인 작업을 하는 것으로 볼 수 있고, 수단체계로서의 재정관리는 사회복지사업의 서비스 프로그램을 운영하기 위한 것으로 볼 수 있다.

3) 재정관리의 개념 및 과정

사회복지조직의 재정관리란 재정자원을 조직적·계획적으로 동원하고 배분하여 합리적·효율적으로 활용하기 위한 종합적인 관리체계를 의미한다.

재정관리 과정은 예산편성 및 예산집행을 위주로 이루어지며 통상적인 과정은 "예산편성 → 예산심의 및 의결 → "예산집행 → 결산 및 회계감사 → 결산보고 → 결산 심의 및 승인"의 순으로 진행된다.

2. 사회복지재정의 유형

만사(萬事)는 비재막거(非財莫擧)라는 말이 있다. 돈이 없으면 어떠한 일도 감히 도모할 생각을 하지 말아야 한다는 말이다. 아무리 정책의 내용이 좋아도 재원이 불충분하면 그 정책은 성공하기가 어렵다. 사회복지정책을 서비스로 전환하는 데는 많은 비용을 필요로 한다(오세영, 2009: 320). 사회복지재정의 주체는 정부나 지방자치단체와 민간사회복지단체를 들 수 있다. 따라서 사회복지행정을 구체화하는 재원은 정부 및 지방자치단체가 지출하는 공적자금과 민간자금으로 나뉜다(김익균 외, 2003: 84-85).

1) 공공재정

공적 책임으로 행하는 사회복지행정에 소요되는 비용으로서의 공비에 있어, 직접 국가가 실시주체로 되어 있는 것은 적고 대부분은 지방자치단체가 행하고 있다.

그 가운데에는 원래 국가가 실시하지 않으면 안 되는 것과 법에 의하여 지방자치단체가 행하지 않으면 안 되는 것이 있다. 국가가 실시하지 않으면 안 되는 것(공공부조 또는 사회복지의 비목으로 지출되는 것)은 당연히 경비의 전액을 국가가 부담하지 않으면 안 되게 되어 있으며, 지방자치단체가 행하는 사업에 대해서는 일정의 비율을 국가가 보조하도록 되어 있다. 그리하여 국가와 지방자치단체 간의 재정상의 부담 구분은 그 대상이 「지방재정법」에 의하여 정해지며, 나아가서 국고부담이 행해지는 종목이나 그 부담의 비율 등은 사회복지법령에 의하여 행해진다.

공공재정으로서 사회복지행정 및 사회복지활동을 구체적으로 성립시키고 있는 재원으로는 ① 법률상 정부 및 지방공공단체의 책무로 되어 있는 부담금, 보조금 및 위탁금 등의 공비, ② 지방자치단체가 시설 건설 등에 차용하는 것으로서 이를 테면 지방채 등이 있다.

2) 민간재정

민간사회복지사업의 지원은 국가 및 지방자치단체의 보조금과 위탁금(조치비) 등의 공비와 공동모금, 그리고 그 밖에 기부금에 의한 배분기부금과 대부금, 공영경기수익금과 기타 수익사업부문의 수익 및 조성, 법인으로부터의 조성 등이다.

위탁비란 본래는 국가 또는 지방자치단체가 행해야 할 사업을 민간사회복지시설에서 실시되고 있는 경우로 서비스를 위탁하지만 국가의 책임하에 실시하는 것으로 조치위탁이라고 부르며, 그 대가로서 위탁비가 지불되는 것이다. 따라서 이와 같은 위탁비는 시설운영에 요하는 경비의 보조금과는 전혀 그 성격을 달리하는 것이다(신섭중 외, 1999).

오늘날 선진국에서는 이 위탁비가 현실적으로 민간사업복지사업시설의 중요한 재원을 차지하고 있으며, 이것에 덧붙여 공동모금을 비롯한 기부금 등의 수익금에 의한 보조가 행해지고 있다. 이와 같은 보조금은 사회복지시설 건물의 증·개축 등의 시설준비로서의 역할을 다하고 있으며, 나아가서는 사회복지사업재단, 진흥회 또는 연금복지사업체 등으로부터의 장기 저리의 융자도 행해지고 있다.

이 밖에 사회복지의 재원을 기업과세 강화, 즉 법인세의 증징이나 조세특별조치에 의하여 조달하려는 경향이 있다. 그것은 고도경제성장의 과정에서 공해나 환경오염을 비롯하여 급격한 사회변동의 여파로서 책임의 대부분은 기업에 있다고 보고, 그와 같은 여파의 피해자라고 할 수 있는 이른바 '사회적 약자'를 구제하는 사회복지의 재원을 기업이 부담하도록 하는 것은 사회적 공정의 관념에 합치하는 것으로 보기 때문이다.

그러나 기업과세의 원칙은 개인과세가 부담배분의 공평에 있는 것에 대하여 자원배분의 효율을 늦추지 않는 중립성의 확보가 전제되지 않으면 안 된다. 결국 재정의 복지체계에 있어 기업과세의 체계는 간접적 기업과세로서의 법인이윤세는 극도의 보충적 위치에 머물러야 된다는 것이 일반적이다.

이러한 민간재정을 정리해 보면 ① 민간사회복지기관 및 사회복지시설에 대한 장기 저리 대부의 대부금, ② 민간사회복지기관에 대한 보조로서의 활동보조금, ③ 공동모금에 의한 배분기부금, ④ 사회복지서비스 이용자의 소득별 부담금으로서의 수입자부담금 등이 있다.

3. 사회복지조직 재정관리의 특성

사회복지조직의 가장 큰 특징 중의 하나는 자원의존성이 강한 것이다. 자원 중에서도 재원에 대한 의존성이 높은 편이어서, 사회복지조직들은 편성되는 예산에 따라 사업을 진행할 수 있게 된다. 따라서 사회복지조직의 행정가들은 항상 안정적인 재원 확보를 위한 노력에 많은 신경을 쓰게 된다. 재원 확보의 구조와 과정은 사회복지조직 구조 및 형태, 의사결정과정에도 상당한 영향을 미친다.

사회복지조직에서 재정관리는 재정자원을 동원하고, 예산을 수립하여, 효율적으로 집행하는 과정으로 구성된다. 재정관리는 일반적으로 기관의 목표 달성을 촉진하고, 재원과 기타 관련자원을 법적 및 사회복지윤리성에 근거하여 통제하고, 계획적으로 사용하는 데 관계하는 것이다. 목적적인 측면에서 볼 때, 사회복지조직에서 재정관리는 예산, 교부금신청, 인건비, 세금 및 여비 지급 등과 관련된 기술적이며 부차적인 문제이다. 그러나 수단적인 측면에서 볼 때는 재정관리가 사회복지기관의 근본적인 활동에 광범위하게 관계하고 있다. 즉 재정관리는 사회복지조직의 관리과정을 구성하고 있는 가장 중요한 요소 중의 하나로 사회복지행정에서 필수 불가결한 요소이다. 또한 재정관리는 기획, 인사관리, 지역사회관계와 같은 다른 관리적 이슈와 구별되는 일련의 과업을 포함하고 있다. 따라서 재정적인 문제는 어느 정도 전문가에게 의존하지만 일반관리자들도 자신의 역할과 관련된 재정문제에 지속적인 관심을 가져야 한다(Lohmann, 1980).

비영리조직으로서 사회복지조직들은 영리적인 이윤을 추구할 수 없기 때문에 모금활동과 같은 외부적 재원확보 노력에 많은 시간과 자원을 투자할 수밖에 없다. 이러한 비영리조직 재원확보 행태는 사회복지조직의 태생적 특성과 재원의 유형에 따라 영향을 받는다. 일반적으로 사회복지조직의 재원은 정부보조금, 기부금, 이용료 수입 등으로 구성된다. 조직의 형성 초기에는 재원확보체계가 다양하고 변동적이지만, 안정적인 단계에 돌입하면 비교적 고정적인 재원을 확보하게 된다. 조직의 업무 특성과 양, 재원의 통제 가능성과 예측 가능성 등에 따라 다양한 차이를 보이게 된다.

비영리조직 중에서도 사회복지조직은 외부재원의 영향을 특히 많이 받는다. 하센펠트(Hasenfeld, 1992)는 사회복지조직의 재원과 관계에 관한 주요 특징을 다음과 같이 제시하고 있다.

첫째, 사회복지조직은 일반적으로 재원의 지속적인 조달과 직접적으로 통제할 수 없으며, 통제하려 하지도 않는다. 사회복지조직은 법적으로 위임된 서비스라 할지라도 재정할당 정도를 스스로 정할 수 없고, 입법기관에서 정해 주어야 한다. 이는 사회복지조직이 예산과 관련된 정책결정과정에 참여할 수 있는 권한을 제한당한다는 것을 의미한다. 또한 영리부문과 비교할 때 사회복지조직은 그들이 제공하는 서비스의 전체 비용을 기꺼이 지불하거나 지불할 수 있는 소비자에게 접근할 준비가 미흡하다. 즉 수입을 늘릴 수 있는 홍보, 마케팅, 기타 다른 시도를 충분히 하지 못하고 있는 것이다. 또한 사회복지조직이 이러한 시도를 발달시킨다면, 영리조직으로부터 '부당한 경쟁'이라고 비난받을 수도 있다.

둘째, 사회복지조직은 매우 다양한 재원을 갖는다. 예를 들어, ① 정부로부터 직접적으로 받거나 계약의 형태로 지원받는 정부보조금, ② 재단지원금, 협찬 후원금, 직접적인 개별 기부, 유증, 종교기관 기부 등의 형태로서의 기부금, ③ 서비스 요금, 대여, 상품판매 등의 수익사업에 관한 이용료, ④ 기타 특별행사나 기증, 투자 등의 수입이 다양하며 이러한 각각의 유형들은 사회복지조직의 특성에 따라 중요성의 비중이 달라진다.

셋째, 이들 다양한 원천으로부터 재원을 확보하기 위해 사회복지조직은 특별한 업무를 수행해야 한다. 즉 재단에 사업제안서(proposal)를 쓰거나, 정부와 계약관계를 맺고, 기부자에게 후원금을 요청하거나, 공동모금회 회원단체들과 연대하여 모금행사들에 참여하고, 클라이언트에게 요금을 지불하도록 마케팅하고, 기부금품을 모집하거나 접수받고, 특별행사를 조직화하는 등의 다양한 재원확보전략을 추진해야 하는 것이다.

이러한 특별한 업무는 각 기금주의 특성에 따라 다양하다. 또는 대부분은 수혜기관과 직·간접적으로 연관되어 있으며, 사회복지조직 입장에서는 재원을 확보하기 위해 의도적인 연계 노력이 있어야 한다. 따라서 사회복지조직의 운영자들은 조직의 기능을 잘 유지하기 위해서 조직들 간에 어떻게 결합되고 상호 작용하는지에 대한 이해를 갖고 전략적으로 관리할 수 있어야 한다. 따라서 이 장에서는 사회복지조직에서 필요한 예산편성과 재원개발전략에 관해 논하고자 한다. 그러나 대부분의 사회복지조직들이 정부로부터의 예산지원을 받고 있는 만큼 정부의 예산구조에 대해서도 함께 설명하고자 한다(황성철 외, 2003).

2절 사회복지 예산관리

1. 예산의 의의와 기능

국가적 차원에서 예산(budget)이란 일정 기간에 걸친 국가의 수입·지출의 예정액 또는 계획안으로서, 국가의 재정수요와 이에 충당할 재원과 대조하고 안배한 1회계연도에 있어서의 세입·세출의 예정계산서를 말하며, 헌법과 예산회계법에 의거하여 편성되어 국회의 심의·의결을 거친 재정계획이라고 할 수 있다.

조직적 차원에서 예산이란 일정 기간(회계연도)에 걸친 조직의 수입 및 지출에 관한 예정액 혹은 계획안이라고 한다. 사회복지조직에서는 사회복지법인·시설재무회계규칙이 정하는 바에 따라 법인(시설)이 일정한 규칙과 형식에 의하여 편성하고 이사회를 또는 예산(안)에 대한 심의의결기구의 심의·의결을 거쳐 확정된 1회계연도 기간 동안의 재정계획(형식적 의미의 예산)을 말한다. 예산의 효력은 세입예산과 세출예산에 따라 다르나, 세입예산은 세출예산의 재원으로서의 예정수입일 뿐이며 세입예산의 범위 내에서 수납하는 것은 아니다. 반면에 세출예산은 1회계연도 내에 지출할 수 있는 최고액한도를 표시한 것으로서 이를 초과하여 집행할 수 없다.

사회복지조직은 지역사회와 주민의 복지증진을 위하여 각종 복지사업을 수행하는 독립된 경제 주체이다. 법인격을 가진 독립적 경제 주체로서의 사회복지법인은 영리를 추구하는 민간기업 등과는 달리 지역사회와 주민 전체를 대상으로 하는 복지증진의 공익성과 봉사성, 비영리성, 책임성 등을 목적으로 운영해야 하는 특징을 지니고 있다. 따라서 수입에 서는 법인(시설)의 기본재산운용에 의한 과실금과 후원금 및 국고 또는 자치단체보조금, 그리고 지출에서는 「사회복지법인 재무·회계규칙」에 의한 엄정한 회계 절차를 따라야 하는 책임성이 요구되며 관련제도와 정책의 기준하에서 자율적으로 운영한다.

일반적으로 정부의 예산은 다음과 같은 기능을 한다(유훈, 2003).

① **정치적 기능**: 예산은 정치적 욕구와 재정적 가능성 간의 타협점을 표시한 것이기도 하다. 이 타협점이 어느 액수에서 결정되는가는 특히 민주 정부 체제에서는 정치적 의의를 갖는 결정 또는 계획에 의하여 규정한다.

② **법적 기능**: 예산은 법률이 아니지만 입법부에 의한 행정부에의 재정권 부여의 형식이라고 할 수 있다. 따라서 세출을 지출하기 위해서는 반드시 이것을 지원하기 위한 재원이 있음을 전제로 해야 한다.

③ **경제적 기능**: 예산은 국가경제와 관련하여 다음과 같은 다양한 기능을 수행한다.

- **국민경제의 안정기능**: 국민경제와 재정의 안정기능 면에서 국가예산은 민간경제활동에 중대한 영향을 갖는다.
- **경제성장의 촉진기능**: 국가예산은 투자의 실질적인 증대를 통하여 성장 속도를 촉진하여 국민경제의 공급 능력을 확장시키는 역할을 한다.
- **소득재분배의 기능**: 국가예산은 국민의 소득 및 부의 재분배정책을 수행한다.
- **자원최적배분의 기능**: 경제개발과정에서의 투자 주체로서 기능한다.
- **사회정책수행의 기능**: 국가예산은 각종 사회적 경비를 지탱하며 완전고용을 촉진하고 사회보장을 증진시키는 역할을 한다.

④ **행정적 기능**: 예산은 행정부가 가용자원을 효과적으로 동원하여 국가발전을 위한 각종 사업계획을 뒷받침하기 위하여 가능한 한 최대의 경제성, 효율성을 고려하면서 이를 관리하는 기능이다.

사회복지조직에서도 예산은 조직을 운영하는 기능과 함께, 법적·재정적·행정적 기능을 갖는다. 조직운영기능으로는 집행부 통제기능, 이해관계 조정기능, 정책형성의 기능이 포함된다.

법적 기능으로서는 사회복지시설 운영자에 대하여 예산의 집행권한을 부여하는 기능을 포함하여, 세출은 예산에 따라 집행해야 하는 의무(의결기구의 심의·의결된 용도와 금액 이상 지출 불가)가 있으며, 세입은 연간수입의 추계에 불과하여 별도의 법적 근거가 있어야 실현이 가능하다는 의미를 갖는다. 재정적 기능은 사회복지조직에서 세입은 법인(시설)이 보유 중인 자원의 일부를 목적사업 추진재정으로 전환하는 것이며, 세출은 전환된 재정을 운용·관리하는 것을 의미한다. 행정적 기능으로는 예산이 사회복지조직사업 전반을 관리할 수 있는 도구가 되는 것을 의미한다.

2. 예산수립의 성격과 예산의 원칙

예산수립은 단순히 1년간의 수입과 지출의 재정계획을 수립하는 것만이 아니라 다음과 같은 성격도 아울러 가지는 것이라는 면에서 중요시된다(Weinner, 1990: 289-292).

첫째, 예산수립의 정치적 과정이다. 예산은 자원배분이 초점이 되는데, 이러한 자원배분에 대한 의사결정은 정치적으로 이루어진다는 의미에서 그렇다.

둘째, 프로그램기획 과정이다. 예산수립은 조직의 목표 달성을 위한 프로그램을 수행하기 위한 것이고, 예산수립 과정은 목표 설정, 대안개발 및 기대효과 분석, 효과성 평가기준 설정 등의 프로그램기획 절차와 병행·통합되므로 프로그램기획 과정이라 할 수 있다.

셋째, 프로그램관리 과정이다. 예산수립은 조직의 관리자가 조직 각 단위의 활동과 그 책임자 및 시행일정 등을 검토하므로 프로그램관리 과정이 된다.

넷째, 회계 절차이다. 예산서는 회계담당자가 자금의 내적 및 외적 흐름을 통제하고 재정활동을 승인하는 근거가 되므로 예산수립은 회계 절차의 성격을 가진다.

다섯째, 인간적인 과정이다. 예산은 클라이언트와 예산을 집행하는 조직성원, 지역사회인들에게 커다란 영향을 미치게 되므로 예산수립을 잘하려면 이들과 접촉하여 대화하는 기회를 가질 필요가 있기 때문에 예산수립은 인간적인 과정이라 할 수 있다.

여섯째, 미래를 변화시키는 과정이다. 예산은 장래에 대한 활동계획에 대한 재정계획이므로 미래의 목표를 새로 설정할 수 있고 이에 따른 새로운 활동을 할 수 있기 때문에 미래를 변화시키는 과정이 된다는 것이다.

예산원칙이란 예산의 편성·집행에 있어서 준수되어야 할 원칙을 말하며 전통적으로 다음과 같은 원칙들이 강조된다(Smith, 1945).

① **공개의 원칙**: 예산의 편성·심의·집행과정의 주요단계는 공개되어야 한다.

② **명료성의 원칙**: 예산은 모든 국민이 이해할 수 있도록 짜여야 한다.

③ **포괄성의 원칙**: 예산은 총계주의원칙에 입각하여 모든 세입, 세출을 포괄해야 하며,

정부의 모든 활동을 나타내야 한다.

④ **예산 통일성의 원칙**: 모든 세입은 하나의 일반기금(동일국고)으로 납부되고 여기서 모든 세출이 나와야 한다. 이 원칙은 세입과 세출 간에 특별한 직접적인 관계가 있는 경우 등을 제외하고는 특정한 세출과 세입이 직결되는 것을 금지한다.

⑤ **명세성의 원칙**: 예산수지는 구체적 · 명세적으로 제시되어야 하며, 특별한 경우 외에는 예산의 이용 · 전용은 금지되어야 한다.

⑥ **사전승인의 원칙**: 예산은 사전에 의회의 심의 · 의결을 받아야 한다.

⑦ **정기성의 원칙**: 지출권한을 일정 기간에 한하여 부여하여야 한다. 이 기간이 끝날 때까지 사용되지 않은 예산은 효력을 상실하든지 금액과 용도를 정하여 의회의 재의결을 받아야 한다.

⑧ **정확성의 원칙**: 예산의 추계는 가능한 한 정확해야 하며, 세출을 과다하게 적산하거나, 세입의 과소추계에 의한 은폐된 재원이 존재해서는 안 된다는 것이다.

이와 같은 전통적인 예산원칙들은 통제지향의 예산제도하에서 입법부에 의한 완전한 재정통제를 위하여 생겨난 것이라고 하겠다.

사회복지조직의 예산원칙은 예산의 편성과 집행 및 결산에 있어 개별 사회복지법인 및 시설이 자의적으로 운영하지 않도록 「사회복지법인 재무 · 회계규칙」에 의하여 전국적인 통일성과 행정의 표준화를 기하고 있다.

사회복지조직의 세입 · 세출예산구조(과목구분)는 그 내용과 기능을 고려하여 관 · 항 · 목의 구분과 설정을 「사회복지법인 재무 · 회계규칙」(제10조 제2항)으로 정해 놓고 있다. 특히 예산서는 예산의 과목 구분에 따라 편제되므로 과목 구분 설정 시에는 예산의 체계와 특성 및 내용 등이 일목요연하게 파악되도록 제도화된 행정표준화 사항을 고려해야 한다.

- 관: 기능별 · 조직별 · 사업목적별 분류
- 항: 경산예산별, 사업예산별, 채무상환, 예비비 등
- 목: 사업의 성질별 및 사업내용별 구분

3. 예산편성 절차

예산편성이란 조직의 특정 목표를 달성하기 위해 필요한 비용을 추정하는 과정이다. 와이

너(Weiner, 1990)는 예산편성은 정치적 과정이며, 프로그램의 기획 및 관리 과정임과 동시에 궁극적으로 조직을 변화시키는 매우 광범위하고 포괄적이며 미래지향적인 과정임을 강조한다. 사회복지서비스 프로그램의 예산편성을 위한 예산안에는 ① 프로그램 목표에 대한 개요, ② 서비스에 대한 정의, ③ 욕구인구와 서비스 활용수준에 관한 추정치, ④ 프로그램 비용과 요청되는 자금 등이 포함된다(김영종, 2001).

사회복지기관의 예산편성은 대체로 1년에 한 번 하게 된다. 그러나 예산편성이 효과적이고 의미 있기 위해서는 연중 검토되어야 한다. 역사적으로 예산은 행정가에 의해 작성되고 이사회가 결정하였으며 직원들의 참여는 거의 없었다. 그러나 오늘날 예산과 관련된 사항들에 직원들이 참여하고 있고 예산편성지침도 직원들이 제안하기도 한다. 그러나 구체적 예산편성은 행정가가 하는 것이 일반적인데, 이는 행정가가 기관의 전반적 재정 상황을 파악하고 있기 때문이다.

예산편성은 사회복지기관 행정가의 중요한 책임 중의 하나로 인식되고 있다. 적절한 예산편성은 사회서비스 전달에 크게 영향을 미친다. 잘못 작성된 예산편성은 자금을 받는 데 장애요인이 되기 쉽고 그로 인해 피해를 볼 수 있다. 전통적으로 예산편성은 새로운 요구를 정당화시키면서 전년도에 제공된 것보다 일정 비율의 증가를 요구하는 과정이었다.

예산을 계획하는 데 고려되어야 할 두 가지 요소가 있다. 그중 하나는 현명한 행정가는 예산이 삭감될 것을 우려한 나머지 너무 많이 신청하지 않아야 한다는 것이다. 예산을 부풀리는 행동은 기관의 공신력에 손상을 입히기가 쉽다. 다른 하나는 기관에 예측할 수 없는 일이 생길 수 있음을 감안해서 소액의 예비비(a limited contingency fund)를 계상한다는 것이다.

예산편성 과정의 주요 단계는 다음과 같다(박태룡, 2003: 83-84).

(1) 특정 목표의 설정(setting specific goals)

예산편성에서 특히 중요한 것은 행정가와 예산편성담당자들이 기관의 특수한 요구(specific needs)와 목표(goals)를 검토하는 것이다. 기관의 장래목표는 지금과 같을 수도 있고 다를 수도 있다. 의미 있는 목표 설정을 위해서는 기관의 기본정책과 사무 절차를 재검토하고 설정한 기간 동안의 목표를 가능한 한 구체적으로 명시해야 한다. 목표(goals)와 목적(objectives)은 관찰이 가능하고 측정할 수 있어야 하며, 그 결과 정규적으로 기관의 수행을 평가할 수 있어야 한다.

(2) 사실의 확인(ascertaining facts)

기관의 현재 및 과거의 운영에 관한 기본 정보를 수집하고 검토하는 것이다.

이와 관련하여 기관 전체와 관련된 자료와 각 직원에 관한 자료정보를 검토할 필요가 있다. 건물과 시설도 고려의 대상이 된다.

(3) 운영 대안의 검토(looking at specific alternatives)

당해 연도의 가용자금을 활용하게 하는 대안의 검토가 필요하다. 유능한 행정가는 창의적이며 미래의 활동방안을 모색하는 데 혁신적이다. 현행 프로그램이 새로운 것이 아니라는 이유만으로 기각하지는 않을 것이며, 다만 기관서비스를 새로운 시각에서 개방된 자세로 기존 프로그램을 주시하고 새로운 프로그램을 개발할 것이다.

(4) 우선순위 결정(deciding upon priorities)

행정가가 해야 할 가장 중요한 일들 중의 하나는 대안을 검토하고 우선순위를 결정하는 것이다. 일반적으로 재정은 불충분하기 쉬우므로 그 시기에 가장 중심적으로 추진해야 할 일이 무엇인지를 선정하여야 한다. 기본적으로 우선순위 선정은 기관의 정책과 목표를 연결시켜 결정함이 타당하다.

(5) 최종 결정(finalizing decisions)

예산편성에서 실제적으로 의사결정을 하는 것이 가장 힘든 일이다. 최종 결정을 할 때 행정가는 앞에서 언급한 필요한 자료를 수집하고 모든 사실들을 감안한다. 기관의 요구와 잠재력을 총체적으로 검토하며 기관에서 일하는 개인들을 참작하여 결정이 이루어진다. 사회복지기관의 예산결정은 기관의 효율적 운영을 토대로 하는 동시에 수혜자의 복지를 감안하여 이루어져야 한다.

(6) 적절한 이해와 홍보(adequate interpretation and public relations)

예산안이 작성되면 행정가는 이사회나 그 외 예산을 통과시키는 사람들에게 기관의 요구(requests)를 이해시키고 설득시키는 일을 해야 한다. 설득과 홍보를 잘하면 잘할수록 예산통과의 가능성이 높아진다.

4. 예산집행

아무리 잘 편성된 예산이라 할지라도 실제로 그것을 잘 집행하지 못한다면 예산수립의 의미를 크게 상실하고, 따라서 조직의 목표를 효율적 및 효과적으로 달성할 수 없을 뿐 아니라 나아가서는 조직의 존속까지 위협하게 된다. 따라서 재정관리에는 재정집행에 대한 관리가 반드시 포함되어야 한다. 예산의 집행은 수입과 지출에 관한 단순한 관리나 통제로서의 의미만 가지는 것이 아니고 회계의 통제, 프로그램관리 통제, 인사관리의 통제, 산출(제공된 서비스)의 통제, 관리행위(형태)의 통제라는 의미도 아울러 갖고 있다(Weinner, 1990: 299-301).

사회복지조직에서 예산통제의 원칙과 예산집행 통제기제를 간략히 살펴보기로 하겠다.

1) 예산통제의 원칙

사회복지조직에서의 예산통제의 기본원칙은 4가지 요소를 기초로 하고 있다. 첫째, 활동을 허가하고 금지시키는 규칙, 둘째, 한계, 표준, 구체적 요구조건을 정함으로써 규칙을 해석하게 하는 기준, 셋째, 규칙이나 기준에 따른 이해 혹은 상호 간의 동의, 넷째, 규칙이나 기준에 의하여 타결된 합의서이다. 이러한 요소들을 기초로 하여 다음과 같은 원칙들이 나올 수 있다(Lohmann, 신섭중·부성래 역, 1989: 226-270).

(1) 개별화의 원칙

재정통제 체계는 개별기관 그 자체의 제약조건, 요구사항 및 기대사항에 맞게 고안되어야 한다.

(2) 강제의 원칙

재정통제 체계는 강제성을 띠는 어떤 명시적인 규정이 있어야 한다. 강제성이 없는 규칙은 효과성이 없다. 강제성은 때로는 개별성을 무시할 수 있으나 규칙의 동일한 적용을 통한 공평성과 활동을 공식화하는 것이다.

(3) 예외의 원칙

규칙에는 반드시 예외 상황을 고려하여야 하고 그러한 상황에 적용되는 다른 규칙도 명시되어야 한다.

(4) 보고의 원칙

통제체계는 보고의 규정을 두어야 한다. 재정활동에 대한 보고의 원칙이 없으면 재정관련 행위를 공식적으로 감시하고 통제할 수가 없다. 예를 들면 예산의 남용이나 개인적 유용, 항목 변경 등의 사실들이 있는 데도 보고되지 않으면 재정활동에 큰 문제가 생길 수 있는 것이다.

(5) 개정의 원칙

규칙은 많은 경우 일정한 기간 동안만 적용할 수 있도록 제한되어 있거나, 적용할 때 부작용이 나타날 경우를 대비하여 일정한 기간이 지난 후에는 규칙을 새로 개정할 수 있어야 한다. 예를 들면 여비, 연료비 등은 물가의 상승과 연계되어 있으므로 일정 기간마다 개정되어야 한다.

(6) 효율성의 원칙

통제에는 시간과 비용이 많이 드는 경우가 있다. 통제는 비용과 노력을 최소화하는 정도에서 이루어질 수 있어야 한다. 예를 들어 보고서의 수를 많게 하거나 통제업무를 위해 인원을 새로 증가시키는 것은 비효율적이 되는 경우가 많으므로 효율성에 항상 유의하여야 할 것이다.

(7) 의미의 원칙

효과적인 통제가 되기 위해서는 규칙, 기준, 의사소통 및 계약 등은 관계되는 모든 사람들이 의미 있게 잘 이해할 수 있도록 전달되어야 한다. 그러므로 규칙은 명확하게 쓰이고 통제자료는 쉽게 얻을 수 있어야 하고 절차의 분류와 해석을 위한 것도 명확히 쓰여야 한다.

(8) 환류의 원칙

재정통제체계에 관한 규칙, 기준, 의사소통, 계약 등을 적용할 때 발생할 수 있는 여러 가지의 부작용 및 장단점 등을 관련자들로부터 들어서 개정과 개선의 기초가 되어야 한다.

(9) 생산성의 원칙

재정통제의 서비스가 효과적이고 효율적으로 전달되도록 하기 위한 수단이므로 이로 인하여 서비스 전달이라는 생산성에 장애와 갈등이 발생하지 않도록 유의하여야 한다. 예를 들면 청소년 프로그램에서 장비의 훼손, 남용, 도난을 방지하기 위하여 장비를 단단히 자물쇠로 잠근다면 문제가 될 수 있다.

2) 예산집행 통제 기제

예산집행을 통제하는 기제는 여러 가지가 있지만 여기서는 주로 많이 활용되는 기제를 소개하기로 하겠다(Hildreth & Hildreth, 1988: 97-98; Weiner, 1990: 301-304).

(1) 분기별 할당

수입예산이 계획된 대로 들어오지 않을 경우도 있고 또는 한 기간에 집중되어 들어오는 경우가 있는가 하면 비용의 지출이 월별로 또는 분기별로 동일하지 않고 어떤 시기에 집중되는 경우도 있고, 한편으로는 집중하여 지출하는 것이 절약되는 경우도 있다. 이러한 경우 수입예산의 수입과 지출예산의 지출을 분기별로 조정하여 수입과 지출의 균형을 유지할 필요가 있다. 행정책임자는 이러한 재정집행 사정을 하부활동 책임자에게 이해시키고 상의하여 할당의 효과가 나타나도록 하여야 할 것이다.

(2) 지출의 사전 승인

조직에서 일정액 이상의 지출을 할 경우 최고 행정책임자의 사전승인을 받도록 하거나 또는 지출액수에 따라 중간 행정책임자의 사전승인을 받도록 하는 것이 일반적이다. 이와 같은 사전승인은 수입과 지출의 균형을 유지하는 데 도움이 되고, 때때로 승인을 의도적으로 연기하여 지출을 억제할 수도 있다.

(3) 자금지출의 취소

예상된 재정원천으로부터의 수입이 인가되지 않거나 또는 삭감정책에 의하여 예상된 수입액이 입금되지 않을 경우는 자금지출을 잠정적으로 취소하거나 또는 최종적으로 취소할 수밖에 없다.

(4) 정기적 재정현황 보고서 제도

행정책임자는 월별, 분기별로 재정 현황을 보고받아 검토하여야 한다. 보고서의 내용은 수입지출 현황, 변제비용, 인원당 비용, 기능별 비용, 서비스 단위 비용 등이 포함되는 것이 바람직하다.

(5) 대 체

회계연도 말쯤에 재정 현황이 사업별 또는 계정별로 과도지출이 되었거나 또는 과소지출이 된 경우에는 과소지출분에서 과다지출분을 메우기 위하여 대체할 필요가 있다. 이러한 대체는 조직의 구조와 액수에 따라 중간 행정책임자 또는 최고 행정책임자의 승인을 받아야 한다.

(6) 지불연기

이 방법은 조직의 내외부로부터의 지불요청에 대하여 의도적으로 적당한 방법을 통해 연기를 함으로써 수입예산의 입금 여유를 갖는 것이다. 특히 지불연기로 벌칙이나 벌금이 없는 경우는 요청자의 양해를 얻어 최대한으로 지불연기를 할 수 있다.

(7) 차 용

차용은 은행 또는 특별단체(협회, 연합회, 정부기관 등)로부터 자금을 빌리는 것을 말한다. 수입예산이 계획대로 확보되지 않을 경우, 불가피한 지출을 위해서는 일반적으로 은행, 사회복지 관련 특별단체 또는 정부의 기금으로부터 장기적 또는 단기적 대부를 받을 필요가 있는 경우가 있다.

5. 예산모형

사회복지서비스의 예산모형은 예산편성과업이 어떻게 구성되고 조직되는가에 따라 분류된다. 일반적으로 품목별 예산, 성과주의 예산, 계획예산, 영기준 예산 등으로 구분한다. 실제로 예산체계들은 어느 한 모형이 전적으로 적용되기보다는 두 가지 이상의 모형이 결합되어 적용되는 경우가 많다(최성재 · 남기민, 2000).

1) 품목별 예산

(1) 품목별 예산의 의의

품목별 예산(Line-Item Budgeting)은 항목별 예산이라고도 하며 공사사회복지기관에서 많이 사용되는 방법이다. 품목별 예산은 다가오는 해의 계획된 총비용을 보여주기 위해 사용되는 기관의 총영역과 돈의 액수를 단순하게 목록화한 것이다. 가장 기본적이고 널리 사용되는 예산체계로 이를 전개하는 데 4가지 단계를 거치게 된다(Kettner, 2002).

- 1단계: 품목별 예산의 표준화된 형태를 설계
- 2단계: 공통적인 예산의 정의와 용어 개발
- 3단계: 모든 수입과 지출을 명확하게 산정

• 4단계: 예산 평가

품목별 예산의 형태는 매우 단순하고 간단하다. 각 품목들은 명백하게 정의되어 있으며 상호 독립적이다. 구체적인 대상품목은 목적이나 이유에 의해서보다는 그 자체의 성격별로 구분된다(예: 급료-봉급, 수당, 일급, 소모품-의약품, 식품, 음료, 사무용품 등). 모든 수입과 지출은 품목 예산안에서 설명되어야 하고 모든 예상되는 수입은 모든 지출이 총계와 일치해야 한다. 이러한 예산상의 품목은 회계에 있어 회계계정이 되는 것으로 회계담당자가 지출을 통제하는 근거가 된다. 또한 전년도 예산을 근거로 하여 일정한 양만큼 증가(소폭증가)시켜 나가는 것으로 점진주의적인 특성을 가지고 있다.

(2) 품목별 예산의 장·단점

품목별 예산의 장점은 일단 간편하고 비용을 조절할 수 있다는 것이다. 각 범주들은 시간이 지남에 따라 제한되고 고정된다. 또한 할당된 양과의 관계에서 지출이 감시되도록 해 준다. 그러나 이 예산방법은 자원들이 구체적으로 특정 세부목표를 성취하기 위해 어떻게 공급될 것인지를 명백히 보여주지 않는다. 그러므로 프로그램 예산이 부적절한 경우에만 유용하다고 볼 수 있다. 그 외에도 프로그램 비용과 행정비용을 비교할 근거를 제공하지 못하고 있어 중요한 효과성 측정을 할 수가 없으며 효율성, 생산성, 질을 결정하는 데 사용될 수 있는 정보를 제공해 주지 않는다. 또한 예산을 지출 규모와 비율이 같아지는 수준에서 현재의 지출 수준보다 훨씬 적은 증액을 사용하는 경향이 있다. 즉 창의성을 자극하고 수행을 강화하기보다는 오히려 파괴시키는 방향으로 작용할 수 있다(Lewis et al., 2001).

2) 성과주의 예산

(1) 성과주의 예산의 의의

성과주의 예산(Performance Budgeting)이란 1913년 뉴욕 시 리치몬드 구에서 시도한 원가예산제(Cost Data Budget)에서 그 기원을 찾을 수 있으며, 정부의 기능, 활동 및 사업계획에 기초하여 정부예산을 편성하는 것이며, 사회복지조직에서 구입하는 물품, 용역보다 수행하는 업무에 중점을 두는 관리지향의 예산제도라 할 수 있다. 즉 성과주의 예산은 사업계획을 세부사업으로 분류하고 각 세부사업을 '단위원가 × 업무량 = 예산액'으로 표시하여 편성하는 예산을 말한다.

(2) 성과주의 예산의 장 · 단점

① 장 점

- 일반인들이 기관의 사업과 목적을 이해하는 데 도움을 준다.
- 행정부의 정책이나 계획수립을 용이하게 할 뿐만 아니라 입법부의 예산심의를 간편하게 한다.
- 예산편성 시 자금배정을 합리화할 수 있다.
- 예산집행에 신축성을 부여한다.
- 행정통제를 합리화시키며 실적의 평가를 용이하게 하고 실적의 분석을 통하여 얻게 되는 자료를 다음 회계연도 예산에 직접 반영시킬 수 있다.
- 행정관리의 계획과 통제를 내재적으로 활용할 수 있다.
- 장기계획의 수립 · 실시에 도움을 준다.

② 단 점

- 업무측정단위와 단위원가를 산출해 내기 곤란하다.
- 회계책임이 명백하지 못하여, 충분한 공금관리확보가 곤란하다.
- 정책이나 사업계획에 중점을 두므로 품목별 분류에 비하여 입법부의 엄격한 통제가 곤란하다.
- 기능의 통합을 지나치게 확대시킬 우려가 있다.
- 실제 운영에 많은 난점이 있다.

(3) 성과주의 예산제도 도입상의 문제점

- **업무측정단위 선정의 곤란**: 확실한 업무단위를 측정하는 데 애로가 있으며, 이러한 업무측정단위의 선정기준은 단위가 ㉠ 동질적이며, ㉡ 계산이 가능하고 완결된 업무를 표시해야 하며, ㉢ 영속성이 있고, ㉣ 가능한 한 단수이어야 하며, ㉤ 이해하기 쉬운 것이어야 한다.
- **단위원가계산의 문제**: 단위원가란 업무측정단위 하나를 산출하는 데 드는 비용을 말하는데, 회계제도가 발달하지 못하고 유능한 회계직원이 부족한 경우는 단위원가계산의 문제가 어려운 문제의 하나이다.

3) 계획예산

(1) 계획예산의 의의

계획예산(Planning Budgeting)의 대표적인 형태인 PPBS(Planning-Programming-Budgeting System)는 예산의 통제지향과 관리지향으로부터 한 걸음 더 나아가 계획지향 또는 기획지향적인 입장에서 국가의 장기적인 계획 수립과 단기적인 예산편성을 프로그램 작성을 통하여 유기적으로 결합시킴으로써 자원배분에 관한 의사결정을 하는 것이다.

(2) 계획예산의 과정

그림 7-1 계획예산의 과정

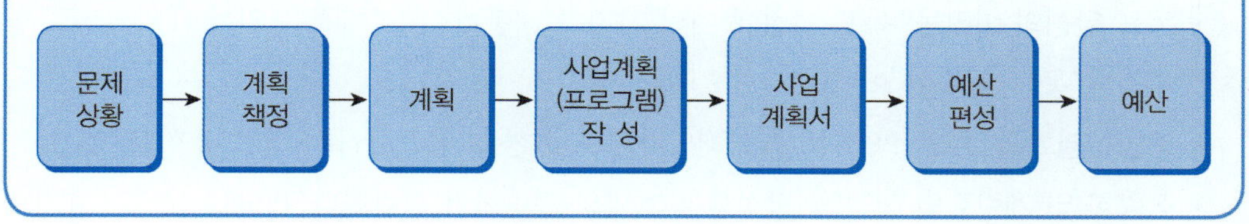

(3) 계획예산의 유의점

- 목표의 정확한 파악이 있어야 한다. 즉 PPBS에 의하여 정부사업의 목표가 명확히 제시되어야 한다.
- 목표가 설정되면 이를 달성하기 위해 능률적이며 체계적으로 각종 대안을 검토할 수 있어야 한다.
- 현재 내리는 결정에 대한 미래의 비용이 포함되어야 한다.

(4) 계획예산제도의 기본 원리

- **절약과 능률**: PPBS는 한정자원의 최적활용을 위하여 능률과 절약을 기하는 데 있다.
- **효과성**: 가능한 한 목표의 달성 정도를 높이고자 하는 것이다.
- **과학적 합리성**: PPBS는 체제분석 및 비용-편익분석 등의 과학적이고 합리적인 기법에 의하여 예산을 편성하는 것이다.
- **과학적 객관성**: PPBS는 체제분석이나 비용-효과분석 등을 사용하여 의사결정을 할 때 가능한 한 주관적 편견을 배제하고 객관적 판단을 내리도록 한다.

- 조정: PPBS는 행정조직 및 운영에서 조화, 균형, 통합을 확보하고자 하는 것이다.

(5) 계획예산제도의 평가

① 장 점

- 조직목표를 보다 정확하게 파악할 수 있다.
- 여러 목표 가운데서 가장 긴급한 것을 선택할 수 있다.
- 목표 달성을 위한 효율적인 수단의 분석이 가능하다.
- 장기적 사업계획에 대한 객관적 신뢰도가 높다.
- 조직의 통합적 운영이 편리하다.

② 문제점

- 목표 달성의 어려움: 목표 설정에 여러 가지 이해관계 및 정치적 요인이 개입되므로 합리적인 목표 설정이 어렵다.
- 중앙집권화의 초래: PPBS는 최고책임자에게 권한을 집중시키는 경향이 있다.
- 정량화 및 계량화의 어려움: 달성되는 효과의 정량화가 곤란하다. PPBS는 산출・효과의 계량화에 중점을 두고 있는데 공공사업의 경우 대체로 계량화가 곤란하다.
- 이사회의 위상 저하: PPBS는 과학적 합리성에 입각하여 편성되므로 이사회의 예산심의에서 이사들의 발언권이 제약을 받는다.
- 환산작업의 곤란: PPBS는 조직물품과 예산이 직접 연결되지 않기 때문에 실제운영에서 환산작업이 큰 문제이다.

4) 영기준 예산

(1) 의 의

영기준 예산(ZBB: Zero-Based Budgeting)이란 행정기관의 모든 사업에 전년도 예산을 고려하지 않은 영기준을 적용하여 체계적으로 비용-편익분석 혹은 비용-효과분석을 하고 사업의 우선순위를 결정하며 이에 따라 예산을 편성하는 제도이다.

(2) ZBB의 절차

- 결정단위 확인
- 결정집단(decision package) 작성

- 우선순위 결정
- 실행예산편성의 절차를 밟는다.

(3) ZBB의 특성

- 예산의 효율성을 제고한다.
- 정책결정이 상향적이다.
- 목표의 효율적인 성취에 중점을 둔다.
- 어떠한 목적을 세울 것인가에 최대의 관심을 기울인다.
- 기존의 프로그램이라고 해서 높게 평가하지 않는다.
- 집중적 예산편성 방식이다.

(4) ZBB의 장점

- 재정운영, 자금배정의 탄력성을 유지할 수 있다.
- 하의상달의 촉진으로 사업의 효과성을 향상시킨다.
- 관리자의 참여를 확대시킨다.
- 자원배분의 합리화를 기할 수 있다.
- 관리자에게 관리수단을 제공한다.

(5) ZBB의 한계 및 문제점

- 사업의 축소 · 폐지가 쉽지 않다.
- 목표 설정 기능 · 계획 기능이 위축된다.
- 심리적 · 정치적 요인이 무시된다.
- 업무부담이 과중하고 분석기법의 적용에 한계가 있다. 즉 직접비용이 아닌 간접비의 배분을 어떻게 할 것인가가 문제이다.

3절 사회복지법인재무 · 회계규칙

1. 총 칙

1) 목 적

「사회복지법인재무 · 회계규칙」은 사회복지법인의 재무 · 회계 및 후원금 관리의 명확성 · 공정성 · 투명성을 기함으로써 법인운영의 합리성과 건전성을 제고하기 위한 것이다.

2) 적용 범위

사회복지법인 및 법인운영시설

3) 사회복지법인 및 법인운영시설의 회계

회계는 다음과 같이 구분하여 관리할 것

(1) 법인회계: 법인의 업무 전반에 관한 회계

(2) 시설회계: 법인이 설치 · 운영하는 사회복지시설에 관한 회계

(3) 수익사업회계: 법인이 수행하는 수익사업에 관한 회계

4) 회계연도 및 회계연도 소속 구분

(1) 법인의 회계연도는 정부의 회계연도(1.1~12.31)에 의한다.

(2) 법인의 수익 및 지출의 발생, 자산 및 부채의 증감에 관하여는 그 원인이 되는 사실이 발생한 날을 기준으로 하여 연도소속을 구분한다. 단, 그 사실이 발생한 날을 정할 수 없는 경우에는 그 사실을 확인한 날을 기준으로 연도소속을 구분한다.

5) 출납기한

1회계연도에 속하는 법인의 세입 · 세출의 출납에 관한 사무는 다음 연도 2월 말일까지 완결해야 한다. 즉 2013년도 법인 예산의 경우 2014년 2월 28일까지 완료해야 한다.

2. 예 산

1) 예산의 편성

예산총계주의 원칙에 의하여 1회계년도의 모든 수입은 세입으로 하고 모든 지출은 세출로 하되, 세입과 세출은 모두 예산에 계상되어야 한다.

그림 7-2 예산편성 절차

주요내용	주 체	일 정
• 필요하다고 인정하는 사항에 관해 예산편성요령을 법인에 통보	시 · 군 · 구청장	회계연도 개시 2월전
• 법인 및 시설의 예산편성요령 작성	법인대표이사	회계연도 개시 1월전
• 회계별 예산 편성(법인회계, 시설회계, 수익사업회계)	법인대표이사	
• 이사회의 예산 의결	이사회 의결	
• 시 · 군 · 구청장에게 예산안 제출	법인대표이사	회계연도 개시 5일전
• 법인과 시설의 회계별 세입 · 세출 예산개요를 시 · 군 · 구, 법인, 시설의 게시판과 인터넷에 20일 이상 공고 ※ 게시판 공고는 일간신문 또는 「정기간행물의 등록 등에 관한 법률」 제2조 제1호의 규정에 의한 정기간행물에 게재로 갈음 가능	시 · 군 · 구청장 법인대표이사	예산 지출 후 20일 이내

2) 예산에 첨부할 서류

예산에 첨부할 서류는 다음과 같다. 다만 단식부기로 회계를 처리하는 경우에는 ①, ②, ⑤, ⑥만을 첨부할 수 있다.

① 예산총칙
② 세입·세출 명세서
③ 추정대차대조표
④ 추정수지계산서
⑤ 임직원 보수일람표
⑥ 해당 예산을 의결한 이사회 회의록 사본

3) 준예산의 편성

(1) 사 유

회계연도 개시 전까지 법인의 예산이 성립되지 아니한 때에 집행할 수 있다.

(2) 방 법

① 법인의 대표이사는 시·군·구청장에게 준예산편성 사유를 보고하여야 한다.
② 예산 성립 시까지 일부 경비에 대해 전년도 예산에 준하여 집행 가능하다.

(3) 준예산 편성 경비

① 임직원 보수
② 법인 및 시설운영에 직접 사용되는 필수적인 경비
③ 법령상 지급의무가 있는 경비

4) 추가경정 예산의 편성

(1) 사 유

예산 성립 후에 생긴 사유로 인하여 이미 성립된 예산에 변경을 가할 필요가 있을 경우

(2) 방 법

예산편성 절차에 준하여 추가경정 예산을 편성·확정하고 대표이사는 추가경정 예산이 확정된 날로부터 7일 이내 시·군·구청장에게 제출하여야 한다.

5) 예비비의 계상

법인의 대표이사는 예측할 수 없는 예산 외의 지출 또는 예산의 초과지출에 충당하기 위

하여 예비비를 세출 예산에 계상할 수 있다.

6) 예산의 목적 외 사용금지

법인회계 및 시설회계의 예산은 세출예산이 정한 목적 외 사용하지 못한다.

7) 예산의 전용

① **관간전용**: 법인 이사회의 의결을 거쳐 관할 시·군·구청장의 승인이 필요하다.

② **동일관내 항간전용**: 법인 이사회의 의결이 필요하다. 법인의 대표이사는 예산 전용 시 시·군·구청장에게 즉시 보고하여야 한다.

③ **전용의 제한**: 예산총칙에서 전용을 제한한 경우와 예산성립 과정에서 이사회에서 삭감한 관·항·목으로는 전용하지 못한다.

8) 세출예산의 이월

법인회계 및 시설회계의 세출예산 중 성질상 당해 회계연도 안에 지출을 마치지 못할 것으로 예측되는 경비와 연도 내에 지출원인행위를 하고, 불가피한 사유로 인하여 연도 내에 지출하지 못한 경비는 법인 이사회의 의결을 거쳐 다음 연도에 이월 사용 가능하다.

9) 특정목적사업 예산

완성에 수년을 요하는 공사나 제조 그 밖의 특수한 사업을 위하여 2회계연도 이상에 걸쳐서 그 재원을 조달할 필요가 있는 때에는 회계연도마다 일정액을 예산에 계상하여 특정목적사업을 위한 적립금으로 적립이 가능하다.

3. 결 산

1) 결산의 보고

그림 7-3 결산의 보고

주요내용	주 체	일 정
• 법인회계와 시설회계의 세입 · 세출 결산보고서 작성	법인 대표이사	출납완료 시
• 이사회의 결산보고서 의결	법인 이사회	결산보고서 작성 시
• 시 · 군 · 구청장에게 결산보고서 제출	법인 대표이사	익년도 3. 31까지
• 법인과 시설의 세입 · 세출 결산개요와 후원금품의 수입 및 사용내역 개요를 시 · 군 · 구, 법인, 시설의 게시판과 인터넷에 20일 이상 공고 ※ 게시판 공고는 일간신문 또는 「정기간행물의 등록 등에 관한 법률」 제2조 제1호의 규정에 의한 정기간행물에 게재로 갈음 가능	시 · 군 · 구청장 법인 대표이사	결산보고서 제출 후 20일 이내

2) 결산보고서에 첨부하여야 할 서류

① 세입 · 세출 결산서

② 과목전용조서

③ 예비비사용조서

④ 대차대조표

⑤ 수지계산서

⑥ 현금 및 예금명세서

⑦ 유가증권명세서

⑧ 미수금명세서

⑨ 재고자산명세서

⑩ 기타유동자산명세서(⑥~⑨ 유동자산 외의 유동자산)

⑪ 고정자산(토지 · 건물 · 차량운반구 · 비품 · 전화가입권)명세서

⑫ 부채명세서(차입금, 미지급금 포함)

⑬ 제충당금명세서

⑭ 기본재산수입명세서

⑮ 사업수입명세서

⑯ 정부보조금명세서

⑰ 후원금 수입명세 및 사용결과보고서

⑱ 인건비 명세서

⑲ 사업비 명세서

⑳ 기타 비용명세서(인건비 및 사업비를 제외한 비용)

㉑ 감사보고서

㉒ 법인세 신고서(수익사업이 있는 경우에 한함)

단식부기로 작성할 경우에는 ①~③, ⑭~㉒ 항목의 서류만을 첨부할 수 있다.

4. 회 계

1) 회계 총칙

(1) 수입 및 지출사무 관리주체는 법인의 대표이사 및 시설의 장이며, 해당 사무를 소속 직원에게 「각각」 위임이 가능하다.

(2) 수입과 지출의 집행기관

법인과 시설에는 수입과 지출의 현금출납업무를 담당하기 위하여 각각 수입원과 지출원을 두되, 법인 또는 시설의 규모가 소규모인 경우에는 수입원과 지출원을 동일인으로 할 수 있다. 수입원과 지출원은 법인의 대표이사와 시설장이 임명한다.

(3) 회계의 방법

회계는 단식부기에 의한다. 다만, 법인회계와 수익사업회계에 있어 복식부기가 필요한 경우에는 복식부기에 의한다.

(4) 법인 및 시설 비치 회계장부

① 현금 출납부

② 총계정원장

③ 총계정원장보조부

④ 재산대장

⑤ 비품관리대장

2) 수 입

(1) 수입금의 납품관리

모든 수입금의 수납은 이를 금융기관에 취급시키는 경우를 제외하고는 수입원이 아니면 수납하지 못한다. 수입원이 수납한 수입금은 그 다음날까지 금융기관에 예입해야 하며, 수입금에 대한 금융기관의 거래통장은 회계별(법인회계, 시설회계, 수익사업회계)로 구분될 수 있도록 보관·관리한다.

(2) 과년도 수입, 반납금, 과오납금 처리

출납 완결 연도에 속하는 수입은 모두 현 연도 예산에 편입하여야 한다. 지출된 세출의 반납금은 각각 지출한 세출의 당해 과목에 여입 가능하고 과오납된 수입금은 수입한 세입에서 직접 반환한다.

3) 지 출

(1) 지출의 원칙

지출은 지출사무를 관리하는 자(대표이사, 시설장) 및 그 위임을 받아 지출 명령이 있는 것에 한하여 지출원이 행하며, 지출명령은 예산의 범위 내에서 하여야 한다.

지출은 예금통장에 의하거나 「전자문서 및 전자거래 기본법」에 의한 전자거래로 행하여야 하고, 상용경비 또는 소액의 경비 지출은 현금으로 가능하며, 이를 위해 지출원은 100만원 이하의 현금을 보관할 수 있다. 그리고 상용경비 또는 소액의 경비 지출이라도 5만 원 이상 지출 시 신용카드를 사용하거나 현금영수증을 발급받아 지출하도록 한다.

(2) 지출의 특례(선금급)

선금급을 할 수 있는 경비의 범위는 다음과 같다.

- 외국에서 직접 구입하는 기계, 도서, 표본 또는 실험용 재료의 대가
- 정기간행물의 대가
- 토지 또는 가옥의 임대료와 용선료
- 운임
- 소속직원 중 특별한 사정이 있는 자에 대하여 지급하는 급여의 일부
- 관공서(「정부투자기관관리기본법」에 의한 정부투자기관 및 특별법에 의하여 설립된 특수수법인 포함)에 대하여 지급하는 경비
- 외국에서 연구 또는 조사에 종사하는 자에 대하여 지급하는 경비
- 사례금
- 계약금이 1천만 원 이상인 공사나 제조 또는 물건의 매입을 하는 경우에 계약금의 100분의 50을 초과하지 아니하는 금액 등

4) 계약의 원칙

계약에 관련한 사항은 「지방자치단체를 당사자로 하는 계약에 관한 법률」, 동법 시행령 및 동법 시행규칙을 준용하여 처리한다.

5. 물 품

1) 물품의 관리

(1) 물품은 현금 및 유가증권을 제외한 동산이다.

(2) 물품의 관리주체는 법인의 대표이사 및 시설의 장이며, 물품관리에 관한 사항을 소속직원에게 위임 가능하다.

(3) 물품의 출납보관을 위해 소속직원 중에서 물품출납원을 지정하여야 한다.

(4) 물품관리자와 물품출납원은 선량한 관리자의 주의의무로 물품관리를 하여야 한다.

(5) 물품의 관리

물품의 출납은 물품관리자의 출납명령에 의해 물품출납원의 출납행위를 통해서만 가능하며, 물품출납원은 물품관리자의 출납명령 없이는 물품을 출납할 수 없다.

2) 물품의 조사 및 처리

(1) 재물조사 실시

연 1회 법인 및 시설에 대한 정기 재물조사를 실시(의무사항)하고, 필요시에는 수시재물조사를 실시(재량사항)할 수 있다.

(2) 불용품 처리

사용 불가능 또는 수리하여 재사용이 불가능한 물품은 불용 결정을 하여야 한다. 그리고 불용품 매각 시 그 대금은 당해 법인 또는 시설의 세입예산에 편입시켜야 한다.

6. 후원금의 관리

1) 후원금의 접수

(1) 후원금이란 아무런 대가 없이 무상으로 받은 금품, 기타의 자산을 말한다.

(2) 후원금 영수증 교부

법인의 대표이사와 시설장은 후원금을 받은 때에는 「소득세법」 시행규칙 제101조 20호의 2 또는 「법인세법」 시행규칙 제82조 제3항 3호의3에서 정하는 기부금영수증 양식으로 후원금 영수증을 후원자에게 즉시 교부하여야 한다. 다만 금융기관 또는 체신관서의 계좌입금을 통하여 후원금을 받은 경우에는 영수증을 교부할 필요는 없으나, 후원자가 원할 경우에는 교부한다.

2) 후원금의 관리

(1) 후원금 발급 목록 장부 비치

후원금을 받은 때에는 후원금 영수증 교부 후 발급 목록을 별도 장부로 관리하여야 한다.

| 표 7-1 | **후원금 영수증 발급 대장**

연 번	일 시	후원자(법인)	금 액	유 형	비 고
				지정, 비지정	

(2) 후원금 전용계좌의 개설

금융기관 또는 채신관서의 계좌입금을 통하여 후원금을 받은 때에는 법인명의 및 시설의 명칭이 부기된 시설장 명의의 후원금 전용계좌를 개설하여 사용하여야 한다. 이 경우 영수증 교부 생략이 가능하다. 다만 후원자가 원하는 경우는 영수증을 발급한다.

(3) 후원금의 수입 및 사용내역 통보

대표이사와 시설장은 연 1회 이상 해당 후원금의 수입 및 사용내역을 후원금을 낸 법인·단체 또는 개인에게 통보하여야 한다. 그리고 법인이 발행하는 정기간행물 또는 홍보지 등을 이용하여 일괄 통보도 가능하다.

(4) 후원금의 수입 및 사용결과 보고 · 공개

대표이사와 시설장은 회계연도 종료 후 15일 이내에 후원금 수입 및 사용결과 보고서를 관할 시·군·구청장에게 제출(전산파일 가능)하여야 한다.

시·군·구청장은 제출받은 후원금의 수입 및 사용결과 보고의 내역과 후원금 전용계좌 등의 후원금 입출금 내역을 회계연도 종료 후 30일 이내에 인터넷 등을 통하여 공개한 후, 3개월간 누구든지 볼 수 있도록 게시하여야 한다. 단, 후원자 성명(법인의 경우는 그 명칭)은 공개하지 아니한다.

(5) 후원금의 용도 외 사용금지

후원자가 지정한 사용용도 외의 용도로 사용하지 못한다. 그리고 후원금은 예산의 편성 및 확정 절차에 따라 세입·세출예산에 편성하여 사용하여야 한다.

7. 감사의 실시

1) 법인의 감사는 당해 법인과 시설에 대하여 매년 1회 이상 실시하여야 한다.

2) 법인의 대표이사는 시설의 장, 수입원 및 지출원이 사망하거나 경질된 때에는 그 관장에 속하는 수입, 지출, 재산, 물품, 및 현금 등의 관리 상황을 감사로 하여금 감사토록 한다. 감사 시 전임자가 입회하여야 하며, 전임자가 입회할 수 없는 경우에는 그 전임자가 지정하거나 법인의 대표이사가 관계 직원 중에서 지정한 입회인을 입회하게 한다.
3) 감사는 감사보고서를 작성하여 법인 이사회에 보고하며, 재산 상황 또는 업무집행에 관하여 부정 또는 불비한 점이 발견된 때에는 시·군·구청장에게 보고한다.

제 8 장

사회복지 정보관리

1절 사회복지 정보환경

1. 정보화 시대의 사회복지환경 변화

현대사회는 과학기술의 급속한 발달과 함께 특히 정보통신기술의 발달로 인하여 '정보화' 사회라고 한다. 정보기술의 발달은 전반적인 사회의 변화를 초래하였고 이러한 환경변화에 따라서 사회복지의 모든 조직들도 변화하고 있다.

지식정보화 사회의 열린 네트워크를 통해 다양한 정보를 생산하고 공유하게 된 오늘날의 복지 수혜자들은 이전의 수동적이고 소극적인 모습이 아닌 다양한 욕구와 수요를 적극적으로 표현하고 서비스의 질적 측면에서도 대단히 민감하게 반응하게 되었다.

사회복지서비스에 대한 다양한 욕구와 수요 급증은 다양하고 거대한 정보를 가져오게 되고, 정보의 효율적 관리와 합리적인 의사결정을 위하여 정보관리가 더욱 요구되고 있다.

더구나 정보화 사회의 등장은 무경제화, 통합화, 단일화를 지향하는 네트워크의 집중적 성향의 강화와 함께 구체적인 공간을 거점으로 하는 지역공동체의 의미를 점차 상실케 하고 있다. 지역공동체의 상실은 심각한 인간 공동체 파괴의 결과를 초래할 것이라는 우려도 나오고 있다. 실제로 산업화와 정보화의 급속한 진전은 지역사회 내에는 다양한 소외집단들의 출현 등으로 많은 사회문제의 등장 및 그로 인한 다양한 사회복지서비스의 요구를 증대시키고 있다.

2. 정보화 시대의 조직환경 변화

정보기술의 발달은 사회복지조직에서 조직업무와 조직구조, 의사소통, 조직운영 등에 변화를 추구하게 되었고, 효율적 정보관리를 통하여 조직의 목표 달성과 성과를 높이는 데 활용하고 있다.

정보화 사회에서 조직에게 나타나는 가장 큰 변화 중의 하나는 조직구조의 변화로 수평적 조직구조의 보편화 현상이라고 할 수 있다(Bell, 1976; Toffler, 1980). 이는 사회 전반적으로 조직구조상의 관료주의적·권위주의적 특성이 약화되고 분권화를 바탕으로 한 수평적 조직으로서의 특성이 일반화될 것이라는 의미이다. 이러한 추정은 2000년대를 살아가는 오늘에 그대로 현실로 나타나고 있다.

구체적인 조직운영과정에서도 많은 변화를 가져오고 있다. 업무환경의 변화와 함께 업무 수행 방법의 변화를 들 수 있다. 대부분의 사회복지조직에서는 모든 문서가 컴퓨터를 활용한 워드프로세서로 작성되고 있고, 전자결제가 일상화되어 업무의 간소화를 가져다 주었다. 또한 정보화는 의사소통 및 의사결정 방식에도 변화를 가져오게 되었는데 전자우편, 화상회의, 전자결재는 이미 많은 조직에게 일상적인 업무의 일부이며, 동시에 조직 자체를 지탱하게 하는 수단의 역할도 하고 있다. 조직구성원들에게 업무수행에 있어서도 변화하는 지식과 기술을 요구하게 되었고, 신규직원이나 관리자를 막론하고 업무를 수행하는 데 필수적인 정보화 지식과 기술은 누구에게나 요구되는 항목이 되어 왔다. 신규직원 채용과정에서는 당연한 요건으로 인식되고 있으며, 기존의 직원 및 관리자들에게도 새로운 정보기술의 적용을 위한 보수교육은 주기적으로 실시되는 것이 일반적이다.

정보화는 사회복지조직에서 새로운 변화를 추구하게 되었고, 다만 사회복지조직의 경우 다른 유형의 조직보다도 강조될 수 있는 특징이 있다고 한다면, 정보관리체계를 통해 클라이언트에 대한 서비스를 향상시키고, 서비스 제공의 효율을 향상시킬 수 있다는 것이다. 사회복지분야의 경우 전형적인 서비스 산업으로 분류될 수 있어 정보체계의 활용은 필연적으로 클라이언트의 복지를 증진하는 결과를 포함할 수밖에 없는 것이다.

3. 정부의 사회복지시설정보시스템 구축

사회복지시설정보시스템 구축사업은 복지 분야 정보를 통합 제공하여 업무의 일원화, 표준화, 투명화, 전자화, 보고절차의 간소화, 신속한 업무처리를 위하고 아울러 급증하는 복지 정보 제공에 대한 욕구를 해소하고 사회복지서비스 이력에 대한 체계적인 관리를 제공하기 위하여 2004년 「사회복지사업법」 제6조의 2항(사회복지업무의 전자화)과 「노인장기요양보험법」 제33조(장기요양기관의 시설 · 인력에 관한 변경)에 따라 사회복지기관의 전자화를 위하여 구축 · 보급하였다. 처음 보급 당시는 '국가복지정보시스템'이란 명칭을 사용하였으나 사회복지시설의 업무를 포괄하고 있다는 점을 반영하여 2009년 6월 '사회복지시설정보시스템'으로 명칭을 변경하였다.

2008년부터 사회복지시설 업무의 효율화 및 시설 회계의 투명성 제고를 위하여 새올행정시스템(시 · 군 · 구용)과 사회복지시설정보시스템(사회복지시설용) 간 연계 시스템이 구축되어 보조금 신청 및 보고 등을 온라인으로 수행하였으며, 2010년 1월 행복e음이 구축되었다. 행복e음은 사회보장 시스템으로 「사회보장기본법」 제37조 규정에 의거 사회보장수급권자 선정 및 급여 관리 등에 관한 정보를 통합·연계하여 처리·기록 및 관리하는 시스템이다. 사회복지시설은 사회복지시설정보시스템이나 행복e음으로 보조금 신청 및 보고를 하고 지자체 공무원은 이 정보를 기준으로 보조금 신청 및 각종 업무를 처리하게 되었다. 이를 위해 사회복지시설정보시스템의 관리정보(입소자 및 이용자 명부, 종사자 명부 등)를 기반으로 생성되는 보고정보를 활용하여 각종 보고서를 작성하고 수기(서면) 보고는 폐지되었다. 다만 시도별로 시설유형 및 시·도 여건에 따른 서면보고가 불가피한 시설의 경우 보건복지부의 사전 승인이 필요하다.

사회복지시설정보시스템이 2005년에 3,000개의 장애인시설 관리시스템에서 2011년에는 26,851여 개로 확대되었고 다양한 시설이 확대됨에 따라 기존의 프로그램으로는 시설의 요구 및 적용에 한계가 나타나기 시작하였다. 이에 행복e음 시스템 구축에 따라 사회복지전달체계의 변화에 의해 업무프로세스를 재정의하여 차세대 시설정보시스템구축이 필요함에 따라 2013년 표준 공통 업무시스템 고도화를 통한 회계, 인사, 후원금, 시·군·구보고, 서비스 이력관리, 사례관리, 통계 관리등을 계획·수립하였다.

또한 DA(Data Architecure) 기반 통합 데이터베이스 구축(데이터 이전 포함)을 통한 성은 향상을 도모하고, Open API 확대 적용을 마련하였다.

이러한 사회복지시설정보시스템 구축은 사회복지시설정보시스템의 통합 및 고도화 작업의 수행 및 사회복지 시설 관련 정보의 완성도, 정보시스템의 성숙도 향상을 통해 시·군·구 및 관련 단체에 일원화된 정보제공 및 업무 정확성 보장을 목적으로 시행되었고, 업무프로세스 재설계를 기반으로 체계적이고 표준화된 사회복지시설 정보시스템을 제공함으로써 업무의 효율성을 증대시키고, 통합 데이터베이스 구축을 통한 정보의 정확성 제공 및 전자장부 표준안 확대 적용을 통한 시스템 안정성 확보, 정보화 성숙도 증대를 마련할 것으로 기대된다.

그림 8-1 **사회복지시설정보시스템의 업무흐름도**

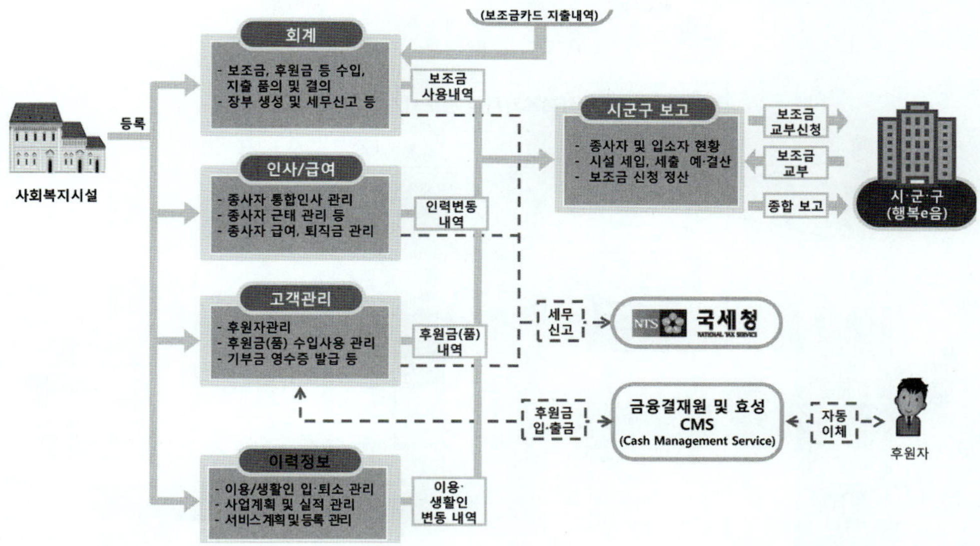

출처 : 보건복지부, 사회복지시설정보시스템(2013).

아울러 Open API를 통한 시설 자체 정보시스템에 대한 유연한 지원이 이루어질 수 있으며 행복e음과 표준기반 인터페이스 방안 확보가 이루어질 수 있을 것임을 기대할 수 있을 것이다.

그림 8-2 사회복지시설정보시스템의 구성도

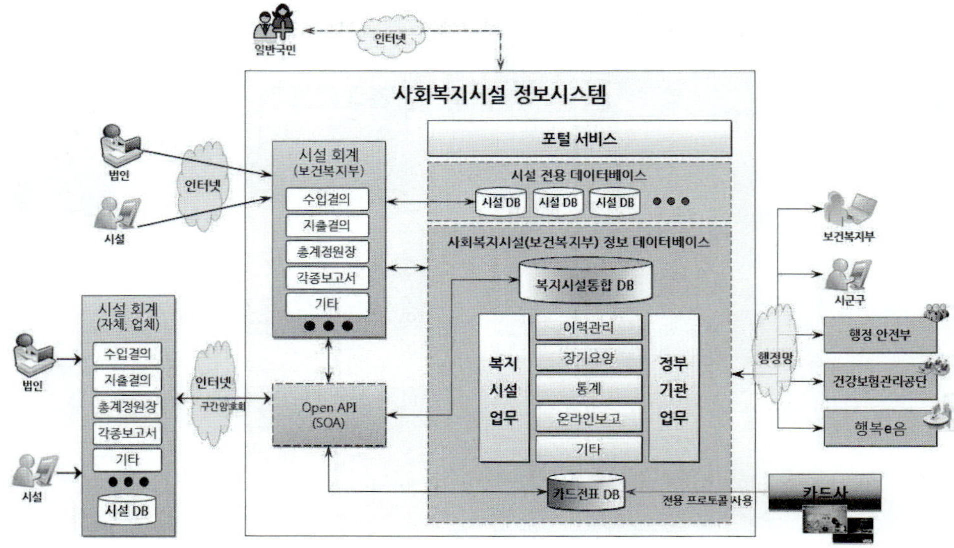

출처 : 보건복지부, 사회복지시설정보시스템(2016).

2절 정보관리체계의 개념과 구성

1. 정보관리체계의 개념

1) 정보의 개념

정보의 개념은 환경과 시대의 변화에 따라 변화해 왔으며 정보화 사회에 그 의미는 크게 변화되게 되었다. 흔히 정보체계에 관한 논의과정에서 가장 기초적이고 빈번히 시용되고 있는 자료라는 개념이 비조직적인 사실이며 아직 평가가 내려지지 않은 그 자체로서 의미를 갖지 않는 숫자나 숫자들의 조합이라고 할 수 있다면 정보는 그 개념을 뛰어넘어 자료 자체로서 의미를 갖도록 조직화된 것이다. 즉 일정한 기준과 약속에 의하여 수신자에게 의미 있는 형태로 처리된 데이터이며, 현재 또는 미래의 결정이나 행동에 실제적이거나 인지된 가치를 지니는 것이다. 정보는 어떤 개인이나 조직의 특정목적을 위하여 만들어진 기호 및 기초의 체계이며 어떤 의도하에 정리 또는 가공된 자료의 집합으로 인간의 감각을 통하여 인지되는 알림의 내용으로써 어떤 특정한 목적의 달성을 위한 의사결정에 도움을 준다.

2) 복지정보의 개념

복지정보란 "복지활동에서 획득·생성되어 체계적으로 축적·가공·전달·활용되는 제반 지식, 자료 또는 메시지로서, 복지의 주체 및 객체의 의사결정이나 행동을 위하여 사용될 수 있는 의미 있는 내용"이라고 할 수 있다. 다시 말하면, 첫째, 복지정보는 복지활동 과정에서 발생하며, 복지업무를 지원하는 것이다. 복지업무에는 정책적인 업무, 관리적인 업무, 임상적인 업무 및 일상적인 업무가 포함된다. 복지정보는 그 자체가 목적이라기보다 수단적·지원적·이차적 기능을 갖는다.

둘째, 복지정보는 지식·자료·메시지 등 정보의 일반적인 순환과정을 거친다.

셋째, 복지정보는 복지의 주체, 즉 사회복지조직, 사회복지사 등 복지서비스를 제공하는 측에게는 물론 복지의 객체인 지역주민 등 복지서비스의 클라이언트를 위하여 사용될 수 있어야 한다.

넷째, 복지정보는 사용자의 의사결정이나 행동을 위하여 의미가 있어야 하며, 의사결정이나 행동의 변화에 영향을 줄 수 있어야 한다.

결국 사회복지조직에서는 조직 내의 부서별, 계층 및 개인별로 발생되는 제반 문제와 조직 외에서 발생하는 문제에 대한 해결방안을 수립하기 위하여, 그리고 당면과제의 추진과 목표 달성을 위한 의사결정이나 현재의 상황에 대처하기 위해 필요한 지식과 인식, 판단, 결정, 대응 및 예측을 위한 정보가 필요하게 된다.

3) 정보관리체계의 개념

사회복지영역에서 논의되고 있는 '정보관리체계(information system)' 또는 '관리정보체계(management information system)'에 대해서 설명하면 다음과 같다.

정보관리체계는 엄격한 의미에서 "조직관리와 관련된 기본적인 정보를 처리하기 위해 컴퓨터를 응용하는 것"이라고 할 수 있다(Schoech, 1999: 88). 하지만 포괄적인 의미에서의 정보체계는 사람과 절차, 기술의 집합체라고 할 수 있으며, 이 요소들은 데이터와 정보를 모으고 그 처리과정을 강화하여, 그 결과물들을 활용하기 위해 존재한다(O'Brien, 1995 재인용; Schoech, 1999). 이러한 광의의 정보관리체계는 비공식적일 수도 있으며, 반드시 전산 시스템의 응용을 전제하지도 않는다. 회의나 회식을 통해 조직 내의 정보교류 및 수집이 이루어진다면 이는 광의의 차원에서 본 정보관리체계의 사례일 수 있는 것이다. 따라서 이 장에서는 논의하는 정보관리체계는 앞서의 협의의 개념을 사용한다. 사실 정보화 시대의 정보관리체계는 협의의 개념을 전재로 논의되고 추진되기 때문이다.

협의의 개념을 사용할 때, 사회복지기관이 컴퓨터를 사용하고 있다고 해서 반드시 정보관리체계를 갖추었다고는 볼 수 없다. 효과적이고 효율적인 조직관리를 위해 전산화된 업무환경에서 정보처리기술을 응용하는 경우에만 정보관리체계를 활용하고 있다고 할 수 있는 것이다.

같은 맥락에서 Lewis 등(2001)은 정보체계는 이해할 수 없는(mysterious) 목적을 위해 사용되는 것이 아니라 모든 유용한 정보와 수집되어야 할 정보, 즉 서비스 단위 및 클라이언트의 성과(outcome)로부터 직원의 이직률과 직무만족도까지도 포함하는 것으로 정보체계의 개념을 설정하고 있다. 그리고 사회복지조직에서 활용될 수 있는 정보체계 또는 관리정보체계의 개념과 전산화는 구별되어야 한다고 한다. 대부분의 사회복지조직의 종사자들은 정보체계라고 하면 컴퓨터를 떠올린다. 물론 정보체계를 이루기 위해서는 컴퓨터가 필수적이다. 그러나 전산화가 자동적으로 자료를 수집하고 정리하는 것이라고 한다면, 정보체계는 이러한 전산화를 사회복지조직의 목적과 조직의 성과에 초점을 두고 활용하는 방법에 관한 것이라고 할 수 있다(Lewis et al., 2001).

결국 대부분의 정보관리체계는 보고서를 만들어내고, 질문에 대답하기 위해서 정보를 수집하고, 관리하고, 조정하는 것에 초점을 맞추고 있으며, 정보체계의 산출(outputs)은 관리자 또는 임상실천가가 그들의 업무를 다루는 데 도움을 주기 위해서 고안된다. 드물게는 클라이언트와 임상실천가와의 관계를 강화시키기 위해 만들어지는 것도 있다. 정보관리체계는 조직의 기본적인 기능을 통합하는 효과가 있기 때문에 이로 인해 직원들에게 미치는 파급효과도 대단히 크다.

2. 정보관리체계의 구성

사회복지조직은 조직이 설정한 목표를 달성하고 그 기능을 수행하기 위해서 다양한 정보가 필요하다. 사회복지조직에서 필요한 정보는 공통적으로 다음 〈표 8-1〉와 같이 정리할 수 있다(신복기 외, 2002: 348).

| 표 8-1 | 사회복지조직 정보분류

클라이언트(지역사회) 정보	클라이언트의 인구학적 특성, 기관 이용 현황 등
욕구 정보	지역사회주민과 클라이언트의 복지 욕구의 내용 등
서비스와 자원정보	제공하는 서비스의 종류와 내용, 서비스의 질에 관한 것, 서비스의 이용 방법과 이용시간, 담당자 등
처우 정보	처우계획, 실시 내용 등
기술 정보	사회복지사의 전문적 지식, 활용 가능한 기술 등
참가 정보	후원자, 자원봉사자 활동, 이벤트와 강좌 등
규범 정보	조직 내 규칙과 지침서 등
환경 정보	정부시책, 행정방침, 관련 정책과 제도의 변화 추이 등
관리 정보	조직의 재무, 인사, 문헌과 신문기사, 타 조직에 관한 사항 등
기타 정보	

위와 같은 정보는 효율적이고 효과적인 방법으로 관리되어야 하는데, 이를 위한 방법이 바로 정보관리체계를 활용하는 것이다. 정보관리체계란 정형화된 구조를 통해서 다양한 자료들을 수집하고, 저장하며, 처리하여 유용한 정보로 전환하는 것이다. 사회복지기관들에서 정보관리체계는 클라이언트에 관한 정보를 생성하고 저장하거나 혹은 공유하기 위한 목적으로 사용될 수 있고, 재정자원의 관리와 같은 내부 운영의 통제를 위해서도 사용된다(김영종, 2001: 227).

사회복지조직에서의 정보관리체계는 크게 세 가지 근본적인 하위 정보체계들로 구성된다(김영종, 2001: 227-231).

첫째, 클라이언트 정보체계(client information system)이다. 클라이언트 정보체계는 클라이언트에 관한 정보, 클라이언트와 서비스 프로그램 간의 상호 작용 등에 관한 정보들을 생성하고, 조직, 보고하는 데 활용되고 있는 정보체계이다. 이 체계의 기본적인 기능은 프로그램 이용자들에게 서비스를 제공하는 데 초점을 둔다.

둘째, 조직정보체계(organization information system)이다. 조직정보체계는 사회복지사업에 있어 기획이나 예산, 보고, 비용평가 등과 같이 기본적인 사회복지 행정적 기능들을 보조하는 역할을 수행하는 것으로, 주로 외부의 자금 제공기관들에 의해서 요구되는 정보를 수집하는 경우가 많다. 조직정보체계에 의해서 지원되는 전형적인 기능들은 욕구사정, 시설 및 운영에 관한 기획 예산, 연구조사, 직원 및 임금대장, 회계 및 비용 통제, 통계보고 및 예측 등이다.

셋째, 업무수행 정보체계(performance information system)이다. 업무수행정보체계는 의사결정의 향상이나 프로그램의 생산성 및 효과성의 다양한 측면들을 평가하기 위해 요구되는 정보들을 다룬다. 업무수행 정보체계는 굳이 새로운 정보시스템을 운영하지 않더라도 기존의 클라이언트 정보시스템과 조직 정보시스템의 합성에 의해서도 가능하다. 물론 이러한 합성은 두 시스템이 자료들을 호환하거나 공유할 수 있는 통합성을 갖고 있는가에 의해서 좌우된다.

3. 정보관리체계의 유형

사회복지조직의 업무를 지원하고 문제를 해결하기 위해 활용되는 정보체계유형 및 정보 프로그램들에 대해 역사적 발전과정을 살펴보면 1950년대 이전에는 자료를 수작업 또는 전자계산기로 처리하였고, 1950년대에는 대형 컴퓨터가 일상적 업무자료를 처리하였는데 주로 일반 사무 처리를 위한 전산 응용 프로그램(회계 또는 재고관리)을 사용하였다. 1960년대에 들어오면서 자료처리에 대한 필요성의 증가에 따라 정보관리체계가 개발되기 시작하였으며, 1970년대에는 의사결정시스템이 등장하였는데 이는 수집된 정보를 의사결정에 필요한 자료를 가공하여 활용하는 것으로 관리정보체계보다 한 차원 높은 발전이라 할 수 있다.

의사결정지원시스템 등장 이후 1990년대의 데이터 관리기술은 정보기술의 발달에 힘입어 특정한 업무의 성과를 향상시키는 데 초점을 둔 업무수행시스템의 개발을 가능하게 하였다(황성철 외, 2003).

이상의 역사적 발전과정을 바탕으로 정보기술의 발달과정에 따라 정보관리체계의 유형을 재구분하면 다음과 같다.

1) 자료처리응용(data processing applications)

자료처리응용은 사회복지조직에서 반복적으로 발생하는 사무업무를 자료의 입력만으로 처리하게 하는 기능을 수행한다. 자료처리 업무는 정보의 수집, 저장, 검색, 조정, 이송 그리고 자료출력을 포함한다. 자동화된 자료처리 응용프로그램(automated data processing applications)

은 비서업무와 직원들의 일상 업무를 처리하는 데 소요되는 시간과 비용을 감소시키기 위해서 고안된 것이다. 봉급명세서의 자동처리, 이용자명부관리, 영수증자동발급 등이 사례가 될 것이다. 비교적 단순·반복적인 업무에서 발생되는 자료의 양이 증가함에 따라 기계적인 자료처리의 필요성이 높아진 것이다.

2) 정보관리시스템(MIS: Management Information Systems)

정보관리시스템은 효과적이고 효율적인 조직 관리를 위하여 기본적인 정보처리에 컴퓨터를 응용하는 것으로서 전산화된 업무환경에서 정보처리기술을 응용하는 것이다.

정보관리시스템은 사람의 모집, 절차, 자료와 정보수집기술, 일련의 절차를 통해서 자료와 정보를 향상시키는 기술, 그리고 그 결과를 출력하여 배포하는 것을 말하는 것으로 자료처리의 특성을 많이 가지고 있다.

조직에서 수집된 많은 독립된 자료를 조직의 목적에 따라 통합·가공시키고, 새로운 자료를 생성시켜 단계별로 조직에게 도움을 주며, 보고의 형식으로 새로운 정보를 만들어 낸다. 예를 들어 이용자 실적을 사업부별로 월별, 분기별 보고서를 자동 작성하도록 하여, 사업현황을 정기적으로 점검할 수 있는 정보를 제공하도록 하는 것은 정보체계의 덕택이라 할 수 있다.

3) 지식기반시스템(KBS: Knowle - dge - based systems)

지식은 자료 또는 정보, 그리고 지식의 구조 그 이상의 의미를 포함하고 있기 때문에 더 복잡하고 어려운 처리기술을 요구한다. 사회복지조직에서의 지식기반 응용 프로그램은 실험단계에 있지만 매우 중요하다. 그 이유는 사회복지조직의 지식기반 응용 프로그램은 클라이언트와 임상실천가의 상호 작용을 증진할 수 있는 복잡성을 다루고 있기 때문이다. 지식기반시스템은 다양한 정보의 축적이 필요하며, 단순히 정보제공과 보고에 초점을 맞추지 않는다는 것이 특징이며, 동일한 사안에 대하여서도 전문가의 의견이 서로 다르게 나타날 수 있다는 한계를 가진다.

사회복지조직과 특별한 관계를 가지고 있는 지식기반 응용프로그램의 세 가지 유형에는 전문가 시스템(expert system), 사례기반추론(case-based reasoning), 자연음성처리(natural language processing)가 있다.

| 표 8-2 | 지식기반시스템의 3가지 유형

지식기반시스템의 3가지 유형	
전문가시스템 (expert system)	사용자가 관리정보시스템에 저장한 지식을 활용하여 사례에 관한 의사결정을 하는 것
사례기반추론 (case-based reasoning)	수천 개의 클라이언트 사례(인구통계, 서비스, 성과)를 조사하여 저장하고 이들 저장된 사례자료로부터 지식을 얻어 내는 것
자연음성처리 (natural language processing)	언어를 텍스트로 전환하는 것, 즉 전환 음성기, 외국어 번역테스트기 등

4) 의사결정지원시스템(DSS: Decision Support system)

의사결정시스템(DSS)은 전문가가 복잡한 의사결정을 보다 쉽게 할 수 있도록 지원하기 위해 고안된 것으로 효과성과 의사결정의 특성을 탐구하는 것에 초점을 두고 있다.

사용자가 자료를 검색하고, 관리하고, 의사결정에 관한 정보를 얻는 데 도움을 주는 것으로 DSS는 사용자의 경험과 판단의 대리인이 아니라 단지 데이터이고 모델일 뿐이다. 즉 DSS가 의사결정을 하는 것은 아니고 전문가가 직접 의사결정을 한다. 의사결정 과정에서 전문가는 DSS를 활용하는 것이다.

DSS가 활용되는 한 예로는 미국의 미네소타에 있는 램지 카운티(Ramsey County)에서의 GAIN(General Assistance Intake)을 들 수 있다. 이 시스템은 접수 일정을 자동으로 결정하며, 처음 접수할 때 온라인으로 제공되는 기록을 통하여 클라이언트에 대한 자료를 확보하고, 적절한 담당자에게 자료를 전송시키고 클라이언트에 대한 통계를 작성한다. 또 다른 DSS의 예로는 캐나다 온타리오 주에서 활용하고 있는 '임상도구 및 정보관리를 위한 아동복지척도(The Child Well-being as a Clinical Tool Management Information System)'이다. 이 시스템은 아동에 대한 정확한 서비스 계획수립을 돕기 위해 개발된 의사결정지원형, 구조화된 사정도구이다.

5) 업무수행지원체계(PSS: Performance Support System)

업무수행지원체계(PSS)는 현장에서의 업무수행능력을 향상시키기 위해 개발된 통합정보제공 시스템이다. 이를 통해 다른 사람으로부터 최소한의 도움을 받아 즉시 그 문제를 해결하거나 업무를 완수할 수 있도록 하는 것이다.

PSS는 직접 서비스를 제공하는 사회복지사의 즉각적인 업무성과를 높이는 것에 초점을 두고 있으며, 의사결정에 초점을 두고 있지는 않다. PSS는 DSS보다는 오히려 덜 복잡하다. PSS는 일을 수행하는 방법에 관한 지시사항과 절차가 방대할 때, 직원이 재편성되고 업무교육이 일상적일 때, 기관이 적소에 기본적인 컴퓨터 시스템을 가지고 있을 때, 예산을 줄이고, 질을 향상시켜야 할 압력이 존재할 때 효과가 있다. 예를 들어, CASP(Computer-Assisted Services Planning, www.psp.info.com)는 문제를 정의하고 구조화하도록 도와주며, 측정과 개입을 위해 담당자를 지원해 주는 프로그램이다. 서비스 제공계획의 수립을 도와주는 것이다.

이상과 같이 사회복지조직의 업무영역에서 활용되고 있는 정보관리시스템의 활용 유형을 도표화하면 〈표 8-3〉과 같다.

| 표 8-3 | 정보관리체계 유형과 기능

정보관리체계 유형	목 적	기 능	사 례
DP(Data Processing) 전산자료처리체계	효율	• 업무처리과정, 기록보관, 업무보고 • 사무적인 업무처리의 능률 향상에 역점	월급명세서
MIS (Management Information System) 관리정보체계	보고	• 구조화된 의사결정을 위한 사무적인 능률성 향상 • 정보교환의 매체를 통하여 운영하부 시스템을 상호 연결하여 조직의 산출을 최적화하는 데 목적을 둠 • 의사결정을 내리는 데 필요한 정보를 제공하고 이러한 과정에서 상승작용(synergistic organization)을 할 수 있는 체계를 조직 • 일상적이고 구조화된 의사결정의 능률 향상이 목적	클라이언트 정보체계
KBS (Knowledge-Based System) 지식기반체계	의사 결정 지원	• 클라이언트와 직접 서비스 제공자의 상호 작용을 지원하기 위한 복잡성을 다루고 있음 • KBS의 유형에는 전문가 시스템(Expert System), 사례기반추론(Case-Based Reasoning), 자연음성처리시스템(Natural Language Processing)이 있음	Expert counseling System
DSS (Decision Support System) 의사결정지원체계	효과	• 의사결정과 이의 집행을 돕도록 설계 • 의사결정의 효과성과 조직의 효과에 초점 • 비구조화되거나 준구조화된 의사결정을 위하여 모델링 기법을 이용하여 의사결정자를 도와줌 • 관리능률을 향상시키는 데 강조점을 두고 있음	General Assistance Intake

PSS (Performance Support System) 업무수행지원체계	성과	• PSS는 업무를 완성하는 데 필요한 정보를 통합 제공하여 업무를 향상시키는 것 • PSS는 서비스 제공자의 성과에 초점을 두고 있음 • PSS는 사용자가 업무수행을 위해 어떤 정보가 필요한지를 확인시켜 주고 도와주는 것	Computer-Assisted Services Planning

출처: Velasquez(1992); Lyons et al., Butterfield(1995); Schoech(1999); Blanchard & Horan(2000); Slevin (2000); Lewis et al.(2001)의 글을 표로 재편집하였음.

3절 정보관리체계의 설계

1. 정보관리체계의 필요성

사회복지서비스 영역에서는 책임성과 효과성 검증의 필요성이 강조되면서, 조사방법론적 접근에 대한 관심이 증가해 왔다(Kettner, Moroney, & Martin, 1999). 이러한 관심에 따라 사회복지기관들은 자신들의 활동이나 성과에 대해서 일목요연하게 설명할 수 있어야 하는 상황에 놓이게 되었다. 이를 위한 방법 중의 하나가 다양한 관련 정보를 취합하여 구조화된 문서로 완성하고, 이것을 지역사회, 클라이언트, 이사회, 이해당사자들(stakeholders)에게 제시하는 것이다(Lewis et al., 2001). 하지만 사업의 다양성과 사회 변화, 그리고 정보기술의 발달은 보다 앞선 방법을 사용하여 서비스 제공에 관한 막대한 양의 정보를 수집해야 하고, 필요할 때마다 이를 문서화하여 활용할 수 있는 능력을 갖추는 것이 중요하게 되었다. 이러한 일련의 과정을 가능하게 하는 것이 정보관리체계이다(성규탁, 1993).

사회복지기관에서 정보관리체계에 대한 필요성이 요구되는 배경에는 다음의 세 가지 요인이 있다(Lewis et al., 2001).

첫째, 다양한 사회복지사업(예: 아동학대예방프로그램, 정신보건, 장애인직업재활, 노인치매예방 등)을 위해 예산이 집행되고, 정책입안자와 국민은 이에 대한 결과가 제시되기를 기대한다. 이것은 사회복지조직의 책임성 및 효과성 검증의 요구이며, 다양하고 많은 분량의 서류작업을 요구하기 때문에 이를 위한 적절한 정보체계를 갖출 필요가 있다.

둘째, 사회복지조직의 종사자들은 사회복지가 가치 있는 일이며, 클라이언트를 진정으로 돕고 있고, 문제를 해결하기 위해 노력하고 있다는 것을 확인하고 싶어 한다. 이 과정에서 업무수행을 위한 보조수단 혹은 일부로서 적절한 정보체계를 필요로 하는 것이다.

셋째, 사회복지기관의 종사자들은 업무성과에 대해 피드백을 통해서 가치를 부여하고 싶어 한다. 자신이 수행한 사업에 대한 적절한 평가를 통해 수행방법에 대한 개선을 시도하고 나아가 전문성을 증진할 수 있기를 기대하는 것이다. 따라서 사회복지조직의 정보체계 도입은 사업수행에 대한 평가를 위해서도 필요하고, 다양한 사회복지 현장에서의 실천능력 배양과 전문성 증진을 위해서도 필요성이 제기되는 것이다.

결국 이상의 세 가지 요인을 종합적으로 고려할 때, 정보관리체계의 필요성은 외부적 요구와 내부적 요구에 의해 제기된다고 볼 수 있다. 또한 정보체계는 단순히 사회복지기관의 관리운영상의 목적을 뛰어넘어 조직구성원의 업무수행능력을 증진하는 차원에서도 그 중요성이 크다고 할 수 있는 것이다. 따라서 정보관리체계는 사회복지조직의 기본적인 관리업무에 대한 통합뿐만 아니라 사회복지사업의 효율성을 제고하고, 나아가 조직성과를 대내·외적으로 보여줌으로써 사회복지서비스의 책임성을 검증받는 의미도 있는 것이다.

2. 정보관리체계의 설계

정보관리체계의 개발 및 설계는 주관적인 판단보다는 현실에 대한 객관적인 이해에서 출발해야 한다. 정보관리체계는 적절하면서도 효과적이어야 하며, 동시에 효율성과 가치성을 내포해야 한다(Kettner, Moroney, & Martin, 1999; Lewis et al., 2001). 다음에서는 스코이취(Schoech, 1995)에 의해 개발된 7단계 정보관리체계의 설계과정을 설명하고자 한다. 여기서 소개되는 설계과정은 현존하는 정보관리체계를 최신의 정보관리체계로 전환하거나, 교환 또는 재설계할 때 사용할 수 있다. 또한 사회복지조직에 새로운 정보관리체계를 도입할 때도 활용될 수 있을 것이다.

1) 현재 상황에 대한 사정

정보관리체계를 개발하거나 현재의 시스템을 강화 혹은 재설계하고자 할 때에는 먼저 현재 상황에 대한 정확한 사정(assessment of the current situation) 및 정보관리체계 개발(혹은 강화)이 필요하며, 이를 위해서는 별도위원회(예: 정보화추진위원회)를 구성하고, 모든 직원들의 참여와 헌신을 유도할 필요가 있다. 예를 들어, 전체 작업을 진행하기 위한 정보화추진위원회가 구성되었다고 할 때, 위원회에는 관리자, 사업부서별 대표, 총무회계분야직원, 일반직원대표 등이 참여할 수 있어야 한다. 위원회구성 과정의 초기단계에서는 정보화추진위원회에 참여를 희망하는 사람들을 중심으로 시작하는 것이 바람직하다.

정보관리체계 개발을 위해 현재 상황을 사정하는 과정에서는 본격적인 작업에 앞서 무엇보다도 사업의 목적과 목표를 직원들이 이해할 수 있도록 관리자와 직원들 간의 충분한 논의가 있어야 한다. 또한 위원회 활동에 참여하는 구성원들의 시간, 현재 정보화의 수준과 내용, 정보화 자문비용 등이 포함되어야 하며, 전체직원들의 기술력(skills), 가치, 이념, 보유하고 있는 전산관련 장비, 정보관리체계 개발의 목적과 미래에 대한 비전 등이 반드시 사정(assessment)되어야 한다. 정보화추진위원회는 정보관리체계의 영향력을 포괄적이고 솔직하게 관찰해야 한다. 이를 바탕으로 현재의 상황에 대한 사정 결과를 보고서로 정리하고, 결과보고서를 전 직원에게 공개한 후 정보관리체계 개발 작업을 추진할 것인지, 아니면 현 단계에서 종결할 것인지를 결정해야 하는 것이다.

2) 기존 정보체계에 대한 분석

정보관리체계 개발을 추진하기로 결정한 후의 다음 단계는 현재 사용 중인 정보체계 혹은 정보관리 환경을 분석하는 것이다. 효과적인 정보관리체계는 사회복지기관의 특성을 반영한 사업계획, 경영 그리고 평가욕구에 얼마나 잘 부합하는가에 달려 있다. 직원들은 가능한 한 필요한 자료의 유형, 자료의 출처, 수집되고 배포되어야 하는 자료의 유형을 정확하게 구분할 수 있어야 하고, 수집된 자료의 배포 횟수를 확인할 필요가 있다.

정보화추진위원회는 정보관리체계 개발의 주된 목적이 직원들의 업무성과를 향상시키고, 나아가 클라이언트와 지역사회에 도움을 줄 수 있다는 것을 공감해야 한다. 일반적으로 효과적인 정보체계를 설계하는 데는 다음과 같은 정보가 필요하다.

정보관리체계를 설계할 때는 어떤 정보가 수집되어야 할 것인가를 결정하기 위해서 업무의 흐름도, 프로그램의 목적, 직원과 외부 이해당사자의 정보욕구에 대한 이해와 분석이 필요하며, 이를 바탕으로 정보관리체계 개발을 위해 관련된 모든 영역의 정보를 수집해야 한다.

| 표 8-4 | 효과적 정보관리체계 설계를 위해 필요한 정보 영역

구분	내 용
지역사회정보	인구통계학적 정보, 사회적 · 경제적 특성에 관한 자료, 서비스를 받고 있는 대상자의 신원 확인, 실질적인 서비스와 재원의 목록 등
클라이언트정보	클라이언트의 현존 문제, 개인력, 서비스 수혜 유형, 서비스 기간, 사회경제적 · 가족적 특성, 고용 상태, 만족도 측정과 서비스 성과 등
서비스정보	기관의 서비스 단위, 클라이언트 수, 주어진 기간 내에 서비스를 제공 받은 클라이언트 수와 서비스가 종결된 클라이언트 수, 서비스와 관련된 활동들에 대한 설명 등
직원정보	사업 수행에 참여한 시간, 도움을 준 클라이언트 수, 서비스 제공의 양, 서비스의 차별성 등
자원할당정보	전체 비용, 특수한 유형의 서비스 비용, 예산 및 결산 보고서를 위해 필요한 자료 등

3) 세부 설계

세부 설계(detailed design) 단계의 핵심은 어떻게 자료가 사용될 것인가에 대한 이해를 정확히 하는 것으로부터 출발하여 특정 정보에 대한 욕구가 구체화되면 정보를 얻을 수 있는 자료의 출처를 파악하는 것이다. 설계자는 조직 내에서 어떤 부서의 어떤 직무단위가 필요한 정보를 가장 쉽게 기록할 수 있는가를 판단해야 한다. 그리고 누구에게 정보를 보고해야 하는지, 누가 보고된 정보를 분석할 책임이 있는지를 결정해야 한다. 또한 어떤 정보가 전산화되어야 하는지, 어떤 것은 지속적으로 수작업으로 관리해야 하는지를 결정하는 것도 이루어져야 한다. 정보관리체계는 서비스를 제공하는 직원과 정보체계를 관리하는 직원이 쉽게 사용할 수 있어야 한다. 관리자는 사업수행에 관한 과정을 추적하기 위하여 전산화된 자료를 사용할 것이다. 이때 이러한 정보관리체계와 맞는 소프트웨어 프로그램을 선정할 수 있다. 그리고 소프트웨어 프로그램에 적합한 새로운 하드웨어가 선택될 수 있다.

4) 정보관리체계 검증과 준비

새로운 정보관리체계가 승인을 받은 후에는 직원훈련비용뿐만 아니라 소프트웨어나 하드웨어의 구입비용이 산정된다. 이때부터는 직원훈련, 소프트웨어와 하드웨어 유지 및 업데이팅(updating) 등 지출이 적지 않은 규모의 정규예산 항목이 나오게 된다. 직원훈련이나 프로그램 사용자에 대한 교육훈련을 중요하지 않게 여기는 경우가 있다. 그러나 새로운 소프트웨어나 하드웨어의 사용 방법을 배우는 것은 정보관리체계 개발의 성공을 위한 필수조건이며, 조직발전을 위해서도 중요한 일이다. 직원은 사업수행과정에서 프로그램을 계획·수정하기도 하며, 클라이언트에게는 직접 서비스를 전달하면서 정보관리체계를 이용하고 의지하게 된다. 따라서 정보관리체계에 대한 교육훈련은 정보관리체계 개발의 성공을 좌우하는 요소가 될 수 있는 것이다.

정보관리체계는 전산직원(information system coordinator)과 같은 새로운 직종을 만들어 낼 것이다. 그리고 이러한 변화는 직무규정, 업무평가 범위에 대한 수정이 필요하다는 것을 의미하는 것이기도 하다.

5) 전 환

시험적용과 교육훈련이 종결되면 새로운 정보관리체계가 실행되는 단계로 진입한다. 모든 것이 동시에 갑자기 전면적으로 변하는 것은 혼동을 가져올 수 있다. 새로 개발된 정보체계와 기존의 정보관리체계가 같이 사용되면서, 새로운 체계를 사용해도 불편하거나 손해보는 것이 거의 없다는 확신을 사용자들에게 심어 줄 수 있어야 한다. 새로 개발된 정보관리체계가 정말 필요한 정보를 제공한다는 것을 테스트 기간 동안 확신하고 경험한 후에, 기존의 정보관리체계 사용은 더 이상 허용되지 않는다. 그리고 사무실의 위치나 공간 배치가 새로운 정보관리체계의 적용에 따라 변동이 있을 수도 있다.

6) 평 가

정보관리체계 개발은 클라이언트에 대한 서비스 향상, 후원자들에 대한 서비스 질 향상, 비용 감소, 업무 환경의 개선을 통해 사회복지기관의 목적을 달성하는 데 의의가 있다. 정보관리체계를 설계하고 실행하는 데 참여한 모든 직원들은 새로운 정보관리체계에 대한 최초의 목적, 목표, 기대를 관찰하고 현재의 결과와 비교해야 한다. 정보관리체계 개발의 성공과 실패에 대한 평가는 관리자 차원, 정보화추진위원회 차원, 단위부서 차원, 직원 개인 차원, 서비스 대상자 차원에서 시도될 수 있을 것이다. 과거의 정보관리체계와 신규 개발된 정보관리체계의 비교를 통해 가능한 것이다. 업무성과향상, 효율성 증진, 비용절감 등의 기준을 적용한 평가분석도 가능하다.

7) 운영, 유지, 수정

새로이 개발된 정보관리체계가 의도했던 바와 같이 운영되기 위해서는 적정한 관리유지와 발생할 수 있는 보완요소에 대한 준비가 되어야 한다. 이를 위해 다음과 같은 고려사항이 있을 수 있다.

첫째, 정보관리체계에 대한 전담직원이 별도로 확보되어야 한다. 조직규모에 따라 전담직원의 수도 달라질 수 있을 것이다. 정보관리체계 담당직원은 책임감을 가지고 지속적으로 정보관리체계를 모니터링하고 관리·유지하는 역할을 담당한다. 이 직원은 정보관리체계가 기획했던 대로 사용되도록 지원하고, 사업 목적에 따라 필요한 정보가 활용될 수 있도록 한다. 정보관리체계운영상의 IT기술적 문제가 발생되는 경우 정보관리체계 개발업체와 협력하여 문제해결을 위해 노력해야 할 것이다.

둘째, 전체 직원은 일상 업무에 정보관리체계를 이용하여 데이터를 저장하고 사용하며, 관리자는 고유사업수행과 정보관리체계 활용을 모니터링하여 필요한 경우 업무조정을 해야 한다. 또한, 정보관리체계를 활용하여 보고서를 작성하도록 장려하고 실제 업무에 사용해야 할 것이다.

셋째, 직원교육을 위한 예비예산을 확보하도록 한다. 신입직원과 직원이 교체되었을 때의 정보교육비용을 준비해야 한다.

넷째, 직원회의 때 정보관리체계를 사용하는 것이 조직의 사업 목적을 달성하기 위해서도 가치 있는 것임을 강조한다.

다섯째, 관리자는 직원들이 정보관리체계를 통해 수집된 자료를 발표하고 공개적으로 활용하도록 유도한다. 직원들의 자료수집 활동 상황을 파악하여 직원들의 정보관리체계 활용이 사업수행과 서비스 제공에 얼마나 도움을 주고 있는지를 확인시켜 준다.

이상의 7단계의 정보관리체계 개발을 위한 설계과정은 앞서 논의된 바와 같이 처음으로 정보체계를 개발하는 조직이나, 이미 개발되어 사용 중인 정보체계를 개선할 필요성이 있는 조직에도 적용 가능한 모델이다(Schoech, 1995). 다만 사회복지조직의 규모의 한계와 초기개발비용의 부담으로 인해 1단계에서의 현재 상황에 대한 사정작업에 보다 신중하게 접근해야 할 것이다. 또한 아무리 우수한 정보관리체계가 개발되었다고 하더라도 사용자가 불편해하거나 이용을 기피한다면 소기의 성과를 얻지 못할 것이다. 세밀한 교육훈련과 관리자의 적절한 격려 및 자극이 전제되어야 정보관리체계 개발의 성공이 가능할 것이다.

3. 정보관리체계의 기대효과

사회복지조직에서 정보관리체계는 서비스에 정보기술을 접목하여 클라이언트에게 적절하고 효과적인 서비스를 효율적으로 전달해 주는 것을 목적으로 하고 있다. 이러한 사회복지조직의 정보관리체계구축을 통해 얻을 수 있는 기대효과를 살펴보면 다음과 같다.

첫째, 정보화를 통하여 조직 업무의 효율성을 증대시킬 수 있다. 일상적으로 반복되는 업무를 컴퓨터를 이용하여 업무처리를 간소화함으로써 인건비, 운영비 등의 비용절감효과를 가져오고 장기간에 걸리는 업무를 단시간에 처리할 수 있다. 또한 전산망을 통한 클라이언트의 정보 공유를 바탕으로 신속하게 시간과 장소에 구애받지 않고 서비스를 클라이언트에게 제공할 수 있다는 이점이 있다.

둘째, 사회복지서비스의 효과를 증대시킬 수 있다. 정보화 프로그램을 효과적으로 활용하게 됨으로써 의사결정에 필요한 자료를 제공받을 수 있으므로 클라이언트의 통합적 욕구에 맞는 적절한 서비스를 신고하고 정확하게 제공할 수 있다.

셋째, 정보화를 통한 사회복지의 정확성 · 객관성 · 타당성을 확보할 수 있다. 왜냐하면 사회복지사가 자신이 수행한 사업내용을 전산망에 입력하면 자신의 활동내용을 모든 사람이 보게 된다는 것을 의미하기 때문에 더욱 책임감을 가지고 성실하게 사업을 진행하게 된다. 따라서 사회복지 영역에서 전산화 작업은 책임 있는 사회복지서비스가 제공될 수 있는 환경을 조성하는 일이다.

사회복지조직에서 정보화가 가져다주는 효과도 많지만 정보화로 인한 문제도 발생될 수 있다.

첫째, 클라이언트가 공개됨으로써 사생활 침해의 우려가 높아질 수 있다. 예를 들어 클라이언트에 대한 정보가 문서로 보관될 우에는 담당자 이외에는 열람하기가 어려운 반면, 클라이언트에 대한 정보가 전산망에 입력되면 담당자가 아닌 경우에도 전산망이 연계될 경우 정보를 쉽게 확인할 수 있고 외부인에 의해서도 정보가 누출될 위험을 안고 있다. 따라서 클라이언트의 정보에 접근성 수준이 사회복지사별로 달라지게 하는 등 클라이언트의 정보를 보호할 수 있는 안전장치를 마련하여야 한다.

둘째, 정보화로 인하여 일선 사회복지사의 업무에 대한 부담이 증가될 수 있다. 대부분의 사회복지조직에서는 일전부문 문서작업이 이루어진 후 내용을 전산에 입력하는 이중업무의 성격을 띠게 되어 결과적으로 사회복지사의 업무량을 증가시키는 요인이 되기도 한다.

제 9 장

사회복지 품질관리

1절 사회복지서비스의 품질

2절 사회복지서비스 품질향상 및 관리이론

3절 사회복지서비스 품질의 관리방안

1절 사회복지서비스의 품질

사회복지서비스는 복지조직이 제공하는 유형 제품과 무형의 서비스를 의미한다고 볼 수 있고, 이러한 복지서비스는 질(Quality)과 양(Quantity)적 측면에서 적절한 수준이어야 서비스의 결과가 좋음은 주지의 사실이다. 그러나 한정된 자원에 의해 서비스의 양은 제한받을 수밖에 없으므로 서비스의 질적 측면에서 관리·개선하는 전략이 더욱 필요하다.

서비스의 품질(Quality of service)이란 서비스의 목적 성취를 위해 가장 바람직한 것으로 생각되는 방법·기법·절차들을 일선 업무자가 얼마나 적절히 활용하였는가를 나타내는 것이고(김영종, 2002: 186-187), 소비자 입장에서 보면 소비자(클라이언트) 만족 수준을 반영하는 것이라 생각할 수 있다. 휴먼서비스의 중심인 복지조직에서 수급자 만족의 중요성은 중요한 평가기준이 된다.

오늘날의 사회는 서비스 산업이 우리 경제에서 차지하는 비중이 비약적으로 증가하고 있다. 선진국의 총 고용인구 중 서비스 부문의 고용인구가 무려 70%에 달한다고 하는 연구 보고가 있다. 이렇듯 제조업, 농림수산업과 같은 부문보다 서비스 부문이 국가경제에서 차지하는 비중이 커지는 현상을 서비스 사회화, 또는 서비스 경제화라 부른다.

서비스 경제화의 유형은 신종 서비스업의 등장, 서비스 기업의 보조서비스 추가, 기존 서비스업의 고급화, 전문화, 다양화, 제조업의 서비스 사업 추가, 제조기업의 제품 판매 시 부가되는 서비스의 확대 등이다. 이렇게 생산력이 크게 발전하게 되고 산업구조가 고도화됨에 따라 종래의 산업사회에서는 상상도 못하던 여러 가지 형태의 서비스가 출현했으며, 서비스의 질도 크게 변화되어 현대 사회가 서비스 경제로 급속히 이행되고 있음을 알 수 있다. 서비스 경제화라는 거스를 수 없는 세계경제의 발전 방향에 발맞추고, 과거에 제품을 중심으로 경영활동을 하던 울타리에서 벗어나 제품과는 상당히 다른 특성을 가지고 있는 서비스 산업의 경영을 위해 전문적이고 체계적인 새로운 방법론을 개발하고 학습하는 것이 필요하다.

서비스에 대한 개념은 학자들 간의 관점에 따라 조금씩 차이를 보이고 있기 때문에 '서비스란 이것이다'라고 명확하게 개념을 정의할 수는 없다. 서비스는 유형적인 제품과 비교해 볼 때, 무형성이 강하며 생산과 소비가 동시에 일어나고 노동집약적인 것이 많다. 서비스는 교육과 재고의 조절이 곤란하며, 서비스의 수급에는 시간적·공간적 조절이 필요하다. 또한 서비스의 공급에는 소비자의 참여가 불가결한 경우가 많으며, 서비스의 수요는 궁극적으로 소비자의 만족을 목적으로 한다. 여기서 여러 학자들이 내린 서비스 정의에 대해서 살펴보면 〈표 9-1〉과 같다.

| 표 9-1 | 학자들의 서비스 정의

학자	서비스의 정의
미국마케팅학회 (AMA: American Marketing Association, 1950)	서비스란 판매를 위해 제공되거나 제품판매와 수반하여 제공되는 활동, 편익, 만족으로 정의하고 그 예로는 오락서비스, 호텔 서비스, 전력서비스, 수송서비스, 이발 미용 서비스 등을 들고 있음
Regan, W. J(1963)	서비스는 상품 혹은 서비스를 구입할 때 함께 얻게 되는 무형의 만족(신용, 배려) 혹은 직접적으로 얻게 되는 무형의 만족(교통, 주택)
Besson, R. M. (1973)	서비스는 판매를 위하여 상품의 물리적 형태를 변화시키지 않고 편익과 만족을 창출하는 활동
Anderson, O. et al. (1983)	서비스는 직·간접적으로 제공되고, 크고 작은 물리적 기술적 부분이 포함된 무형적 편익
Kotler, P. & Bloom, P. M. (1984)	서비스란 본질적으로 무형성을 지니고 있으며, 어느 한 쪽에 의해 다른 쪽에게 제공되지만 어느 쪽의 소유로도 귀결되지 않는 행위나 성과를 말하며, 그 생산은 어떤 물리적인 제품과 연관될 수 있고, 그렇지 않을 수도 있음
Free, C. (1987)	서비스는 일련의 기능적 활동을 통하여 판매 중 혹은 판매 후의 활동에서의 고객기대를 충족시켜 주는 것으로써 공급자에게 이익을 증가시켜 주는 경쟁 우위의 요인이 됨

출처: 원석희(1998: 69-71).

서비스는 제품과 완연히 다른 특성 4가지를 가지고 있다. 그것은 무형성, 비분리성, 이질성, 소멸성이다.

1. 무형성(Intangibility)

보통 재화는 유형적이기 때문에 만지거나 감촉을 느끼거나 냄새를 맡아 볼 수도 있다. 그러나 서비스는 다르다. 서비스의 기본 특성은 형태가 없다는 것이다. '서비스는 사전 구매단계에서 고객들이 지각할 수 있는 완벽한 물리적인 형태가 결여되어 있다'는 것을 의미한다. PC, 휴대폰, 가구 등은 제품이다. 제품은 형태가 있고 그래서 만질 수 있다. 그러나 서비스는 그렇지 않다. 의료서비스에서 병원 건물, 의사의 흰 가운 등은 의료서비스 그 자체는 아니다. 서비스 제공에 있어 유형적 대상이 사용되거나 수반되는 경우가 있지만 서비스 그 자체는 손에 잡을 수 없는 무형적인 것이다. 대부분의 서비스는 일종의 수행(performance)이다.

서비스는 본질적으로 무형적인 것이기 때문에 쉽게 서비스의 내용을 상상하고 이해할 수 있도록 소비자들에게 실체적인 단서를 제공하는 것이 중요하다. 많은 은행에서 '고객만족' 휘장을 달도록 하는 것도 고객 서비스에 대한 시각적 단서를 제공하려는 시도에서 나온 것으로 이해할 수 있다.

2. 비분리성(Inseparability)

서비스는 생산과 소비가 동시에 일어난다. 제품은 공장에서 생산이 일어나고 상점에서 구매가 일어나며 소비자의 집이나 직장에서 구매 후의 소비가 일어난다. 그러나 서비스는 그렇지 않다. 예를 들어, 브로드웨이에서 뮤지컬 캣츠 공연을 보러 갔다고 하자. 관람을 하면 무대 위에서 공연 서비스의 생산이 일어나고 관객석에서 소비가 일어난다. 즉 생산과 소비가 동시에 일어나는 것이다.

생산과 소비의 비분리성 때문에 서비스 업체에서는 집중화된 대량 생산체제를 구축하기 어려우며 사전에 품질을 통제하기가 곤란하다. 따라서 서비스에서는 공급과 수요관리가 매우 중요한 과제가 된다. 공장에서 생산되는 제품과 달리 사전에 품질통제를 할 수 없으므로 고객과 접촉하는 일선 직원들을 철저히 교육하는 것도 중요하다. 그리고 고객이 생산과정에 동반되기 때문에 고객들이 형성하는 분위기가 다른 고객들에게 서비스의 내용으로 받아들여질 수 있으므로, 고객을 하나의 상품으로 간주하고 고객관리를 하는 것도 필요하다. 따라서 서비스 제공자와 고객 간의 상호 작용은 서비스 마케팅의 주요한 특성이 된다. 즉 서비스를 성공적으로 생산하기 위해서는 서비스 제공자와 고객 간에 상호 작용이 요구되며 고객과 서비스 제공자 모두 서비스의 성과에 중요한 영향을 미치게 된다.

3. 이질성(Heterogeneity)

'서비스는 표준화하기 어렵다'는 것을 뜻한다. 서비스에는 여러 가지 가변적 요소가 많기 때문에 품질이 고르지 못할 가능성이 있다. 동일한 내과에 갔는데 지난번에는 퉁명스럽고

짜증스럽게 환자를 대했던 의사가 오늘은 미소를 지으며 진찰하고 친절하게 진단결과를 설명해 줄 수 있다. 이렇듯 동일한 제공자라도 때에 따라 서비스품질은 천지차이로 달라질 수 있다. 서비스의 이질성은 고객의 이질성 때문에 발생할 수도 있다. 우선 아무리 똑같은 서비스를 받아도 이를 받는 고객들은 저마다 각각 다르게 느낀다는 점이며, 다른 하나는 같은 사람이라도 매번 100% 똑같은 서비스를 수행할 수 없다는 사실이다. 제공되는 서비스 품질은 다르지 않으나 그것을 받는 고객들의 유형이 다르기 때문에 어떤 사람은 품질을 높게 인식하고 다른 사람은 아주 형편없다고 인식할 수도 있다.

이질성에 따른 문제점을 해결하기 위해서는 서비스와 서비스 품질의 표준화가 요구된다. 예를 들어, 종업원에게 고객서비스의 매뉴얼을 학습시킴으로써 종업원 간에 달라질 수 있는 서비스 품질의 이질성을 예방할 수 있다.

4. 소멸성(Perishability)

'서비스는 저장할 수 없다'는 것을 의미한다. 서비스는 재고로 보관할 수 없기 때문에 재고조절이 곤란하다. 제품은 선반에 전시할 수도 있고 창고에 재고를 쌓아둘 수도 있다. 그러나 서비스는 그렇게 할 수 없다. 예를 들어, 비수기 때 비행기의 좌석이 공석으로 운행되더라도 그것을 재고로 쌓아둘 수 없다. 그리고 서비스는 구매 후 단 한 번의 소비로 서비스의 편익(benefit)이 사라진다. 예를 들어, 가수의 콘서트는 1회 관람으로 서비스 내용이 사라지지만, 음악 CD는 반영구적으로 언제든 다시 들을 수 있다.

서비스의 소멸성으로 인한 문제를 해결하기 위해서는 수요와 공급 간의 조화를 이루는 전략이 필요하다. 항공사의 경우, 성수기에는 넘쳐나는 여행객들의 수요를 항공기의 운행편수를 증가시켜 충족하는 공급확대 전략을 취하고, 대기나 예약 같은 형태로 수요를 재고로 보관할 수 있다. 가수의 콘서트에서는 관람객이 공급보다 많은 경우 임시좌석을 배치하고 고객관리를 위해 임시직을 추가로 고용할 수도 있다. 또는 미리 예매를 받아 공연장의 크기를 사전에 변경할 수도 있다. 따라서 서비스 관리자들은 자신의 서비스 공급 능력에 맞는 정교한 수요 대응전략을 세워야 한다. 따라서 수요와 공급 간의 균형을 유지할 수 있는 세심한 마케팅 전략을 필요로 한다. 따라서 서비스경영에서 무엇보다 중요한 것은 바로 현장에서 고객과 접촉하며 직접 서비스를 제공하는 직원들에 대한 교육과 훈련이다. 이는 직원들에 대한 서비스평가가 곧 그 기업에 대한 평가로 받아들여지기 때문이다.

그림 9-1 서비스의 4대 특성

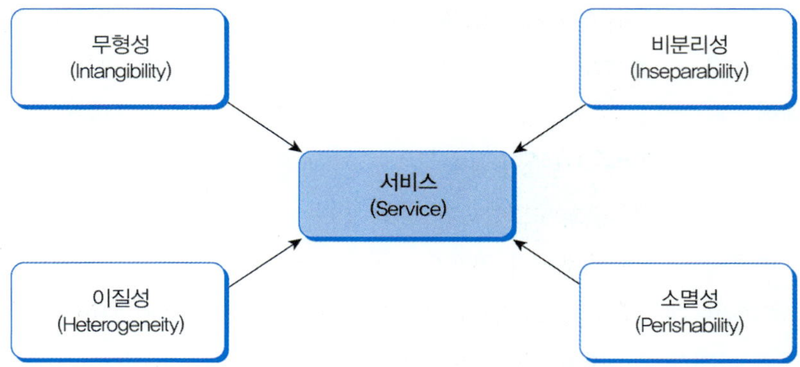

서비스의 특성에 따른 재화와 서비스의 기본적 차이점에 대해 러브로크(C. Lovelock)와 라이트(L. Wright)는 다음과 같이 설명하고 있다(김연성 외, 2002: 13-16 재인용).

① 고객은 서비스의 소유권을 가질 수 없다.
② 서비스 산물은 무형의 실행이다.
③ 서비스 생산과정에 고객이 참여한다.
④ 사람이 서비스 생산의 일부를 구성한다.
⑤ 투입과 산출에 있어 변동성이 크다.
⑥ 고객의 평가가 어렵다.
⑦ 재고 개념이 없다.
⑧ 시간이 중요한 요소이다.
⑨ 서비스 전달 통로가 다양하다.

서비스 고유의 특성과 관련하여 제기되는 마케팅 문제와 그에 대응하는 마케팅 전략 대안을 제시하면 〈표 9-2〉와 같다.

| 표 9-2 | 서비스의 특성과 관련한 마케팅 문제 및 마케팅 전략

서비스 특성	마케팅 문제	마케팅 전략
무형성	• 저장 불능 • 특허로 보호 불능 • 진열이나 커뮤니케이션의 어려움 • 가격 설정 곤란 • 지각된 위험이 높음	• 유형적 단서 강조 • 개인적 정보원 이용 • 구전 커뮤니케이션 자극 • 강한 기업이미지 창출 • 가격 설정을 위해 원가회계 이용 • 구매 후 커뮤니케이션에 관여
비분리성	• 소비자의 생산참여 • 다른 소비자의 생산참여 • 집중적 대량생산 불능	• 고객접촉요원의 선발과 훈련 • 소비자 관리 • 많은 입지 이용 • 내부 마케팅
이질성	• 표준화와 품질관리의 어려움	• 서비스의 산업화 • 서비스의 고객화
소멸성	• 재고화 불능	• 변동적 수요 대응전략 이용 • 수요와 공급의 균형을 위한 동시적 조정

출처: Zeithaml, Parasuraman, & Berry(1985: 35) 재인용.

이러한 서비스의 특성으로 인하여 여러 가지 문제점이 발생할 수 있는데, 즉 무형성으로 인하여 저장이 불가능하거나, 이질성으로 인하여 표준화와 품질통제가 곤란하며, 소멸성으로 인하여 재고로서 보관하지 못하고, 비분리성으로 인하여 집중화된 대규모 생산이 곤란하다. 따라서 서비스 패러독스의 탈피방안으로서 다음 〈표 9-3〉의 7가지 서비스 구성요소(이유재, 1995: 19-20)를 사회복지사는 늘 염두에 두어야 할 것이다. 왜냐하면 사회복지의 급여 가운데 많은 부분이 서비스로서 제공되기 때문이다.

| 표 9-3 | 서비스의 7가지 구성요소

S	sincerity, speed & smile(성의, 스피드, 스마일)
E	energy(활기)
R	revolutionary(신선하고 혁신적)
V	valuable(가치 있는 것)
I	impressive(감명 깊은 것)
C	communication(의사소통)
E	entertainment(환대)

2절 사회복지서비스 품질향상 및 관리이론

1. 사회복지서비스 품질향상

서비스의 품질을 관리하고 향상하기 위하여 우선 서비스 품질을 다양한 측면에서 고찰하는 노력이 필요하다. 서비스 품질을 관리·향상한다는 의미는 일정한 평가기준이 있음을 전제로 하기 때문이다.

평가기준에 대한 세부적인 고찰은 서비스 질 향상의 첫 단계라고 볼 수 있으며, 그 방법은 서비스 품질을 파악하기 위해서 〈표 9-4〉와 같이 평가기준을 과정과 구조, 성과 측면으로 보다 세분화시키는 것이다.

| 표 9-4 | 서비스 품질 평가기준의 세분화

구 분	세 부 내 역	세부 내역에서 도출되는 지수
과정(process) 측면	• 서비스 이용자 문제 • 제공된 서비스 종류 • 욕구와 서비스연결의 적절성 • 의뢰 서비스의 성공 여부	• 업무의 활동 숫자 • 클라이언트 방문 횟수 • 의뢰건수 • 클라이언트와 대면시간 등
구조(structure) 측면	• 서비스 형태의 다양성 • 시설의 적합성과 접근성 • 업무자들의 자질(교육과 자격) • 서비스 지원구조의 적합성(정보, 회계, 보고절차 등)	• 서비스 프로그램 수 • 시설의 위치와 도달 시간 • 복지사의 교육 정도와 자격증(1, 2급) • 정보화 정도 등
성과(outcome) 측면	• 클라이언트로부터 나타나는 행동 및 의식변화 • 만족도, 여론 등	• 행동변화 수치 • 의식변화의 정도 • 만족도의 수준 등

출처: Gates, B.(1980: 187); 김영종(2002: 446-449) 재인용.

| 표 9-5 | 서비스 품질의 기능적 차원의 내역(15개)

차 원	품질 차원의 정의
접근성	제품 또는 서비스에 접근하거나 얻기가 쉽다.
확신성	직원이 친절, 공손, 신중하고 관련지식을 많이 가지고 있다.
의사소통	프로그램에 대한 정보가 간단하고 이해할 수 있는 언어로서 제공된다.
능력성	직원이 제품이나 서비스를 제공하는 데 대한 필수지식 및 기술요건을 갖추고 있다.
준수성	제품이나 서비스가 규칙을 준수한다.
존중성	프로그램 직원들이 클라이언트를 존중한다.
결핍성	프로그램이 어떤 특징이나 요소를 빠트리고 있다.

차 원	품질 차원의 정의
지 속 성	성과, 산물, 결과가 즉시 소멸되지 않는다.
감정이입	직원들이 클라이언트에 대한 개별화된 이해와 관심을 보여준다.
인 격 성	클라이언트의 존엄성과 자존심을 보호하는 방식으로 프로그램이 제공된다.
수 행 성	제품이나 서비스가 계획대로 수행된다.
신 뢰 성	시간적으로 또는 클라이언트 사이에서 변이가 최소한으로 되기 때문에, 신뢰할 수 있고 일관되게 프로그램이 운영된다.
즉 응 성	프로그램 전달이 시기 적절하다.
안 정 성	프로그램이 안전한 환경에서 제공되며 위험이 존재하지 않는다.
가 시 성	프로그램 전달과 관련된 시설, 장비, 인력, 출간된 자료 등의 외형이 적절하다.

출처: 정무성(2001).

사회복지서비스 품질을 관리·향상하기 위해 마틴(L. Martin, 1993)의 견해를 살펴볼 필요가 있다. 사회복지 프로그램의 종합적 품질관리를 다루고 있는 마틴은 일반적으로 인식된 15개의 품질 범주들을 평가기준으로 정의하고 있다(정무성, 2001).

학자에 따라 서비스 품질의 차원을 다양하게 구분하고 있다. 가장 많이 알려진 것은 두 가지 모형인데, 하나는 2차원 모형이고 다른 하나는 SERVQUAL모형이다. 2차원 모형은 서비스 품질이 '과정품질'과 '결과품질'의 두 가지 차원으로 구성된다고 본다. 반면, SERVQUAL 모형은 서비스 품질이 5개의 차원으로 구성된다고 본다.

1) 2차원 모형

이용자(소비자)들은 서비스에 대해 크게 2가지 측면에서 서비스의 질을 평가한다고 보는 모형이다. 즉 서비스 제공자로부터 '무엇을 받았느냐'와 그것을 '어떻게 받았느냐'의 두 가지 측면에서 전반적인 서비스의 품질을 평가한다는 것이다.

① **결과품질**: 고객이 서비스기업에게서 '무엇을(what) 받았는가?'이다. 때로는 기술적 품질이라고도 불린다. 예를 들어 레스토랑의 음식 맛이나 병원에서의 수술의 성공 등은 결과품질이라고 할 수 있다.

② **과정품질**: 고객이 서비스를 '어떻게(how) 받았는가?' 또는 서비스 제공과정을 '어떻게 경험하는가?'를 나타낸다. 흔히 기능적 품질이라고도 한다. 예를 들어, 레스토랑의 종업원이 얼마나 친절하게 대해 주었는가 또는 병원에서 의사가 얼마나 자상하게 진찰한 후 설명을 해 주었는가 등이 과정품질에 속한다고 볼 수 있다.

그림 9-2 과정품질과 결과품질

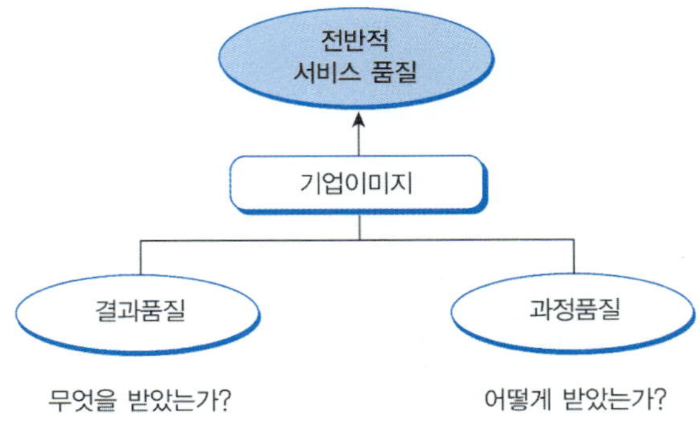

2) SERVQUAL 모형

SERVQUAL(SERVICE+QUALITY) 모형은 가장 많이 사용되는 서비스 품질 모형으로 5개 차원으로 서비스 품질을 구분하였다. SERVQUAL의 5차원은 주로 과정품질을 중심으로 측정되고 있어 결과품질에 대한 고려가 미흡하다는 지적을 받고 있지만, 가장 널리 알려지고 보편적으로 사용되는 품질측정 모형이다.

그림 9-3 SERVQUAL 모형

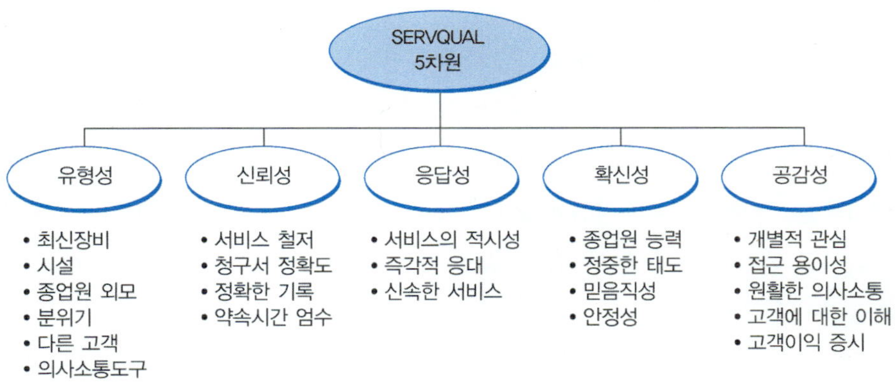

이들의 다양한 품질 범주들 중에서 사회복지서비스 프로그램에는 어떠한 것이 가장 중요할까? 서비스 품질의 중요 조사에서, 연구자들은 사회복지 프로그램이 클라이언트로까지

확장하여 고객이 중요하게 보는 품질 차원의 공통적 요소들을 발견했다. 서비스의 형태에도 불구하고 등급 배열과 그들 각각의 가중치(부담, 중요성)에 있어서, 더 나은 차원군은 다음 〈표 9-6〉과 같다. 이들 중에서 클라이언트 입장까지 고려한 서비스 품질의 중요도 조사에서 그 순서를 살펴보면, 신뢰성과 즉응성이 가장 중요하게 나타나고 있다. 따라서 프로그램 개선이나 관리도 이 순서를 참고한다면 고객만족의 차원에서도 우월한 프로그램이 될 것이다.

| 표 9-6 | 순위에서 5가지 주요 품질 차원

차원	가중치
신뢰성(Reliability)	32
즉응성(Responsiveness)	22
확신성(Assurance)	19
감정이입(Empathy)	16
가시성(Tangible)	11

출처: 정무성(2001: 54).

신뢰성은 일관된 방식 안에서 제공하는 서비스를 의미하며, 그 방법은 항상 친근하고, 정중하고, 그리고 사려 깊은(확신), 항상 클라이언트 욕구를 이해하기를 시도하는(감정이입), 항상 이해할 수 있는 언어로 클라이언트들과 이야기하는 것(전달) 등이다.

다음의 중요한 품질 차원은 즉응성 또는 시의적절성으로, 이것은 필요한 시기에 가장 짧은 시간 내에 서비스를 제공하는 것을 의미한다. 클라이언트의 기다림은 클라이언트들이 서비스를 필요로 하거나 원할 때와 실제 서비스가 제공되었을 때 사이에서의 경과된 시간을 말한다. 기다림 또한 정신적·육체적·거리적인 기다림을 포함한다고 볼 때, 클라이언트의 불만족스러운 상황과 고통의 완화를 위해서 최대한 즉응성을 확보하는 방안을 강구하여야 한다.

| 표 9-7 | SERVQUAL, 차원의 정의

차 원	SERVQUAL 차원의 정의
신뢰성	약속한 서비스를 믿을 수 있고 정확하게 수행할 수 있는 능력
대응성(적응성)	고객을 돕고 신속한 서비스를 제공하려는 태세
확신성	직원의 지식과 예절, 신뢰와 자신감을 전달하는 능력
공감성(감정이입)	회사가 고객에게 제공하는 개별적 배려와 관심
유형성(가시성)	물리적 시설, 장비, 직원, 커뮤니케이션 자료와 외양

출처: 김연성 외(2002: 276) 재인용.

2. 사회복지서비스 품질관리이론

1) 사회복지서비스 품질관리기법(TQM)에 대한 관심

인간봉사조직도 최근 삶의 질(QOL)이 중요시되면서 복지서비스의 발상 전환이 요청되고 있다. 이러한 복지서비스의 발상 전환이 요청되게 된 이유는 정상화 이념의 확대와 이용자 중심의 서비스 제공, 그리고 생활상의 문제의 다양화와 복잡화, 사회 및 자연환경의 악화에 의한 각종 장해의 증가 등 복지이념과 복지 니즈의 변화, 그리고 공공조직과 비영리조직은 경제시장으로부터의 기업조직들과 동일한 시장을 놓고 경쟁해야만 하는 조직환경의 변화에 따른 위기의식이 증대되고 있기 때문이다.

TQM(Total Quality Management)은 품질향상을 위한 단순한 도구나 기법이 아니라 기업문화까지 포함하는 광범위한 경영철학이라 언급하였다. 다시 부연하면 이러한 점에서 TQM은 모든 작업자와 관리자가 하나가 되어 생산프로세스와 제품을 지속적으로 개선함으로써 고객만족을 극대화시키기 위한 조직의 총체적인 전략이라 할 수 있다.

사회복지조직에서의 TQM에 대해 군더와 호킨스(Gunther & Hawkins, 1996: 5)는 "사회복지조직에서 TQM은 관리체계 및 과정이 고객의 욕구뿐만 아니라 사회환경 · 조직환경에 즉각적으로 반응하는 체계로 개발되는 것"이라고 규정하고 있다. "사회환경 · 조직환경에 즉각적으로 반응하는" 것을 주변 환경의 이해당사자에게 즉각적으로 반응하는 것으로 이해한다면, 이들 이해당사자를 사회복지조직의 고객으로 볼 수 있으며, 결국 군더와 호킨스의 TQM에 대한 개념 정리는 고객중심의 조직운영을 강조하는 것으로 해석할 수 있고, 고객중심의 조직운영의 전제는 양질의 서비스 전달이 될 것이다(최재성, 1997a).

마틴(Martin, 1993)은 사회복지조직의 관리자들이 TQM에 대해 적극적인 관심을 갖는 이유로 4가지를 제시하고 있다(최재성, 1997: 272 재인용).

첫째, 사회복지조직은 미국 정부조직이 그러했듯이 클라이언트, 일반대중, 후원자로부터의 신뢰성을 상실하는 품질의 위기를 경험하고 있다는 것이다.

둘째, 양질의 서비스는 기관이 필요로 하는 고객을 확보할 수 있도록 하며, 이는 잃어버린 신뢰성을 회복하는 계기를 만들 수 있다는 것이다.

셋째, 양질의 서비스 확보는 추가적인 비용을 필요로 하는 것은 아니라는 인식이다.

넷째, 과거의 다른 관리기법과는 달리 품질경영은 전통적인 사회복지의 가치와 양립한다는 사실이다. 마틴(Martin, 1993)은 이들 4가지 이유 때문에 사회복지조직이 TQM에 대해 관심을 가질 수밖에 없다고 설명하고 있다.

그림 9-4 복지환경의 변화와 사회복지서비스의 질적 향상을 위한 시스템적 접근

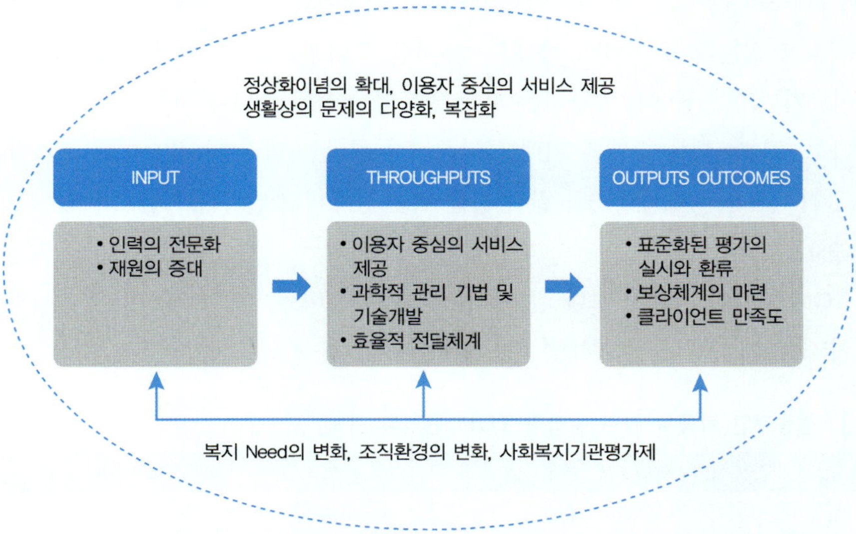

2) TQM의 개념과 원칙

원래 품질관리에 대한 철학은 1932년 슈워트(W. A. Shewart)에 의해 출간된 『수공업품의 질에 대한 경제적 통제(*Economic Control of Manufactured Results*)』라는 저서에서 기인하였으며, TQM의 구체적인 기법들은 제2차 세계대전 이후 서구의 시장을 개척하려는 일본인들에 의해 이용되었다. 그들은 일명 통계적 품질관리(Statistical Quality Control) 혹은 품질관리(QC: Quality Control)의 엄격한 적용을 통해 제품을 개선하였는데, 그 후 품질이 생산체제와 작업행위 및 태도에까지 적용되어야 한다는 원리하에 품질보증(QA: Quality Assurance)과 총체적 품질관리(TQM: Total Quality Management)로 발전되었다. 그리고 서구 기업들도 점차로 품질이 국제경쟁에서 이길 수 있고, 기업의 생존에 필수적이라는 사실을 인식하게 되었다(Atkinson, 1990).

밀라코비치(Milakovich, 1992)는 TQM이란 "고객만족을 서비스 질의 제1차적 목표로 삼고 조직구성원의 광범위한 참여하에 조직의 과정 · 절차를 지속적으로 개선하여 장기적인 전략적

질 관리를 하기 위한 관리철학 내지 관리원칙"이라 하였다.

군더와 호킨스(Gunther와 Hawkins, 1996: 221)도 TQM은 "지속적인 품질개선을 강조하는 일련의 과정으로서 고객 중심, 사실에 근거한 의사결정, 팀워크를 통한 효과적인 서비스를 위한 초석"이라고 정의하였다.

코헨과 브랜드(Cohen & Brand, 1994: 50)는 TQM은 지속적인 서비스 질의 향상을 실행하는 것으로 인식되고 있는데, 여기에서 총체적(total)이란 고객요구의 확인에서부터 고객의 만족도 평가에 이르기까지 조직에서 수행하는 모든 업무의 질적인 측면에 대한 조사를 적용하는 것을 의미하고, 질(quality)은 고객의 기대를 만족시킬 뿐만 아니라 나아가 이를 능가하는 것을 뜻하며, 관리(management)는 지속적 질 향상을 위한 능력의 개발과 유지를 의미한다고 하였다(박경일, 2001a: 18).

한편, TQM에 관한 개념을 보다 잘 이해하기 위해서 마틴(1993)이 제시한 전통적인 미국의 관리 원칙과 TQM 원칙을 살펴보면 〈표 9-8〉과 같다.

| 표 9-8 | 전통적인 미국의 관리 원칙과 TQM 원칙의 비교

전통적인 관리 원칙	TQM 원칙
• 조직은 경쟁하는 다양한 목적들을 가짐 • 재정에 대한 관심이 조직을 주도 • 품질을 결정하는 것은 조직관리와 전문가 • 현상 유지에 초점 • 변화는 뜻밖의 일이며 관료체계에 도전하는 우승자에 의해 수행 • 구성원들과 각 부서는 서로 경쟁 • 의사결정은 감각에 기반(안 하는 것보다 무언가 하는 것이 낫다.) • 구성원 훈련은 사치스러운 것이며 비용이 든다고 인식 • 조직 내 의사소통은 기본적으로 상의하달식 • 계약자들은 가격에 기초하여 서로 간에 경쟁하도록 장려됨	• 질은 조직의 일차적인 목적 • 고객만족이 조직을 주도 • 품질의 결정은 고객 • 지속적 개선이 초점 • 변화는 지속적이며 팀워크에 의해 수행 • 조직구성원들과 부서는 서로 협동 • 의사결정은 자료 분석에 기반(어떤 것이 잘못되기보다는 안 하는 것이 낫다.) • 구성원의 훈련은 필수적이고 투자라는 인식 • 조직 내 의사소통은 상향, 하향, 그리고 양 방향으로 진행 • 질 높은 상품과 서비스를 제공하는 계약자들과 장기적인 관계를 발전시킴

이상의 내용을 기초로 사회복지조직에서의 TQM이란 이용자의 만족을 위하여 모든 부서가 협력적으로 지속적인 서비스 질의 개선과 향상을 수행하는 총체적 활동이라고 할 수 있다(신복기 · 박경일 · 이명현, 2012: 284-287).

3) 사회복지기관에서 TQM의 도입요소

사회복지기관에서의 TQM은 복지서비스에 대한 관심을 단순한 개선(improvement)이나 통제(control)의 차원을 넘어, 사회복지조직문화로서 또는 조직운영의 철학으로서 사회복지서비스에 대한 중요성을 강조하면서, 기관운영 전반에 TQM의 원칙과 기법들이 반영되는 것을 의미한다.

사회복지기관에서 TQM의 개념을 적용하자면 다음과 같다. 사회복지기관장의 리더십 아래 서비스의 질을 최우선 과제로 하고 클라이언트 만족을 통한 복지욕구의 충족과 사회복지기관의 발전을 도모하는 기관 조직원들의 전원 참여와 총체적 수단을 활용하는 종합적인 복지경영시스템은 사회복지기관에서의 TQM이라고 할 수 있다. 다시 말하자면, 사회복지기관 종사자 모두의 결집된 노력을 바탕으로 서비스의 질을 혁신하여 클라이언트의 만족도를 극대화함으로써 기관의 경쟁적 우위를 확보하는 것으로, 이를 위해서는 다음의 다섯 가지 기본요소에 초점을 맞추어야 한다.

① **클라이언트**: 클라이언트는 서비스에 대한 정의를 내리는 사람으로서 클라이언트의 만족도가 TQM의 실행결과인 동시에 목표이다.

② **기관조직원**(사회복지사): 기관조직원의 참여와 사명감 없이는 목표의 효과적 달성은 어렵다.

③ **복지자원**: 클라이언트에게 제공하기 위한 복지자원은 서비스의 수준에 영향을 주는 중요한 도구들이다.

④ **기관장**(최고 경영자): 기관장은 사회복지기관 내에 서비스의 질을 고양시키고, 조직구성원, 자원들을 결집·관리하며 이끌어 나가며, TQM의 성과를 좌우한다.

⑤ **과정**: 서비스 활동 제공 과정 및 지속적인 서비스 개선 과정은 클라이언트의 서비스 만족에 결정적인 영향을 미친다.

4) 사회복지기관에서 TQM의 단계별 프로그램 관리

미시적인 관점에서 프로그램 개발·개선·관리 측면에서 TQM을 응용하여 품질중심·고객중심의 조직으로 변화시키기 위한 방법을 고찰하고자 한다. 그 예로 지르프와 카사퍼(Zirps & Cassafer, 1996)에 의해 사회복지기관에 적합하도록 개발된 TQM의 10단계를 설명하기로 한다(최재성c, 재인용). 물론 지르프와 카사퍼의 주장에서도 TQM이 조직과 프로그램 측면에서 모두 적용되고 있음을 보여주고 있다.

(1) 제1단계: 최고관리자, 조직의 장이 스스로 지속적으로 품질에 대해서 강조할 것

기관장이 품질에 대한 절대적인 중요성을 공감하고, 이에 대한 비전을 강조하여야 품질중심, 고객중심의 조직문화를 유도할 수 있다. 따라서 이를 위해 중간관리자 및 전 직원에게 품질경영의 필요성을 지속적으로 역설하고, 일관성 있는 관심 태도를 보이도록 노력해야 한다. 이는 조직체계상 성패를 좌우할 조직책임자의 의지에 대한 중요성을 강조할 것이다.

(2) 제2단계: TQM 업무추진팀을 구성할 것

TQM 업무추진팀은 품질경영을 조직에 도입하는 것을 목적으로, 관리자, 중간관리자 및 일선직원을 포함하여 구성된다. 품질향상을 위한 개선의 필요성을 평소에 공감해온 직원들을 중심으로 구성하되, 조직의 장은 추진팀에 전폭적인 지지와 권한을 부여해야 하므로 추진팀은 조직의 모든 사업과정을 검토·조사할 수 있어야 한다. 팀장은 팀을 대표하여 활동결과에 대한 최종적인 책임을 지며, 반드시 필요한 사람들로만 팀을 구성하도록 해야 한다.

팀 간사는 추진팀의 활동과정을 책임지고, 팀이 객관적이고 충분한 데이터를 검토하여 중요한 결정을 하도록 유도해야 하며, 주관적이거나 충분한 데이터가 없는 상태에서는 중요한 결정을 내리지 못하도록 견제하는 등 팀원들의 아이디어가 균형 있게 검토될 수 있도록 하여야 한다. 또한, 팀장과 긴밀한 협력관계를 유지하고, 팀장의 역할수행도 보좌해야 한다.

팀 서기는 가장 중요한 팀원으로 간주될 수도 있는데, 회의록을 작성하고, 회의 시마다 이전 회의록을 배부하여 짧은 시간 내에 이전 회의의 내용을 기억하게 하는 등 본 회의가 이전 회의와 바로 연결되어 진행될 수 있도록 한다. 이는 시간을 효율적으로 사용하는 것 이외에도 불필요한 논의와 오해를 막을 수 있는 방법이다.

(3) 제3단계: 품질향상을 위한 프로젝트를 선택할 것

품질향상을 위해 노력할 수 있는 구체적인 사업 분야(프로젝트)를 선정하는 것이다. 품질향상을 위한 사업선정 과정에서 활용할 수 있는 방법으로는 다음과 같은 것들이 있다.

① **프로그램 평가결과의 활용**: 진행 중인 사업에 대해 프로그램 평가를 실시하고, 과정과 결과의 측면에서 잘못된 부분과 개선될 수 있는 가능성 등을 제시할 수 있어야 한다. 개선될 수 있는 프로그램을 발견하면 이를 품질향상을 위한 프로젝트로 선택하는 것이다.

② **고객만족도 조사**: 고객만족도를 조사하여 품질향상을 위한 프로젝트를 선정하는 것이

다. 일반적인 만족도 조사는 구체적인 개선방법 모색으로 연결되기가 어렵다. 따라서 특정한 프로그램을 선택하여 그 프로그램을 중심으로 보다 세부적인 만족도 조사를 실시할 필요도 있다.

③ **서비스 중요도와 만족도의 격차 분석**: 서비스 분야별 만족도와 중요도를 조사하여 그 차이를 검토하고, 이를 바탕으로 품질개선의 대상이 되는 프로젝트를 선정하는 것이다. 이용자나 직원들을 대상으로 조사할 수도 있고, 중요도에 비해 만족도의 수준이 낮게 나타나는 사업이 개선의 여지가 있는 것으로 볼 수 있다.

④ **직원 건의함 사용**: 일상적인 건의함을 사용하는 것으로, 최고관리자의 관심이 있어야 하며, 건의사항 중 의미 있는 건의내용에 대해서는 어떻게 처리되고 있는지 수시로 공개할 필요가 있다. 건의함이 형식적인 것이 아니라는 인식을 주어야 하며, 이러한 과정에서 품질향상을 위한 좋은 아이디어가 나올 수도 있는 것이다.

⑤ **난상토론**(brainstorming): 팀원들이 자유로운 분위기에서 품질향상에 대한 아이디어를 차례로 제시하고, 이는 칠판에 순서대로 기록되어 종합적인 검토를 거쳐 품질향상을 위한 프로젝트를 선정하는 방법이다. 각각의 아이디어에 대한 비판을 없애야 하며, 종합검토를 하는 경우에는 가장 현실성 있는 아이디어 몇 개만을 선정하여 중점 논의한 후 최종적인 결론을 이끌어 내는 것이 중요하다.

(4) 제4단계: 기존의 데이터를 수집할 것

품질향상의 대상으로 특정한 프로그램을 선택한 경우에는, 그 프로그램의 시행 이전 상태에 대한 데이터를 수집해야 한다. 이는 시행 이전과 시행 이후의 데이터를 비교하여 프로그램의 효과 등을 정확하게 판단하고 취약점을 발견하기 위한 목적 때문이다. 또한, 과정과 결과에 대한 자료들을 중심으로 정보를 취합하여 프로그램의 전체 과정에서 나타난 문제점을 파악하도록 노력해야 한다. 기존의 데이터가 없다면 유사한 프로그램의 데이터나 신규 데이터를 수집하여 판단해야 한다.

(5) 제5단계: 사업과정과 서비스에 대한 정의를 내릴 것

다음으로는 프로그램의 과정에 대해 정의를 내리는 작업이 필요하다. 이는 프로그램에 대한 팀원들의 정확한 이해를 위하여 필요한 것으로, 팀원들이 정확한 이해를 하고 있어야 개선을 위한 아이디어를 쉽게 개발할 수 있기 때문이다. 프로그램의 과정에 대해 정의를 내리는 유용한 방법은 흐름도(flowcharts)를 작성하는 것으로, 이 방법은 서비스 전달상의 모든 단계를 구체적으로 제시하고, 각 단계들이 어떻게 서로 연관되는가를 일목요연하게 보여준다. 일반적으로 흐름도를 작성하면 팀원들은 자신들의 프로그램에 대한 이해가 얼마나 상이했던가를 깨닫게 된다. 더불어, 서비스에 대한 정의를 내리는 차원에서의 흐름도는 취약점과 그에 대한 해결방법을 찾을 수 있도록 도와주는 역할을 한다.

(6) 제6단계: 개선을 위한 계획을 수립할 것

이번 단계는 수집된 데이터를 분석하고, 프로그램의 품질을 향상시키기 위한 계획안을 만들어 내는 것이다. 데이터에 대한 분석은 다양한 데이터를 종합적으로 정리하여 단순화시키는 작업을 요구한다. 이 과정에서 그래프와 같은 기법들을 사용하여 데이터를 쉽게 이해할 수 있도록 한다. 예를 들어, 이용자들의 예약 취소가 높은 이유를 알기 위해 사유별 취소건수를 막대그래프로 작성하여 설명하는 방법 등이 있을 수 있다. 데이터 분석을 통해 문제를 파악했으면 이를 해결할 수 있는 방법들을 모색하는 작업이 요구된다. 계획안에는 문제해결을 위한 단계적 접근방법과 내용이 기술되어 있어야 한다.

(7) 제7단계: 계획을 실행할 것

계획안을 행동에 옮기는 실행단계는 몇 가지 유념해야 하는 사항들이 있다. 첫째, 시간의 제약이다. 일반적으로 실행에 옮겨서 품질향상의 결과를 얻기까지는 당초 의도한 시간보다 더 오래 걸릴 수가 있을 뿐만 아니라 팀원들의 활동이 본래의 고유 업무에 지장을 초래할 수도 있다. 팀원의 활동보다는 고유 업무에 우선순위가 주어져야 한다. 둘째, 품질향상을 위한 방법들이 여러 가지가 있을 수 있는데, 이들을 한 번에 전면적으로 실시하는 것을 피해야 한다. 각각의 방법들은 각기 다른 결과, 즉 어떤 방법은 긍정적인 반면에 다른 방법은 부정적인 결과를 낳을 수 있기 때문이다. 또한, 동시에 실시하면 어떤 방법이 어떠한 효과를 도출하는지 추적하기도 어렵다. 셋째, 특정한 방법은 조직의 특성상 혹은 관행상 품질향상 팀에게 허용되지 않는 경우도 있을 수 있다. 이로 인해 발생하는 좌절은 팀원들의 사기를 저하시키므로 지나친 사기저하가 발생하지 않도록 최고관리자의 적절한 지지가 필요하다.

(8) 제8단계: 변화를 추적할 것

실행과정을 추적하면서 관련 데이터를 수집한다. 의도한 대로 계획안이 진행되고 있는지를 확인하고, 잘못된 부분을 발견하면 수정할 수 있도록 한다.

(9) 제9단계: 사업에 대한 표준화 작업을 시행할 것

팀의 활동에 의해 얻어낸 모든 경험을 바탕으로 품질향상의 제고 및 일반화하기 위해 표준화작업이 필요하다. 그 이유는 노력의 결실로 얻어낸 품질향상이 일회성의 사건으로 끝나는 것을 막고, 지속적으로 품질향상이 유지되면서 다시 새로운 차원으로 품질향상을 시도할 수 있도록 하기 위함이다. 모든 관련 자료를 보관·유지하고, 품질향상을 위한 교육교재 준비, 또한 이후에 선정한 프로젝트의 품질향상 추이도 점검할 수 있도록 정기적인(월간 혹은 격월간) 회의를 계획하는 것도 바람직하다.

(10) 제10단계: 성공에 대해 축하하고 격려할 것

성공에 대해 자축하고 격려하는 단계이다. 지나간 과정에서 좋은 점, 잘못된 점을 검토하고 서로에 대한 격려를 통해 다음의 품질향상 프로젝트를 위해서도 활발한 활동을 할 수 있도록 준비하는 단계이다.

결국 TQM적용 10단계의 시사점은, TQM을 도입하여 품질향상을 도모하는 것은 최고관리자의 적극적인 지지와 전 직원의 동참, 품질과 고객의 중요성에 대한 인식이 기본적으로 되어 있어야 가능하다는 것이다. 이와 관련하여 사회복지조직의 관리자가 조직 내의 품질중심의 원칙이 얼마나 반영되고 있는지를 스스로 진단 평가할 수 있는 방법(TQM 적용 수준에 대한 자기평가방법)이 있다. 이는 미국 정부에서 TQM을 정부조직에 활발하게 도입하기 위해 설립한 연방품질경영연구소(FQI: Federal Quality Institute)가 각 조직이 스스로 TQM 추진상태를 평가할 수 있는 방법을 소개한 것이다.

자기진단(self-assessment)기법에 의한 이 평가방법은 네 가지의 측면, 즉 조직의 분위기(climate), 조직운영 절차(processes), 관리기법(management tools), 결과(outcomes)로 구분되어, 총 215개의 질문으로 구성되어 있다. 이 평가방법은 TQM의 추진실태를 보여줄 뿐만 아니라 조직 내에 품질중심 및 고객중심의 사고가 어느 정도나 반영되었는지를 스스로 파악할 수 있도록 해 준다.

또한 결과의 측면에서 품질경영의 수용정도를 평가하는 방법은 〈표 9-9〉와 같이 11개의 영역으로 세분화되어 있고, 각 영역은 두 개의 문항으로 구성되어 있다. 따라서 총 22개의 문항으로 구성되어 있으며, 응답범주는 "매우 그렇지 않다"에서 "매우 그렇다"의 6점 척도로 설계되어 있다.

11개의 영역은 업무의 흐름 및 지연(문항1,2), 낭비(문항3,4), 기자재 및 장비(문항5,6), 인력(문항

7,8), 업무환경(문항9,10), 교육(문항11,12), 비품 및 물품(문항13,14), 조직구조(문항15,16), 서비스에 대한 고객만족(문항17,18), 직원들의 업무량에 대한 고객만족(문항19,20), 서비스에 대한 고객신뢰도(문항21,22)로 구성되어 있다.

평가수치에 대한 해석은 각 영역별로 평균 3.5점 이하의 수준이면, 품질경영의 원칙이 충분히 반영되지 않는 것으로 진단할 수 있고, 개선의 필요성을 제기하는 것으로 볼 수 있다. 특별한 점은 11개의 영역 중에서 마지막 3개 영역은 고객만족과 관련된 부분으로, 이는 품질경영에 있어서 고객만족이 상대적으로 중요함을 강조하고 있다는 점이다.

각 조직단위별로 혹은 부서별로 적용해 볼 수 있는 이 평가 방법은 누구나 사용할 수 있으며, 비교적 단순하게 구성되어 평가에 대한 전문지식이 없는 사람도 부담 없이 자신이 속해 있는 부서를 대상으로 적용할 수 있다. 효용을 극대화한다는 측면에서는 부서장이 분기별 혹은 월별의 정기적 진단을 통해 품질경영의 반영추이를 파악하는 것이 바람직하다(최재성b, 1997 재인용).

| 표 9-9 | 결과 측면에서의 TQM 적용수준 평가방법

평가문항	응답범주					
	매우 그렇지 않다			⇔	매우 그렇다.	
1. 우리기관에서의 업무는 대부분 기한 내에 완수된다.	1	2	3	4	5	6
2. 어떤 업무가 시작되면 대부분의 경우 연기되는 일이 없다.	1	2	3	4	5	6
3. 비품 및 물품들이 낭비되는 일이 거의 없다.	1	2	3	4	5	6
4. 동료들은 가능한 한 재활용을 하는 편이다.	1	2	3	4	5	6
5. 장비 및 기기들은 관리유지가 잘 되는 편이다.	1	2	3	4	5	6
6. 우리기관의 장비 및 기기들은 수리가 거의 필요 없다.	1	2	3	4	5	6
7. 우리기관은 사업을 위한 충분한 인력을 확보하고 있다.	1	2	3	4	5	6
8. 직원들의 이직률은 낮은 편이다.	1	2	3	4	5	6
9. 우리기관의 근무환경(소음, 청소, 조명, 냉난방)은 우수한 편이다.	1	2	3	4	5	6
10. 우리기관의 시설(회의실, 화장실, 식당)은 우수한 편이다.	1	2	3	4	5	6
11. 동료직원들은 직무교육을 잘 받은 편이다.	1	2	3	4	5	6
12. 동료직원들은 업무 수행에서 도움이 필요할 때 적절한 지원을 받는다.	1	2	3	4	5	6
13. 비품 및 물품들은 분실되지 않고 잘 관리된다.	1	2	3	4	5	6
14. 비품 및 물품들은 품질규격에 적합하다.	1	2	3	4	5	6
15. 동료들은 다른 업무로 인해 고유 업무를 소홀히 하는 경우가 거의 없다.	1	2	3	4	5	6

16. 동료들은 업무 수행에서 불필요하게 반복하는 경우가 거의 없다.	1	2	3	4	5	6
17. 고객들은 우리들의 업무처리에 만족해한다.	1	2	3	4	5	6
18. 고객들은 거의 불평을 하지 않는다.	1	2	3	4	5	6
19. 고객들은 우리들의 업무량에 만족해한다.	1	2	3	4	5	6
20. 고객들은 우리들이 업무 처리하는 속도에 만족해한다.	1	2	3	4	5	6
21. 고객들은 우리들의 업무처리에서 거의 실수를 발견하지 못한다.	1	2	3	4	5	6
22. 고객들은 우리들의 업무처리가 일관성 있다고 믿는 편이다.	1	2	3	4	5	6

자료 : 최재성b(1997).

TQM 모델을 사회복지기관에 어떻게 적용해 나갈 것인가를 간단하게 일반화시키기는 어려운 일이지만 전술한 TQM의 수행방법과 TQM을 수행해 온 공공기관 및 구미기업의 예를 기초로 하여 사회복지기관에서 TQM의 단계별 수행방안을 제시하고자 한다. 여기에서는 TQM을 수행하기 위한 절차로서 다음의 여섯 단계로 구분하고자 한다(신복기 외, 2002: 55-58).

① 1단계: 사회복지기관의 문제 발견 및 인식

1단계에서는 먼저 자기 자신을 알아야 하므로 ㉠ 사회복지조직의 성과에 가장 큰 영향을 미칠 중요 분야에 관한 정보를 수집한다. ㉡ 클라이언트의 요구사항과 의견, 지역사회 자원을 조사한다. ㉢ 조직구성원의 태도 조사와 조직 진단을 실시한다. ㉣ 비교우위 서비스나 프로그램을 조사해 본다. 첫째 단계에 대해서는 많은 사회복지기관들이 나름대로의 노하우를 축적하고 있다고 생각된다. 그러나 허심탄회하게 기관의 문제점을 노골적으로 들추어내어 이야기할 필요가 있다.

② 2단계: TQM 도입을 위한 준비와 조직 구성

2단계에서는 ㉠ 전 직원들의 참여와 이해를 얻기 위해 TQM에 관한 교육, 훈련을 실시하고, ㉡ TQM 추진을 위한 준비조직을 전 부서에 걸쳐 구성한다. 그리고 ㉢ 개인별, 부서별 업무분장표를 작성하고 직무분석을 실시한다.

③ 3단계: TQM의 기본목표 설정 및 기관장의 의지

3단계에서는 ㉠ 1단계에서 수집된 정보와 각종 조사결과를 토대로 조직의 기본 목표를 설정하고, ㉡ 복지관의 서비스 헌장 및 소명헌장을 제정한다. ㉢ TQM 추진성과를 월별, 분기별로 확인하기 위해 서비스 단위당 비용을 측정한다.

④ 4단계: 부서별 개선대책의 수립

4단계에서는 ㉠ 설정된 기본 목표를 달성하기 위한 중·장기 계획을 수립하고 부문별 과제를 책정한다. ㉡ 조직구성원의 능력개발(empowering)을 위한 교육, 훈련을 실시한다. ㉢ 대안 마련 및 아이디어 창출을 위해 복지 QC(quality control)활동이나 소집단활동을 추진한다.

⑤ 5단계: 개선대책의 실행

5단계에서는 ㉠ 고객의 만족과 신뢰를 확보하기 위해서 서비스매뉴얼을 작성하고, ㉡ 모든 서비스 절차를 문서화하고 ISO 9001과 같은 서비스보증 체제를 정비한다. 그리고 ㉢ 기관 간의 경쟁에서 살아남기 위해 새로운 서비스 및 프로그램을 개발하거나 벤치마킹을 실시해 본다.

⑥ 6단계: 평가 및 새로운 목표의 설정

6단계에서는 ㉠ 평가항목별 체크리스트(checklist)를 통한 TQM 추진 상황에 대한 평가를 시도하고, ㉡ 평가 발표 및 보상체계를 추진하며, ㉢ 클라이언트의 요구와 니즈 변화에 대응할 수 있는 새로운 목표를 설정한다.

5) TQM과 QC와의 관계

일반적으로 QC(quality control)란 소비자가 요구하는 품질의 제품과 서비스를 경제적으로 생산할 수 있도록 조직구성원 전체의 적극적 참여가 뒷받침되어 품질유지·개선하는 관리활동을 말하며, 이러한 조직을 QC서클(품질관리분임조)이라고 일컫고 있다. QC서클 활동은 ZD(zero defect: 무결점)운동과 더불어 품질관리의 실천적 관리 모형으로 일본에서 1950년대 현장 중심의 품질관리를 전개할 목적으로 QC서클의 결성을 촉구한 데서 기인하여 1960년대 말 전 산업체에 보급하여 왔다(박경일, 2000a: 101).

미국에서는 1970년대에 이러한 QC팀들이 자동차 산업 및 기타 분야에서 폭넓게 보편화되었고 비영리기관, 주로 연방 및 일부 주정부와 지방정부에서 이것을 도입하려는 시도가 있었다(Edwards, 1995: 2016). 일례로서 미국에서 실시한 AFDC의 품질관리 프로그램은 공적부조 급여상의 부정과 낭비부문을 개선하려는 대표적인 시도로서 비용-효과분석을 통해 주정부들의 정책을 비교 평가하여 연간 수백만 달러의 잠재적인 손해를 감소시킨 것으로 평가되고 있다(Bendiek, 1980: 7-20). 우리나라에서는 1975년 한국표준협회가 제조업을 중심으로 제1회

전국 품질관리대회 및 전국품질분임조 경진대회를 개최하였으며, 이후 서비스업체까지 도입되어 범산업적으로 품질관리 활동이 크게 전개되어 왔다.

이러한 QC서클 활동은 1980년대 중반 이후에는 고객만족을 최우선으로 고려하는 품질경영(QM: Quality Management)으로의 전환이 요구되었고 최근에는 품질경영이 보다 확대된 개념으로서 품질을 중심으로 하는 모든 구성원의 참여와 고객만족을 통한 장기적 성공지향을 기본으로 하여 조직의 모든 구성원의 참여와 고객만족을 통한 장기적 성공지향을 기본으로 하여 조직의 모든 구성원과 사회에 이익을 제공하는 총체적 품질관리(TQM)의 개념이 강조되고 있다.

TQM과의 관계에서 볼 때, TQM이란 소비자 욕구에 적절하고 확실하게 대응하는 기관서비스를 효율적이고 효과적으로 제공하기 위한 품질관리서클(QC)을 법인의 전체 조직에 걸쳐서(고위관리자와 관리자로부터 현장직원까지) 전 직원의 참여와 협력으로 실시되는 업무개선운동이라고 할 수 있다. 그리하여 TQM에 대한 시스템적 접근방법은 네 단계로 거쳐 발전해 오고 있다. 즉 TQM은 품질검사(Quality Inspection)에서 품질관리(Quality Control)로 품질보증(Quality Assurance)에서 총체적 품질관리(TQM)로 발전되어 왔다(Dale, 1990; 류한주, 1994: 29). 참고로 TQM과 QC의 관계를 살펴보면 다음 [그림 9-5]와 같다(박경일, 2000a: 105).

그림 9-5 TQM과 QC의 관계도

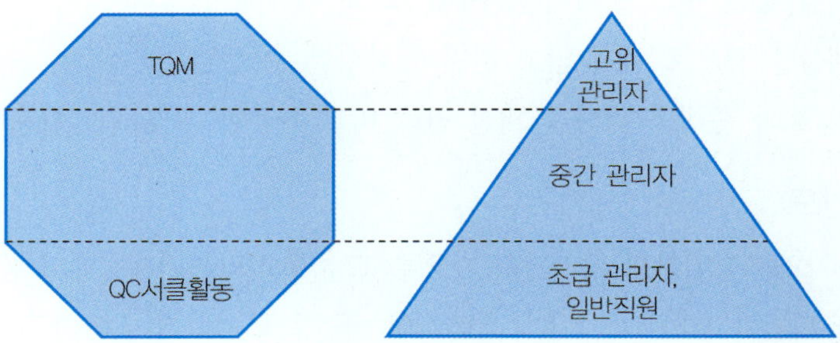

6) TQM 및 QC의 주요기법

품질관리의 기본적 자세는 평소와는 다른 차이점을 찾아내어 그 원인을 해결하려는 것이며, 이러한 차이를 조사하여 눈에 보이는 그림으로 만드는 것이다. 이러한 차이를 조사하고 눈에 보이는 그림으로 만드는 기법이 QC 및 TQM 도구이다. 여기서는 그 중에서도 주요 기초적인 기법,

즉 「QC의 7가지 도구」 가운데 브레인스토밍, 파레트도, 특성요인도(박경일, 2000a: 110-125)와 「신 QC의 7가지 도구」 가운데 계통도법과 매트릭스도법(박경일, 2000b)을 간략히 서술하고자 한다.

(1) 브레인스토밍(Brain Stroming)

오즈본(Osborne)이 개발한 브레인스토밍은 몇 명이 모여서 집단으로서 많은 아이디어를 모으는 토의방법이다. 브레인스토밍에서는 다음의 4가지를 지키는 것이 중요하다. 첫째, 발언을 비판하지 않는다. 둘째, 자유로운 발언을 환영한다. 셋째, 발언은 많을수록 좋다. 넷째, 다른 사람의 아이디어에 편승한다.

(2) 파레트도

파레트도는 가로축에 불량 원인이나 불량 항목의 크기를 차례로 적고, 세로축에 불량품 수나 손실금액의 누적백분율(%)을 잡은 그래프에 의해서 불량품 수나 손실금액은 극히 적은 수의 불량 항목에 의해서 점유되고 있음을 밝히는 것이다(한국표준협회, 1993: 41). 파레트 분석기법은 어떤 사건에 많은 요소가 관계되어 있는 경우 그 요소들 중에서 그 사건과 관계가 깊은 요소를 발견해 내는 기법으로서 다음과 같은 특징을 가지고 있다.

① 어느 항목이 가장 문제되고 있는지를 볼 수 있다.
② 각각의 항목이 전체의 어느 정도 비중을 차지하는가를 알 수 있다.
③ 문제의 핵심 등을 눈으로 이해할 수 있으므로 설득력이 있다.
④ 복잡한 계산을 필요로 하지 않고 간단히 작성할 수 있다.
⑤ 개선 후의 효과 증대를 위하여 개선 전과 비교 가능한 그래프의 활용이 가능하다.

(3) 특성요인도

특성요인도는 1953년 일본의 이시가와 가오루 교수가 가와사키제철에서 품질관리를 지도할 때 처음 사용되었다고 하는데, 이는 서비스의 개선을 추진하기 위하여 문제되고 있는 특성이라고 하는 결과에 대하여 그 원인과 요인을 밝히는 데 유용하다.

이러한 특성요인도는 문제가 있는 특성과 그것에 영향을 주고 있다고 생각되는 요인과의 관련을 정리하여 물고기의 뼈 같은 그림에 체계적으로 통합하는 것이기에 어골도라고도 불린다. 특성요인도 작성의 원칙으로 대골 4개 이상, 중골 3개 이상, 소골은 3개 이상에서 최소한 30개 항목 이상의 요인을 취급한다(全國社會福祉協議會 · 日本福祉施設士會 編著, 1991: 14).

신QC 7가지 도구는 생각하는 방법을 부여하는 QC수법으로서 ① 연관도법, ② 친화도법, ③ 계통도법, ④ 매트릭스법, ⑤ 매트릭스 데이터 해석법, ⑥ PDPC법, ⑦ 애로 다이어그램법 7가지를 말하고, 약칭으로 N7이라고도 부른다(김태종 · 박해근 · 고용해, 1997: 187–191). 수치 데이터에 의한 해석을 주류로 하는 QC수법과는 달리 설계적 어프로치를 위한 수법이 대부분이므로 주로 언어 데이터의 정리 · 해석 등에 적용된다.

(4) 계통도법(tree diagram)

계통도법이란 사상(事象)을 수목상(樹木狀)으로 나누어서 나타내는 것으로서 가계도나 조직도 등에서 일찍부터 사용되고 있는 평범한 방식의 그림이다. 이러한 계통도법은 품질관리활동에서 관리중심의 명확화나 개선을 위한 효과적인 수단 · 대책의 도출과 전개 등에 유효한 방법일 뿐만 아니라 프로그램 진행자에게는 불가결한 목적으로서 수단의 사고훈련에 크게 이바지할 수 있다. 즉 계통도법은 목적(목표)을 달성하는 최적수단을 계통적으로 찾아가는 기법이다.

한편 계통도법에서 사용되는 계통도는 크게 나누어서 대상을 구성하고 있는 요소를 목적 –수단의 관계로 전개되는 '구성요소전개형'과 문제의 해결이나 목적 · 목표를 달성하기 위한 수단 · 대책을 계통적으로 전개해 가는 '대책전개형'의 두 종류가 있다(JUSE · QC手法開發部會 편, 한국표준협회 역, 1996: 134–135). 그리고 계통도법 절차는 다음과 같다.

① 최종적인 목적(목표)을 설정한다.

② 그 목적을 달성하기 위해 무엇을 해야 하는가를 생각하고, 그 대답을 적고 목적과 선으로 잇는다(대답은 여러 가지일 수 있다).

③ 다음으로 ②에서 생각한 대답(수단)을 이번에는 목적으로 생각하고, 그것을 달성하기 위해 무엇을 해야 하는가를 생각하고 ②와 동일하게 그림에 적는다.

④ 구체적으로 행동 가능한 수단에 도달할 때까지 ③을 계속한다.

⑤ 전체의 그림이 완성되면 생각한 대로 되었는가를 확인한다.

(5) 매트릭스도법

매트릭스도법은 아이디어, 활동, 책임, 기능 등 사이에 존재하는 논리적 연관 유무나 관련 정도를 그래프에 표시함으로써 문제의 소재나 문제해결의 착상을 얻기 위해 사용하는 기법이다. 즉 원인과 결과 사이의 관계, 목표와 방법 사이에 관계를 밝히고, 나아가 이들 관계의 상대적 중요도를 나타내기 위하여 사용한다.

작성방법은 일련의 요소를 행과 열에 나열하고 그 교점에 숫자, 문자 또는 부호를 사용하여 관계의 정도를 나타내는데, 특히 품질기능 전개에서 What과 How의 관계를 나타낼 때 이용한다. 그리하여 목적은 행에 표시하고 이를 달성할 조치는 열에 표시한다. 만일 관계를 나타내지 않는 행이 있다면 이는 제안된 조치로서 그 행이 나타내는 목적을 달성할 수 없음을 의미한다(후지타 다다스 외, 한국표준협회 역, 2008).

7) 사회복지기관 관리와 TQM의 적용

TQM은 기업조직의 품질관리를 위해 도입된 기법이지만 최근에는 정부 및 공공기관을 비롯하여 사회복지기관과 같은 비영리 조직에게도 그 활용 가능성이 매우 높은 것으로 평가받고 있다(Gummer, 1996).

기업조직의 TQM에 비해 사회복지기관에서의 TQM의 적용은 약간의 차이를 보일 수 있다. 기업의 경우 '품질'의 의미는 내부와 외부 고객(consumer)의 욕구를 만족시키는 것으로 정의할 수 있다. 따라서 결점이 없는 상품이나 무실책(error-free) 서비스의 제공으로 소비자의 만족을 이끌어 낼 수 있다. 그러나 사회복지기관에서 품질의 의미는 기관의 생산물인 서비스의 질로서 이해하여야 한다. 따라서 서비스의 산출과정과 산출된 서비스의 성과까지를 포함하는 포괄적인 과정으로 이해할 필요가 있다(김영란, 1999: 4).

사회복지기관에서 TQM의 도입이 필요한 이유를 마틴(Martin)은 다음과 같이 지적하고 있다(최재성, 1998: 248-250 재인용).

첫째, 사회복지기관은 클라이언트, 일반대중 및 후원자로부터의 신뢰성을 확보하기 위해 이용자가 만족하는 양질의 서비스를 공급해야 한다.

둘째, 양질의 서비스 공급은 보다 효율적인 기관활동을 위해 필요하다.

셋째, TQM의 기본 내용은 전통적인 사회복지의 가치체계에 부합하기 때문에 적극적으로 활용할 필요가 있다.

TQM의 활용은 조직 인력관리의 측면에서도 그 의의가 크다. 다시 말해, TQM은 기관의 전반적 관리 과정의 하나이기도 하지만 이를 활용함으로써 기관 인력의 업무력 향상을 도모할 수 있는 장점이 있다. 특히 기관운영에서 구성원의 활발한 참여를 유도하기 위한 방법의 하나인 직원에 대한 권한부여(empowerment)는 일선 사회복지사의 업무력 향상과 이를 통한 서비스 질을 높이는 데 핵심적인 기능을 수행할 수 있다.

3절 사회복지서비스 품질의 관리방안

1. 단기적 관점

사회복지행정서비스의 질을 개선시키기 위해서는 몇 가지 노력이 필요하다. 즉 고객이 기대하는 서비스의 수준을 이해하고 파악하기 위한 자료를 수집하는 일, 업무단계별로 서비스 질의 요구사항을 정의하여 관리하는 일, 서비스의 질 기준을 설계하고 그에 따른 실행을 하며 서비스의 질 전달시스템을 체계적으로 관리하는 일 등을 하여야 한다. 그 구체적인 내용은 다음과 같다.

첫째, 고객의 서비스에 대한 기대를 이해하고 확인하는 일이다. 즉 자료수집을 위한 도구를 설계하는 일이 필요하다. 여기서 도구란 SERVQUAL(기대와 인지의 차이를 두 개 질문지 쌍으로 묻는 것), SERVPERF 모형(인지에 대해서만 묻는 것), SERVPEX 모형(하나의 질문에 기대와 인지의 차이를 묻는 것) 등과 같은 측정방법을 의미한다. 그리고 프로세스 흐름도를 작성하는 일을 해야 한다. 그 다음은 정보, 고객, 자원 등 각 투입요소를 검토하는 일이다.

둘째, 각 프로세스 단계별 서비스 품질 요구사항을 정의하는 일이다. 서비스 전달 시스템을 설계하고, 이를 바탕으로 대기시간, 투입 질 규정, 산출 질 규정, 불만 고객의 수, 절차 및 체크리스트에 대한 운영기준 설정 등을 실시한다.

셋째, 서비스의 질 기준을 설계하고 실행하는 일이다. 서비스에서 질 기준이란 서비스 표준화가 전제되어야 한다. 서비스 표준화가 가장 어려운 점은 고객이 생각하는 표준이 무엇인지 알아내어 정하는 것이다. 고객이 원치 않는 표준의 설정은 고객의 욕구, 우선순위, 기대수준을 무시한 것으로 고객 불만을 유발하는 요인이 된다. 고객이 정의하는 서비스 표준은 직원이 직무를 수행하는 목표나 지침이 되는 하드(hard) 표준과 소프트(soft) 표준으로 구분된다. 하드 표준은 고객이 정한 표준을 나타내는 것이기 때문에 사회복지행정기관의 서비스 표준의 일부를 구성한다. 비교적 계량화가 가능한 표준이 하드 표준이다. 소프트 표준은 고객의 우선순위가 계량화될 수 없으므로 볼 수는 없으나 고객의 의견을 청취하여 자료로 수집하는 것이다. 하드 측정치는 구체적인 반면 소프트 측정치는 지각된 측정치이다. 소프트 표준은 고객의 지각을 계량화하여 직원에게 고객을 만족시킬 수 있는 방향, 지침, 피드백을 제공하는 것이다.

넷째, 서비스의 질 전달 시스템의 설계에 피드백하기이다. 이상의 과정을 통해 얻은 결과를 투입 쪽에 연결하여 개선을 유도하는 활동을 하여 서비스의 질을 개선하는 프로세스를 마무리한다.

2. 장기적 관점

사회복지행정기관이 서비스의 질을 향상시키기 위해서는 단기적인 관점이 아니라 장기적인 관점에서 사회복지행정기관의 문화·조직 내 인간관계 그리고 정보통신기술을 비롯한 기술의 정략적 활용에서 그 길을 찾을 수 있다. 즉 사회복지행정기관의 문화를 서비스의 질의 향상에 적합하게 변화시키고, 조직 내 조직원들이 참여하는 분위기가 마련되어야 한다. 서비스의 질의 향상을 위한 기술의 활용이 체계적으로 이루어져야 한다. 이러한 내용을 간략히 개념화하면 [그림 9-6]과 같다.

그림 9-6 서비스 품질 개선 방향

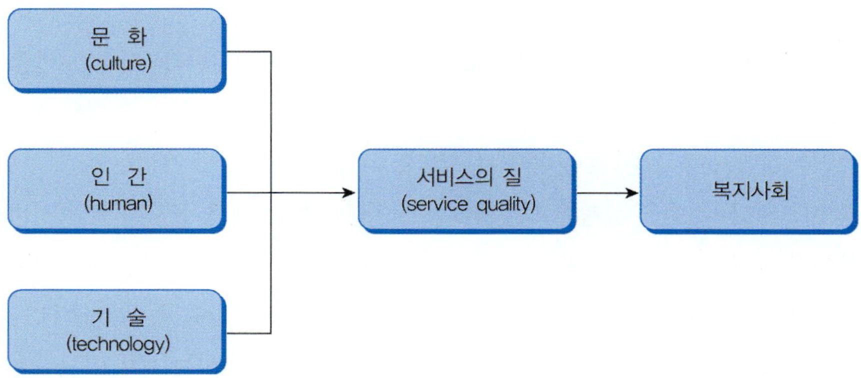

사회복지행정기관이 서비스 자체의 질과 성과보다는 고객에 대한 즉각적인 대응이 중요하고, 신뢰를 바탕으로 하며, 고객의 입장에서 이루어져야 한다는 것을 의미한다. 이는 서비스를 공급자 위주에서 수요자 위주로 보는 발상의 전환이 이루어지고 있다는 것이다. 이러한 발상의 전환은 행정서비스에 대한 국민의 인식, 공무원과 국민 상호 작용 방식 및 서비스가 조직되는 방식을 변화시키고 있을 뿐만 아니라, 서비스의 공급유형과 전달방식도 변경시키고 있다.

제 4 부

사회복지행정의 서비스 평가와 홍보

제 10 장

사회복지서비스 전달체계

1절 사회복지서비스 전달체계의 개관

2절 공적 · 사적 사회복지 전달체계

3절 사회복지서비스의 활용

1절 사회복지서비스 전달체계의 개관

1. 사회복지서비스 전달체계의 개념

사회복지행정은 추상적인 사회복지정책을 구체적인 사회복지서비스로 전환하여 서비스를 필요로 하는 사람(클라이언트, 소비자 및 이용자)에게 전달하는 과정에 관한 활동이다(Skidmore, 1990: 31; 최성재 · 남기민, 2013: 101). 즉 사회복지정책을 구체적인 사회복지서비스로 옮기는 과정을 의미한다.

사회복지서비스의 정해진 목표를 달성하는 정도인 효과성과 경제적으로 목표를 달성하는 정도인 효율성에 대한 관심이 증가함에 따라서 서비스 전달체계에 대한 논의도 활발해지고 있다(서상목 · 최일섭 · 김상균, 1987; 손준규, 1992: 32–40).

이러한 관점에서 사회복지행정에서 서비스 전달체계란 급여 또는 서비스를 효율적으로 클라이언트에게 전달하기 위하여 어떠한 조직을 통해서 실천할 것인가에 대한 전략을 선택하는 것이다.

사회복지 전달체계(Delivery System)는 "지역사회 체계 속에서 사회복지서비스의 공급자 간 또는 공급자와 소비자(클라이언트, 고객 또는 수혜자) 간을 연결시키기 위한 조직적 장치", 즉 서비스 전달망이라 할 수 있다(Gilbert & Terrell, 1988: 143). 게이트(Gates, 1980)는 이를 지역사회의 맥락에서 사회복지서비스를 공급하는 자들 간의 조직적 연계 및 공급자와 클라이언트 간의 조직적 연결이라고 하였다(김형석 · 이영철 · 신준섭, 2009: 49).

서비스 전달체계는 하나의 사회조직이다. 성규탁(1997)은 "사회복지서비스를 고객에게 전해 주기 위해서 꾸며진 사회적 조직체"라고 규정하고 있다.

일반적으로 사회복지서비스 전달체계는 서비스 공급자 또는 제공자와 소비자를 상호 연결시키기 위한 체계적이고 조직적인 장치라고 할 수 있다(황성철 외, 2014: 114).

협의의 개념으로는 사회복지사와 서비스를 받는 클라이언트 사이의 상호 관계를 통한 사회복지의 장(場)에서 서비스 전달업무를 실제로 '집행'하는 사회적 체계를 의미하며, 광의의 개념에서는 상부의 행정체계로부터 규제, 지원 및 감독을 받으며 서비스를 전달하는 것을 말한다.

사회복지 전달체계는 [그림 11－1]과 같이 공급자의 수요자 욕구조사 → 공급자에서 전달체계 → 전달체계에서 수요자 → 수요자의 피드백이 공급자로 이르는 일련의 과정을 반복하면서 전달체계의 순환과정을 만들어 가며 전달체계가 수정되거나 보완되기도 한다(허만형, 2005: 242; 강용구 외, 2008: 252).

그림 11-1 사회복지 전달체계의 모형도

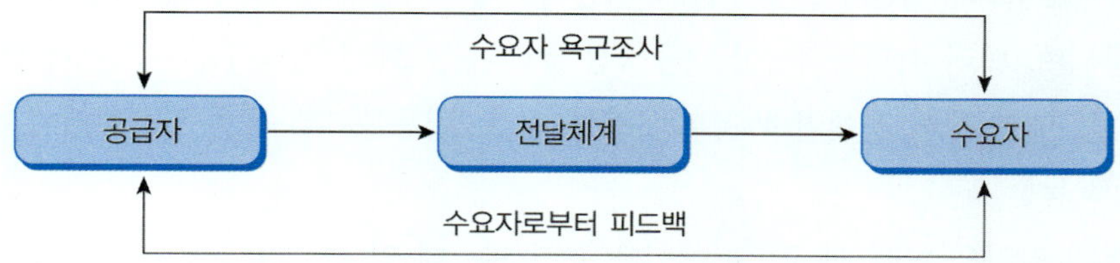

사회복지행정의 궁극적인 목적이 고객(클라이언트)의 복지권을 보장하기 위해 효과적이고 효율적인 전달체계를 마련하여 고객의 욕구에 필요한 서비스를 제공해 주는 것이기 때문에 사회복지서비스 전달체계를 어떻게 구축하고 운영하는가는 매우 중요하다(장천식, 2006: 120). 그 이유는 사회복지서비스 전달체계를 통해서 클라이언트의 선정, 수혜자격 요건의 설정, 서비스 내용과 방법에 관한 사회복지정책들이 실제로 이루어지기 때문이다(신복기 · 박경일 · 이명현, 2013: 147).

2. 사회복지서비스 전달체계의 성격

사회복지서비스 전달체계를 분석할 때 일반적으로 구조 · 기능적 차원과 운영 주체적 차원을 중심으로 논의가 이루어져 왔다(서상목 · 최일섭 · 김상균, 1988: 20–21; 최성재 · 남기민, 1993: 74). 최근에는 이 두 가지 차원에 서비스의 종류를 추가하여 세 가지 축을 중심으로 설명이 이루어지고 있다(김형식, 2002: 64–66; 김영종, 2005: 372–380; 김경우, 2007: 325–326; 김형식 · 이영철 · 신준섭, 2009: 50–51).

1) 구조 · 기능적 성격

구조 · 기능적 성격은 사회복지서비스 공급자들을 중심으로 그들 간의 구조와 기능이 어떻게 분화되었는가를 살펴보는 방식이다.

사회복지서비스 전달체계를 구조 · 기능적 성격으로 살펴보면 〈표 11 - 1〉과 같이 행정체계와 집행체계로 구분할 수 있다(성규탁, 1993: 407; 김경우, 2007: 322-323).

행정체계는 서비스 전달을 기획, 지시, 지원, 관리하는 것이며, 집행체계는 서비스 수혜자들과 직접적 대면관계를 가지면서 서비스를 직접 전달하는 과정을 의미한다.

사회복지서비스의 전달체계 중 사회복지관의 관장 · 자문위원회 · 기획관리부 등은 행정체계에 해당되며, 여러 사회복지서비스를 직접 클라이언트에게 전달하는 대부분의 일선 사회복지조직들, 예를 들어 장애인 복지부 · 노인복지부 · 아동복지부 등은 집행체계에 해당된다(양승일, 2014: 148).

이 구분의 장점은 어떤 서비스의 책임을 규명하는 데 있어서 그 잘못이 행정체계의 잘못된 판단인지 아니면 집행체계의 미비된 활동에 원인이 있는지를 판단할 수 있다는 것이다(오세영, 2009: 181).

| 표 11-1 | 구조·기능적 차원에 따른 분류

구분	내용
행정체계	서비스 전달을 기획 · 지원 및 관리하는 체계 (예: 보건복지부 → 특별시 · 광역시 · 도 → 시 · 군 · 구)
집행체계	전달자가 소비자와 상호 접촉을 통해 서비스를 직접 전달하는 체계 (예: 읍 · 면 · 동 → 클라이언트)

출처: 오세영(2009: 182).

2) 운영주체별 성격

사회복지서비스 전달체계는 누가 운영하는가에 의해 [그림 11 - 2]와 같이 공적 전달체계와 사적(민간) 전달체계로 구분될 수 있다. 공적 전달체계는 정부(중앙정부 및 지방정부)나 공공기관이 직접 관리하고 운영하는 것을 말하고, 사적 전달체계는 사회복지시설이나 기업복지재단 등의 민간(민간단체)이 클라이언트를 직접 관리 · 운영하는 것을 의미한다.

그림 11-2 사회복지서비스 전달체계도

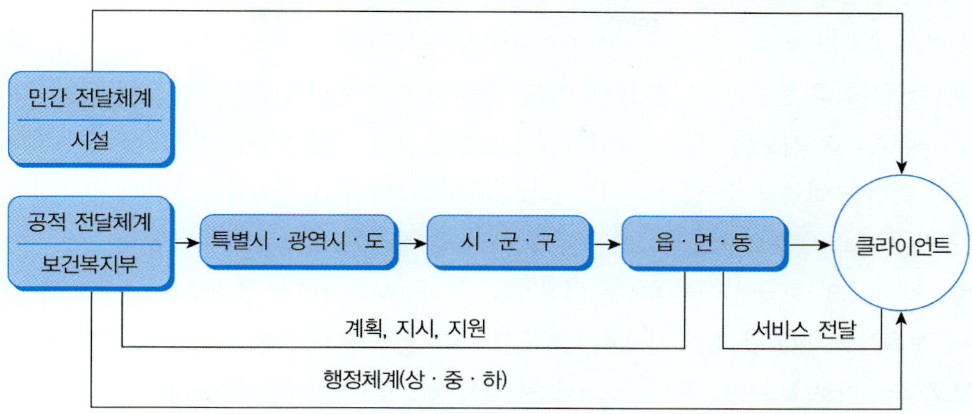

출처: 김형식 · 이영철 · 신준섭(2008: 51).

공적 서비스 전달체계는 주로 세금에 의해 유지되며, 사회보험과 공공부조와 관련된 서비스들을 제외한 대부분의 대인적 사회복지서비스들을 사적 서비스 전달체계에 위탁 내지는 의존하고 있다. 이러한 경우에 구조 · 기능적 분류와 결부시켜 보면 공적 서비스 전달체계는 행정체계의 성격을 띠고 있으며, 사적 서비스 전달체계는 집행체계로 분화되는 성향을 가지고 있다.

〈표 11-2〉에서 보는 바와 같이 공적 서비스 전달체계는 비교적 안정적인데 비해 사적 서비스 전달체계는 비교적 유동적이다.

| 표 11-2 | 운영 주체에 따른 분류

분류	담당	적용	내용
공적 전달체계	정부 · 공공기관	보건복지부 → 특별시 · 광역시 · 도 → 시 · 군 · 구 → 읍 · 면 · 동 → 대상자	• 재정은 안정적 • 관료적 · 복합한 체계 • 외적요인에 다소 둔감함
사적 전달체계	사적 · 민간단체	복지재단, 자원봉사단체, 사회복지시설, 개인, 사회복지협의회 등	• 재정은 취약 • 융통성, 창의적, 유연한 체계 • 사회 변화와 요구에 민감함

출처: 오세영(2009: 182).

3) 서비스 종류별(네트워크별) 성격

서비스 전달체계는 서비스의 종류와 성격에 의해 분류될 수도 있다(김영종, 2000: 269).

서비스 종류별(네트워크별) 분류는 서비스 수요자의 욕구를 중심으로 하는 서비스 전달체계이며, 지역사회의 관점을 잘 반영하고 있다. 특히 서비스 전달체계를 서비스 종류별(네트워크별)로 구분하려는 시도는 서비스 수급자들의 관점을 보다 직접적으로 그리고 명백히 지역사회적인 측면을 반영할 수 있게 된다. 서비스 네트워크별 구분은 지역사회 내에서 이루어지는 제반 서비스의 수요자와 공급자들 간의 네트워크를 가상하고 있다. 즉 지역사회 내에서 서비스의 수요와 공급이 이루어지는 연결망을 ① 아동복지서비스 전달체계: 아동관련 공공기관, 보육시설, 학교급식, 일시보호, ② 노인복지서비스 전달체계: 노인관련 공공기관, 주간보호센터, 양로요양시설, 노인연금, 재가복지서비스, ③ 정신질환복지서비스 전달체계: 정신질환 관련 공공기관, 정신질환자가족협회, 정신병원, 요양병원 및 ④ 생활보호서비스 전달체계: 생활보호 관련 공공기관의 위계적 조직체계, 대상자 발굴기관, 의료관련 기관, ⑤ 청소년복지서비스 전달체계: 청소년 관련 공공기관, 청소년 시설, ⑥ 여성복지서비스 전달체계: 여성 관련 공공기관, 여성복지관들로 가상하고 있는 것이다(양승일, 2014: 148).

서비스 종류별 전달체계는 명백히 지역사회의 측면을 반영하고 있으나 쉽게 파악하기 어렵다는 단점이 있다.

지역사회서비스 조직들에 의한 서비스 종류별 전달체계를 확인해 내고 그것을 구체화시켜야 하는 이유는 사회복지서비스 전달체계는 수혜자로서의 클라이언트, 즉 서비스 수요자와 욕구를 중심으로 하는 전달체계를 구상해야 할 필요성이 있기 때문이다.

3. 사회복지서비스 전달체계의 원칙

현대 사회에서 사회복지 수혜 대상자에게 만족스러운 서비스를 제공하기 위해서는 우선 사회복지서비스 제도가 완비되어야 함과 동시에 사회복지 전달체계가 기능적으로 설계되어야 한다. 사회복지행정을 사회복지정책이 목표로 하는 사회복지서비스를 구체화하여 서비스를 필요로 하는 사람에게 전달하는 활동이라고 할 때, 사회복지 전달체계의 구축은 〈표 11-3〉과 같은 원칙이 고려되어야 한다(이계탁, 1994: 216-220; 강봉규, 2006: 255-256; 신복기 외, 2008: 198-192; 김형석 외, 2009: 53-55; 최성재·남기민, 2013: 104-108; Gates, 1980: 52-28; Gilbert & Specht, 1986: 121-122).

| 표 11-3 | 국내·외 사회복지 전달체계의 원칙

<table>
<tr><th>Gate
(1980)</th><th>Gilbert
Specht
(1986)</th><th colspan="2">서상목 · 최일섭 ·
김상균(1988)</th><th>성규탁
(1992)</th><th>최성재 ·
남기민
(1995)</th><th colspan="2">박경일(1997)</th></tr>
<tr><td rowspan="2">• 포괄성
• 접근용이성
• 계속성
• 비단편성
(통합성)
• 책임성</td><td rowspan="2">• 통합성
• 계획성
• 접근
용이성
• 책임성</td><td>행정적인
측면</td><td>• 기능분담의 체계성
• 전문성에 따른 업무
분담
• 책임성
• 접근용이성
• 통합조정
• 지역사회참여
• 조사 및 연구</td><td rowspan="2">• 접근가능성
• 지속성
• 적합성
• 포괄성
• 통합성
• 공평성
• 적절성
• 조사연구</td><td rowspan="2">• 전문성
• 적절성
• 포괄성
• 지속성
• 통합성
• 평등성
• 책임성
• 접근
용이성</td><td>조직
구조적
측면</td><td>• 권리성
• 전문성
• 접근용이성
• 기능부담의 체계성
• 지역사회 참여
• 문화적 특수성</td></tr>
<tr><td>서비스
제공의
측면</td><td>• 평등성
• 재활 및 자활
• 목표
• 적절성
• 포괄성
• 지속성
• 가족중심</td><td>관리
운영적
측면</td><td>• 평등성
• 포괄성
• 책임성
• 재활 및 자활
• 목표
• 계획성
• 적절성
• 지속성
• 가족중심의
서비스 제공</td></tr>
</table>

1) 적절성 원칙(comprehensiveness)

적절성(충분성)의 원칙은 고객(클라이언트)의 욕구 충족이나 문제해결의 목표를 달성하는 데 있어 사회복지서비스의 양(quantity)과 질(quality) 및 제공하는 기간이 클라이언트나 이용자의 욕구 충족과 서비스목표 달성에 충분해야 한다는 것이다. 따라서 적절성의 원칙은 재정적 형편을 고려하여 보면 목표를 제대로 수행하기가 어려운 경우가 많고 그 수준을 유지시켜 나아가는 데에도 현실적인 논란이 있을 수 있다. 한정된 자원으로 서비스 질을 강조하면 서비스 양은 낮은 수준에 머물고, 서비스 양을 강조하면 서비스 질의 적정선 유지가 어렵게 된다는 것이다.

2) 접근용이성 원칙(accessibility)

접근용이성 원칙은 사회복지서비스를 필요로 하는 사람이면 누구나 쉽게 받을 수 있어야 하기 때문에 클라이언트와 이용자가 접근하기 용이해야 한다는 것이다. 접근용이성이란 서비스와 그것을 필요로 하는 욕구의 연결 상태를 의미한다. 다시 말하면 복지서비스를 필요로 하는 사람이 필요한 때에 편리한 곳에서 해당 서비스를 받을 수 있는가 하는 문제는 현실적으로 매우 중요한 것이다.

서비스 접근성의 장애요인은 서비스 제공기관의 지리적 위치, 소비자의 사회경제적 지위, 서비스에 대한 정보차단 등이 있다(황성철 외, 2014: 116).

전달체계의 접근성을 높이기 위해서는 ① 유사한 경험을 가진 사회복지사의 채용, ② 의뢰서비스를 전문으로 하는 사회복지기관의 설립, ③ 특수한 집단을 취급하는 사회복지기관의 설립 등을 고려해야 한다.

3) 전문성 원칙(professionalization)

전문성 원칙이란 사회복지서비스의 주요 핵심적인 업무는 반드시 전문가가 맡아야 한다는 것이다. 여기서 전문가는 자격요건이 객관적으로 인정된 사람(국가 또는 전문 직업단체의 시험, 또는 기타 자격 심사에 의하여 자격증을 부여받은 사람)이며 자신의 전문적 업무에 대한 권위와 자율적 책임성을 지닌 사람을 말한다. 사회복지 분야의 종사자는 업무 성격에 따라 전문가(professional), 준전문가(para-professional), 비전문가(non-professional)로 구분된다.

전문가란 상식적으로 생각하는 경험과 지식이 많은 사람이 아니라 자격이 객관적으로 인정된 사람으로 자신의 전문적 업무에 대한 권위, 자율적 결정권과 책임성을 지는 사람을 의미하며, 준전문가는 업무의 성질상 전문성을 덜 요하는 사람을 의미한다. 그리고 비전문가는 비숙련 업무 및 일반행정업무를 담당하는 사람으로서 자원봉사자 등이 해당된다(양승일, 2014: 143-144).

사회복지서비스의 효율성과 효과성을 달성하기 위해서는 전문성이 다소 낮은 업무는 준전문가가 담당하고, 비숙련 업무 및 일반적인 업무는 비전문가 또는 경우에 따라 자원봉사자가 담당하도록 해야 한다. 따라서 사회복지서비스의 효과성과 효율성을 위해서도 전문성의 원칙은 반드시 지켜져야 한다.

사회복지분야에 있어서 사회복지사, 의사, 간호사, 보육교사, 요양보호사, 물리치료사, 작업치료사 및 영양사 등 여러 분야의 전문가가 참여하고 있지만 이들 중에서 사회복지사가 가장 보편적인 전문가이다.

4) 지속성 원칙(continuity)

지속성의 원칙은 클라이언트의 문제나 욕구를 해결하는 과정에서 필요한 서비스의 종류나 질이 달라져야 하지만 서비스는 일정 기간 연속적으로 제공되어야 한다는 것을 말한다. 사회복지 문제의 속성상 단기간에 해결되는 문제도 있지만, 어느 정도 시간을 두고 해결하는 문제가 많기 때문에 전달체계의 지속성이 중요하다. 지속성의 원칙이 잘 적용되기 위해서는 같은 조직 내의 서비스 프로그램 간의 상호 협력이 잘 이루어져야 할 뿐만 아니라 지역사회 내의 사회복지서비스 조직 간에도 유기적인 연계가 잘 이루어져야 한다.

5) 책임성 원칙(accountability)

책임성 원칙은 국가가 시민의 권리로 인정한 사회복지서비스를 사회복지조직이 전달하도록 위임 받은 조직이므로 사회복지서비스의 전달에 대하여 책임을 져야 한다는 것이다. 책임성의 영역에서는 전달체계의 임무 수행과정이 투명하게 드러나고 의사결정이 민주적으로 이루어지는 풍토가 매우 중요하다. 책임성의 문제는 조직의 구조적 특성과 기능은 물론 조직에서 일하는 인력에 대한 신뢰성이 함께 중요한 요소가 된다. 책임을 져야 할 주요 내용은 수혜자의 욕구에 적절히 대응하는 것인가, 서비스의 전달 절차가 적합한가, 서비스가 효과적이고 효율적인가, 서비스의 전달과정에 있어서 불평과 불만에 대한 수렴장치가 적합한가 하는 부분이다. 사회복지조직이 구체적으로 책임을 지는 대상자는 사회나 국가를 대표하는 실체인 중앙정부 및 지방정부와 서비스의 수혜자가 되어야 한다.

6) 통합성 원칙(unification)

통합성 원칙이란 클라이언트의 문제는 많은 경우 복합적이고 상호 연관되어 있기 때문에 전달체계를 통하여 사회복지서비스를 받게 될 때, 복합적이고 다양한 문제해결에 필요한 각종의 서비스가 질서정연하고 체계적으로 제공되어 문제를 해결하고 욕구충족을 통합적으로 달성할 수 있어야 한다는 것을 말한다. 서비스가 통합적으로 제공되기 위해서는 한 행정책임자에 의해 서비스들이 제공되고 지리적으로 서비스 제공 장소가 상호 근접되고 서비스 프로그램 간 또는 조직 간에 상호 유기적인 연계와 협조체계가 갖추어져야 한다.

7) 포괄성 원칙(inclusiveness)

포괄성 원칙은 클라이언트의 욕구나 문제를 동시에 접근하고 순서적으로 해결하기 위해서 다양한 서비스를 포괄적으로 제공해야 한다는 것이다. 이러한 포괄성 원칙을 달성하기 위해서 한 사람의 전문가가 여러 문제를 다루거나 아니면 각각 다른 전문가가 한 사람의 문제를 다룰 수도 있고, 여러 전문가들이 한 팀이 되어 문제를 동시에 해결할 수도 있다. 서비스의 포괄성을 달성하기 위한 접근 방법으로는 ① 일반적 접근 방법(generalistic approach),

② 전문적 접근 방법(specialistic approach), ③ 집단적 접근 방법(team approach), ④ 사례관리 방법(case management) 등이 있다.

8) 평등성 원칙(equity)

평등성의 원칙은 저소득층을 위한 공공부조 등 특별한 경우를 제외하고는 기본적으로 성별, 연령, 소득, 종교, 지위 등에 관계없이 모든 국민에게 사회복지서비스를 제공해야 한다는 보편주의에 입각한 원칙이라고 할 수 있다(양승일, 2014: 146).

평등성 원칙에는 성별, 연령, 국가, 인종, 소득, 종교, 사회적 지위 등에 관계없이 모든 국민에게 복지서비스를 제공해야 한다는 절대적 평등(absolute equity)과 소득 수준(수급권자의 경우)이나 연령(국민연금 가입 연령 등), 직업에 의한 제한(산재, 고용보험의 경우 근로자만 가입 등)이 있는 상대적 평등(comparative equity)이 있다.

현대사회는 급속한 사회 변화로 인하여 본인의 의지와 의사에 관계없이 가족에게 많은 문제가 발생하고 있는데 국가는 모든 사람들에게 사회복지서비스를 평등하게 제공해야 한다. 필요한 경우 예외적으로 상대적 평등이 적용될 수 있다. 사회복지 전달체계의 궁극적인 목표는 서비스를 효과적이고 효율적으로 전달하는 것이라 할 수 있다.

2절 공적·사적 사회복지 전달체계

공적·사적 사회복지 전달체계이론은 다음과 같다(김경우, 2007: 336-337).

1. 공적 사회복지 전달체계이론

1) 종속형

종속형(dependent type)은 중앙정부에 광역자치단체가 종속되어 있고, 광역자치단체에 기초자치단체가 종속되어 있는 형태를 말한다. 자치권이 위축되어 지방자치단체는 중앙정부의 행정기관 또는 집행기관으로서의 역할을 수행한다. 종속형은 중앙에서 결정된 사회복지급여나 서비스가 광역자치단체를 경유하여 기초자치단체에 전달되고, 기초자치단체에서 클라이언트에게 전달되는 경로를 가지게 된다. 우리나라의 경우 종속형에 해당한다고 할 수 있다.

2) 대립형

대립형(equal type)또는 대등형은 중앙정부와 광역자치단체가 대등한 관계를 유지하는 가운데 광역자치단체의 자치권이 분명히 보장되지만 기초자치단체는 광역자치단체와 종속적인 관계를 유지하고 있어 자치권의 제한을 받는 형태이다. 대립형은 중앙정부와 광역자치단체가 독자적으로 클라이언트에게 사회복지급여나 서비스를 제공한다.

3) 파트너십형

파트너십형(partnership type) 또는 동반형은 중앙정부, 광역자치단체 그리고 기초자치단체가 동반자적 관계를 가지는 형태를 의미한다. 파트너십형은 중앙정부, 광역자치단체 그리고 기초자치단체가 독자적으로 클라이언트에게 서비스를 제공함으로써 제공되어야 할 서비스의 공백이 최소화될 뿐만 아니라 보완적인 관계에 있기 때문에 중복 급여도 최소화할 수 있다.

이처럼 파트너십 유형은 중앙정부가 일관성 있게 클라이언트에게 사회복지급여를 제공할 수 있고 자치단체는 지역경제적 여건을 고려하여 지역특성에 맞추어 사회복지급여를 제공할 수 있으므로 정부 간 관계망으로 볼 때는 가장 이상적인 유형이라고 할 수 있다(양승일, 2014: 150).

2. 사적 사회복지 전달체계이론

사회복지대상자는 대체로 하나의 문제를 가지고 있지 않고 다양한 문제가 복합적으로 연결되어 있다. 따라서 사회복지대상자의 다양한 측면을 동시에 고려할 수 있어야 하고, 공급주체에 있어서도 하나의 기관이 아니라 여러 기관에서 동시에 문제해결을 시도하여야 사회복지서비스의 효과를 높일 수 있다.

3. 사회복지 전달체계의 기능

1) 공적 사회복지 전달체계의 기능

(1) 중앙정부 사회복지행정조직과 기능

공적 사회복지서비스 전달체계는 사회복지서비스를 관장하는 정부, 사회복지서비스를 실행하는 기관 그리고 실제적인 서비스를 전달하는 사회복지사를 포함한다.

공적 전달체계는 주로 사회복지관련 법령에 근거해서 소속 공무원이 사회복지를 실천하도록 하거나 사회복지법인 등에 국고나 지방비를 지원 또는 보조하거나 정부의 복지기관을 민간에 위탁하여 서비스를 전달하는 것이다(김형식 · 이영철 · 신준섭, 2008: 55-56).

공적 전달체계는 국가 또는 지방자치단체가 수립하고 직접 그 운영의 주체가 되는 것으로써 대부분의 국가에서는 사회보험과 공공부조, 그리고 사회복지서비스 등은 정부 차원에서 사회복지정책을 통하여 전달하고 있다. 이와 같이 사회보험과 공공부조는 중앙정부에서, 그리고 사회복지서비스 등은 지방정부에서 분담하여 제공하고 있지만 사회복지서비스의 일부분은 민간차원에서도 활발하게 참여하고 있다.

역사적으로 살펴보면 사회복지제도의 발전 초기에는 사적 전달체계가 주로 맡아 왔고, 그 다음 단계에서는 지방정부(당시엔 도시별, 교구별)가 중요한 역할을 담당하였고, 마지막 단계에서는 중앙정부가 가장 중요한 역할을 수행해 왔다고 할 수 있다(한국복지행정학회, 2007: 235).

공적 전달체계를 살펴보면 [그림 11-3]과 같다.

그림 11-3 사회복지제도별 공공전달체계의 개요

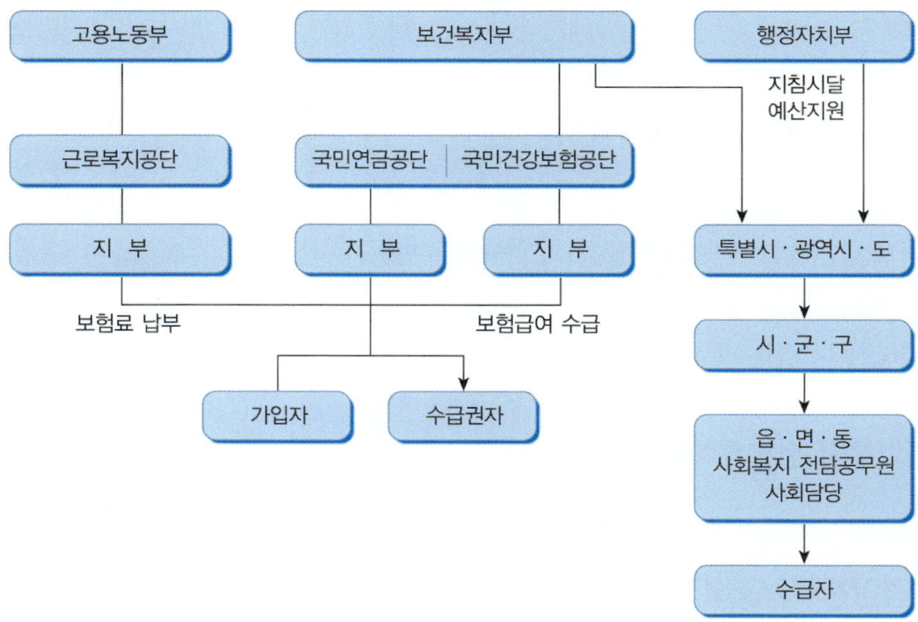

출처: 오세영(2009: 189); 2016 정부조직도 참조.

중앙정부 차원에서의 공적 사회복지서비스 전달체계는 오늘날 대부분 서구 복지국가에서 중추적인 역할을 하고 있다.

사회보험은 중앙부서인 보건복지부와 고용노동부 산하의 공공조직인 공단(국민연금공단, 건강보험공단, 근로복지공단, 지방노동청)을 통해서 직접 가입자인 국민에게 급여와 서비스가 제공되고 있다(황성철 외, 2014: 113).

산재보험과 고용보험은 노동부 소관으로 하고 있는 반면에 국민연금, 국민건강보험 및 노인장기요양보험 등의 소관 부서는 보건복지부이다. 그러나 공공부조와 사회복지서비스는 사회보험과는 조금 다른 전달체계를 가지고 있다. 소관 중앙부서는 보건복지부이지만, 지방에는 보건복지부 지부나 사무소가 없어 행정자치부 소속의 지방조직에게 공공부조와 사회복지서비스 업무를 위탁하여 운영하고 있다. 이와 같이 공적 사회복지서비스 전달체계는 소관부서에 따라 서로 차이가 있음을 알 수 있다.

중앙정부 차원에서의 사회복지서비스 전달체계는 1948년 정부 수립과 동시에 사회부가 발족되어 담당하다가 1955년에 보건부와 사회부가 보건사회부로 개편되었고, 1994년 보건사회부가 보건복지부로 개편되었으며, 2008년 정권이 바뀌면서 보건복지부가 보건복지가족부로 개편되었으나 2009년에 다시 보건복지부로 개편되어 현재에 이르고 있다.

중앙정부가 담당하고 있는 복지업무실태를 살펴보면, 보건복지부는 노인복지 · 장애인복지 · 국민연금 · 건강보험 · 노인장기요양보험을 담당하고 있으며, 고용노동부는 산재보험 · 고용보험을 담당하고 있다. 그리고 여성가족부는 여성복지 · 청소년복지 등, 행정자치부는 공무원연금, 교육부는 사립학교연금, 국방부는 군인연금 등을 맡고 있다는 점에서 많은 중앙부서가 일정부분 복지정책의 주체로서의 역할을 담당하고 있다고 볼 수 있다(양승일, 2014: 150–151).

중앙정부뿐만 아니라 지방정부 차원에서의 공적 사회복지 전달체계의 역할도 결코 적은 것은 아니다. 지방정부 단독으로 사회복지서비스 전달이 이루어지는 것은 많지 않지만 주로 행정자치부(구 안전행정부)의 지방행정조직인 특별시 · 광역시 · 도 단위의 사회복지정책과, 저출산고령화과, 가정복지과, 아동여성복지과 등에 의해 이루어지고 있다. 그리고 행정자치부의 지방 하위조직인 시 · 군 · 구 단위에는 사회복지과, 주민생활지원과 혹은 가정복지과 산하에 사회복지계, 가정복지계, 부녀복지계, 청소년복지계 등이 설치되어 있다. 그리고 필요한 업무는 다시 일선 조직인 읍 · 면 · 동 단위의 사회복지계나 소속 사회복지전담공무원으로 이어지고 있다(오세영, 2009: 190).

박근혜 정부는 [그림 11－4]와 같이 맞춤형 복지전달체계 구축을 통한 체감도 높은 복지를 구현하고자 한다.

그림 11－4 박근혜 정부 공·사 복지전달체계 개편도

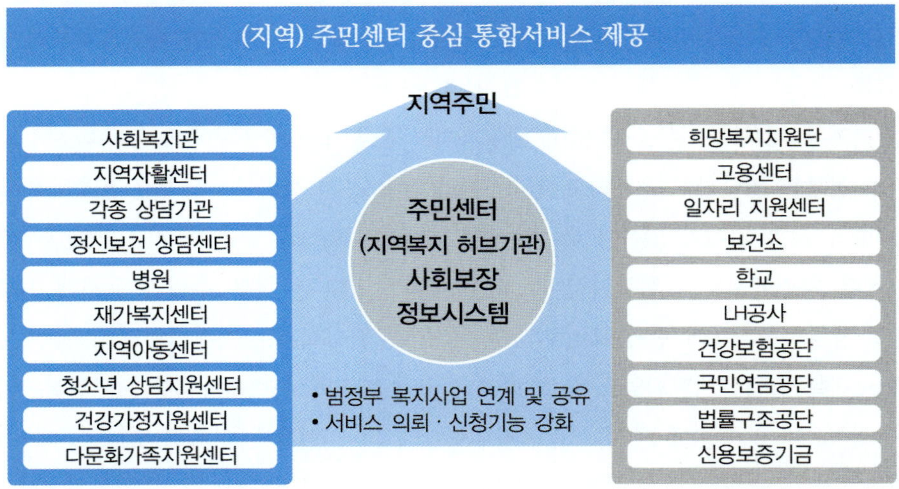

출처: 보건복지부 홈페이지 참조.

(2) 지방자치단체의 사회복지행정조직과 기능

① 광역자치단체의 사회복지행정조직과 기능

특별시·광역시·도의 조례에 의하여 설치되고 사회복지과 및 복지정책과 등의 사무분담은 규칙에 의하여 배분되므로 각 시·도에 따라 약간씩 차이가 있다.

② 기초자치단체의 사회복지행정조직과 기능

기초자치단체의 사회복지행정조직은 조례에 의하여 설치되므로 시·군·구 또는 인구 규모에 따라 약간씩 차이가 있다. 시의 경우 인구 규모에 따라 조직기구가 다른데 사회복지 관련 국을 설치하고 그 밑에 사회복지과, 주민생활지원과 및 가정복지과 등을 설치하고 그 밑에 해당 계를 두고 있다. 군의 경우 사회과와 가정복지과를 설치하거나 2개 과를 통합하여 사회복지과를 설치하고 있다. 광역시 구의 경우 사회복지행정조직으로 사회복지과, 주민생활지원과 등을 설치하고 있다.

③ 읍 · 면 · 동의 경우 인구 규모에 따라 다르며 사회과를 설치하고 사회과 또는 사회계 또는 복지계 등을 두고 있으며, 동에는 사회복지전담공무원을 배치하여 지방정부의 복지업무를 담당하도록 하고 있다.

2) 사적 사회복지 전달체계

역사적으로 보면 현대 사회복지가 국가의 제도적 조직에 의한 활동이 주된 활동이지만 그 이전에는 사적 사회복지 전달체계에 의한 활동이 주축을 이루었다.

사회복지서비스 전달체계는 공식적으로 조직된 정부의 공적 전달체계 외에도 사적 전달체계가 있다. 그러나 국가의 기능으로 제도화된 오늘날에도 여전히 사적 사회복지서비스 전달체계에 의해 이루어지고 있다.

사적 사회복지서비스 전달체계는 사회복지시설을 비롯해서 기업의 복지재단, 종교기관의 사회복지 담당자, 공익을 추구하는 시민사회단체 등을 포함한다. 각각의 기관 및 단체는 특성에 따라 기업의 이미지 재고나 사회의 환원 차원에서, 종교적 실천활동 차원에서 또는 복지의 여론화 내지는 사회복지운동 차원에서 사회복지서비스를 전달하고 있다.

사회복지서비스 중 공식적으로 조직된 활동 주체로서의 전달 주체 또는 운영 주체는 정부의 공적 사회복지 전달체계 이외에도 사적 사회복지 전달체계도 있다.

사적 사회복지서비스 전달체계의 필요성을 살펴보면 ① 정부제공서비스 담당자에 대한 서비스 제공, ② 정부가 제공할 수 없는 서비스 제공, ③ 동일한 종류의 서비스에 대한 선택의 기회 제공, ④ 사회복지서비스의 선도적 개발 및 보급, ⑤ 민간의 사회복지참여 욕구 수렴, ⑥ 정부의 사회복지활동에 대한 압력단체의 역할 및 ⑦ 국가의 사회복지비용 절약 등이다(최성재, 1993: 95-96).

사회복지기관은 여러 가지 기준에 의하여 분류될 수 있는데, ① 조직에서 제공하는 서비스의 대상자에 따른 분류, ② 제공하는 서비스가 클라이언트나 소비자에게 직접적으로 전달되느냐 아니면 서비스의 기획과 감독 등의 업무를 수행하여 간접적으로 전달하느냐에 따른 분류, ③ 서비스를 제공하는 장소 이외의 다른 장소에 거주하면서 서비스를 제공하는 분류, ④ 해결해야 할 문제나 욕구별 또는 문제나 욕구를 가지고 있는 대상인구집단에 따른 분류 및 ⑤ 조직 설립 주체의 성격에 따른 분류 등이다(서상목 외, 1989: 100-104).

그림 11-5 사적 사회복지서비스 전달체계도

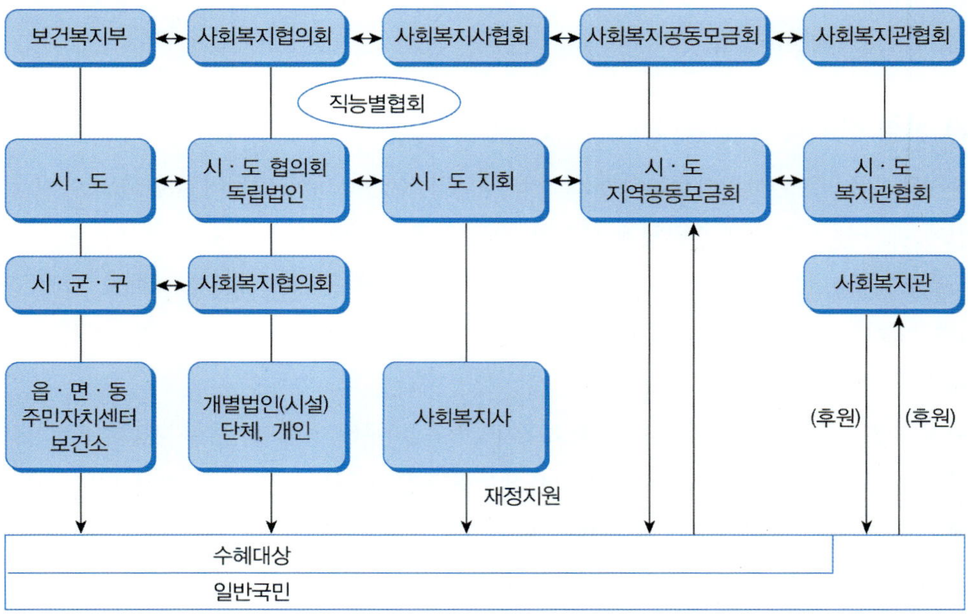

출처: 김형식 · 이영철 · 신준섭(2008: 98); 오세영(2009: 195).

이상에서 살펴본 바와 같이 사적 서비스 전달체계는 다양하게 분류될 수 있고 또한 다루는 사회적 서비스도 다양하기 때문에 사적 서비스 전달체계를 공적 서비스 전달체계처럼 일률적으로 취급하기란 쉽지 않다.

[그림 11-5]에서 보는 바와 같이 공적 사회복지서비스 전달체계는 보건복지부가 중심이지만, 사적 사회복지서비스 전달체계의 중심은 사회복지협의회 또는 사회복지공동모금회 등이다.

(1) 사적 사회복지서비스 전달체계의 조직과 기능

사적 사회복지서비스 전달체계의 조직은 영리를 목적으로 하지 않는 주민조직과 사회복지법인, 재단법인 및 사단법인, 종교단체, 법정단체 및 기타 특수법인, 등록단체나 그 법인 또는 단체가 사회복지사업을 목적으로 운영하는 시설과 기관을 말한다(신복기 외, 2005: 168).

이러한 사적 사회복지서비스 전달체계는 거의 대부분 사회복지서비스 부문에 집중되어 있다. 물론 사회복지 공급 주체에 따라 전달체계가 약간 상이하지만 대부분 정부에서 일부분의 재정을 위탁 지원받고 행정적 지도 감독을 받고 있다.

사적 사회복지서비스 전달체계에서 중요한 기능을 하는 것이 사회복지협의체이다. 사회복지협의체는 대체로 세 가지 유형으로 구분할 수 있다(최성재 · 남기민, 2000: 113).

첫 번째 유형은 전통적인 사회복지시설협의회(Councils of Social Agencies)이다. 한국사회복지협의회의 전신인 한국사회사업연합회나 한국사회복지관협회 등이 이 유형에 해당된다.

두 번째 유형은 지역사회복지협의회이다. 사회복지협의회와 각 시 · 도의 사회복지협의회가 여기 해당된다.

세 번째 유형은 직능별 협의체로써 전문분야협회(Specialized Councils)이다. 한국사회복지사협회, 임상사회복지사협회 등이 대표적이다(오세영, 2009: 196).

사적 사회복지서비스 전달체계에서 대표적인 기관으로서는 현재 사회복지협의회와 전국적 규모의 사회복지관을 꼽을 수 있다. 이를 보다 구체적으로 살펴보면 다음과 같다(이영철, 2000: 288–306).

① 한국사회복지협의회

1952년 2월에 설립된 사회복지협의회는 중앙협의회인 한국사회복지협의회와 독립적 사회복지법인으로 운영되는 시 · 도사회복지협의회와 시 · 군 · 구사회복지협의회로 조직되어 있다.

한국사회복지협의회는 원래 지역사회복지사업을 추진하기 위한 중간시설로써 사회복지에 관한 조사, 연구와 각종 복지사업을 조정하고 각종 사회사업과 활동을 조직적으로 협의 · 조정하며 사회복지에 대한 국민의 참여를 유도함으로써 우리나라의 사회복지 증진과 발전에 기여함을 목적으로 한다.

한국사회복지협의회는 1983년 5월 「사회복지사업법」 개정과 함께 법정단체로 규정되어 같은 사회복지법인이면서도 법적으로 인정받는 사회복지협의체의 기관으로 자리잡았다(김범수 · 신원우, 2015: 302).

사회복지협의회가 그 기능과 역할을 수행하기 위해서는 시 · 군 · 구뿐만 아니라 읍 · 면 · 동의 조직에 뿌리내려야 할 것이다. 한국사회복지협의회의 주요 사업은 다음과 같다(김형석 · 이영철 · 신준섭, 2009: 99).

- 사회복지조사에 관한 조사·연구 및 정책 건의
- 사회복지 소외계층 발굴 및 민간사회복지자원과의 연계·협력
- 사회복지 종사자에 대한 교육훈련과 복지 증진
- 자원봉사활동의 진흥
- 국제사회복지단체와의 교류 협력
- 사회복지에 관한 자료수집, 각종 간행물 발간 및 홍보
- 시·도 및 시·군·구사회복지협의회 업무 지원 및 협력 증진
- 사회복지 자원개발 및 정보화 산업의 진흥
- 식품자원기부 촉진기반 조성
- 사랑 나눔 실천 '1인 1 나눔 계좌 갖기 운동' 전개
- 소아암, 백혈병 및 희소·난치성 질환 환아 진료비 지원 사업
- 사회공헌 문화주도 및 종합정보제공
- 국가정보복지시스템 운영을 통한 사회복지시설 업무 효율성
- 보건복지부 장관이 위탁하는 사회복지에 관한 업무 등

② 사회복지관

사회복지관은 지역사회 내에서 일정한 시설과 전문 인력을 갖추고 지역사회의 인적·물적자원을 동원하여 '지역사회복지'를 중심으로 한 종합적 사회복지사업을 수행하는 사회복지시설을 말한다. 여기에서 '지역사회복지'라 함은 지역사회 주민의 삶의 질 향상을 목표로 지역사회문제를 해결하고 주민의 복지욕구를 충족시키기 위한 다양한 기관의 조직적이고 전문적인 활동체계를 말한다(사회복지관 설치·운영규정 제2조).

지역사회의 복지욕구를 가진 주민들에게 복지서비스를 제공하고, 지역사회문제를 예방, 치료하면서 지역복지의 중심적 역할을 수행하는 것을 목표로 하고 있는 사회복지관의 기능과 역할은 다음과 같다(김형석·이영철·신준섭, 2009: 101-103).

- **종합적 사회복지서비스 전달기능**: 문제를 지닌 개인이나 가정에 대한 지원서비스를 제공하는 역할, 사회화 또는 발달적 욕구충족을 위한 서비스센터로서의 역할 및 특수한 문제나 욕구에 부응하여 구체적 서비스나 정보제공 및 의뢰서비스를 제공하는 역할
- **지역사회 문제해결 및 지역사회 조직화 기능**: 지역사회 문제해결을 위한 주민참여의 중심체로서의 역할, 지역사회 개발을 위한 주민 또는 기관 간 공동계획 및 조정의 역할

및 특정 집단의 이익대변 및 사회행동센터로서의 역할

- **양 기능에 수반되는 공동역할**: 지역사회 자원동원의 역할, 지역사회 욕구조사와 문제파악의 역할 및 지역주민의 단합과 연대감 조성의 역할

(2) 지역사회복지 관련체계

① 노인복지관

노인복지관은 노인여가복지시설로서 무료 또는 저렴한 요금으로 노인에 대하여 각종 상담에 응하고, 건강의 증진·교양·오락·기타 노인의 복지증진에 필요한 편의 등 사업을 효율적으로 운영하여 지역사회의 종합적 노인복지 증진에 기여하고자 함을 목적으로 노인의 복지증진을 위한 종합적 노인복지센터로서의 기능수행을 목표로 하고 있다.

노인복지관은 노인을 위한 종합복지센터로서의 기능과 역할을 수행하기 위해 필수적으로 제공해야 할 사업 프로그램(사회교육사업, 노인 일자리사업, 보건·재활 등 노인기능회복사업, 상담지도사업, 노인자원봉사사업 등)과 지역 또는 회관의 특성을 반영하여 개발·추진 가능한 사업(재가복지사업, 경로식당 및 식사배달사업, 방문보건사업, 목욕서비스사업 등)을 실시하고 있다.

② 장애인복지관

장애인복지관은 장애인에 대한 종합적 서비스를 제공하고 장애에 대한 사회적 계몽, 홍보 및 조사연구 등을 통해 지역장애인의 자활·자립과 복지증진을 목적으로 그 기능을 수행하고 있다.

주요 사업은 상담지도사업, 조사연구사업, 의료재활사업, 교육재활사업, 직업재활사업, 사회심리재활사업, 재가 장애인복지사업, 스포츠 및 여가활동사업, 정보제공사업, 수화 관련 사업, 여성장애인의 복지증진사업, 사회교육사업, 지역사회자원개발사업, 홍보·계몽사업, 활동보조서비스사업, 기타 장애인복지 증진에 필요한 사업을 들 수 있다. 또한 장애인 종사자 보수교육사업, 장애인복지관 운영 자문센터 운영사업, 도서지역 장애인 지원 사업, 장애인복지관과 사회복지관 연계 프로그램 운영사업 등 장애인복지관에서 별도로 지정받은 사업의 운영에 필요한 사업을 정하여 사업을 운영하기도 한다(김형석·이영철·신준섭, 2009: 106-108).

3) 실용적 공적·사적 혼합전달체계

크래머(Kramer)는 사회복지서비스 전달체계의 역할분담 관계를 다음과 같이 설명하고 있다

(백종만, 1995: 129-132; 최성재·남기민, 2006: 202-204; 한동일 외, 2008: 105-106; 양승일, 2014: 171-172).

첫째, 국유화 모형(nationalization model): 복지재정과 복지서비스 모두 정부조직이 독점하고 민간조직의 역할은 최소한에 그치는 모형으로, 정부조직이 서비스 전달체계의 대부분을 차지하는 경우로 정부가 최대의 서비스 제공자가 된다.

둘째, 정부주도 모형(government operation model): 재정과 서비스에 있어서 정부조직이 상대적으로 높은 수준의 역할을 담당하며 주도를 하는 모형으로, 정부만이 보편적이고 형평성과 책임성이 있는 포괄적 사회복지체제를 운영할 수 있다고 가정한다.

셋째, 실용적 동반자 모형(pragmatic partnership model): 정부조직이 재정을 담당하면서 민간조직에게 이를 제공하면 민간조직이 서비스를 수행하는 모형으로, 정부가 기본적 서비스의 제공을 지속적으로 추구하지만 서비스의 전달과정에서 비영리 사적 부문에 자금을 제공하고 운영권을 위임하여 관료화를 방지하고 다양성을 살리고자 한다.

넷째, 민간강화 모형(empowerment voluntary organization model): 복지국가위기론 이후 영미에서 주목된 모형으로, 재정과 서비스에 있어서 민간조직이 정부조직보다 상대적으로 높은 수준의 역할을 담당하면서 전반적으로 주도하는 경우이다. 서비스 기준의 설정에 대한 정부의 역할은 인정하나 서비스 전달은 가족이나 이웃, 자조집단과 같은 비공식 부문과 비영리 사적 조직의 활용을 강조한다.

다섯째, 민영화 모형(privatization model): 복지국가위기론 이후 영미에서 주목받았던 모형으로, 복지재정과 복지서비스 모두 민간조직이 독점하고 정부조직의 역할은 최소한에 그치는 경우이다. 민영화 모형의 특징은 가능하면 영리 부문을 활용하고 가장 합리적인 가격으로 양질의 서비스를 전달하기 위해 시장경제에서 경쟁에 의존하는 모형으로써 정부 부문의 역할은 서비스에 대한 일부 규제와 감독을 하지만 서비스 제공에 대한 책임은 없다는 것이다.

한편 사회복지서비스 전달을 두고 공공과 민간의 역할분담에 관해서 다음과 같이 병행보완 모형, 병행보충 모형, 협동대리 모형, 협동동반 모형 네 가지 협력모형을 제시하는 학자도 있다(이인제·변재관, 2010: 25-38; 황성철 외, 2014: 118-119).

첫째, 병행보완 모형(parallel supplement model): 공공과 민간이 제각기 독자적으로 재원을 조달하나 서비스의 대상이 다른 경우로, 공공과 민간은 급여대상자를 누구로 할 것인가에 관해 협력을 하는 모형이다.

둘째, 병행보충 모형(parallel complement model): 공공과 민간이 각각 재원을 조달하고 급여나 서비스 대상자는 동일하지만 급여나 서비스의 내용을 달리하는 것으로서, 동일한 복지대상자에게 공공은 현금급여를 제공하고, 민간은 사회복지서비스를 제공하는 모형이다.

셋째, 협동대리 모형(collaborative vender model): 공공은 재원조달의 책임을 맡고, 민간은 급여나 서비스 전달의 책임을 맡는 경우로, 민간은 정부의 대리인으로 기능하며, 정부는 민간의 역할을 세세하게 규정하고 평가와 감독을 시행하는 모형이다.

넷째, 협동동반 모형(collaborative partnership model): 공공이 재원조달의 책임을 맡고 민간이 급여나 서비스를 맡는다는 점은 협동대리모형과 같으나, 공공과 민간관계가 일방적이 아니라 쌍방적이라는 차원에서 구별되는 모형이다.

사적 서비스 전달체계는 공적 서비스전달체계에 비해 효율성, 경쟁성, 선택의 자유, 접근성, 욕구에의 신속 대응성, 그리고 융통성 등이 있는 반면, 재정이 취약하기 때문에 지속성, 안정성 등에서 어려움이 있고, 프로그램의 전국적 실시가 어렵기 때문에 평등의 실현이 어려운 측면도 있다.

따라서 공적·사적 서비스 전달체계는 역할을 적절히 분담하는 방법이 바람직하며, 종종 공적·사적 서비스 전달체계가 혼합된 형태로 프로그램을 운영하기도 한다. 이는 특히 이른바 '복지국가의 위기' 이후에 많은 국가에서 '민영화(privatization)'의 형태로 나타나고 있다(Kamerman & Kahn, 1989).

공적·사적 서비스 전달체계의 혼합체계로 제공되는 서비스나 재화들은 국가별로 다양한 제도가 있다. 영국과 일본은 국민연금 프로그램 중 일부는 정부의 일정한 규제하에 민간보험회사와의 계약을 통해서 운영되고 있으나 대부분의 국가에서는 공적·사적 서비스 전달체계의 혼합체계를 통하여 제공되는 사회복지재화나 서비스는 주로 퍼스널 사회서비스에 집중되어 있다.

공적·사적 서비스 전달체계의 혼합체계에 대한 필요성은 혼합체계를 통하여 사적 서비스 전달체계의 시장원리의 장점들(효율성, 경쟁성, 선택의 자유, 접근성, 대응성, 융통성 등)을 살릴 수 있기 때문에 이는 위의 중앙정부와 지방정부의 혼합체계보다 훨씬 바람직한 방법이 될 수 있다. 그러나 공적·사적 서비스 전달체계의 혼합체계는 사적 서비스 전달체계의 단점들인 공공재적 성격의 재화를 제공하기 어려운 점과 평등성 추구의 곤란, 규모의 경제에 있어서의 취약점 등이 상대적으로 클 수 있다.

이와 같은 이유로 현대 복지국가의 기본 목표 측면에서 볼 때, 사적 서비스 전달체계의 장점이 많다 하더라도 공적·사적 서비스 전달체계의 혼합체계를 통하여 제공되는 재화나 서비스는 극히 제한적일 수밖에 없다.

사회복지서비스 전달체계의 중요한 요소는 사회복지정책이 원활하게 집행되어 그 대상이 되는 국민들이 충분한 서비스를 받을 수 있도록 경로를 만들고 정비하는 일이다. 전달체계는 공공·민간 영역에서의 조직, 인력, 정보망 등을 포괄하며 전달체계의 규모와 내용은 사회복지 욕구의 양과 질, 특성 그리고 이에 대한 대처 방식의 변화에 영향을 받을 수 있다.

그리고 사회복지서비스 전달체계에서 직접적인 서비스 생산은 사적 전달체계가 담당하고 있으며 공적 전달체계는 서비스 생산에 필요한 비용과 그에 따른 지도·감독 업무를 담당해 왔다.

그래서 공공기관은 민간복지의 역량을 강화하기 위하여 민간기관에 대하여 동반자적 신뢰를 갖고 자율성과 독립성 등을 인정하여 민간복지의 자생력을 키워 주는 데 앞장서야 할 것이다. 또한 민간기관은 스스로 공급자로서 투명성과 책임성을 제고하면서 공공기관과 발전적 연계 체계로 나아가야 할 것이다(조성신, 2004).

그래서 공적·사적 서비스 전달체계의 연계 방안을 보면 다음과 같다(정책기획위원회, 2006: 437-452; 배기효·이시진, 2008: 221-223).

첫째, 오늘날의 빈곤문제는 경제적 수준을 벗어나서 교육, 문화, 복지 등 생활 전반의 차원으로 확대되고 있다. 국민의 입장에서 사회적 배제를 벗어나기 위해서는 다양한 서비스의 통합적 접근이 필요한 것이다. 이러한 서비스는 복지, 보건, 고용, 주거, 교육, 생활체육, 문화, 여가, 관광 등 주민 삶의 질에 밀접한 관련을 가지는 서비스를 의미하며, 잔여적 복지개념을 넘어서 주민들에게 필요한 모든 서비스를 통합적으로 제공되어야 한다. 그리고 수요자 중심의 통합적 서비스 제공의 일차적 담당자로서 중앙·지방정부의 역할 강화를 고려해 볼 필요가 있다.

한편, 이인재(2006)는 이러한 통합적 서비스 정책에서 가장 중요한 것은 고용, 교육, 복지의 연계성을 강화하는 것이라고 했다. 이렇게 고용, 교육 그리고 복지의 연계에 기초하여 통합적 서비스가 이루어지면 중앙·지방정부뿐만 아니라 지역 사회에도 커다란 긍정적 효과를 도출할 수 있을 것이다.

둘째, 지역주민을 위한 서비스의 연계를 구축하기 위해서 지방자치단체에 전담기구를 설치하는 것이다. 공공전달체계의 핵심인 전담기구는 각 부처에서 부분적으로 제공되는 서비스를 대상자별로 통합한 뒤 민간과 협력하여 맞춤형 서비스를 제공하는 것이다.

셋째, 지역주민을 위한 서비스 체계의 구축은 지방정부와 지역사회가 함께 만들어야 한다. 지역주민 서비스의 탈중앙화는 중앙정부에서 지방정부로의 분권과 동시에 공공의 통치로부터 공공과 민간의 거버넌스로의 전환을 의미한다. 거버넌스의 주 행위자들은 대체적으로 국가 또는 시민사회로 대별되며 핵심은 시민사회가 정책의 대상이 아니라 정책의 주체로 참여한다는 점이다.

넷째, 지역주민을 위한 서비스 제공체계를 구축하기 위해서 가장 중요한 인프라 중 하나는 공공기관과 민간기관의 정보망의 연계를 통한 통합적 관리시스템이다.

특히, 여러 정부 부처의 공공 분야에서 이루어지는 정보를 통합적으로 제공받아서 그것을 민간기관에서 제공하는 서비스와 연계하여 지역 주민을 위한 서비스의 통합 및 관리가 이루어져야 한다. 그리고 공·사 기관의 효율적인 연계를 위해서는 동반자적 관계 혹은 두 기관 사이의 균형적인 관계가 마련되어야 한다. 그렇게 하기 위해서는 공·사 기관의 담당자들은 전화, 팩스 그리고 E-mail 등과 같은 신속한 방법으로 자연스럽게 정보 공유가 이루어져야 한다.

3절 사회복지서비스의 활용

사회복지서비스 실천에서 서비스 활용에 관한 문제는 흔히 간과되기 쉽다. 서비스가 제공하기만 하면 수용자인 클라이언트는 언제나 넘쳐날 것이라는 생각을 하고 있기 때문이다. 지금까지 사회복지 영역에서는 서비스의 수요가 공급을 항상 초과하여 왔기 때문에 서비스의 활용에 대해서는 높은 관심을 기울이지 않았던 것도 사실이다. 그러나 서비스의 활용에 대한 관점을 조금만 달리해서 보면, 이전에도 그리고 현재에도 서비스의 활용은 중요한 문제가 되고 있음을 알 수 있다(김영종, 2003: 393).

서비스의 활용(utilization)은 주어진 서비스에 대해 어느 정도의 클라이언트 수를 채울 것인가와 같은 단순한 문제가 아닌 것이다.

서비스 활용에서의 보다 중요한 문제는 어떻게 하면 한정된 자원을 가장 필요로 하는 클라이언트들에게 제공할 수 있으며 최대한의 효용을 발휘할 수 있는 클라이언트 집단에게 쓰이도록 할 것인가라는 문제이다(이상구 외, 2009: 316).

1. 서비스 접근성과 활용

서비스 접근성(accessibility)이란 사회복지서비스를 필요로 하는 클라이언트들이 아무런 장애없이 쉽게 서비스를 받을 수 있도록 한다는 것으로, 조직의 관점에서는 적절한 서비스를 적절한 시기에 적절한 사람에게 제공하기 위한 시도로서 개인들의 서비스 활용에 대한 장애를 만들어 내기도 하고 혹은 없애기도 하는 모든 의도적인 활동들을 의미한다.

서비스의 접근성을 관리하는 문제는 클라이언트의 욕구와 서비스 제공자의 의도를 일치시키는 작업이기도 하다.

[그림 11-6]은 서비스 접근성을 유형화해서 이상적인 서비스 활용과 오류적인 서비스 활용 형태들을 각기 비교해 놓은 것이다.

유형 A의 경우 이상적인 서비스 활용으로, 표적 인구가 그대로 서비스를 이용하는 인구와 일치하는 것이다.

유형 B의 경우 과활용이 발생하는 것으로써 표적 인구가 서비스 이용 인구에 모두 포함되어 있기는 하지만 서비스가 의도하는 욕구에 불일치하는 인구들까지 추가로 서비스를 이용하고 있는 것이다. 서비스의 과활용(over utilization)은 단순히 서비스 능력을 초과해서 서비스가 활용되는 정도를 말하는 것은 아니다. 한 프로그램이 구상하고 의도했던 바가, 개인들의 기대와 동기에 의해서 발생하는 '표현된 욕구(expressed need)'와 다를 수 있는 경우들을 포괄해서 지칭하는 것에 가깝다.

유형 C의 경우 저활용을 나타내는 것으로써 표적 인구 중에서도 서비스를 활용하지 않는 인구가 있다는 것이다. 서비스 저활용(under utilization)은 욕구를 가진 인구가 서비스 접근에 어려움을 겪는 경우이다. 특히 서비스 제공 능력이 있음에도 이러한 저활용이 발생한다면 이것은 한 조직이나 전달체계가 클라이언트의 욕구를 충족시키지 못하고 있는 데 대한 주요 원인으로 간주된다. 조직이나 전달체계가 서비스 활용을 증대시키기 위해 기울이는 대부분의 전략적 노력들은 유형 C의 타파와 같은 저활용의 개선과 관련되어 있다.

그러나 유형 D와 같은 복합적인 저활용에 대해서도 관심을 놓쳐서는 안 된다.

그림 11-6 서비스 활용 오류의 유형

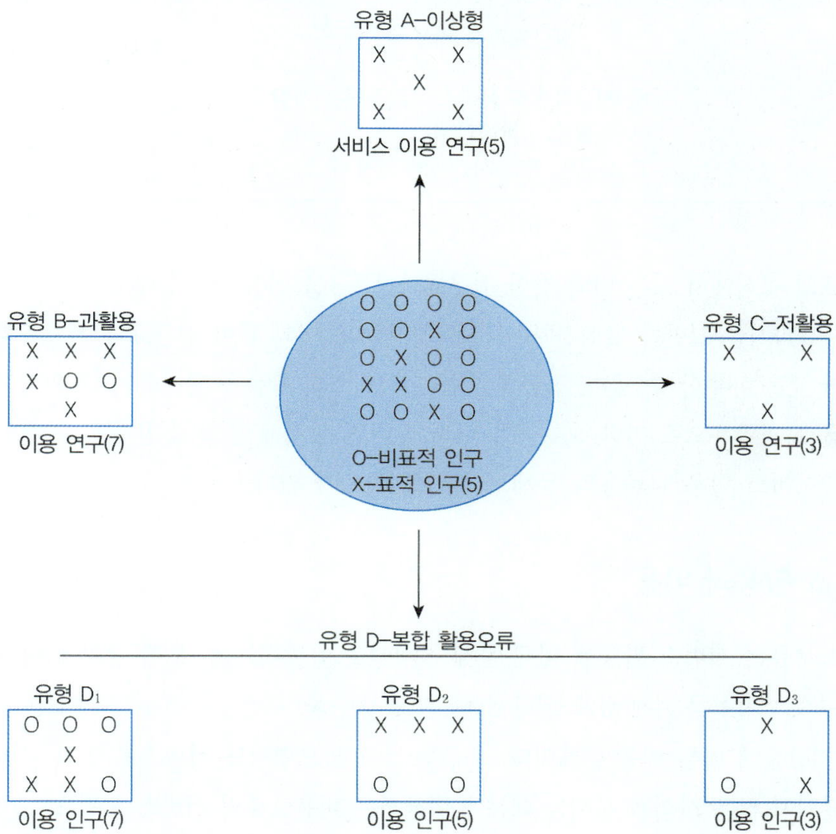

출처: 김영종(2003: 395).

유형 D의 경우 유형 B와 유형 C의 문제들을 복합적으로 가지고 있는 것으로써 이상적인 유형 A에 대하여 대부분의 서비스 활용에서 일상적으로 나타나는 오류의 유형들인 것이다(김영종, 2003: 394; 이상구 외, 2009: 318).

접근효과성 지표는 서비스 활용에 욕구를 가진 인구들이 얼마나 적합하게 서비스에 접근했는지를 나타내는 것이다(김영종, 2003: 396).

$$접근효과성\ 지표 = \frac{N - O}{T}$$

N: 정상적으로 서비스를 활용하는 사람들의 수
O: 과활용 사람들의 수
T: 욕구를 가진 사람들의 전체 수

이 지표의 공식에서 보는 바와 같이 접근효과성은 1을 이상적인 상태로 한다. 1보다 낮을수록 접근효과성은 그만큼 떨어진다는 것을 의미한다. 이와 같이 접근효과성 지표의 논리에서 중요한 것을 유추할 수 있다. 접근성을 통해 서비스의 활용을 관리하는 데 있어서의 핵심은 저활용과 과활용으로 인한 오류들을 어떻게 하면 동시에 줄일 것인가의 문제이며, 이와 관련하여 서비스 활용과 비용의 문제도 살펴볼 필요가 있다.

2. 서비스 활용과 비용

접근성 오류는 서비스 활용에 대해 문제 상황들을 유발하는데, 문제 상황에 따라 다음과 같은 사회적 비용들을 수반하게 된다(김영종, 2003: 397–399; 이상구 외, 2009: 319–321).

첫째, 저활용에 따른 비용 문제이다. 욕구를 찾고 있으면서도 서비스를 받지 못한 사람들이나 해결되지 않은 사회적 문제들 때문에 발생하는 비용으로써 서비스를 필요로 하는 사람들을 정확하게 찾아내지 못하기 때문에 발생하는 것이다. 이러한 비용은 욕구를 가지고서 서비스를 받지 못하는 개인들로 인하여 직접적인 비용들뿐만 아니라 이러한 사회문제를 해결하지 못한 것에 따라 사회 전체적으로 비용이 발생해서 돌아간다.

둘째, 과활용에 따른 비용 문제이다. 기회비용(opportunity cost) 혹은 잠재적인 개인적 · 사회적 급여의 상실을 가져오기 때문에 유용한 서비스 자원들이 실제로 필요로 하는 사람들에게 가지 않고 필요 없는 사람들에게 사용됨으로써 자원이 보다 생산적으로 쓰일 수 없다. 이러한 비용은 욕구를 가졌으면서도 서비스를 거부당한 개인들과 전체 사회로 귀속되게 된다.

셋째, 행정 비용의 문제이다. 욕구를 규정하는 것과 관련해서 프로그램 활용을 선택적으로 촉진하거나 혹은 억제하는 노력에 드는 비용으로써 과활용과 저활용을 줄이기 위한 행정적인 노력에 투입되는 비용이다. 인력, 수송, 정보시스템, 절차 등과 관련한 비용들이 여기에 속하고, 이런 비용은 기관과 프로그램의 예산 증가 형태로 전체 사회와 서비스를 찾는 사람들에게로 돌아간다.

이상에서 살펴본 바와 같이 서비스 활용과 비용 문제는 상호 의존되어서 나타나며, 독립적인 것은 아니다. 수요자와 공급자들 간의 욕구에 대한 정의를 일치시키기 위한 노력은 필연적으로 행정 비용을 증가시키지만, 과활용과 저활용의 문제로 인한 비용들은 감소하게 된다. 행정 비용이 일정할 경우에는 저활용에 따르는 비용과 과활용의 비용이 서로 역 상관관계에 처한다. 과활용을 줄이기 위한 노력과 비용은 대개 저활용에 따르는 비용을 증가시키고, 반대의 경우도 마찬가지이다.

3. 서비스 활용과정의 장애

서비스 활용과정이란 한 개인이 자신이 필요로 하는 서비스를 활용하기 위해 극복해야 할 일련의 장애요소를 말한다. 이상적으로는 이러한 장애들은 욕구를 갖지 않은 사람들의 서비스 활용을 억제하고, 욕구를 가진 사람들의 활용만을 보호하는 것이어야 한다. 개인들의 서비스에 접근해서 서비스 활용의 장애를 거쳐 최종적으로 서비스 활용에 이르는 과정은 [그림 11-7]과 같다.

욕구를 가진 사람과 갖지 않은 사람들이 모두 서비스 활용에 대해 관심을 갖고 접근하게 되는데, 각각의 사람들이 서비스 활용에 이르기까지 수반되는 다양한 장애 요소들을 극복해 가는 데 있어서 반드시 [그림 11-7]과 같은 순서대로 장애 요인들이 존재하는 것은 아니다. 그 순서는 개인들에 따라 달라질 수 있다. 서비스 활용과정의 복잡한 요인들을 이해하는 데 유용하고, 또한 각 과정에 따른 대안적인 행정전략들을 수립하는 데 유용할 수도 있다.

그림 11-7 서비스 활용과정의 장애요인

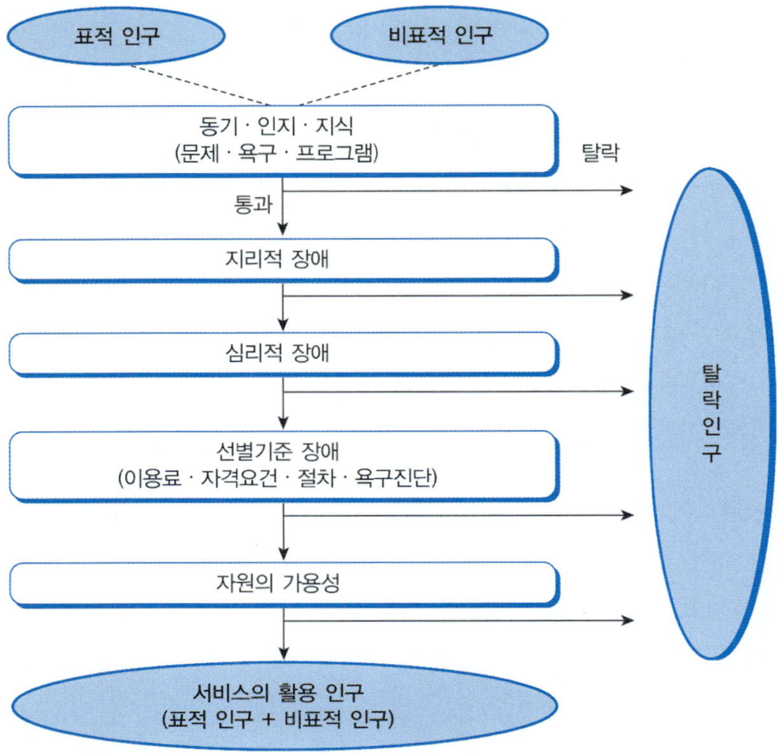

출처: 김영종(2003: 400); 이상구 외(2009: 323).

서비스 활용과정에서 나타나는 장애요인들을 살펴보면 다음과 같다.

첫째, 동기 · 인지 · 지식이다. 개인들이 서비스를 이용하기 위해서는 먼저 동기(motivation)가 발생해야 하며, 서비스를 찾고자 하는 동기는 자신이 문제를 갖고 있다는 것과 외부의 도움 없이는 스스로 문제를 해결할 수 없다는 인지(perception)를 통해 발생하게 된다. 문제에 대한 인지와 동기가 이루어졌다면, 어디에서 도움을 찾아야 할 것인지를 파악하는 지식(knowledge)도 필요하며, 이러한 초기의 과정이 어떻게 보면 서비스 활용에 있어서 가장 중요한 단계일 수 있다. 공식적인 서비스를 찾기까지 사람들에게 나타나는 이러한 과정은 휴먼서비스를 기획 · 관리하는 모든 행정관리자들이 중요하게 다루어야 할 것들이다. 서비스 활용과정의 첫 번째 장애가 되는 '동기 · 인지 · 지식'이 우리나라에서는 어떤 양상으로 나타나는지에 대한 경험적인 연구결과들은 아직 없지만 우리나라의 경우도 이와 크게 다르지는 않을 것으로 보인다.

둘째, 지리적 장애이다. 지리적 장애는 물리적 거리가 서비스의 이용에 미치는 영향을 의미한다. 개인의 서비스 이용은 서비스기관과 이용자의 거주지 간 지리적 거리에 역으로 작용한다. 거리가 멀수록 서비스 이용이 감소하는 현상이 나타난다. 모든 잠재적 서비스 이용자는 이러한 지리적 장애를 염두에 두는데 나들이 준비 시간, 서비스 시간, 이를 합친 전체 경과 시간, 낯선 장소에 가는 데 따르는 심리적 부담 및 차비 등과 같은 실질적인 경비 등의 비용을 고려해야 한다. 지리적 장애는 반드시 절대적인 물리적 거리에 따라 정비례하는 것은 아니며, 사람들이 느끼는 '거리감'이 매개 작용을 하기 때문이다. 절대적인 거리가 지리적 장애로 작용하는 정도는 환경 여건에 따라 가변적이 될 수 있다는 것이다. 따라서 지리적 장애 원인에 대한 확인은 단순히 물리적 거리가 아니라 거리감에 대한 측정에 초점을 두는 것이 필요하다.

셋째, 심리적 장애이다. 도움을 요청하는 과정에서 극복되어야 할 또 하나의 장애는 심리적인 것이다. 초기에 갖게 되는 두려움들을 극복했다고 해서 심리적인 어려움들이 모두 해결되었다고 볼 수는 없다. 심리적 장애는 서비스 활용의 전 과정에서 계속적으로 다른 장애요인들과 상호 작용하면서 남아 있게 된다. 지식, 동기와 인지의 과정에서뿐만 아니라 지리적 장애에 대한 판단과 같은 경우에도, 심리적 장애는 그것들을 증폭시키거나 혹은 감소시키는 역할을 한다.

넷째, 선별기준 장애이다. 어떤 서비스 형태에서도 이용자를 선별하는 기준들은 갖고 있다. 서비스 이용요금이나 공식적인 이용 자격기준 등이 그런 것들이다. 이런 선별기준들은 명시적이거나 묵시적으로 서비스 접근에 대한 장애요인으로 작용한다. 즉 재정적 장애, 자격요건 장애, 절차상 장애, 욕구진단 장애 등이 존재한다(선별기준 장애의 구체적인 내용은 김영종, 2003: 404-405 참조).

다섯째, 자원의 가용성이다. 대부분의 사회복지서비스 조직들은 한정된 예산의 압박을 받고 있다. 정부 예산의 경우 대부분 고정되어 있거나 서비스 수요의 변동에 크게 구애받지 않고 점증적으로 증액이 이루어지는 것이 보통이다. 심지어 국민기초생활보장과 같은 공공부조 프로그램에서도 공급될 자원의 한도를 미리 결정해 두고 수요를 이에 맞추는 경우가 나타나게 된다. 수요는 무한하다는 가정에서 공급될 자원의 할당에 맞추어서 수요와 서비스를 맞추어 나가는 것이다. 이런 경우 자격요건에 충족되는 모든 잠재적 클라이언트들이 반드시 서비스에 연결된다는 보장을 하기가 힘들다.

이상에서 살펴본 바와 같이 사회복지서비스의 활용을 극대화하려는 시도는 단순히 서비스 수급자들의 수를 확보하기 위한 것이 아니다. 한정된 사회적 자원을 보다 높은 효용성을 갖는 클라이언트에게 연결해 주고자 하는 것이다. 서비스 활용성을 극대화하기 위해서는 먼저 서비스 활용의 과정, 즉 접근성의 과정을 바탕으로 파악하는 것이 필요하며 그에 따른 장애들을 적절히 이해해야 한다. 서비스 접근의 장애들은 만약 그것들이 적절히 계획되고 관리될 수만 있다면 서비스 활용을 극대화하는 전략들의 근간이 된다.

제 11 장

프로그램 개발과 평가

1절 프로그램의 구성과 기획

1. 프로그램의 개념과 구성요소

사회복지적인 이념과 정책들을 구체적인 서비스로 전환하여 실천하는 것이 사회복지행정이며, 그러한 목적과 역할을 추구하는 데 쓰이는 주된 도구가 프로그램이다.

라프와 포트너(Rapp & Poertner, 1992)는 프로그램을 "하나의 목적을 이루기 위한 행동들의 집합체"로 보았고, 요크(York, 1983)는 특정한 상황에서 "목표를 달성하기 위한 일련의 상호 의존적인 활동들"로 규정하였으며, 스미스(Smith, 1989)는 "특정한 목표를 달성하기 위하여 만들어진 조직적인 활동"으로 보았다.

황성철(2008)은 "특정한 목적달성을 위하여 자원과 기술이 투입되어 일정한 절차에 따라 이루어지는 조직의 계획적인 활동체계"라고 정의하였으며, 김학주(2008)는 사회복지 프로그램을 "사회복지기관 또는 사회복지 관련 전문인력이 복지 관련 목적 및 세부목표를 가지고 이를 성취하기 위하여 실시하는 조직적인 계획인 동시에 그에 수반되는 구체적인 활동"이라고 정의하였다.

이와 같이 프로그램에 대한 정의는 학자마다 조금씩 다르지만, 프로그램의 개념은 한정된 자원으로 대상자들의 삶의 질을 향상시키기 위한 문제해결 과정의 활동계획으로 목적 달성을 위한 의도적이고 조직적인 활동의 집합체라고 정의할 수 있다.

사회복지 프로그램은 기본적으로 특정한 사회문제를 해결하기 위하여 사회복지적 목적 및 목표로서 참가자, 프로그램 제공 전문인력 활동계획 및 세부내용, 예산, 장소, 도구, 프로그램의 체계화, 효과성/효율성 등으로 구성된다. 김통원(2004)과 김학주(2008)의 프로그램의 구성요소를 살펴보면 다음과 같다.

1) 사회문제

사회복지 프로그램은 해결하고자 하는 지역사회 내 특정 사회문제의 존재를 기본적으로 필요로 한다. 사회문제는 문제의 성격과 대상 클라이언트에 대한 이해에 기초한 욕구의 형태로 나타나게 된다.

2) 사회복지적 목적 및 목표

사회복지 프로그램은 다른 목적의 프로그램과는 달리 공공복지적 목적과 목표들을 가지고 있어야 한다. 명료한 목적 및 목표는 프로그램을 실행함에 있어 적절성과 타당성을 높이게 되며 프로그램의 관리지침으로 유용하게 사용된다.

3) 클라이언트

사회복지 프로그램은 개입 대상인 클라이언트 없이 존재할 수 없다. 클라이언트의 특징을 다각적으로 검토해야 하며, 클라이언트 집단의 명확화와 규모, 속성을 체계적으로 분석하여야 하는데, 이를 구체적으로 살펴보면 다음과 같다.

첫째, 클라이언트는 어떠한 어려움을 가지고 있는가?

둘째, 클라이언트가 가진 어려움은 얼마나 심각한가?

셋째, 클라이언트의 삶은 변화할 수 있는가?

넷째, 클라이언트를 어떠한 방식으로 모집할 것인가?

또한 클라이언트(대상집단)의 욕구조사결과를 첨부하는 것도 필요하다.

4) 제공 전문인력

프로그램을 진행하기 위해서는 일정 수준을 갖춘 운영 및 관리인력이 필수적으로 요구된다. 따라서 프로그램 제공자의 학문적·실무적 성향을 파악해 두는 것이 필요하다.

5) 활동계획 및 세부내용

프로그램은 상세한 계획 및 활동내용들을 포함한다. 프로그램의 내용이 없다면 목표를 제대로 설정할 수 없을 것이다. 프로그램의 활동내용은 사전에 철저히 준비·계획되어야 하지만 운용하는 방법과 절차도 사전에 다각적으로 검토·준비되어야 한다. 프로그램의 활동계획과 세부내용에 대한 준비의 정도에 따라 프로그램의 가치가 결정될 정도로 계획성은 무척 중요하다.

6) 예산(비용)

프로그램 개발자 혹은 평가자는 프로그램을 실행하는 데 사용되는 비용에 대해 기술해야 한다. 즉 프로그램 비용의 지원방식, 지원주체, 지원내용 등을 조사할 필요가 있다. 프로그램의 총예산을 인건비, 관리비, 기자재 및 집기 구입비, 수용비, 사업비 등의 항목으로 나누어 각 항목의 산출근거를 구체적으로 제시하여야 한다.

7) 프로그램의 체계화

프로그램의 성격에 따라 체계가 느슨하거나 표준화되기 어려운 프로그램이 있을 수 있으나 원칙적으로 프로그램은 최대한 체계화, 구조화되어야 한다. 프로그램의 내용 선정과 조직, 그리고 운영절차 등을 표준화, 체계화함으로써 프로그램의 실용성과 유용성은 높아진다. 프로그램의 표준화 작업은 크게 프로그램 내용 표준화 작업, 프로그램 목표 표준화 작업, 평가 표준화 작업으로 전개된다.

8) 효과성/효율성

프로그램이 실행된 결과로 인하여 클라이언트가 소망하는 변화가 이루어져야 한다. 프로그램의 효과성, 즉 프로그램을 통해 기대되었던 것이 실제로 얼마나 성취되었는가와, 프로그램을 실시하기 위해서 지출된 비용이 클라이언트에게 도움이 되었는지에 대한 효율성은 사회복지 프로그램에서 중요한 요소이다.

2. 프로그램의 기획

1) 프로그램 기획의 개념

기획은 프로그램의 목표를 달성하기 위한 전반적인 활동을 포함하는 과정이다.

프로그램 기획이란 '현재와 미래의 환경 변화에 대응하기 위한 것으로, 프로그램의 목적 설정, 수단의 선택, 실행, 평가에 이르는 제반 프로그램 과정에서의 합리적인 의사결정과 활동들'로 규정한다(김영종, 2001). 길버트와 스펙트(Gilbert & Specht, 1977)는 기획이란 "통찰력, 계획적인 사고, 조사를 통해서 문제를 해결하고 앞으로 발생할 문제를 해결하기 위한 의도적인 시도이며, 다양한 행동 노선 중에서 어떤 노선을 취할 것인가에 대한 가치선호를 행사하는 것이다"라고 개념 정의를 하고 있다. 이와 같은 내용들을 종합할 때, 기획은 다음과 같은 공통적 성격을 갖는다. 첫째, 미래에 일어날 일을 예측하고 이에 대한 대비책을 강구함은 물론 과거의 시행착오를 시정하는 조직화된 노력이다. 둘째, 여러 가지 대안을 선택하는 일련의 의사결정 과정이다. 셋째, 기획은 전문화된 기능으로서 전문적 지식과 기술 및 다양한 관리 기법을 필요로 한다(정무성, 2005).

2) 프로그램 기획의 필요성

프로그램 기획은 특정한 사회문제나 욕구를 해결하기 위한 활동인 사회복지 프로그램에서는 특별한 중요성을 갖는다. 사회복지 프로그램은 일반적으로 사회복지기관이나 시설의 조직적 과정을 거쳐 전문가들의 개입을 통해 실시되는 문제해결 노력이라고 할 수 있는데, 프로그램의 효과성과 효율성 혹은 책임성으로 표현되는 사회적인 요구들에 대응해서, 프로그램 수행의 정당성을 제시하기 위해서는 특히 과학적이고 전문적이며 합리적인 성격을 띤 프로그램 기획이 매우 필요하다. 프로그램 기획의 구체적인 내용은 다음과 같다.

(1) 합리성의 증진

기획은 문제해결과 의사결정을 위한 활동들에 합리적인 기술을 도입함으로써 결과성취를 위한 최적의 가용 수단들이 무엇인지에 대한 결정들을 보다 체계적 · 경험적인 것으로 만든다. 프로그램 기획 수립은 프로그램이 계획대로 얼마나 잘 작성되어 수립되었는가를 가늠할 수 있는 평가의 기준이 됨과 동시에 그 실행과정에서 미흡하였던 점을 파악하여 이를 개선하는 기초가 될 수 있다.

(2) 책임성의 증진

사회복지조직은 조직이 목표하는 서비스를 효과적 · 효율적으로 제공할 책임을 지고 있다. 공식적인 기획 활동을 통해 프로그램이 사회적으로 제기된 목적들과 일치하고 있는지, 즉 책임성에 대해 확인하도록 한다. 이를 통해 제반 이해집단들이 프로그램을 적절히 파악하게 해서 프로그램의 정당화에도 도움이 될 수 있다. 프로그램의 효과성이나 효율성과 같은 책임성을 제시하기 위해서는 프로그램을 과학적이고 전문적이며 합리적으로 분석, 고안, 실행, 평가하는 데 필요한 제반 기획 과정과 기술에 대한 이해가 필수적이다.

(3) 효율성의 증진

확정된 목표를 가장 효율적으로 달성할 수 있는 대안을 선택하게 함으로써 효율성을 증진시켜 준다. 기획은 특정 목적 달성을 위해서 투입되는 비용과 인력을 사전에 고려하여 자원

낭비를 줄일 수 있기에 효율성 증진에 기여하고 사회복지조직은 언제나 인력과 재원이 제한되어 있기 때문에 최소의 비용과 노력으로 서비스 목표를 달성하는 것이 바람직한데, 이를 위해서는 사전에 치밀한 계획이 필요하다.

(4) 효과성의 증진

사회복지 프로그램 개발과정에서 기획단계에 표적집단의 문제해결을 위해서 가장 효과적인 개입방법과 절차를 모색하는 활동은 프로그램 기획의 효과성을 향상시키기 위한 노력으로 간주된다. 사회복지조직이 이용자에게 제공한 서비스는 그의 문제나 욕구를 해결하는 데 효과가 있어야 하는데, 소기의 효과를 얻기 위해서는 사전에 기획이 반드시 수립되어야 한다. 기획은 최종 목적 달성을 위한 가장 적합한 수단과 방법을 적용하는 의사결정에 도움을 주기 때문에 효과성 증진에도 기여한다.

(5) 동기부여와 사기진작

기획은 클라이언트 동기부여와 조직구성원 또는 프로그램 수행자의 사기진작을 위해서 필요하다. 사회복지 프로그램을 기획할 때 클라이언트의 참여가 중요시되는 이유는 참여를 통해서 클라이언트가 스스로 변화의 의지를 굳건히 할 수 있고 지속적 동기부여가 가능하기 때문이다. 또한 기획은 조직구성원과 프로그램 수행자 또는 참여자의 사기진작에도 도움을 준다. 참여를 통해서 자신의 의견이 받아들여지고 중대한 의사결정이 이루어졌다면 스스로 성취감과 인정을 얻을 수 있으므로 기획은 사기진작에 중요한 역할을 한다.

또한 지은구(2005)는 사회적 프로그램을 기획해야 할 필요성을 다음과 같이 제시하였다.

첫째, 프로그램을 설계하고 평가하는 계획의 작성을 통해 이해관련 당사자들에 대한 조직의 책임성 또는 프로그램의 책임성이 증진될 수 있다.

둘째, 조직의 목적을 구체적으로 실현 또는 성취하기 위해서 기획이 필요하다. 기관이 성취하려는 목적은 구체적인 사회적 서비스나 재화의 전달을 책임지는 프로그램에 의해서 이루어지기 때문이다.

셋째, 효과적인 프로그램의 전달을 위하여 기획이 필요하다.

넷째, 프로그램을 기획함으로써 프로그램에 대한 구체적인 이정표 또는 지도가 완성되어 미래에 대한 불확실성이 사라지게 된다.

다섯째, 개개인들의 삶에 지대한 영향을 미치는 사회 또는 지역문제의 해결이나 사회적 욕구의 해결을 위해 계획이 필요하다고 할 수 있다. 프로그램을 기획하는 과정에 사회문제의 분석과 욕구분석을 통해 지역주민들이 가지고 있는 문제점들에 대한 심도 있는 분석이 이루어질 수 있기 때문이다.

여섯째, 좀 더 광범위한 입장에서 결국 프로그램 기획은 사회정의를 위한 구체적인 도구로써 활용할 수 있기 때문에 프로그램의 기획은 필요하다고 할 수 있다.

3) 프로그램 기획의 특징

프로그램 기획에 관한 특징을 여러 학자들의 견해를 바탕으로 정리하면 다음과 같다.

첫째, 기획과정은 일회적인 행동이 아니고 계속적이고 순환적 과정이다. 따라서 모니터링과 환류를 중요시한다. 또한 일년 계획을 수립한다고 하더라도 그 계획은 일회적인 연중행사라고 할 수 없으며, 그 계획이 시행되는 동안에 상황이 변화하게 되면 수정이 불가피하기 때문에 기획은 지속적인 과정이라고 할 수 있다.

둘째, 기획은 무엇을 할 것인가에 대한 해답이기 때문에 지향점을 가져야 한다. 이러한 지향점은 프로그램의 목표로 구체적으로 표현된다. 전문성을 가지고 해결해야 할 과제나 문제를 규정하고, 이를 해결 또는 개선할 수 있는 목표가 명확하게 제시되었다면 기획은 인증 받을 가능성이 높아짐은 물론, 실질적인 프로그램의 방향을 잃지 않고 일관되게 수행할 수 있도록 나침반 역할을 하게 된다.

셋째, 적절한 수단을 통해서 목표를 달성하려는 과정인 것이다. 특히 사회복지 프로그램 기획은 사회에 공헌할 수 있는 방향으로 개진되어야 한다. 또한 기획은 목표와 수단을 연결시키는 것이므로 계획을 수립할 때 목표를 분명히 설정하여야 하며, 그러한 목표를 달성하기 위한 수단을 분명히 하는 것은 매우 중요한 일이다.

넷째, 사회복지 프로그램의 기획은 긍정적인 미래를 지향한다. 기획은 클라이언트의 욕구의 해결이나 삶의 질 향상, 사회복지 가치의 실현 등 사회복지적 목적이 내포된 활동을 의미하며, 이 활동은 사회복지와 클라이언트, 그리고 이를 둘러싼 사회적 환경의 변화를 초래하여야 한다. 따라서 기획은 새로운 미래에 대한 보다 적극적이고 의미 있는 가치들이 목적의지 속에 구체적인 실천 가능한 목표의 형태로 담겨져야 한다.

다섯째, 기획은 사회복지사가 현장에서부터 경험하게 되는 문제나 욕구의 확인이나 삶의 질 향상에 대한 필요성들로부터 출발하는 경우가 많다. 현장 중심성이라는 것은 클라이언트와의 상호 작용 과정에서 파악되는 욕구에 대한 사회복지사의 냉철한 문제의식이 현장성을 높이는 데 출발점이 된다.

여섯째, 프로그램의 기획은 개방성을 전제로 한다. 기획된 프로그램은 수행되는 과정에서도 많은 돌발변수가 발생할 수 있기 때문에, 이에 대처하기 위해서는 역동성과 가변성을 스스로 갖추거나 준비해야 하는데, 이러한 의미에서 기획은 확정적이거나 정형적이지 않다. 기획이 가지고 있는 개방성은 다양한 아이디어의 창출과 수용에서 유연성을 가져야 한다는 것을 의미한다.

일곱째, 기획은 여러 가지 선택대안들의 결과를 예측하는 과정이라고 할 수 있다. 따라서 기획에서는 모든 프로그램 개발의 대안들이 탐색되어야 한다. 프로그램의 목적과 목표를 어떻게 정할지의 경우에도 여러 대안이 있으며, 동일한 목표라 하더라도 해결할 수 있는 실천 프로그램 또한 다양한 방법들이 고려될 수 있다. 따라서 폭넓고 다양한 사고를 통하여 유용하되 최대한 많은 대안들을 기획과정에서 제안해 주어야 할 것이다.

여덟째, 기획은 사회복지적 가치에 기반을 둔 합리적 의사결정과정이다. 미래지향적인 사회복지의 가치의 실현을 위한 프로그램이 수행되기 위해서는 다양한 대안들 속에서 가장 합리적이고 타당한 의사결정 과정이 이루어져야 하고, 이를 통하여 자원이 배분되고, 투자되어야 한다.

아홉째, 기획은 인증을 받아야 프로그램으로 실행될 수 있다. 인증의 조건은 타당성, 예산과 지원, 재원을 지원하는 기관(정부, 재단, 공동모금회)의 특성과 가치에 따라서 달라질 수 있으나, 현실적 실현 가능성이 중요한 요소이다. 이러한 맥락에서 외부 재원을 획득하기 위한 프로그램 기획은 다소 정치적인 과정이라고 할 수 있다.

이 외에도 사회복지 프로그램의 기획은 사회적 맥락에 기반을 둔 기획을 토대로 복지사회를 지향하는 사회구조를 만들어 갈 때 더욱 사회복지적 가치 실현에 다가가게 된다. 기획 과정에서 지역사회문제를 검토하고, 새로운 사업이나 기존 사업의 개선을 검토하는 활동 자체가 중요한 학습의 과정이다. 기획을 통하여 구성된 내용들은 프로그램 실행의 토대가 되며, 프로그램의 수행을 통해 얻어진 경험의 체계화, 문서화 과정은 담당인력의 전문성 향상에 관리능력 성장의 밑거름이 되는 것이다. 사회문제 해결을 위해서는 가치의 분석과 형성, 정책형성, 대안구성, 선택, 의사결정, 집행방법 등 사회과학의 핵심적인 문제들에 대한 이해를 필요로 한다. 기획은 체계적인 일련의 과정이며, 사회과학적 지식과 실천력의 수준에 따라 크게 달라질 수 있으므로 보다 수준 높은 전문화된 지식체계가 필요하다. 이를 토대로 합리적이고 타당한 행동의 방안을 제시하는 것이 기획이라고 할 수 있다.

4) 프로그램 기획의 유형과 과정

(1) 프로그램 기획의 유형

프로그램 개발의 각 과정과 내용은 일관성이 있어야 한다. 다양한 아이디어를 통하여 대안 프로그램들이 여러 가지 제안되었다면, 이들 중 어떠한 프로그램을 계획할 것인지를 결정해야 할 것이다. 따라서 기획이 어떠한 유형으로 사용될지를 제대로 이해하고 알고 있어야 한다. 일반적으로 프로그램의 기획은 다음과 같은 방법으로 이루어진다(정지웅 · 김지자, 1986).

① **욕구 중심 기획**(need-based planning): 계획을 세우기 이전에 프로그램에 참여할 대상을 통하여 욕구를 사전에 조사하여 프로그램 기획에 반영시키는 것이다. 그러한 욕구 가운데 좀처럼 겉으로 드러나지 않아, 미처 깨닫지 못하지만 찾아낼 수 있는 욕구가 있음을 명심하고 이 욕구들을 조화 있게 프로그램에 반영시켜야 한다.

② **문제해결 중심 기획**: 대상집단이 가지고 있는 어려운 문제들을 나열하고 이러한 문제가 발생하는 원인을 근본적으로 해결하기 위하여 프로그램을 기획하는 방법이다. 문제해결 중심 기획은 문제에 초점을 맞춤으로써 클라이언트에게 문제의 우선순위를 설정하여 가장 심각한 문제부터 해결해 나가는 것이다.

③ **자원 활용 중심 기획**: 지역이나 집단이 보유하고 있는 인적 · 물적자원을 최대로 활용할 수 있도록 계획을 수립하는 것이다. 이를 위해서는 우선 관련 지역이나 집단의 자원조사를 잘해 두어야 하며, 관련 집단의 욕구나 문제도 염두에 두어야 한다.

④ **참여 기획**: 프로그램에 관련된 사람 모두가 함께 기획에 참여하는 방법이다. 집단이 너무 크면 대표들로 구성된 위원회를 활용할 수 있다. 이 방법은 민주적 방법으로 의사를 결정해 나가는 것으로 관련 집단의 요구와 문제 및 자원이 모두 고려되기 때문에 가장 합리적인 방법으로 제안할 수 있다.

프로그램 기획의 유형을 표로 제시하면 〈표 11-1〉과 같다.

| 표 11-1 | 프로그램 기획의 유형

유 형	종 류	내 용
사용처별	• 내부용 기획 • 외부용 기획	• 프로그램에 대한 내부 승인이 목적인 기획 • 외부로부터 승인을 받는 것이 목적인 기획
개별동기별	• 개선형 기획 • 개발형 기획 • 홍보마케팅 기획 • 학습형 기획	• 기존의 프로그램을 유지하면서 발전하기 위한 기획 • 새로운 프로그램을 수행하기 위하여 실시하는 기획 • 홍보 또는 외부자원의 개발, 기금마련을 위한 기획 • 기획서를 작성하는 훈련이나 과제 또는 견습을 위하여 수행되는 기획
의사소통별	• 하의상달형 기획 • 상의하달형 기획	• 실무자의 문제의식이나 전문성으로부터 나온 기획 • 기관장이 실무자에게 문제나 과제가 제시된 기획
사업목적별	• 문제해결형 기획 • 역량강화형 기획 • 삶의 질 개선형 기획 • 보조원조형 기획	• 클라이언트가 당면한 욕구나 문제해결을 위한 기획 • 클라이언트의 권익이나 자조능력 향상을 위한 기획 • 클라이언트의 삶의 질 향상을 위한 기획 • 사회적으로 자립할 수 없거나 물질적·정신적 도움이 필요한 대상에 대한 기획

(2) 프로그램 기획의 과정

프로그램 기획의 과정은 사회적으로 제기된 목적들을 성취하기 위한 자원의 최적배치라는 근거에서 프로그램을 선택하고, 선택된 프로그램을 시행하여, 그 결과를 평가해 보는 것으로 한 사이클이 완성된다. 프로그램 기획은 '지속적인' 특징을 갖는데, 한 번의 사이클 완수로 기획이 종료되는 것이 아니라, 다음의 기획으로 계속해서 연결된다는 것이다. 그와 결부해서 프로그램 기획은 직선적인 과정이 아니라, 상호 교류적인 과정으로 간주된다. 그래서 프로그램 기획의 과정은 엄밀히 말하면 단계들의 합이라고도 하는데, 각각의 단계들은 서로의 활동들에 영향을 미친다. 기획의 과정을 학자들이 제시한 것을 살펴보면 다음과 같다.

케트너(Kettner, 1999)와 그의 동료들은 기획 과정을 ① 문제 분석, ② 욕구 측정, ③ 전략 선택, ④ 목표 설정, ⑤ 프로그램 설계, ⑥ 정보관리체계, ⑦ 예산 수립, ⑧ 프로그램 평가의 8단계로 나누어 설명하였으며, 우수명(2004)은 기획과정을 ① 비전과 문제의 규정, ② 목표 설정, ③ 자료와 정보수집, ④ 기획의 책무성 검토, ⑤ 대안 탐색, ⑥ 대안 결정, ⑦ 세부 계획 수립, ⑧ 집행, ⑨ 평가, ⑩ 환류의 10단계로 나누어 설명하였다.

정무성(2005)은 기획 과정을 ① 문제의 정의 및 욕구 확인, ② 관련 정보의 확보, ③ 해결

대안의 개발 및 평가, ④ 최선의 대안 선택, ⑤ 대안의 실행, ⑥ 환류의 6단계로 나누어 설명하였고, 김영종(2001)은 기획 과정을 ① 문제 확인, ② 목적 설정, ③ 프로그래밍, ④ 실행, ⑤ 평가의 5단계로 나누어 설명하였다. 기획 과정에 대한 학자들의 견해는 조금씩 다르지만, 프로그램 기획 과정은 ① 문제 확인, ② 프로그램 설계, ③ 프로그램 실행, ④ 프로그램 평가의 공통적인 특성을 가진다. 여기서는 김영종이 제시한 기획 과정 5단계를 세부적으로 살펴보고자 한다.

① 1단계: 문제 확인

프로그램 기획 과정의 첫 번째 단계로서, 문제 분석과 욕구사정의 과업들을 포함한다. 문제 확인은 프로그램이 의도하고자 하는 사회적 조건들의 변화(예: 실업률의 감소, 아동학대의 예방, 비행 방지 등)를 찾아내고, 이를 통해 프로그램 전략들을 도출하는 근거를 마련하기 위한 것이다. 문제 확인을 위해서는 문제 분석과 욕구사정이 시도된다. 욕구사정을 통해서 문제들이 인구집단에 퍼져 있는 정도를 측정하고, 행위의 표적들을 확인한다.

② 2단계: 목적 설정

이 단계는 목적과 영향목표를 결정하는 것이다. 먼저 목적과 영향목표들에 대한 정의가 내려진다. 이것을 통해 프로그램 활동이나 노력이 지향할 방향을 정하게 되고, 그것은 다시 평가의 과정에서 표적들이 된다.

목적은 무엇이 성취될 것인지에 관한 것이고, 영향목표는 목적 성취를 통해서 문제 확인에서 규정된 사회문제들에 대해 얼마나 많은 영향을 줄 수 있을 것인지를 판단하는 것이다. 목적과 영향목표들에 대한 정의에는 우선순위에 대한 결정이 포함된다. 우선순위를 통해서 프로그램의 의사결정에 지역사회를 비롯한 제반 이해집단 요소들의 가치를 도입하고, 그에 따라 자원 할당을 유도하려는 것이다.

③ 3단계: 프로그래밍

문제 확인을 거쳐서 목적 설정이 이루어지면 그에 따라 구체적인 프로그램 계획들이 이루어지는데, 이 과정을 프로그래밍이라 한다. 동일한 목적에 대해서도 다양한 프로그램 대안들이 제시될 수 있으므로, 가능한 한 폭넓은 대안들에 대한 고려가 이루어져야 한다. 중요도, 효율성, 효과성, 필수성, 평등성, 부수적인 효과 등이 합리적인 프로그램 대안 선택의 과정에서 채용되는 기준들이다.

다음 과업은 '프로그램 생산물을 규정'하는 것이다. 생산물은 뚜렷이 측정될 수 있는 프로그램의 산출물이다. 생산물은 클라이언트에 대한 성취의 기준으로 언급되는 것이 이상적이지만(예: 취업한 사람들의 수), 서비스의 단위로 규정되는 경우도 흔히 있다(예: 취업훈련의 시간 수). 때로는 단지 서비스를 받은 사람들의 수나 서비스 에피소드의 수로서 확인되기도 한다(예: 아동학대 조사의 건수). 이 과업의 주된 의도는 프로그램이 얼마나 많은 자원을 요구하는지를 파악하기 위해서 프로그램 노력의 수준을 확인하려는 것이고, 또한 프로그램 결과에 대한 평가를 위해 필요한 표적을 설정하려는 것이다.

이 단계에서는 프로그램에 소모될 '자원의 결정'이 포함된다.

규정된 생산물에는 어떤 유형과 얼마나 많은 자원들이 요구되는지, 그리고 무엇을 얼마만큼 할당할 것인지를 결정하는 것이다. 이 과업은 얼마나 많은 생산물들이 필요한지를 확인하고, 다른 지역사회 자원들은 그 욕구를 얼마나 충족시키는지를 확인하고, 공백이 발생하는 부분에 대해 기관의 자원을 각 프로그램 영역별로 어떻게 예산지원할 것인지 등을 포함한다.

④ 4단계: 실행

실행은 프로그램 목표들이 확실하게 실현되도록 하는 기능에 기여한다. 실행과 기획은 얽혀 있어서 기획의 결과가 실행으로 나타나며 실행은 다시 기획을 위한 근거가 된다. 실행의 경험은 무엇이 적절하고 적절치 않는지를 판단하게 한다.

⑤ 5단계: 평가

평가는 목표들이 얼마나 잘 성취되었는지를 결정하게 하고, 성공과 실패에 대한 이유를 확인시켜 준다. 평가의 결과는 프로그램의 방법이나 목표들을 재규정하는 데 사용되고, 추가적인 조사연구를 위한 기반을 찾아 준다. 평가는 다음과 같은 두 가지 관련된 질문들에 대한 대답을 시도하는 것이다. '무엇이 성취되었으며, 이를 위해 얼마의 비용이 들었나?' 그래서 평가는 주로 프로그램 결과에 대한 효과성이나 효율성의 조사에 초점을 맞춘다.

2절 프로그램 개발의 욕구사정

1. 욕구의 개념

욕구사정을 이해하기 위해서는 먼저 욕구의 개념과 유형을 먼저 이해하여야 할 것이다. 칸(Kahn)은 욕구를 "주어진 한 사람에게서 개인이나 집단이 역할을 제대로 수행하고, 사회적 욕구에 적절히 대응하며, 사회의 전반적 진행과정에 적절히 참여하며, 적절한 수준의 활동력 및 생산력을 유지하기 위해 필요를 느끼고 구하는 것"이라고 정의한다. 즉 사회 내에서 충족되어야 하는 미해결이 필요의 형태로 나타나고 이렇게 절실히 필요를 느끼는 사람들을 욕구대상자라 말할 수 있다.

한편, 스크리벤(Scriven)과 로스(Roth)는 욕구를 사람들이 만족스러운 상태에 이르기 위해 가져야만 하는 것으로 정의하고, 복지서비스를 제공하는 기관은 욕구의 종류와 제공되어야 할 서비스의 구체적인 양을 결정하며, 이를 위해서 클라이언트가 만족하는 상태의 수준을 우선 파악하여야 함을 강조하고 있다.

2. 욕구의 유형

1) 매슬로우의 욕구 유형

매슬로우(Maslow)는 욕구는 5단계의 위계화된 욕구들로 구성되어 있으며, 기본적이고 낮은 위치의 욕구가 달성된 후에 점차 보다 높은 욕구로 이전한다고 주장한다(Maslow, 1954; 정무성·정진모, 2001 재인용). 이때 욕구는 생리적 욕구(physiological needs), 안정의 욕구(safety needs), 애정의 욕구(belongingness and love needs), 존중의 욕구(self-esteem needs), 자아실현의 욕구(self-actualization needs) 순으로 전이한다는 것이다. 이러한 매슬로우의 관점은 욕구의 개념이 갖는 다양한 측면에 대하여 재조명하고 사회 또는 지역사회에 통합한다는 점에서 중요하다고 볼 수 있다.

2) 브래드쇼의 욕구 유형

브래드쇼(Bradshaw)는 사회적 욕구를 정의하는 데 있어 기준 설정의 주체에 따라 욕구형태가 달라질 수 있음을 주목하였다. 그는 인간의 욕구를 규범적 욕구(normative need), 인지적 욕구(felt need), 표현된 욕구(expressed need), 상대적 욕구(comparative need)의 네 가지 유형으로 분류하고 있다.

(1) 규범적 욕구

규범적 욕구(normative need)는 전문가나 전문직에 의해서 규정되는 것으로, 보통 표준적·전문적인 기준을 사용한다. 규범적 욕구는 쉽게 수량화될 수 있어서 구체적인 표적을 제시할 수 있다.

(2) 인지적 욕구

인지적 욕구(felt need)는 실제 서비스를 받고 있는 사람들이 인지하는 욕구이다. 인지적 욕구는 전화조사나 우편, 또는 대인면접의 형식을 빌린 설문조사를 통해 사람들이 무엇을 필요로 하는지를 비교적 쉽게 파악할 수 있다. 인지적 욕구는 그 자체만으로는 '진짜 욕구(real need)'를 적절하게 측정하기 위한 기준이 되기는 힘들다. 사람들마다 자신들이 느끼는 욕구의 기준들이 다르기 때문에, 그것을 모아서 주민 전체의 '욕구'로 추정하는 것은 적절하지 못하다는 이유 때문이다. 그러므로 프로그램 개발자는 수시로 변하는 수요자의 상태에 매우 민감해야 하며, 이때 관련 프로그램이나 서비스 제공에 수요자의 상태를 적절히 반영하여야 한다.

(3) 표현된 욕구

표현된 욕구(expressed need)는 간단히 서비스에 대한 요구라고 말할 수 있다. 이 정의에서 욕구 정도는 얼마나 많은 사람들이 서비스를 요청하는지에 따라 결정된다. 이용자가 많은 서비스일수록 그에 따른 욕구들이 그만큼 더 크다는 것을 반영한다고 본다. 표현된 욕구는 휴먼서비스에서 가장 통상적으로 사정되는 욕구이다. 문제는 사람들이 인식하지 못하거나 혹은 부재한 서비스들과 관련된 욕구들은 표현된 욕구로서 확인되기가 어렵다는 것이다.

(4) 상대적 욕구

상대적 욕구(comparative need)는 각기 다른 인구집단에 존재하는 서비스들의 수준 차이를 설명하기 위해 도입된 개념이다. 집단들 간의 상대적인 비교를 통해 욕구의 존재를 확인하려는 것이다. 어떤 집단이 갖고 있는 서비스의 이용 수준이 다른 상대 집단의 수준보다 못할 경우, 그 집단은 해당되는 서비스가 필요하다고 본다. 상대적 욕구는 비슷한 집단의 사람들은 서비스를 받았는데 해당 집단에게는 아직 서비스가 전달되지 못했을 때, 그 욕구를 파악하는 데 도움을 줄 수 있다.

3. 욕구사정의 방법

1) 지역사회 공개토론회

지역사회 공개토론회(community forum)는 지역사회의 다양한 구성원들로부터 가치나 태도, 의견 등을 직접적으로 청취해서 자료를 수집하는 방법이다. 지역사회 공개토론회의 장점은 적은 비용으로 광범위한 지역, 계층 및 집단들의 의견을 들을 수 있고, 문제에 대한 인식과 관심을 개인, 집단 또는 기관에 따라 식별할 수 있고, 지역주민의 협조와 다른 기관의 협조를 얻을 수 있는 기반을 마련할 수 있다.

2) 주요 정보제공자 조사

주요 정보제공자(key informants) 조사는 기관의 서비스 제공자, 인접 분야의 전문직 종사자, 지역 내 사회복지단체의 대표자, 지역 유지, 공무원 등 해당 지역사회 전반의 문제에 대해 잘 아는 것으로 인정되는 사람을 대상으로 질문을 하여 그 표적집단의 욕구 및 서비스이용 실태 등을 파악하는 것이다.

3) 초점집단 조사

초점집단(focus group) 조사는 어떤 문제에 관련된 12~15명의 사람들을 한곳에 모아 어떤 문제에 대한 의견을 개진하게 하고, 또한 참여자들끼리 토론도 가능하게 하여 보다 깊이 있는 의견을 듣는 방법이다.

초점집단의 대상자들은 주요 정보제공자, 관련 서비스 제공기관의 대표자, 클라이언트, 잠재적 클라이언트, 지역사회주민 등이 될 수 있다.

4) 사회지표 분석

사회지표(social indicator)는 지역사회나 전체 인구의 어떤 차원들을 특징적으로 나타내는 비율이나 평균값 같은 수치들로, 주로 각종 정부기관이나 연구기관들에서 공식적으로 발표하는 지역사회 인구변화, 성비, 혼인 및 이혼율, 소득수준, 빈곤율, 실업률, 영아사망률, 주택보

급률, 범죄율 등이 이에 해당한다. 사회지표 분석은 비용을 별로 들이지 않고 쉽고 빠르게 욕구사정이 가능하다는 장점이 있으나, 국가의 공식적인 통계자료가 아닐 경우에는 자료의 신뢰성과 타당성에 문제가 있을 수 있음을 염두에 두어야 한다.

5) 지역사회 서베이

지역사회 서베이(survey)는 욕구사정을 위한 일차적 자료의 수집방법으로서, 조사대상 전체를 대표할 수 있는 대상자를 선정하여 이들에게 설문지 또는 면접을 통해 자료를 수집하는 방법이고, 개인들로부터 주로 인지적 욕구를 중심으로 직접적인 자료를 얻는 욕구사정방법이다. 일반적으로 잠재적 클라이언트를 정보 원천으로 활용함으로써 서비스를 받을 사람들의 의견과 인지를 직접 끌어낼 수 있다.

6) 델파이법

델파이법(Delphi technique)은 ① 일단의 전문가 집단에 대해 무기명의 설문 형태를 발송하여 응답케 하고, ② 지역사회의 문제에 대한 합의의 정보가 낮으면, 그에 대해서 나타난 바와 같은 결과를 첨부하여 다시 발송해서 응답케 한 후, ③ 그러한 절차들을 일정한 정보의 합의가 도달될 때까지 되풀이하는 것이다. 델파이법은 익명성으로 인해 특정인이나 집단의 영향과 압력으로부터 응답자들을 자유롭게 하고, 응답자들이 스스로 편리한 시간에 차분히 응답할 수 있게 한다.

7) 이차 자료의 활용

이차 자료의 활용은 지역주민 및 전문가들로부터 직접 자료를 수집하는 방법이 아니라, 지역사회 내 사회복지기관의 서비스 이용기록과 면접기록 등을 검토하여 욕구를 사정하는 방법이다. 대개 광범위한 영역에 걸쳐 주민생활의 각 조건들을 측정해 놓은 기존의 이차적 자료들을 사용하여, 욕구사정의 대상이 되는 특정 지역사회나 집단에 대한 욕구나 문제를 찾아내는 방법이다.

4. 욕구사정 결과의 활용

욕구사정은 조직이나 프로그램의 계획에 중요한 정보들을 제공한다. 지역사회의 문제를 분석함으로써 욕구의 성격과 수준을 파악할 수 있게 하고, 그러한 욕구들의 위계적인 우선순위도 확인하게 한다. 이러한 정보들은 조직과 프로그램이 자원의 할당에 관한 계획을 세우는 데 매우 중요하게 기여할 수 있다. 구체적인 용도로도 다음을 포함한다.

첫째, 욕구사정의 자료들은 문제 분석을 위한 근거를 제공한다. 위험인구와 표적인구를 확인하게 하며, 지역적인 분포, 욕구들 간의 연결 등에 대한 분석을 가능케 한다. 이러한 분석을 통해 프로그램 계획이 이루어진다.

둘째, 욕구사정은 자원의 배분에 대한 우선순위 등을 결정하는 데 유용하게 활용될 수 있다.

셋째, 프로그램의 결과를 평가하기 위한 기초적인 비교자료로서도 활용될 수 있다.

넷째, 서비스 제공자의 관점에서 프로그램을 임의로 규정해 버리는 성향을 막을 수 있고, 욕구사정의 과정을 통해서 프로그램의 홍보와 지지를 획득할 수도 있다.

다섯째, 프로그램에 필요한 자원이나 인력의 증대를 요청하게 되는 경우에 욕구사정의 정보는 그 필요성을 합당화시켜 줄 수 있다.

마지막으로, 프로그램 변화의 정당성을 위한 근거로서도 활용될 수 있다.

3절 프로그램의 평가

최근 기관의 효과성과 효율성에 대한 관심이 고조되면서 평가에 대한 관심 또한 증가하고 있다. 물론 이러한 평가에 대한 관심이 고조된 배경에는 「사회복지사업법」에 제시된 평가관련 규정의 직접적인 영향도 크다고 할 수 있으나, 더불어 사회복지행정의 틀에서 조직 및 사업관리의 주요 수단으로써 평가의 가치가 새롭게 인식되고 있기 때문이다(황성철 · 정무성 · 강철희 · 최재성, 2003).

1. 프로그램 평가의 개념 및 필요성

1) 평가의 개념

평가는 정책이나 프로그램에 관한 의사결정을 목적으로 사회과학적 조사방법을 운용하여 정책 또는 프로그램의 수행과정과 결과를 측정하는 일련의 절차(Rutman, 1984: 10)이기도 하다.

또한, 프로그램의 특성 및 활동과 결과에 관한 체계적인 정보수집을 통해서 불확실성을 제거하거나, 효과성을 증진시키거나, 프로그램의 진행 상황과 영향에 관한 의사결정을 위한 것(Patton, 1986: 14)을 의미하기도 한다.

결국 평가란 사회복지실천 영역에 있어서 계획된 서비스 목표가 어느 정도 달성되었는가를 알아보기 위한 과정으로서 현장에서 시행하고 있는 사회복지 프로그램의 가치와 의의를 판단하는 사회적 과정이다. 따라서 이러한 평가를 효과적으로 수행하기 위해서는 기관구성원들이 평가활동을 자유롭게 수행하도록 하며, 기관의 기능과 프로그램에 대한 제안을 할 수 있는 분위기를 조성하는 노력이 이루어져야 할 것이다.

2) 프로그램 평가의 필요성

프로그램 평가는 개념적인 면, 방법론적인 면, 행정적인 면을 지니고 있다. 프로그램 평가가 이렇게 다양한 면을 지니는 것은 프로그램 평가가 가지는 다양한 속성 때문이라고 할 수 있다.

또한 프로그램 평가란 단순히 수치나 자료들의 축적이 아니라, 그런 자료들의 조합과 연결에 의해 유용한 정보를 도출해내는 과정이라는 점에서 공식적이고 체계적인 평가의 필요성이 존재한다. 크고 작은 다양한 사회문제를 해결하기 위한 기관은 자원 부족과 예산 부족으로 많은 도전을 받고 있다. 결국 최적의 자원 활용으로 효과의 극대화를 이루기 원하며, 이를 위해서 대안들 간의 비교·평가를 통해 프로그램의 효과성이 밝혀져야 한다. 매년 증가하기만 하는 사회복지 관련 예산에 대하여 복지 확대의 가치정당성에만 매달릴 것이 아니라 적극적으로 효과를 증명하고 이를 통해 서비스의 질을 향상시키도록 해야 한다(김학주, 2004).

스미스(Smith, 1990)는 왜 프로그램 평가를 수행하여야 하는지에 대해서 다음과 같은 4가지의 프로그램 평가에 관한 이유를 제시하였다.

첫째, 신념체계를 정립하기 위함이다. 사회복지사가 자기 자신과 사회적인 잣대를 기준으로 한 신념체계를 확립함에 있어, 사회복지사의 전문적 윤리의식뿐만 아니라 실천을 통한 신념체계를 확립해야 한다. 이러한 실천과정에 있어서 결과를 예측할 수 있는 종합적인 사고가 필요하다.

둘째, 책임성을 증진시키기 위함이다. 사회복지사는 프로그램을 평가함에 있어 만족할 만하고 정당성을 부여할 만한 책임성을 가지고 있어야 한다. 스미스는 서비스를 제공받는 클라이언트에 대한 책임성, 프로그램의 실천가들의 책임성, 상급자나 조직, 기관의 책임성, 정부지출금이나 후원금을 포함하는 재정의 책임성, 프로그램이 제공되는 장소에 대한 지역적 책임성 등 5개 분야로 나누어 언급한다.

셋째, 지식기반구축을 증진시키기 위함이다. 프로그램 결과의 문서화, 프로그램 과정에 관한 노력들의 문서화, 프로그램 운영상의 문제점이나 오류에 관한 문서화를 통해 더 좋은 프로그램을 만들기 위한 지식기반을 구축한다.

넷째, 소비자 중심주의(클라이언트 만족주의 혹은 소비자주의)를 만들기 위함이다. 프로그램에 참여하는 사람들이 프로그램의 효과성과 유용성에 대해서 평가함으로써 프로그램을 개선해 나간다. 이는 프로그램의 참여자들이 서비스로부터 얻는 혜택과 서비스에 대한 그들의 생각을 조사함으로써 소비자인 프로그램 참여자들의 입장에서 프로그램을 평가하게 됨을 의미한다.

다음에서는 체계적 평가정보의 필요성에 관해 경영통제, 업무자에 대한 피드백, 서비스에 대한 혁신, 책임성/순응, 대외관계로 나누어 좀 더 구체적으로 살펴보고자 한다.

① **경영통제를 위해**: 경영통제는 조직의 목표들을 성취하기에 효과적으로 자원들이 획득, 사용되고 있는지 행정관리자들이 확인하는 과정이다. 이런 과정에서 왜곡되기 쉬운 의사결정을 피하고 좋은 판단을 위해서는 체계적 평가정보가 필요하다.

② **업무자에 대한 피드백을 위해**: 일선 업무자들에게 자신들의 실천활동에 관해 되돌아볼 수 있게 하는 평가정보를 제공해 준다. 이를 통해 업무자들이 자신에 대한 평가를 할 수 있게 하고, 특정 교육훈련의 필요성을 감지하게 해 준다.

③ **서비스 혁신을 위해**: 클라이언트의 성격 변화와 관련한 정보, 몇 가지 서비스 기술들 간의 우월성 비교, 불충족된 욕구들에 대한 자료들을 통해 새로운 서비스 전달양식을 찾게 하는 자극제적 작용을 한다.

④ **책임성/순응을 증진시키기 위해**: 프로그램을 수행하는 데 관련된 법이나 규제, 절차 등에 순응하고 있는가 혹은 상부나 조직 외부로부터 요구되는 바람직한 성과의 도출에 대해 순응하고 있는가 등을 판단할 수 있게 한다.

⑤ **대외관계를 원활하게 하기 위해**: 평가정보들은 프로그램의 성과를 외부 사회에 알리는 데 사용된다. 이것은 외부의 부당한 비난으로부터 프로그램을 방어하고, 외부로부터의 지지를 구축하는 데 긴요하게 쓰인다.

이러한 프로그램의 필요성을 바탕으로 프로그램의 중요성을 정리하면 다음과 같다.

① 평가는 사회복지 프로그램의 관리능력을 향상시킬 수 있다.

클라이언트 특성과 문제점, 서비스 종류와 양, 품질, 결과 및 비용 등과 같은 정보들을 갖춘 사회복지행정가들은 더 효율적이고 더 효과적이고 더 좋은 품질의 프로그램을 계획하고 설계하고 실행할 수 있다. 기관 성과의 중심 구성요소로 클라이언트 성과를 만듦으로써 '클라이언트 중심 서비스'를 향상시키며, 사회복지행정가에게는 그가 관리하는 프로그램의 효율성, 품질, 효과성에 대한 평가 판단을 내릴 수 있는 데 활용할 수 있는 공동의 용어를 제공한다. 사회복지행정가가 서비스 향상을 위한 '개입 시점'을 파악하기 위해 프로그램을 지속적으로 모니터할 수 있게 한다. 어떤 클라이언트가 얼마나 많이 도움을 받고 있는지에 대한 피드백을 해 줌으로써 직접 서비스를 제공하는 사회복지사의 도덕성을 증진한다.

② 평가는 사회복지 프로그램의 자원을 조정하고 개발하는 데 영향을 미칠 수 있다.

평가는 정부와 민간의 사회복지 프로그램에 대한 자원의 결정에 중요하게 영향을 미칠 수 있다. 만약 모든 사회복지 프로그램들이 비교할 수 있는 평가 자료를 수집하고 보고한다면, 정부와 민간 자금 제공자들은 예산, 보조금, 계약 결정을 내리는 데 그 정보를 활용할 수 있다. 평가는 사회복지의 예산 정책뿐만 아니라 일반적인 사회복지 기금 정책, 그리고 종합적인 정부 예산과 자금 정책에도 영향을 미칠 수 있다.

③ 많은 평가들이 강제된 선택이 되고 있다.

일부 사회복지행정가들은 평가를 채택하는 기회를 무시하고 싶어 하지만, 사회환경의 변화가 그 문제에 관해 다른 선택권을 거의 주지 않는다. 강제라는 방법은 최후의 결정일 수밖에 없는데도 불구하고, 오늘날 많은 사회복지 프로그램들은 평가를 실행하지 않을 수 없게 되었다. 즉 외부체계로부터 평가가 강요되고 있는 것이다.

2. 프로그램 평가의 유형

전문가들은 각기 보는 관점이나 평가의 목적에 따라 평가의 종류를 다양하게 제시하고 있다. 여기서는 프로그램 평가를 평가방법과 운영과정이라는 두 가지 기준에 따라 유형화 해 보도록 한다.

1) 평가방법을 기준으로 한 모형

(1) 실험적 접근

평가의 초기단계 접근방법으로 엄격한 실험설계방법을 사회복지서비스 영역에 적용하려는 것이다. 통제집단과 실험집단을 상호 비교하여 인과관계를 도출함으로써 객관성과 과학적 방법을 확보하려고 한다. 하지만 그 엄격한 인과관계의 도출이 사회복지서비스에 적용하기에는 현실적으로 어려움이 따르며 개입의 과정 자체도 무시하는 한계점이 있다.

(2) 목표지향적 접근

프로그램의 목표를 명확히 설정하고 그 달성 여부를 평가하는 것으로 목표 달성척도 같은 것이 대표적인 예가 될 수 있다. 측정도구의 선택이 그 목표에 따라 결정된다. 하지만 지나치게 목표 달성에만 집착하는 비교적 좁은 측면에 국한되는 경향이 있다. 특히 기관평가의 경우 기관 전체의 양적·질적 수준을 파악하기 위해서는 이러한 목표지향적 접근은 매우 큰 한계를 가지게 된다.

(3) 의사결정 중심적 접근

관리상의 의사결정과 프로그램 수행을 모니터링하기 위해서 체계적인 정보수집과 분석을 강조하는 접근방법이다. 평가자는 평가과정에 심도 있게 참여하여야만 정확한 정보수집이 가능하다. 그러나 이러한 밀접성 때문에 오히려 객관성이 훼손될 수도 있다. 동시에 순수한 평가자이기보다는 평가자가 일종의 의사결정권자로 도구화될 가능성이 있다.

(4) 이용자 지향적 접근

이 접근방법은 평가의 유용성 측면에서 강조된다. 평가에 있어 다양한 이해집단들의 상호관계성을 강조하고 있다. 이러한 접근은 프로그램을 이용자의 관점에서 접근할 수 있는 이점이 있는 반면에 이해당사자들이 프로그램에 대한 강한 압력단체로 부상할 수 있다. 또한 때때로 누가 진정한 소비자인지 명확하게 규정하기가 힘든 경우가 있다.

(5) 반응적 접근

이 접근방법은 사용자 지향적 접근과 체계적인 방법(의사결정 지향적 접근)을 결합한 것으로 다양한 이해당사자들의 개인적 인지와 기대, 가치들을 포함한다. 특히 방법론상으로 인터뷰, 관찰, 사회망 분석 등 질적인 방법을 사용한다. 이러한 접근방법은 복잡하고 변화하고 있는 체계 그리고 다양한 관점들을 다룰 수가 있지만, 객관성 부족과 성과를 잘 고려하지 못하는 단점이 있다.

2) 운영과정을 기준으로 한 모형

엄밀한 의미에서는 보편적인 평가의 모델이란 있을 수 없으며, 평가의 대표적인 모델은 운영과정을 평가대상으로 하는 ① 과정중심의 형성평가와 프로그램의 결과를 평가대상으로 하는 ② 결과중심의 목표지향적인 총괄평가이다. 이 외에도 형성평가와 총괄평가의 혼합형태인 통합/혼합평가가 있다.

(1) 형성평가/과정평가

과정평가는 서비스나 그 전달방법의 개선, 프로그램 결과의 향상 그리고 서비스의 효율성을 증진시킬 목적으로 실시하는 평가이며, 프로그램을 형성하는 자체에 초점을 두기 때문에 형성평가라고 부르기도 한다.

과정평가는 프로그램의 운영 및 활동을 분석하여 이를 근거로 해서 보다 효율적인 추진전략을 마련하거나, 프로그램 내용을 수정·변경하거나, 프로그램의 중단·축소·유지·확대 여부를 결정하는 데 도움을 준다. 즉 프로그램 진행 중에 프로그램의 원활하고 성공적인 수행을 위하여 문제점을 찾아내고 수정·보완할 목적으로 실시되는 평가이다.

(2) 총괄평가/목표지향적 평가

총괄평가는 연역적/객관적 방법으로 한 기관의 정책 또는 프로그램이 달성하고자 했던 목표를 얼마나 잘 성취했는가의 여부를 평가한다. 총괄평가는 프로그램의 효과성과 효율성을 평가하고자 하며, 대개 프로그램 시행이 종결된 후에 실시한다.

총괄평가모델은 모든 직원들이 기관의 사명 및 세부목표를 충분히 숙지하고 있다는 것을 전제로 하며, 얼마나 효과 있게 또는 효율적으로 목표 달성을 해왔는가를 알고 싶어 한다는 것을 전제로 하고 있다. 그 결과를 근거로 프로그램을 계속 유지할 것인지 혹은 축소, 중단, 확대할 것인지 등에 대한 판단을 내리게 된다. 총괄평가에는 효과성·효율성·공평성 평가 등이 있다.

(3) 통합평가/혼합평가

통합평가는 과정평가와 총괄평가를 통합한 것이다. 두 방법의 장점을 사용한 통합모형은 프로그램의 발전 및 시행단계마다 나타나는 특성이나 문제에 적절한 평가방법을 융통성 있게 사용할 수도 있다. 대개 총괄평가적 접근으로 평가를 한 후 과정평가적 접근을 통해서 프로그램 운영과정의 타당성과 인과관계를 정밀하게 검토함으로써 총괄평가에서 얻은 정보의 타당성과 신뢰도를 판정한다. 즉 프로그램의 시행 초기단계에서는 신속한 환류를 제공할 수 있는 과정평가의 방법이, 프로그램 종결 후에는 프로그램의 성공 여부에 관심을 가지고 있는 여러 계층을 위한 과학적이고 객관적인 자료를 제시할 수 있도록 총괄평가의 방법이 필요할 것이다.

3) 평가 시기에 따른 구분

(1) 사전평가

사전평가는 정책이나 프로그램을 실행하기 전에 수행하는 평가를 말한다. 이 평가는 정책이나 프로그램의 욕구, 개념의 적합성, 운영 측면에 있어 실현 가능성, 재정적 지원의 원천 등을 판단하기 위한 것이다. 평가결과를 가지고 새로운 대안적 정책이나 프로그램을 실시하거나 기존의 정책을 변경할 것인가의 여부를 판단하는 것이다.

| 표 11-2 | 형성평가와 총괄평가의 비교

구 분	형성평가	총괄평가
목 적	가치나 질을 결정하기 위해서	가치나 질을 결정하기 위해서
용 도	프로그램을 발전시키기 위해서	프로그램의 장래 또는 채택에 대한 결정을 하기 위해서
이해당사자	프로그램의 집행자와 직원	프로그램의 집행자, 잠재적인 소비자나 자금제공기관
누구에 의해서	주로 내부평가자, 외부평가자에 의해서 지원	외부평가자, 특별한 경우 내부평가자에 의한 지원
주요 특징	프로그램 진행자가 그것을 발전시킬 수 있도록 피드백을 제공	프로그램 진행자가 이것을 계속할 것인지 혹은 클라이언트가 이것을 선택할 것인지에 대한 정보를 제공
설계 강제	언제, 어떠한 정보가 요구되는가?	중요한 결정을 위하여 무슨 증거가 필요한가?
자료수집의 목적	진단을 위해서	결정을 위해서
방 법	때로는 비공식적으로	타당하고 신뢰할 수 있도록
자료수집의 빈도	자주	드물게

구 분	형성평가	총괄평가
표본수	때로는 적게	일반적으로 많이
기본 질문	• 무엇을 적용하고 있는가? • 발전을 위해서 어떤 것이 필요한가? • 이것이 발전될 수 있는가?	• 어떤 결과가 나왔는가? • 누구와 함께 하였는가? • 어떠한 상황하에서, 어떤 훈련과 함께 비용은 얼마나 들었는가?

(2) 과정평가

과정평가는 사회복지정책을 집행하는 과정에 이루어지는 평가로서, 기존의 정책목표가 제대로 달성될 수 있도록 프로그램이 실행되고 있는지, 단계별·과정별 전략과 하위목표가 적절하게 진행되고 있는지 등을 판단하는 것이다.

(3) 사후평가

사후평가는 정책의 실시 후에 당초 목표로 했던 결과나 영향을 평가하는 것이다. 그리하여 평가에 따라 정책을 변경하거나 지속 혹은 종결 여부를 결정하기도 한다.

4) 평가의 요소와 도구

다음은 평가기준에 따른 평가 유형별로 필요한 평가요소 및 평가도구들을 확인해 본다.

| 표 11-3 | 평가종류에 다른 평가방법/도구

평가의 종류	평가방법/도구
노력평가	노력의 양 [클라이언트 수 / 서비스 단위(unit)] 측정
효과성 평가	단일사례분석(Single Subject Design) 목표 달성척도(GAS: Goal Attainment Scale) 평가조사(Evaluation Research)
효율성 평가	서비스 단위당 비용(cost per service unit) 비용/효과 분석(Cost-Effectiveness Analysis) 비용/편익 분석(Cost-Benefit Analysis)
영향평가	평가조사(Evaluation Research)
서비스의 질 평가	동료리뷰(Peer Review, Quality Assurance)
과정평가	동료리뷰(MBO: Management by Objectives)
형평성 평가	평가조사(Evaluation Research)

(1) 투입/노력(effort) 평가

노력성이란 기관이 얼마나 많은 활동을 했고 서비스를 제공했는가 하는 프로그램의 산출을 평가하는 것이다. 즉 제공된 서비스의 양이나 수행된 활동의 양이 얼마나 되느냐에 대한 분석이다. 대부분의 기관들은 이용자의 수, 상담횟수, 진료건수 등의 프로그램 산출로 그 기관의 활동을 평가한다. 따라서 투입/노력의 계량적 측정은 모든 프로그램의 산출을 도표화하여 시간별(금년과 지난해), 기관별(타 기관의 동일 프로그램), 서비스별, 지역별에 따라 서비스 통계치가 얼마나 달라졌는가를 관찰하는 것이다. 이 투입/노력을 비교/평가하는 데 중요한 점은 서비스 통계의 조건들이 비교가 가능해야 한다는 것이다. 따라서 노력의 양을 재는 평가는 그 서비스 단위(이용자의 수, 사건, 지위의 변화, 에피소드, 투입시간 등)를 재는 척도를 무엇으로 하느냐가 가장 주된 관심이 된다.

- 서비스 단위(unit)란?

① 이용자의 수(count): 프로그램 혜택 혹은 서비스 이용자 수(단순 머릿수)
　예: 매월 신규상담 이용자 수

② 사건(event): 워커, 이용자들의 구체적 활동의 총 건수
　예: 전화접촉, 케이스 상담, 심리검사, 치료 등

③ 이용자의 지위의 변화(status of change): 프로그램 기간 중 이용자의 지위, 상태의 총 변화 횟수
　예: 취업신청 상태, 심사상태, 취업승낙상태, 완전취업상태 등

④ 에피소드(episode): 공통된 초점 혹은 목표를 가진 일련의 활동의 종료(종료된 일련의 이용자 수)
　예: 입양된 아동의 수, 취업 종료된 장애인 수

⑤ 시간(time): 이용자가 소비한 시간(예: 치료시간 수), 워커가 프로그램을 위해 사용한 시간 수
　예: 상담시간

(2) 효과성 평가

효과성이란 일반적으로 목표 달성의 정도라 정의되며, 프로그램이 성과가 있었는지에 관한 정보를 얻기 위한 평가이다. 효과평가에서 관심을 갖는 변화의 결과는 이용자 개개인에 대한 것이다. 효과성을 기준으로 한 평가를 하려면 사업의 목표가 확인되고 목표가 구체적으로 설정되었을 때만 가능하다.

효과성 평가를 할 때에는 의도된 결과와 아울러 예기치 않았던 결과도 생각해야 한다. 휴먼서비스의 효과 측정 시 가장 큰 어려움은 그 프로그램의 산물척도에 대한 합의이다. 예를 들면, 상담의 효과를 무엇으로 규정할 것인가에 대한 문제이다.

효과성은 상대적인 개념으로 프로그램의 효과성을 평가하려면 지난해의 실적이나 같은 시기에 같은 사업을 수행한 다른 기관의 목표성취 정도, 전문기관이 제시한 성취기준을 비교기준으로 삼을 수 있다.

평가방법 및 도구는 기록물들을 시계열적으로 분석하거나 인테이크 당시의 이용자 상태에 관한 기록물과 추후 자료를 비교함으로써 프로그램의 효과를 알 수도 있다. 또한 이용자의 기능과 상태, 만족도를 주관적으로 측정하는 척도화된 질문지조사법, 프로그램 실시 전과 후의 두 시점을 비교하는 실험설계, 수혜집단과 비수혜집단을 비교하는 실험설계 등의 실험조사설계방법, 수혜자 상태의 개선에 대한 전문가의 진단이 주요 평가방법으로 이용될 수 있다.

(3) 효율성/능률성 평가

효율성은 '경제적 합리성'과 동의어로 사용되며, 최소의 자원투입으로 최대의 산출을 냈는가에 초점을 둔다. 효율성은 투입(비용)/산출(노력)의 비율로 표현되며, 자원의 효율적인 사용에 대한 정보를 제공해 준다. 효율성 평가는 쉽게 말해 서비스 단위당 얼마의 비용이 들었는가를 계산해 프로그램의 능률성을 측정하는 것이다.

투입/산출의 비율, 즉 효율성을 평가할 때 '산출'을 계산하기 위해 사용되는 개념은 '노력의 양'이며, 노력의 양은 대부분 '서비스의 단위'로 표현된다. 그리고 효율성은 서비스 단위당 비용으로 표현된다. 또한 척도 및 측정상의 신뢰도 문제와 관련하여 각 서비스별로 가중치를 매기고 간단히 일일보고를 하는 전산양식이 추천되고 있다.

(4) 서비스 품질 평가

품질 관점은 투입과 관련하여 질적인 산출물을 최대화하는 것을 말한다. 총체적 품질관리 이론에 따르면 생산성은 프로그램에 높은 질을 가진 서비스가 제공될 때 증가하고 낮은 수준의 서비스가 제공될 때 감소한다는 것이다. 예를 들면 사회복지서비스 프로그램에서 높은 수준의 서비스는 시행착오의 감소, 과정시간의 단축, 재원의 증가, 이용자의 만족도 향상, 비용 감소, 지역사회로부터의 이미지 개선 등의 결과를 가져온다는 것이다.

서비스 품질을 평가하는 방법으로는 동료 리뷰, 이용자의 서비스 만족도 조사, 단일사례 분석, 그리고 대외적 근거자료(정부 · 단체 등에서 인정하는 면허증, 수료증, 증서 획득 등) 등이 있다.

(5) 서비스 이용자 만족도 평가

서비스 이용자 만족도 평가는 ① 서비스 이용자들은 서비스에 대하여 만족하고 있는가? ② 전달된 서비스 또는 기술들이 실제 문제해결에 도움, 효과가 되었는가? ③ 서비스가 어떻게 하면 더 개선될 수 있는가? 등과 같이 이용자들의 의견을 수렴할 수 있는 질문들을 포함한다. 이 평가는 이용자들의 태도 · 지식 · 행동에 대한 것을 직접적으로 묻지 않고 서비스에 대한 이용자의 평가만을 초점으로 한다. 바로 이러한 이유 때문에 프로그램의 직접적인 효과에 대해 정확한 자료를 제공하지 않을 수도 있다. 또 다소 편견적인 자료를 제공할 수도 있는데, 대체로 프로그램의 약점보다는 좋은 점만을 지적할 수도 있다. 그러나 과정평가의 하나로 직접 또는 간접적인 서비스가 제공될 때에 서비스 이용자에 대한 평가는 여러 가지로 도움을 줄 수 있다.

| 표 11-4 | 평가의 기준과 평가요소

기 준	정 의	평가요소의 예
노력성 (effort)	프로그램 활동의 양	프로그램의 투입요소와 이의 전환과정 • 단위활동의 수 • 이용자의 수 • 전문지식과 기술의 소유와 활용정도(전문인력의 수) • 프로그램 예산 및 자원 • 프로그램 기간 및 하위 활동들의 단위기간 등 • 프로그램 활동에 대한 전문인력의 투입시간
효율성 (efficiency)	산출대비 비용 정도	서비스 단위 산출당 소요 비용 • 프로그램 노력(위의 요소들)에 대한 비용 • 프로그램 결과에 대한 비용 등
효과성 (effective- ness)	프로그램 목표의 달성 정도	목표 달성과 프로그램 노력과의 인과관계 • 이용자의 인지적/감정적 변화 • 이용자의 행동상의 변화 • 이용자집단(clientele)의 사회적 변화 등
영향 (impact)	사회문제나 이용자 욕구 변화에 미친 영향	프로그램 노력과 사회적 지표변화 간의 관계 • 위기집단과 표적집단 내에서의 변화 정도 • 사회지표상의 변화에 대한 실증적 기대 정도 등

품질 (quality)	프로그램의 전문성	**프로그램 제공자의 전문성** • 서비스 인력의 전문자격 소유 여부와 정도 • 프로그램에서 활용하고 있는 전문지식과 기술의 발전상태 등
과정 (process)	프로그램 결과의 경로	**프로그램 운영상의 매개체** • 세부목표(수단적 목표)들의 달성 정도와 연계성 • 세부목표와 프로그램 결과 사이의 영향 정도의 차이 등
형평성 (equality)	프로그램 배분의 공평성	**프로그램의 접근성** • 대상집단에게 동일한 접근기회가 주어지는지의 여부와 그 정도 • 프로그램 활동이 지역 내에 균등하게 배분되는 정도 등

제 12 장

사회복지평가와 책임성

1절 사회복지평가의 개념과 목적

1. 사회복지평가의 개념

평가는 기본적으로 효과성·효율성 혹은 적절성 등이 측정되는 과정이라 할 수 있다. 무엇보다 평가는 사회복지행정에서 이루어지는 기본적인 기능이기도 하며, 행정과정에서 필요한 기준의 설정, 성과에 대한 평가, 목표 달성을 위한 변화 유도, 책무성의 개발과 같은 관리 일반적인 기능의 한 유형에 해당된다(남일재 외, 2006: 287).

평가는 정책이나 프로그램에 관한 의사결정을 목적으로 사회과학적 조사방법을 원용하여 정책 또는 프로그램의 수행과정과 결과를 측정하는 일련의 절차(Rutman, 1984: 10)이기도 하며, 프로그램의 특성 및 활동과 결과에 관한 체계적인 정보수집을 통해서 불확실성을 제거하거나, 효과성을 증진시키거나, 혹은 프로그램의 진행 상황과 영향에 관한 의사결정을 위한 것(Patton, 1986: 14)을 의미하기도 한다. 평가란 한 기관의 전체 또는 선별된 프로그램의 효율, 효과 및 적절성을 비평적으로 철저하게 검토하는 과정으로 그 개념은 다음과 같다(김형식, 2001: 341-342).

첫째, 평가란 하나의 프로그램이 거쳐야 하는 각 발달과정에서 성취하게 되는 결과를 자원투입, 효과, 효율, 책무성, 이용자의 만족도 등을 기준으로 하여 체계적인 자료를 수집하고 분석하는 모든 행위를 포함한다. 둘째, 평가란 프로그램 전반에 걸친 결정을 하기 위한 총괄적인 정보수집 과정이다. 셋째, 평가란 프로그램의 가치, 장·단점 등에 대한 체계적이고 분석적인 연구이다. 넷째, 평가는 프로그램의 가치, 질, 중요성, 타당성, 업무수행에 관한 효과, 효율 및 책무성을 체계적으로 분석하는 데 필요한 것이다(남일재 외, 2006: 287-289).

또한 평가는 정책이나 프로그램의 개선을 목적으로 일련의 내재적·외재적 기준에 따라 효과성 혹은 시행 상태를 체계적으로 사정하는 작업으로 정의하였다(Weiner, 1998: 4). 그리고 평가조사는 사회개입 프로그램의 개념화·설계·시행·효용성을 사정하기 위해 사회조사방법을 체계적으로 응용하는 것이라고 정의하였다. 즉 평가는 논리적이고 과학적인 사정방법을 사용하여 정책이나 프로그램의 효용성을 높이고자 하는 의도적인 노력이라고 이해할 수 있으며, 이 과정에서 과학적인 접근방법과 효용성이 강조된다는 것을 알 수 있다(황성철 외, 2003: 287).

결국 평가란 사회복지실천 영역에 있어서 계획된 서비스 목표가 어느 정도 달성되었는가를 알아보기 위한 과정으로서 현장에서 시행하고 있는 사회복지 프로그램의 가치와 의의를 판단하는 사회적 과정이라 할 수 있다. 따라서 이러한 평가를 효과적으로 수행하기 위해서는 기관의 구성원들이 평가활동을 자유롭게 수행하도록 하며, 기관의 기능과 프로그램에 대한 제안을 할 수 있는 분위기를 조성하는 노력이 이루어져야 할 것이다(남일재 외, 2006: 289).

2. 사회복지평가의 목적

평가를 왜 하는가에 대해서는 비교적 다양한 이유나 목적이 제시되고 있다. 평가대상으로서의 프로그램, 조직, 혹은 정책에 대한 가치 판단, 개선, 효용성 판단, 운영의 효과성 증진, 책임성 제고, 정보 제공 등을 제시한다. 그들은 평가의 기본적인 목적으로 효과성을 측정하여 사업의 지속, 중단, 확대, 축소 등과 관련된 의사결정을 위한 정보를 제공하는 것이라고 주장한다. 또한 사회복지평가의 목적은 환류적 과정평가, 책임성 이행평가, 학술적 평가의 세 가지로 들고 있다. 첫째, 환류적 과정평가는 프로그램 계획이나 운영과정에 필요한 정보를 확보하여 보다 바람직한 프로그램 운영이 되도록 노력하는 것으로서 프로그램 과정상의 환류기능에 초점을 둔다고 볼 수 있다. 둘째, 책임성 이행평가는 프로그램 운영에 대한 사회적 책임을 강조하고 책임성을 이행하는 차원에서 평가를 수행하는 평가로 볼 수 있다. 셋째, 학술적 평가는 사회조사의 한 분야로서 평가연구의 학술성을 강조하며 이는 평가연구에서 보조적 목적으로 나타날 수 있다(황성철 외, 2003: 287-288).

또한 사회복지평가의 목적(김익균 외, 2003: 154)은 첫째, 사회복지사업의 목표가 어느 정도 달성되었는지에 대해 점검하기 위해, 둘째, 프로그램의 실시과정에 나타나는 전달과정의 문제점을 파악하기 위해, 셋째, 프로그램의 형평성·효과성·효율성을 검토하기 위해, 넷째, 프로그램의 성취와 관리에 관련된 속성들인 사회복지서비스의 전체적인 포괄성, 상호 간의 일치성, 사회복지서비스의 지속성, 지리적·공간적 접근성 등을 검토하기 위해, 다섯째, 프로그램이 사회적 요구나 도덕적·윤리적·사회적 규범에 어느 정도 부응하는가를 알아보기 위해, 여섯째, 객관성을 가진 평가연구를 통하여 인접한 전문분야로부터 인정받기 위해서이다(남일재 외, 2006: 289).

사회복지조직에서 평가의 목적을 다음의 다섯 가지로 제시해 볼 수 있다(박차상 외, 2008: 321-323).

첫째, 행정상의 의사결정에 도움을 받기 위한 합리적 의사결정이다. 평가는 기관이 수행하는 활동에 관한 정보뿐 아니라 이러한 활동이 클라이언트에게 미치는 효과에 관한 자료를 제공한다. 조직활동에 관한 이러한 정보는 의사결정자로 하여금 자원할당, 직원의 역할, 서비스 제공 내용과 여부 등에 관한 중요한 이슈를 다룰 수 있도록 도움을 제공한다. 평가는 보다 합리적인 의사결정하에 조직이 운영될 수 있는 중요한 정보와 자료를 제공하는 목적을 수행할 수 있다.

둘째, 조직에서 운영하고 있는 프로그램의 개선이다. 평가의 주요한 목적은 무엇보다도 기획 혹은 설계단계에서 마련된 기준에 비추어 진행 중인 프로그램을 비교하는 데 있다. 그렇기 때문에 평가는 프로그램의 질을 개선시킬 수 있는 도구가 된다. 물론 평가 자체가 기관의 발전적 방향을 반드시 제시해 주는 것은 아니지만, 체계적으로 평가를 활용하게 된다면 기획과 운영과정상의 괴리 혹은 차이를 보여주게 된다. 평가가 이루어지지 않는다면, 프로그램의 질을 개선한다는 것이 힘들기 때문이다.

셋째, 책임성의 수행이다. 책임성은 특정 업무에 대한 책임 이외에도 집단이나 개인에 대한 책임의 의미를 포함한다. 책임성의 개념은 조직뿐 아니라 조직 내 전문인력에게도 적용될 수 있고, 사회복지조직에서 책임성은 프로그램 평가와 서비스 전달과정에 관한 조사를 통해 파악될 수 있다. 평가활동도 이러한 책임성을 보여주는 중요한 과정이기도 하지만, 기관의 활동과 활동결과를 담고 있는 기관평가 보고서는 기관의 책임성 여부를 보여주기도 하고, 기관의 책임성을 강화시키는 역할을 한다.

넷째, 기관에 대한 외부의 지원을 확보한다. 평가는 기관의 효과성 등을 입증해 주고, 이를 알리는 역할을 담당하기 때문에 기관의 입지를 강화시킬 수 있다. 평가는 지역사회나 정부로부터 지원 혹은 지지를 획득할 수 있는 정보를 제공한다.

다섯째, 서비스 제공방법에 관한 지식개발이다. 평가는 기관의 활동내용이나 그 여부에 대한 일상적인 평가의 의미도 가지고 있지만, 최근에는 기관의 성과에 대한 평가라는 의미로 이해되고 있다. 더욱이 평가에 사용되는 방법들은 기관의 개입활동과 계획한 성과 간의 관계에 대한 지식을 개발하는 데에도 활용된다.

평가의 목적은 사회복지기관의 서비스 제공 능력을 향상시키는 데 어떠한 도움을 제공하는 것에 있다. 그렇기 때문에 가능한 엄격한 평가방법을 사용하는 것도 중요하며, 또한 평가는 그 자체에 목적이 있는 것이 아니라 오히려 목적 달성을 위한 수단이라는 점을 이해하는 것도 중요하다.

평가의 결과가 실질적으로 활용될 수 있는 평가의 원칙으로서 활용중심적 평가를 제시하고 있다(Patton, 1997). 이 활용중심적 평가는 첫째, 과학적이고 객관적이며 측정적인 접근방법에서 평가의 과정 또는 평가의 참여에 중점을 두는 방법이며, 둘째, 정보의 생산에서 정보의 사용에 초점을 두며, 셋째, 구체적인 확실성을 기대하기보다는 평가의 활용성을 강조하며, 넷째, 평가의 주된 관심사를 프로그램 그 자체에 국한시키는 대신 프로그램의 대상이 되는 인적인 요소와 제반 욕구 및 환경을 강조하며, 다섯째, 전문가에게 의존하던 기술적인 평가방법에서 참여적인 접근방법과 평가의 과정에서 가치를 부여하며, 여섯째, 한 번으로 끝나는 평가가 아닌 계속적인 활동으로서의 평가를 의미한다.

결국 평가란 사회복지조직의 목적 달성에 기여할 수 있어야 하며, 이를 위해서는 평가의 결과는 충분한 활용 가능성을 가져야만 한다.

2절 사회복지평가의 방법

1. 평가의 원칙과 과정

1) 평가의 원칙

다양한 사회복지기관을 대상으로 실시되는 평가의 전체 과정, 즉 평가기준, 지표개발, 평가의 시행, 평가결과에 대한 조치 등에서 반영되었던 기본 원칙들은 ① 서비스의 질 향상의 원칙, ② 평가절차의 투명성의 원칙, ③ 평가참여의 원칙, ④ 기본선 확보의 원칙, ⑤ 이용자 중심의 원칙, ⑥ 지역사회관계의 원칙이다(박차상 외, 2008: 324-325).

첫째, 사회복지시설의 평가는 시설운영의 개선 및 서비스의 질 제고를 유도하는 수단으로 작용해야 한다.

둘째, 평가기준은 평가지표 개발의 의도하는 바를 모든 사람이 이해하고 수행할 수 있도록 상세하고 쉽게 구성하며, 평가기준과 평가과정을 사전에 공개하여 평가지표에 대한 이해를 명료하게 인지시킴으로써 평가절차의 투명성을 확보하여야 한다.

셋째, 평가대상 시설이 평가과정에 참여하는 참여자로서 평가과정 속에서 스스로 시설의 문제점을 객관적으로 인식하고 개선 노력을 기울일 수 있도록 하여야 한다. 이것은 사회복지시설의 평가가 기존의 감사와는 달리 시설이 참여·평가하며, 평가를 통하여 긍정적인 발전의 기회를 갖도록 하는 평가의 목적을 수행하도록 한다.

넷째, 평가의 목적은 최고의 시설을 선정하는 것이 아니라, 사회복지시설이 전체적으로 기본적인 수준 이상을 견지할 수 있도록 유도하는 것을 기본 목표로 한다.

다섯째, 사회복지시설을 이용하는 이용자 중심의 평가로서 이용자 만족도와 서비스의 질을 고려하지 않으면 좋은 평가를 받을 수 없도록 한다. 즉 사회복지시설은 기존의 서비스 제공자중심의 시설에서 이용자중심의 서비스 제공이 이루어질 수 있도록 한다.

여섯째, 사회복지시설이 지역사회 내에서 융화될 수 있도록 한다. 즉 사회복지시설이 지역사회와의 원활한 상호 관계를 유도하는 방향으로 이루어지도록 한다.

2) 평가의 과정

평가의 과정은 평가의 목적이나 유형, 방법들에 따라 각기 달라질 수 있으나 평가의 절차와 관련한 6단계를 살펴보면 ① 평가목적의 확인, ② 평가기준의 선정, ③ 평가설계의 선택, ④ 자료수집, ⑤ 자료분석 및 결과제시, ⑥ 평가결과의 활용 등이다. 이를 구체적으로 살펴보면 다음과 같다(남일재 외, 2006: 294-298).

(1) 평가목적의 확인

평가를 실시하는 이유 또는 목적을 구체적으로 정확하게 기록하고, 평가를 실시하는 목적에 비추어 평가하고자 하는 내용과 그 하위요소 또는 항목도 결정한다. 평가될 프로그램을 확인하는 것이다. 프로그램 평가를 통해 사정되어야 할 목적과 목표들, 프로그램이 다루고 있는 사회문제들, 이와 관련된 프로그램 활동들이 무엇인지를 찾아내는 것이다. 이 단계는 한마디로 평가의 표적을 확인하는 것이다. 평가내용과 그 하위요소를 명시할 때 평가내용의 범위를 밝히고, 동시에 범위 선정의 적절성과 타당성을 밝혀 두는 것이 바람직하다.

(2) 평가기준의 선정

평가의 목적에 따라서 평가를 위한 구체적인 기준을 어디에 둘 것인지에 대한 결정이다. 효율성 혹은 효과성으로 평가하는 것이 적절한지, 아니면 영향 기준을 사용할 것인지, 서비스 전달의 질이나 배분의 공평성과 같은 기준들은 어떠한지 등을 검토·판단하는 것이다.

(3) 평가설계의 선택

평가설계는 평가목적에 비추어 자연과학 분야에서 실험을 설계하듯이 필요한 데이터를 효과적으로 그리고 정확하게 수집·분석·비교할 수 있는 가장 적절한 절차를 선정한다. 즉 평가의 목적과 기준이 선택되었다면, 그것들을 적용하는 데 어떤 디자인이 적절한지를 결정한다. 프로그램 종료 후에 발생한 자료들만으로 평가를 할 것인지, 미리 통제된 실험디자인을 통해 자료를 구할 것인지, 다른 대안적인 방법들로 할 것인지를 판단한다.

평가도구도 이미 제작되어 널리 사용되고 있는 측정도구를 그대로 사용할 것인지, 일부 수정·보완해서 사용할 것인지 또는 완전히 새로 제작해서 사용할 것인지를 결정한다. 여기서 중요한 것은 평가가 계획되는 시점에서 어떤 디자인이 현실적으로 가능한지를 파악하는 것이다. 주어진 여건하에서 최대한의 효용성을 드러내는 디자인을 선택하는 것이 필요하다.

(4) 자료수집

평가를 실제로 수행할 때에 측정도구를 사용하여 자료를 언제 어떻게 수집할 것인지 결정하여 실행한다. 누구 혹은 무엇으로부터, 어떤 자료들을 도출할 것이며, 그것을 위해 적절한 도구들은 무엇인지, 그리고 자료수집을 위한 표준화된 절차들은 어떠해야 하는지 등을 결정하고 이를 실행에 옮긴다. 이 단계에서 시간과 비용이 가장 많이 소모된다.

(5) 자료분석 및 결과제시

수집된 자료를 가지고 평가의 목적에 맞추어서 통계적인 처리를 하거나 도표를 활용하여 정리·요약하여 결과를 분석하기도 한다. 수리적인 통계기법뿐만 아니라 다양한 프로그램을 활용한 통계적 수단이 동원되므로 여기에 대해서도 알고 있어야 한다. 예를 들어 총괄평가 목적의 효과성 분석을 단일사례연구디자인의 틀에 갖추어서 실시한다면, 분석에 따른 결과들은 첫째, 프로그램의 성과목표들이 기준치에 도달했는지, 둘째, 다른 이유들은 배제한 상태에서 그것이 순전히 프로그램의 영향인 것으로 확인할 수 있는지, 셋째, 성공이나 실패에 대한 구체적인 이유들은 무엇인지 등을 밝히는 것이다.

평가결과를 분석한 것을 정리·요약하여 일정한 형식을 갖추어서 보고서를 작성한다. 이러한 보고서의 작성은 보고를 해야 할 이해당사자에 따라서 조금씩 형식이 다를 수 있다.

(6) 평가결과의 활용

평가를 통해서 얻어지는 정보를 가능한 한 잘 활용하는 것이 좋다. 이러한 평가서의 활용을 통해서 외부의 제3자에게 합리적인 답변이 가능하며, 기관 혹은 프로그램의 필요성을 확인하고 계속적인 유지가 가능하다. 나아가서 불필요한 외부간섭까지 평가를 통해서 배제할 수가 있다. 평가의 과정과 결과에 대한 공개는 조직과 프로그램의 개선에도 도움을 준다. 이제껏 불명확하거나 막연하게 규정해 두었던 목표들이나 방법적 기술, 성과의 측정 등에 관심을 갖게 하고, 효과성이나 효율성에 관련한 정보들을 수집·분석하게 한다. 비록 이로 인해 시간과 비용의 문제는 여전히 남아 있지만, 프로그램 개선을 위한 객관적인 정보의 축적은 사회복지서비스의 장기적인 수준 향상을 위해서는 빠뜨릴 수 없는 일이다.

평가의 과정은 대체로 위와 같은 단계들로 구성되어 있는데 이것들이 반드시 순차적으로 이루어지는 것은 아니다. 최종 단계인 자료분석 및 결과활용에 대한 고려에 의해서 평가기준이 선택되는 것이 보통이며, 자료수집 방법의 한계를 감안해서 평가기준에 대한 고려가 이루어진다. 중요한 것은 이런 모든 과정 혹은 단계들이 평가의 목적에 적절히 일치하도록 하는 것이다. 그것을 이끄는 생각은 평가를 활용하게 될 소비자가 주로 누가 될 것인지를 확인하는 것이다. 그에 따라 적절한 정보의 수집과 분석이 필요하고, 평가결과가 적절히 활용될 수 있도록 하는 것이 중요하다.

2. 평가의 기준

어떤 목적을 위한 평가인지에 대한 결정이 대개는 특정한 평가의 유형과 수집될 정보의 종류를 제시하게 된다. 또한 그러한 결정이 평가의 전반적인 과정에서 자료의 수집과 분석을 위한 기초적인 틀과 가이드라인으로 작용하게 된다. 평가의 기준을 선택하는 것을 대개 이러한 결정들을 포괄하는 것이나 마찬가지이다. 평가의 기준들은 다양하게 존재한다. 이를 단순히 포괄적으로 늘어놓으면 노력, 효과성, 효율성, 영향, 질, 과정, 공평성과 같은 7가지 기준을 제시할 수 있다. 평가의 주체와 목적에 따라 선호하는 기준들이 각기 달라질 수 있지만, 일반적으로 노력, 효과성, 효율성의 기준들이 많이 다루어지고, 정책이나 기획부문에서는 영향이나 공평성 기준에도 실질적인 관심을 둔다(김영종, 2007: 431-436).

1) 노력(effort)

이 기준에서는 얼마나 많은 양의 서비스가 제공되었는지, 어떤 활동들이 있었는지를 평가한다. 프로그램의 수행에 관한 정보들이 보통 이에 해당한다. 프로그램의 모니터링에 필요한 대부분의 정보들은 이러한 노력 정보를 획득하는 과정에서 도출될 수 있다. 효과성과 효율성 평가를 위해 필요한 기초 자료들도 여기에서 도출된다. 노력 정보는 프로그램에 대한 참여도, 수행된 활동들의 양이나 질, 투입된 자원의 정도 등으로 평가되는데, 이를 위해 일반적으로 다음과 같은 자료들이 중요시된다.

- **클라이언트**: 수, 나이, 성별, 소득수준, 가족구성 등
- **표적인구의 서비스 활용 정도**: 적용 범위, % 등
- **클라이언트에 의한 서비스 경험**: 서비스 접촉의 수와 빈도, 서비스 요청과 최초 접촉 사이에 걸린 시간, 중도탈락 사례의 수 등
- **서비스 담당자들의 활동**: 케이스 부담률, 제공된 서비스의 단위들, 서비스 유형, 서비스 방법, 시간 등
- **서비스 담당자들의 업무수행의 질**: 적절한 치료 기법의 활용, 구체적인 계획에 의해 서비스가 진행되는지, 행정적 규칙들과 보고의 의무들을 준수하는지 등
- **지출과 자원 활용**: 예산 항목의 지출, 물품 사용, 공간과 시설의 적합성 등
- **서비스 비용**: 서비스 단위의 전달에서 발생한 실질적 비용

2) 효과성(effectiveness)

제공된 서비스와 성취된 결과 사이의 관계를 밝히는 것이다. 즉 프로그램에 의해 의도된 결과나 급여들이 성취되었는지를 확인하기 위한 것이다. 노력과 관련한 정보들이 투입과 산출에 주로 관심이 있다면, 효과성 기준의 정보들은 '목표들 자체가 성취되었는지, 만약 그런 성과가 발생했다면 그것이 개입에 의한 효과라는 것을 확인할 수 있는지'라는 질문에 답하는 것이다. 프로그램이 의도했던 성과를 직접적으로 혹은 간접적으로 측정할 것인지에 따라 요구되는 자료들의 성격이 각기 달라진다.

- **직접 자료**: 클라이언트에 대한 의도된 성과를 직접 측정(예: 취업률 향상, 가족기능 증진 등)
- **간접 자료**: 성과를 추정할 수 있는 간접적인 지표를 측정(예: 클라이언트의 서비스 참여도, 서비스 만족도 등)

프로그램의 효과성을 나타내는 정보들은 클라이언트에 대한 개입 목표들이 성취된 정도를 확인해 낼 수 있는 측정을 필요로 한다. 많은 경우에 이러한 자료들은 직접적으로 산출되기 어렵기 때문에, 사회복지조직들에서 효과성과 관련한 정보를 획득하는 것이 매우 어려운 문제가 되어 왔다. 흔히 클라이언트의 서비스 만족도나 참여도와 같은 간접적인 지표들이 직접적인 성과지표들을 대신해서 사용되는 것도 이러한 이유 때문이다.

3) 효율성(efficiency)

이 기준은 프로그램의 자원활용에 따른 정당성의 여부에 주로 관심이 있다. 프로그램이 주어진 자원들을 경제적이고 효율적인 방법으로 적절하게 활용했는지, 서비스의 급여들은 과연 비용에 견주어서 합당한 것인지, 동일한 목적을 달성하기 위해 더 경제적인 방법들은 없었는지 등을 확인하기 위한 것이다. 효율성은 두 가지 용법으로 쓰인다. 보통은 투입-산출(input-output)의 관계를 나타내는 것으로 쓰이지만, 투입-성과(input-outcome)와 같은 프로그램 목표의 획득에 드는 비용과의 관계에 쓰이기도 한다. 투입-산출 효율성에 관한 평가는 프로그램 노력에 관한 정보를 필요로 한다. 투입-성과 효율성의 사정은 노력 정보에다가 효과성에 관한 정보를 추가시킨다. 효율성의 측정을 위해 다음과 같은 비용 관련 자료들이 분석된다.

- 프로그램 산출물의 단위와 관련한 비용(예: 장애인 취업에 드는 비용)
- 프로그램 목표들을 성취하는 데 부과된 비용(예: 인력, 재료, 장비 등)
- 상대적 비용(동일한 산출결과를 내는 데 사용될 수 있는 다른 접근방식들에 의한 비용 계산)
- 프로그램 전달에 따른 비용과 편익의 화폐 가치로의 환산

4) 영향(impact)

이 기준은 프로그램의 개별적인 성과와는 구분되는 개념이다. 주로 기획의 차원에서 검토되는 것으로 하나의 프로그램이 주어진 목표에 대해 특정한 성과를 나타내고 있다면, 그것이 원래 의도했던 폭넓은 사회문제의 해결에는 어느 정도의 영향을 미쳤는지를 파악하는 것이다. 영향을 평가하기 위해서는 복잡한 추론과정이 필요한데, 하나의 단일 프로그램에 의해 평가될 수 있는 영역을 벗어나 있기 때문이다.

예를 들어 한 지역사회 청소년 상담 프로그램이 나름대로 주어진 목표에 대해 성취 효과성을 갖고 있다고 해도, 그것이 지역사회의 청소년 관련 사회문제의 해결에 어느 정도 영향을 미쳤는지를 알려주지는 못한다. 지역사회에는 다양한 청소년 관련 프로그램들과 사회환경적 요인들이 있으면서 그 사회문제에 동시에 영향을 미치고 있기 때문이다.

사회문제들에 관한 지표는, 예를 들어 실업률, 사망률, 영아사망률, 아동 학대발생 건수, 청소년 비행률, 학교 중퇴율 등이 있는데, 한 프로그램의 영향이란 특정 사회문제 지표의 개선에 대해 그 프로그램이 몇 % 정도 기여했는지를 확인하는 것이다. 이것은 효과성 기준에 의해 사정되는 프로그램의 개별적인 성취와는 명백히 구분되는 것이다.

5) 질(quality)

일반적으로 질이라는 용어는 효과성을 나타내는 기준으로 폭넓게 사용된다. 보다 좁은 의미로 사용하자면, 프로그램의 질이란 그 프로그램에서 전문적인 기준이 채용되는 정도를 가리키는 것이다. 이 경우에 프로그램의 질을 나타내는 전형적인 지표는 프로그램을 수행하는 직원들의 전무적인 교육과 경험의 수준으로 나타낸다. 예를 들어 직원들은 프로그램 수행을 위한 적절한 자격을 갖추고 있는지를 평가하는 것이다.

실제로 평가에서 질은 노력 기준 다음으로 많이 쓰여지는 기준이다. 효과성 기준에 대한 직접적인 측정이 부재한 상태에서, 프로그램 자체의 기준들에 흔히 초점을 두기 때문이다. 물론 여기에서의 가정은 한 프로그램이 질의 기준에 근접하게 되면 그만큼 효과성이 강화된다고 전제하는 것이다. 예를 들어, 사회복지사 1급이 사회복지사 3급보다는 가족치료를 더 잘할 것이라고 가정한다. 직원들의 평균학력이 높은 기관이 낮은 기관보다 서비스의 효과성이 높을 것이라고 가정한다. 전문의가 있는 병원이 일반의가 있는 병원보다 치료를 더 잘할 것이라고 가정한다. 특급호텔 주방장 출신이 있는 식당의 음식이 동네 중국집 주방장 출신의 식당 것보다 더 맛있을 거라고 가정한다.

서비스 전달의 질을 기준으로 삼는 평가들은 전문 평가분석가들에 의해 그다지 선호되지 않는다. 그 이유는 이 기준에 따른 가정들이 경험적으로 검증되지 않기 때문이다. 적어도 질과 효과성 기준의 관계에 대한 가정이 근거가 있으려면, 단지 음식의 맛만을 보고서 주방장이 어디 출신인지를 알아낼 수 있어야 한다. 질 기준의 평가들은 대개 그러한 가정들의 한계를 극복하기가 쉽지 않다.

그럼에도 불구하고 질 기준이 평가에 널리 사용되고 있는 것이 현실이다. 적어도 이 기준이 서비스의 현재 상태에 관한 것들을 시사해 줄 수는 있기 때문이다. 그 결과 평가에 관심 있는 많은 사람들, 특히 서비스 전문가나 일반 지역사회 리더들에 의해 질의 기준은 한 프로그램을 쉽게 이해할 수 있는 방법으로 간주되고 있다.

6) 과정(process)

과정 기준의 평가는 한 프로그램의 성공이나 혹은 실패에 대한 이유를 밝히려는 것이다. 그것을 통해 프로그램의 조정 방향이나 다른 환경에로의 복제 가능성 등을 제시할 수 있다. 과정평가는 그 초점을 어디에 두는지에 따라 몇 가지 차원으로 구분할 수 있다.

- **프로그램 자체의 속성**: 프로그램의 구성 부분들을 접근, 방법, 직원, 여타 속성들로 쪼갠다. 그리고 프로그램에서 나타는 문제들이 과연 어떤 속성들과 관련되어 있는지를 판단한다.
- **서비스 인구**: 프로그램이 각기 다른 서비스 인구집단에 대해 어떤 차별적인 효과들을 나타내는지를 파악하는 것이다. 예를 들어 한 프로그램이 남성보다 여성 클라이언트들에게 더 잘 작동했는지, 그 가운데서도 젊은 세대가 노인 세대보다 효과가 더 높게 나타났는지 등을 밝히는 것이다.
- **환경조건**: 프로그램이 제공되는 환경 여건들에 관한 것이다. 계절별로는 차이가 있는지, 주변에 경쟁 프로그램들이 있는 경우에는 어떠한지, 프로그램이 속한 모 조직의 영향은 어떠한지 등을 평가의 대상으로 삼는다.
- **효과의 본질**: 프로그램이 성취한 효과들의 유형을 구분하는 것이다. 즉 효과의 본질이 무엇인지를 보는 것이다. 예를 들어 프로그램의 효과가 인지적인 것인지, 태도와 관련된 것인지, 혹은 행동적인 측면인지 등을 분석한다. 효과의 지속성이나 그 효과로 인한 영향은 어떤 것들인지 등을 밝힌다.

7) 공평성(equity)

공평성을 기준으로 하는 평가는 급여가 인구집단에 공평하게 배분되었는지를 본다. 이 기준은 정책이나 기획 차원의 평가들에서 주로 검토되는데, 합리적이기보다는 정치적 고려에 의해 채택되는 경우가 많다. 자원의 배분이나 절차들에 대한 공평성의 근거는 대개 일관성 기준에 의거하기 쉽다. 욕구에 따른 분배 기준이 보다 합리적이겠지만, 그것을 평가하기 위한 능력이 결여된 상태에서 대개 '모든 사람에게 똑같이'라는 일관성의 기준이 채택되기 쉽다. 따라서 이러한 일관적 공평성을 기준으로 삼는 평가는 정치인이나 관료들에 의해 선호되기는 하지만 서비스 전문직들에게는 오히려 비합리적 평가기준으로 비춰질 수 있다.

3. 평가의 유형 및 방법

사회복지평가는 평가주체, 평가대상, 접근방법 등에 따라 여러 유형으로 구분되며, 그에 따른 평가방법도 달라진다. 우선 사회복지평가는 평가주체에 따라 내부평가와 외부평가로 나뉘며, 평가대상에 따라 사회복지기관 평가와 사회복지 프로그램 평가로 나뉜다. 여기서는 각 유형별 사회복지평가의 개념과 특성을 중심으로 살펴보기로 하겠다(황성철 외, 2003: 294-297).

1) 내부평가 대 외부평가

사회복지평가는 평가주체에 따라 내부평가와 외부평가로 구분된다. 내부평가는 프로그램을 기획하거나 운영을 담당하는 사람 또는 같은 조직 내의 다른 구성원이 실시하는 평가로서 자체평가로 불리기도 한다. 내부평가는 조직이나 프로그램 운영의 과정이나 결과에 대한 자기반성적 성격을 가진다. 이러한 내부평가는 평가를 통해 얻은 정보를 조직 내에 환류(feedback)함으로써 조직운영이나 프로그램을 개선하고자 할 때 주로 활용된다.

반면 외부평가(outside-evaluation)는 프로그램을 수행하는 조직체가 아닌 대학교수, 조사연구기관 등 외부의 제3자가 행하는 평가이다. 외부평가도 내부평가와 마찬가지로 조직 운영이나 프로그램 개선을 목표로 하고 있다. 그러나 평가결과가 제한적으로나마 외부에 공표되거나, 타 기관과의 비교자료로 활용되는 등 평가결과의 활용방법에 있어서는 내부평가와 차이가 있다.

2) 프로그램 평가 대 사회복지시설평가

(1) 사회복지프로그램 평가

사회복지조직이 제공하는 재화와 서비스는 프로그램을 통해서 클라이언트에게 전달된다. 따라서 사회복지조직들에게 있어서 프로그램의 실행과 운영은 곧 그 조직의 활동을 대표하는 것으로 인식될 수 있다. 사회복지행정에 있어 행정적 기능의 중심이 프로그램을 중심으로 이루어진다고 해도 지나치지 않을 것이기 때문에 기관들에게 있어 그들이 제공한 프로그램에 대한 평가는 조직의 평가 또는 행정의 중심 축에 대한 평가라고 해도 지나치기 않을 정도로 중요하다고 볼 수 있다. 구체적으로 형평성, 적절성, 효율성, 효과성, 수행능력 또는 질의 측면에서 책임성을 사정하기 위해서 사회프로그램이나 사회복지기관에 종종 적용되는 방법이 프로그램 평가이다. 따라서 프로그램 평가는 짧은 기간동안에 이루어지는 모든 사회프로그램을 위한 기초적인 책임성을 측정할 수 있는 도구로 인식될 수 있다. 결국 프로그램 평가는 사회프로그램의 책임성에 대한 강조가 증대됨으로써 그 중요성이 배가되었다고 볼 수 있다. 사회프로그램 특히 사회복지프로그램에 대한 책임성의 증대는 구체적으로 클라이언트들로부터, 자원제공자들로부터, 일반시민들로부터 그리고 사회복지조직에서 일하는 전문가로서의 사회복지사들로부터 왔다고 볼 수 있다(지은구, 2005).

특히 프로그램 평가는 설정된 목표가 달성되었는가를 알아보기 위한 과정 혹은 시행한 프로그램의 가치와 의의를 판단하는 사회적 과정이라고 할 수 있다.

프로그램평가의 목적은 한 기관의 전체 또는 선별된 프로그램의 효율, 효과 및 적절성을 철저하게 그리고 비판적으로 검토하는 과정이므로 프로그램 평가를 수행하는 것이다. 그 가운데에서 주요한 몇가지 목적을 제시해 보면, 첫째, 프로그램에 요구되는 공적인 인정의 충족, 둘째, 프로그램에 사용된 재정의 결산, 셋째, 프로그램에 관한 정보 요청에 대한 답변, 넷째, 행정적인 의사결정에의 참고, 다섯째, 프로그램 개발에 직원들의 참여 유도, 여섯째, 의도하지 않은 효과들에 대한 학습 등이라고 할 수 있다(신복지 외, 2016).

(2) 사회복지시설평가

1998년 개정된 「사회복지사업법」 제43조의 2 및 동법 시행규칙 제27조의 2에 의거하여 정부와 지방자치단체는 매 3년마다 전국 사회복지시설을 대상으로 시설평가를 실시하도록 법적 근거를 마련하였다. 사회복지시설 평가의 실시 배경은 첫째, 사회복지시설의 양적 성장에 따른 한정된 재원의 효율적 배분과 활용이 사회적 관심사로 대두되면서 사회복지시설의 책무성 중시, 둘째, 사회복지시설 운영개선을 통하여 시설운영의 합리화·투명화, 셋째, 사회복지서비스 질의 향상을 유도함으로써 민간 사회복지 전달체계의 활성화 도모, 넷째, 공급자 중심의 복지에서 수요자 중심의 복지로 전환, 인권을 중시하는 사회복지 패러다임의 변화가 시설평가의 전면적 실시를 가져오게 했다(보건복지부·한국사회복지협의회, 2012).

사회복지시설평가의 목적은 크게 장기적 목적과 단기적 목적으로 구분할 수 있다(보건복지부·한국사회복지협의회, 2012). 먼저 장기적 목적의 경우 첫째, 사회복지시설의 투명성과 서비스의 질 향상을 통한 사회복지시설 이용자와 국민의 복지수준 향상에 기여, 둘째, 평가결과를 반영한 예산집행의 효율성과 합리성을 유도하고 사회복지시설 운영의 선진화를 지원함으로써 시설의 상향평준화에 기여, 셋째, 사회복지시설에 대한 일련의 정보를 복지수혜자 및 일반 국민에게 정확하게 제공하여 국민들로 하여금 시설에 대한 정보와 시설 선택에 관한 기초자료로 활용하게 하는 목적을 가지고 있다.

이를 달성하기 위한 평가의 단기적인 목적으로는 첫째, 입소시설 및 이용시설에 대한 평가를 통해 효율적이고 효과적인 사회복지시설의 운영기반을 정착시키고 시설 간 선의의 경쟁 유도, 둘째, 시설이용자의 인권을 보호하고 지역사회와의 긴밀한 연계 속에서 사회복지시설의 책임 있는 운영 도모, 셋째, 사회복지시설 실태 파악을 통해 정부지원정책을 위한 과학적 근거자료를 제공하는 데 그 목적이 있다(염일열 외, 2016).

3) 총괄평가 대 형성평가

(1) 총괄평가

사회복지평가는 평가시점과 접근방법에 따라 총괄(결과)평가와 형성(과정)평가로 구분되다. 총괄평가는 프로그램이 종결된 이후 프로그램 결과를 평가하여 궁극적으로 프로그램이 미친 영향(impact)을 파악하기 위한 것이다. 형성평가는 프로그램 수행 중간에 프로그램 운영 및 활동을 분석함으로써 프로그램의 긍정적인 효과나 부작용의 발생과정을 밝히고, 향후 프로그램 운영 개선에 필요한 정보를 얻기 위한 것이다.

총괄평가를 그 목적에 따라 다시 효과성 평가와 효율성 평가로 세분하고 있으며, 각 평가가 파악해야 할 기본적인 질문을 다음과 같이 정리하고 있다.

첫째, 효과성(effectiveness) 평가는 프로그램이 원래 의도했던 목표를 달성하였는지를 판단하기 위한 것으로 다음과 같은 내용을 파악함으로써 이루어질 수 있다.

- 의도했던 프로그램 효과가 과연 그 프로그램 때문에 발생했는가?
- 발생한 프로그램 효과는 프로그램 목표와 대비하여 어느 정도인가?
- 프로그램 효과의 크기는 해결하고자 했던 원래의 사회복지를 해결하는 데 충분한가?

둘째, 효율성(efficiency) 평가는 프로그램 효과와 프로그램 비용을 함께 고려한 평가로서 주로 프로그램의 확대 여부를 결정할 때 사용한다. 효율성 개념을 단순화하면 프로그램 투입 대비 산출(산출·투입)이 되는데 투입을 프로그램 비용으로 하고, 산출을 프로그램 효과로 할 경우 효율성은 프로그램 비용 대비 프로그램 효과가 된다. 여기에서는 다음과 같은 내용을 파악하는 데 초점을 둔다.

- 프로그램의 직접적 비용은 얼마인가?
- 부작용이나 사회적 충격을 포함한 사회적 비용은 얼마인가?
- 프로그램 효과는 비용을 상쇄시킬 만큼 큰 것인가?

(2) 형성평가

형성(과정)평가는 프로그램 수행 중간에 프로그램의 운영 및 활동을 분석함으로써 다음의 두 가지 기능을 수행한다. 첫째, 형성평가는 프로그램이 원래 의도한 대로 운영되고 있는지 파악하여 향후 프로그램 운영 전략을 세우고 프로그램의 중단·축소·유지·확대 여부를 결정하는 데 필요한 정보를 제공한다. 둘째, 형성평가는 프로그램이 의도한 효과나 예상치 못한 부작용 등이 발생하는 경로를 파악함으로써 총괄평가를 보완하는 기능을 한다.

첫 번째 기능을 수행하는 형성평가는 운영과정평가로, 두 번째 기능을 수행하는 형성평가는 좁은 의미의 형성평가로 세분하고 있다.

운영과정평가는 활동을 계획에 근거하여 확인하면서, 그 활동에 영향을 미치는 절차와 자원, 서비스 전달, 프로그램의 대상 영역을 점검하는 것이다. 이것은 주로 다음과 같은 내용을 파악함으로써 이루어질 수 있다.

- 원래 운영계획대로 활동(activity)들이 이루어졌는가?
- 계획된 양과 질의 자원(인적·물적)이 계획된 시간에 투입(inputs)되었는가?
- 원래 의도한 프로그램 대상집단을 상대로 실시(coverage)되었는가?
- 관련된 법규나 규정에 순응(compliance)하였는가?

좁은 의미의 형성평가는 프로그램의 효과를 결과로 하고 프로그램을 원인으로 한 인과관계와 개입에 영향을 미치는 매개변수를 파악하고자 하는 것이다. 이것은 다음과 같은 내용을 파악함으로써 이루어질 수 있다.

- 프로그램 효과는 어떠한 경로를 거쳐서 발생하게 되었는가?
- 프로그램 효과가 발생하지 않는 경우 어떤 경로에 잘못이 있었는가?
- 프로그램 효과에 보다 강한 영향을 미치는 경로는 없는가?

두 가지 유형의 형성평가 모두 총괄평가에서 제외될 수 있는 운영과정 및 활동을 분석함으로써 궁극적으로 총괄평가를 보완하는 기능을 한다.

4. 평가결과의 활용 및 한계점

프로그램 평가에 많은 자원을 투자하고 그로 인해 많은 정보를 수집했다고 해도 프로그램 운영자들이 이러한 정보를 적절하게 활용할지는 또 다른 문제이다. 자칫 많은 시간과 비용을 들인 공식적인 평가의 결과들이 프로그램 행정의 과정들에 적절하게 적용되지 않는다면 그것은 문제가 된다.

행정관리자들은 평가의 결과가 조직과 프로그램의 개선에 적절하게 사용되도록 해야 한다. 이를 위해 평가 정보를 적절히 활용할 수 있는 조직적 환경을 구축하는 것이 필요하다. 우선은 행정관리자들 스스로가 이러한 정보들의 가치를 높게 인식하는 것이 중요하다. 자기 성찰과 비판에 대해 개방적인 스타일의 행정관리자들일수록 평가 정보를 실천 환경에 적용하는 데 더 높은 관심을 보이는 것으로 알려져 있다(Rothman, 1980: 120–122).

1) 평가결과 활용의 특징

평가결과의 활용에서 다음과 같은 특징들이 있다(김영종, 2007: 439–442).

(1) 외부평가의 의의

조직이나 프로그램에 대한 공식적인 평가는 외부 기관에 의해 수행되는 경우가 많다. 이런 경우에 프로그램 내부자와 외부자의 시각 차이라는 문제가 나타날 수 있다. 동일한 자료나 결과라도 해석하는 관점에 따라 각기 달리 평가될 수 있다. 특히 사회복지 프로그램처럼 목표나 과정, 기술에 대한 합의점의 도출이 쉽지 않은 경우, 평가에 주관적인 판단 요소들이 개입될 가능성이 한층 높아진다. 평가 자체의 목적이나 방법에 대해서도 내부자와 외부자 간의 시각이 일치되기 어려운 경우가 있다.

내부 행정관리자들의 입장에서는 당장 체계적인 평가의 필요성과 의의를 찾기 힘들 때가 많다. 평가를 위해 들이는 비용만큼의 효과를 찾기 힘들다고 느끼고, 그래서 평가는 자원의 낭비로 생각하기 쉽다(Bruce Gates, 1980: 244). 반면에 외부평가자들은 당연히 다른 관점에서 문제들을 본다.

외부평가자들은 행정관리자들이 프로그램의 결함과 행정적인 오류들이 외부에 노출될까 두려워서 평가 조사를 좋아하지 않는다고 본다. 또한 공식적 평가에 필요한 프로그램 목표와 가정들에 대해 엄격한 정의를 내릴 능력이 행정관리자들에게는 없거나, 혹은 원하지도 않는다고 본다.

외부평가자들에 대한 불신으로 인해서, 내부 행정관리자들은 타당도와 신뢰도가 의문시될 수밖에 없는 비공식적인 내부평가를 선호하는 경향이 있다. 평가는 단지 자원제공 기관이나 공공에 대한 의무 때문에 필요한 것으로 인지하는 경향도 있다. 그러나 내부자들의 선호 여부에 상관없이, 외부평가는 나름대로의 필요성과 강제성도 갖추고 있다. 따라서 사회복지 프로그램의 행정관리자들은 평가를 자신들의 선호에 따라 거부하거나 받아들이거나 하는 문제로 인식해서는 안 되고, 어떻게 하면 외부평가의 과정과 결과들을 조직이나 프로그램의 개선에 적절하게 적용할 것인지에 관심을 가져야 한다. 이와 관련해서 특히 조직과 프로그램의 개념들을 보다 엄격하게 규정하려는 노력이 필요한데, 여기에는 프로그램의 목표와 개입방법에 대한 규정이나 성과 관련 측정 기준들을 구체화시키려는 노력들이 포함된다.

(2) 평가와 기준행동

사회복지 프로그램에서 평가가 궁극적으로 지향하는 바는 서비스 수급자들의 복지 향상에 있다. 그럼에도 자칫 평가의 본래 목적을 상실하고, 방법 자체에만 충실하게 되는 경향이 나타날 수 있다. 이런 경우에 서비스 수급자들의 복지는 오히려 후퇴할 수 있다. 특히 수행이나 성과와 관련한 평가 정보들을 측정하기 위해 계량화를 시도하게 될 때, 그것이 사회복지사들에게 바람직하지 못한 결과를 초래할 가능성이 있다. 사회복지사들이 양적인 지표들에만 관심을 갖게 되면 서비스 과정이 지나치게 경직되어 버리기 쉽다.

사회복지서비스에서는 비록 명확하게 측정되진 않지만 서비스의 효과성을 위해 결정적인 중요성을 갖는 것들이 많다. 사회복지사와 클라이언트 간의 내밀한 신뢰감 형성과 같은 것은 대인적 사회복지서비스 전달의 효과성을 위해 결정적으로 중요한 요소이다. 문제는 대부분의 이러한 요소들이 직접적으로 측정되기가 어렵다는 것이고, 그래서 평가의 구성요소에서 누락되기 쉽다는 데 있다. 이런 경우에 평가에서 제시되는 계량화된 평가점수들은 실질적인 서비스의 효과성과는 무관하게 도출될 수 있다. 심하게는 높은 평가점수들을 획득하고 있는 서비스 프로그램들일수록 실질적인 효과성에서는 더욱 멀어지는 결과도 초래할 수 있다. 프로그램이 양적 평가지표들에만 매달리게 될 때 충분히 예상될 수 있는 현상이다.

사회복지 행정관리자들은 제반 평가의 기준들이 초래할 수 있는 사회복지사와 클라이언트에 대한 영향에 지속적인 주의를 기울여야 한다. 평가 본연의 목적이 클라이언트의 복지증진과 관련한 서비스 효과성의 제고에 있다는 것을 잊지 말아야 하고, 이러한 본연의 목적에서 평가의 과정이나 방법들이 이탈하고 있는지를 감시할 필요가 있다. 평가가 평가만을 위한 평가로서 인식되면, 그것은 이미 평가의 본질로부터 소외되어 있음을 의미하는 것이다.

(3) 평가결과의 공개

공식적인 평가에 대해서는 그 과정과 결과를 외부에 공개하는 것이 바람직하다. 이로 인해 비록 예기치 않은 외부의 관심과 간섭을 초래할 수도 있지만, 오히려 많은 이점들도 얻을 수 있다. 다양한 외부 이해집단들은 프로그램에 대해 흔히 갈등적인 이해관계 속에 있는데, 평가결과의 공개 과정에서 프로그램에 대한 각 이해집단의 요구들을 자연스럽게 표출시킬 수 있다. 공개하지 않을 경우에 조직이나 프로그램의 내부로 쏟아질 수 있는 비난들을 공개함으로써 오히려 그것들을 외부로 돌릴 수 있다는 것이다.

평가의 과정과 결과에 대한 공개는 조직과 프로그램의 개선에도 도움을 준다. 이제껏 불명확하거나 막연하게 규정해 두었던 목표들이나 방법적 기술, 성과의 측정 등에 관심을 갖게 하고, 효과성이나 효율성에 관련한 정보들을 수집·분석하게 한다. 비록 이로 인한 시간과 비용의 문제는 여전히 남아 있지만, 프로그램 개선을 위한 객관적인 정보의 축적은 사회복지서비스의 장기적인 수준 향상을 위해서는 빠뜨릴 수 없는 일이다.

2) 평가결과의 활용

사회복지평가는 어떤 형태로든지 계속 활용되고 있다는 것은 사실이다. 사회복지평가는 다양한 방해요소가 있음에도 불구하고 계속 행해지고 있다는 것이 이를 잘 증명해 준다. 사회복지평가의 활용에 대해서는 조정과 지원, 보상과 유인책, 그리고 도구적 이용과 관념적 이용이라는 세 가지 측면에서 설명하고자 한다(허만형, 2005: 484-485).

(1) 조정과 지원

사회복지평가의 결과에 대한 의미 파악이 끝나면 이 평가가 주는 현실적 의미가 그대로 사장되게 해서는 아무런 소용이 없다. 이 평가결과가 현실정책에 반영되도록 해야 한다. 이것이 바로 현실적용의 단계이다. 현실적용의 과정은 두 가지 차원에서 논할 수 있다. 하나는 지원(support)이고, 다른 하나는 조정(adjustment)이다(Jones, 1984). 즉 긍정적 효과가 있는 프로그램에 대해서는 계속적 지원을 하고, 긍정적 효과가 나타나지 않은 프로그램에 대해서는 조정 작업을 거쳐 새로운 모습으로 프로그램이 재형성될 수 있도록 해야 한다는 의미이다. 이것이 현실적용의 단계에서 해야 할 일이다.

(2) 보상과 유인책

사회복지평가는 프로그램을 담당한 개인에 대한 이익 혹은 불이익과 연결될 수 있을 뿐만 아니라 조직 전체에 대한 보상과 유인책으로 사용할 수 있다. 미국에서는 후자를 많이 사용하고 있다. 즉 연방정부는 지방자치단체가 대기오염 기준치 이상을 준수하지 못하면 그 지역의 고속도로 보수비용을 삭감하거나 다른 연방정부 보조금을 삭감하는 정책을 실시하고 있다. 또한 기준치 이상을 준수할 경우 연방예산을 계속 지원하고 다른 연방정부 보조금도 받을 수 있는 기회를 부여하고 있다. 장애인 고용할당제를 준수한 기업에 대해서는 보상을 하고 준수하지 못한 기업에 대해서는 부담금을 내게 하는 것도 사회복지평가에 따른 보상과 유인책의 한 사례이다.

평가결과를 이렇게 활용하는 보상과 유인책은 상당한 효과를 거두고 있다. 왜냐하면 정치인에게 있어서 평가결과의 기준치 이상을 준수하지 못했다는 것은 곧 실정을 의미하고 차기 선거에서 엄청난 불이익을 당할 수 있기 때문이다. 해당 지방정부기관도 역시 이 기준치 준수, 즉 목표 달성을 위해 많은 노력을 기울이고 있다. 그 조직체의 정책집행 실패는 그 지역구 전체에 불이익을 초래한다는 부담을 안고 있기 때문이다. 따라서 해마다 몇 차례 실시되는 평가에 정계, 관계, 그리고 시민단체나 사회단체가 모두 협력하여 목표 달성을 하려는 것을 흔히 볼 수 있다.

(3) 도구적 이용과 관념적 이용

리치(Rich, 1977)는 평가를 활용하는 방식을 도구적 이용(instrumental use)과 관념적 이용(conceptual use)으로 정리하고 있다. 도구적 이용이란 평가결과를 의사결정이나 문제해결을 위해 사용할 경우를 말한다. 관념적 이용이란 사물이나 사건에 대한 관념이나 사고를 바꾸어 놓은 데 사용되는 경우를 말한다.

관념적 이용을 부연설명하면, 문제에 대한 새로운 접근을 유도하는 활용방법이다. 즉 현재의 각종 환경 규제정책으로는 날로 환경오염이 심각해지고 아무런 효과를 거두지 못한다는 결론을 얻자 환경오염을 유발시키는 산업을 해외투자를 통해 후진국에 이주시키는 전략을 고려하고, 국내에는 환경오염유발 산업이 아닌 산업에 대한 집중투자를 하는 접근법을 생각해 볼 수 있다. 즉 규제를 통한 환경문제 해결이 아니라 산업구조 조정을 통한 환경문제 해결 등으로 인식이나 관념의 변화를 유발시키는 데 평가가 활용될 수 있다.

5. 평가의 특성 및 과제

1) 사회복지환경의 변화와 평가

1996년 서울특별시에서 사회복지관에 대한 평가를 실시한 이래로 평가를 실시한 이래로 평가는 우리나라 사회복지분야에서 중요한 이슈가 되어 왔다. 또한 1997년에 「사회복지사업법」이 개정되면서 사회복지시설에 대한 정기적인 평가가 의무화됨에 따라 평가를 둘러싼 사회복지계 내·외부에서 많은 논의가 이루어졌다.

특히 평가제 도입 초기에 발생한 평가주체와 피평가대상 간의 불신, 평가결과활용에 대한 부작용 등 사회복지기관평가제의 도입과 확산을 저해하는 요인으로 작용할 수도 있었으나, 여러 유형의 사회복지기관에 비교적 순조롭게 도입되었다.

이렇듯 우리나라 사회복지분야에 대한 평가제의 폭넓은 적용과 평가제의 도입이 중요한 쟁점으로 등장한 배경을 최재성(1998: 265-290)은 다음과 같은 몇 가지 요인으로 설명하고 있다.

첫째, 사회복지서비스 분야의 양적 팽창이다. 사회복지관의 경우 1985년 29개소에 불과했지만 이제는 300개소 이상이 운영되어 기관 수가 10배 이상 증가하였다. 사회복지기관은 주요 평가대상이 되기에 충분한 규모로 증가하였으며, 자연스럽게 책임성 검증을 요구받게 된 것이다.

둘째, 사회복지적 개입활동의 효과성 검증 압력이다. 앞서의 양적 성장과 연계되어 막대한 자원과 인력이 투입되고 있는 사회복지조직들이 과연 원래의 사업목적을 달성하고 있는지, 그리고 이것이 최선의 대안인지에 대한 검토를 해야 한다는 지적이 설득력을 얻게 되었다.

셋째, 한정된 자원과 효율성의 원칙에 대한 강조이다. IMF 외환위기 이후 효율성을 강조하는 시대적 상황 속에서 사회복지분야도 이러한 분위기에서 자유로울 수 없게 되었다. 즉 효율성의 원칙이 반영된 사회복지사업을 추진하고 있는가의 질문에 제기되면서 이에 대한 책임성을 제시할 필요가 있게 되었다.

넷째, IMF 외환위기 이후에 나타난 구조조정 압력이다. 경제위기 극복을 위한 구조조정의 압력과 정부의 의지가 공공부문뿐만 아니라 공공부문과 밀접한 관계를 갖는 사회복지분야에도 영향을 미치게 되었다.

다섯째, 사회복지평가의 필요성에 대한 사회복지계 내부의 자생적 이해가 확산되어 왔다. 앞서 제시된 환경적·외부적 요인들 외에도, 사회복지계 내부에서도 자생적으로 평가의 필요성, 즉 사회복지 개입의 효과성에 대한 검증 필요성과 전문성 증진을 위한 평가의 필요성에 대한 폭넓은 이해가 있었기 때문에 평가제는 자연스럽게 확산될 수 있는 요건을 갖추게 되었다.

결국 이상의 요인들을 종합적으로 검토해 볼 때 사회복지분야에서의 평가는 앞으로도 더욱 확산될 것이며, 이에 대한 정당성도 대단히 높은 것으로 파악된다. 이제는 사회복지분야에서의 평가가 본래의 목적을 달성할 수 있게 하고 부작용을 최소화할 수 있게 하는 안정적인 평가 문화와 평가 시스템을 구축할 때이다.

현재 우리나라 사회복지서비스 분야에서의 평가 시스템은 보건복지부가 주도하는 시설유형별 기관평가가 주류를 이루고 있다. 우리나라에서 평가에 대한 본격적인 관심을 촉발한 계기는 1996~1998년도에 걸쳐 실시된 서울특별시 사회복지관 평가사업이다(최재성 외, 1999). 서울특별시 사회복지관 평가사업은 여러 가지 의미를 갖는데, 구체적으로 보면 다음과 같다. 첫째, 우리나라 사회복지현장에서는 처음으로 전면적인 평가제를 도입한 사건이다. 둘째, 평가결과에 따른 인센티브 요인으로 복지관에 대해 시비운영비를 차등지원하였고, 이로 인한 파장이 적지 않았다. 셋째, 평가모형의 불충분성과 모형개발과정 및 방법의 독단성과 같은 측면에서 사회복지계로 하여금 평가제에 대한 적극적 관심을 갖게 하는 계기를 만들어 주었다(최재성, 2001: 93).

또한 우리나라의 평가제 확산과정에서 목격되는 두 가지 현상을 다음과 같이 정리하고 있다. 첫째, 우리나라 사회복지평가는 프로그램 평가보다는 기관평가중심으로 이루어져 왔다. 그동안 우리나라에서 시행되어 온 사회복지평가를 살펴보면 평가에 대한 관심과 접근이 기관평가에 집중되어 왔음을 알 수 있다. 이는 다소 과도기적인 현상으로 평가제 도입 추기에 목격되는 것으로 이해할 수 있으며, 일정한 적응 기간 이후에는 본격적인 프로그램 평가로 방향이 전환될 것으로 추정할 수 있다.

둘째, 학자들의 연구도 효과성 평가연구보다는 평가모형연구에 집중되고 있다. 평가모형연구는 앞서 논의된 「사회복지사업법」의 평가 관련 규정이 절대적인 영향을 주었다고 볼 수 있다.

마지막으로 기존 사회복지평가에 나타난 경향을 바탕으로 평가조사연구의 관점에서 한국사회복지평가에서 나타나는 조사방법론적 특성을 제시해 보면 다음과 같다.

첫째, 사회복지기관 평가의 기본 틀이 목표중심모델을 기반으로 하였다기보다 체계이론을 중심으로 형성되고 있다. 평가모형을 지세할 때 별도로 이론적 설명을 제시하고 있지는 않지만, 평가 영역을 시설기관의 물리적 환경, 조직운영 및 인력관리, 거주자 만족도 등으로 설정하고 있어 체계이론의 투입, 전환, 산출, 성과 구조와 유사한 맥락을 보여주고 있다.

둘째, 정량적 실적평가지표보다는 정성적 질적평가지표의 활용비중이 높다. 전반적으로 전체 평가지표 수의 10%에서 20%의 수준으로 정량적 기준을 사용하며, 사용된 정량적 수치들도 다시 등급기준으로 재분류하여 평가점수를 산정하는 방식을 취하고 있다. 이러한 방식은 특정 기관에서 특정 실적이 총 평가점수에 과도한 영향을 주는 것을 구조적으로 예방하는 접근으로 의의가 있다고 볼 수 있다.

셋째, 전반적인 평가모형의 경향이 사업의 성패를 판단하기 위한 영향평가 혹은 결과평가보다는 문제발견을 통한 개선을 시도하는 모니터링의 형식을 취하고 있다. 이러한 형식의 평가는 기관운영의 적절성을 사정하고 자발적인 개선을 유도함으로써 기관운영의 지침서 역할을 하게 된다(황성철 외, 2003: 298-299).

2) 사회복지평가 과제

사회복지분야에 평가가 최초로 도입된 지 만 7년이 되어 가는 시점에서 이제 그간의 사회복지평가 경험이 남긴 몇 가지 과제에 주목할 필요가 있다(황성철 외, 2003: 300).

첫째, 현재까지의 평가는 주로 기관평가 중심이었는데 이제는 좀 더 다양한 평가유형과 평가방법을 적극적으로 개발·활용해야 한다.

둘째, 많은 시행착오를 겪으며 개발해 온 평가모형을 좀 더 정교화, 안정화하는 작업을 해야 한다. 안정적이고 보다 정교한 평가모형은 궁극적으로 사회복지의 효과성과 책임성을 입증할 수 있는 가장 중요한 수단이 되기 때문이다.

셋째, 평가주체와 피평가대상이 서로 신뢰할 수 있는 평가문화를 정착해야 한다. 신뢰할 수 있는 사회복지평가문화가 정착될 때 비로소 평가에서 나타나는 부작용을 최소화할 수 있기 때문이다. 짧은 기간에 평가제도 도입과 확산을 경험한 우리나라 사회복지학계와 실천현장에서는 이제 이러한 과제를 해결하기 위해 더욱 노력을 기울여야 할 것이다.

3절 사회복지의 책임성

1. 책임성의 개념과 특성

1) 책임성의 개념

사회복지조직의 책임성을 논의할 때 반드시 고려하여야 할 사항은 조직의 효과성뿐만 아니라 비용 효율성도 평가하여야 하고, 사회복지조직이 갖고 있는 권한이나 영향력 등에 대한 정당성도 고려하여야 한다. 또한 사회복지의 책임성은 특정 업무수행에 따른 책임을 진다는 의미와 어떤 집단이나 개인에 대해 책임을 진다는 의미가 있음도 고려하여야 한다. 사회복지조직과 프로그램들은 환경의 영향을 강하게 받는다. 그런데 환경은 단순하지가 않으며, 다양하고 복잡한 이해관계를 가진 집단들로 구성되어 있다. 이러한 환경하에서 사회복지조직들은 다양하고 안정적이지 못한 이해관계의 망 속에서 둘러싸이게 된다(김영종, 2007: 488).

사회복지의 책임성은 매우 복잡하고 보는 관점에 따라 다양한 의미를 지니고 있다. 책무성의 개념에는 보통 두 가지 의미가 있는데, 특정한 업무수행에 따른 책임을 진다는 의미와 어떤 집단이나 개인에 대해 책임을 진다는 의미가 있다. 일반적으로 사회복지의 책임성이란 프로그램 수행의 결과에 대한 책임과 함께 투입단계에서부터 산출단계까지의 과정에 있어서 정당성을 갖추어야 함을 의미한다(김형식 외, 2002: 371).

따라서 사회복지조직이 책임성을 확보하기 위해서는 사회복지조직, 클라이언트, 사회복지사 등 조직 내부의 상호 작용 과정뿐만 아니라 사회복지조직과 외부 지역사회와의 관계에서 나타나는 상호 작용 과정에 대해서도 정당성을 획득할 수 있어야 한다.

2) 책임성의 특성

사회복지조직의 책임은 일정한 행동을 해야 할 의무를 전제로 한다. 따라서 사회복지조직의 책임성이란 사회복지 담당공무원과 사회복지사 등이 전문적인 지식과 기술을 갖추고 법적 기준에 따라 사회복지행정활동을 전개해야 한다는 것을 의미한다.

사회복지의 책임성 문제는 자원이 효율적으로 동원 · 분배 · 사용되고 있는가, 서비스가 클라이언트의 욕구를 어느 정도 충족하였는가, 지역사회의 욕구와 문제를 어느 정도 해결하였는가, 사회복지조직이나 국가의 사회복지활동이 국민이나 지역사회주민의 신뢰를 어느 정도 획득하고 있는가 등도 고려되어야 한다.

2. 책임성의 기준

사회복지조직의 책임성을 평가하려면 먼저 책임성의 기준이 설정되어야 한다. 기준으로는 도덕적 기준, 윤리적 기준, 법적 기준 등이 있다. 책임성의 기준을 제시해 보면 다음과 같다(김형식 외, 2002).

(1) 법적 기준

이 기준은 명문화된 법령에 근거하여 사회복지조직의 행정활동이 충실하게 전개되었냐의 여부를 결정하는 기준이다. 그런데 이런 법칙 책임과 윤리적·도덕적 책임이 반드시 상호 배타적이거나 상충되는 문제이기보다는 행정관리자의 재량권을 기꺼이 수락하느냐 아니냐의 문제와 관련되어 있다고 할 수 있다.

사회복지조직에서 강제적 효력을 가지고 있는 법규로부터 부여된 의무와 책임은 한계가 있을 수밖에 없으므로 법적 기준은 윤리적·도덕적 기준을 보완하는 정도의 것이어야 한다.

(2) 이념 기준

사회복지행정의 이념은 사회복지실천활동의 중심에 위치하고 있는 지도이념이고 사회복지 조직이 추구할 가치로서 책임성의 법적·윤리적 기본 전제가 되는 동시에 결과에 대한 평가의 기준이 된다. 따라서 사회복지행정의 이념은 특정 사회의 가치 지향과 국가 및 시대의 욕구에 따라 크게 영향을 받게 되고 그 중요성의 면에서도 다양한 양태를 보이게 되는 것이다.

(3) 공익성 기준

사회복지를 실천하기 위한 자원이 크게 증가하였고, 민간위탁방식이 새롭게 등장함에 따라 사회복지조직의 재량권에 대한 관심이 증가하고 있다. 사회복지조직의 재량권은 공익성을 기준으로 그 정당성 여부가 결정되는 특징이 있다. 일반적으로 공익성이란 포괄성과 상대성을 본질로 하고 있으며, 그 의미 및 내용 또한 다양하게 논의되고 있다. 그러므로 공익성은 규범적 기준으로서 사회복지조직의 책임성의 기준이 된다.

(4) 욕구충족 기준

사회복지행정은 어떤 행정분야보다도 클라이언트에 대한 접근성과 대응성이 요구된다고 할 수 있다. 클라이언트의 욕구를 충족하기 위해서는 클라이언트 욕구를 정확히 파악하고 이를 기초로 사회복지서비스를 생산하여야 한다. 사회복지서비스는 프로그램을 통하여 전달되므로 소비자의 욕구에 대응할 수 있는 적절한 프로그램을 개발하여 이를 실천할 때 사회복지조직의 책임성이 달성될 수 있는 것이다.

3. 책임성에 영향을 미치는 요인

1) 책임성에 영향을 미치는 내적 요인

사회복지조직의 책임성에 영향을 미치는 내적 요인은 다음과 같다(염일열 외, 2016).

① **서비스의 다양성**: 단일한 서비스만 제공하는 사회복지조직은 드물며, 현실적으로 다양한 서비스를 제공하게 되므로 사회복조직의 책임성 추구는 쉽지 않게 된다.

② **기술의 복잡성**: 투입과 성과에 대한 그 효과성과 효율성을 측정하여 책임을 다했는지 확인할 방법이 더욱 어려워지게 된다.

③ **목표의 불확실성**: 사회복지조직의 특성상 인간이 조직의 원료이면서 산출물이 되기 때문에 투입과 산출 간의 인과관계는 불확실하게 진행된다. 인간의 능동성으로 인한 이러한 결과는 사회복지조직의 불확실성을 키워 책임을 측정하기 어렵게 하는 요인이 된다.

2) 책임성에 영향을 미치는 외적 요인

사회복지조직의 책임성에 영향을 미치는 외적 요인은 대개 책임성을 강조하는 사회환경의 변화와 관련이 있다. 사회복지조직은 항상 외부환경의 영향을 받게 된다. 외부환경 중 특정 국가나 사회의 경제상태는 사회복지활동에 중대한 영향을 미치게 된다.

현대 복지국가에서 엄청나게 증대된 사회복지비용은 사회복지조직의 효과성 및 효율성 문제에 대하여 사회복지조직에 책임을 묻게 된다. 또한 사회복지조직과 프로그램에 대한 평가를 통하여 조직과 프로그램의 효율성과 효과성에 대해 책임성을 강조하게 된다. 우리나라의 경우 사회복지조직의 책임성을 강조하게 된 법적·제도적·사회경제적 환경변화를 살펴보면 다음과 같다.

(1) 공급주체의 다원화

사회복지 공급주체의 다양화와 더불어 사회복지 공급주체의 책임성 문제가 제기되었다. 제도화된 공적 사회복지조직을 비롯하여 다양한 민간조직들의 비민주적 운영, 후원금 관리의 투명성, 모금활동에서 과다지출과 행정비 등 이러한 요소가 책임성의 외적 기준이 된다.

(2) 사회복지조직의 민영화

현대 사회복지는 민간 사회복지조직의 역할이 강화되는 추세에 있다. 사회복지조직의 민영화를 통해서 사회복지서비스가 클라이언트와 지역사회의 욕구를 더욱 효과적으로 충족할 수 있다고 보기 때문이다. 그러나 사회복지조직의 위탁경영이나 서비스의 구매는 민간 사회복지조직에 부정적인 영향을 미칠 가능성도 있다. 민간 사회복지조직은 지역사회나 클라이언트의 욕구를 반영하기보다는 정부의 의사나 결정에 더 의존적이 될 수도 있다. 따라서 지역주민의 다양한 복지욕구를 충족하기 위한 전문적·자율적·탄력적인 대응이 불가능할 수도 있다.

(3) 사회복지조직에 대한 평가

1997년 개정된 「사회복지사업법」 제43조 제1항에 의하면 사회복지시설들은 3년마다 1회 이상 평가를 받도록 의무화함으로써 사회복지조직의 책임성을 요구하는 법률적·제도적 장치를 마련하였다. 이러한 평가제도를 통하여 사회복지조직들은 가시적이고 측정 가능한 목표를 수립하여 실천활동을 전개하게 되었고, 사회복지사의 전문성 향상과 사회복지사를 정책결정과정에 참여하도록 유도하는 긍정적 성과를 거두게 되었다.

4. 책임성의 확보방안

우리나라의 경우 사회복지조직이 크게 증가함에 따라 사회복지조직의 책임성 요구도 크게 증대할 것으로 예견된다. 따라서 일반행정에서 사용하는 책임성 확보방안으로 제시된 행정통제 또는 행정개혁을 원용하여 사회복지조직의 책임성을 확보해야 한다(김영종, 2007: 491).

1) 재량권과 통제권의 균형

사회복지조직에서 재량권과 통제권 간의 균형이 필요하다. 외부의 책임성 요구를 이행하기 위한 통제권과 전문적 서비스 전달에 필요한 재량권 간의 균형을 유지하려는 노력이 사회복지행정가들에게 요구된다.

2) 개방과 주민참여

사회복지조직의 책임성을 확보하기 위해서는 사회복지조직을 공개하고 조직의 개방성을 높여야 한다. 또한 사회복지정책의 수립과정과 프로그램의 설계과정에 주민들의 적극적인 참여를 유도하여야 한다.

사회복지정책에 영향을 미치는 집단은 클라이언트, 국가기관, 지방자치단체, 공공 및 민간기업, 자원봉사자에 이르기까지 다양하다. 따라서 직접적인 대상자는 물론 모든 사회구성원들이 사회복지운영 시스템에 참여하여 토론하고 비판할 수 있는 기회를 가질 수 있도록 제도상으로 조직문화를 형성해야 할 것이다(김형식 외, 2002: 386).

3) 행정통제

행정통제란 행정책임을 확보하기 위한 사전적 또는 사후적 제어기제로서 행정조직의 하부구조나 참여자들이 조직의 목표와 규범으로부터 이탈되지 않도록 제재와 보상을 하는 모든 활동이라 할 수 있다. 사회복지조직도 조직의 구조와 직원이 조직의 목표를 달성하기 위하여 노력하고 있는지, 이를 달성하기 위하여 어떤 행정통제 기제를 사용할 것인지를 결정해야 한다. 이러한 과업을 수행함으로써 사회복지조직의 책임성이 확보될 수 있을 것이다.

행정통제에 대한 접근방법으로 다음은 ① 양적인 측정방법을 통한 작업량의 통제, ② 활동과 형태의 양적 및 질적 보고를 통한 통제, ③ 적극적인 참여를 통한 통제, ④ 조직과 구성원 개인의 일체화를 통한 통제를 제시하고 있다. ①과 ②의 접근방법은 계량적 측정방법으로서 외부통제 지향적 성격을 가지고 있어 주로 과거에 적용되던 방법이라 할 수 있다. 공공행정의 다원적인 가치 추구와 결과에 대한 측정의 어려움 때문에 ③과 ④의 접근방법의 중요성이 증가할 것으로 보인다.

4) 외부통제와 내부통제의 균형

행정통제는 통제 주체, 영향력 행사 정도, 통제 방향에 따라 외부통제와 내부통제로 분류할 수 있다. 외부통제는 사회복지행정과 관련된 외부 전문가나 기관에 의한 통제를 말하고, 내부통제는 내부 조직구성원에 의해 통제를 말한다. 두 가지 통제방식이 모두 필요하고 상호 균등하게 이루어져야 민주적 통제가 가능하고 영향집단의 참여가 활성화될 수 있다.

5) 전문적이고 체계적인 평가제도의 확립

현재 실시되고 있는 평가제도는 사회복지조직의 책임성 확보에 중요한 영향을 미치게 될 것이다. 사회복지조직의 행정가는 사회복지조직의 생산성을 검증하고, 그 검증을 통하여 사회복지사업의 타당성과 계속 여부를 판단해야 하므로 어떠한 형태이든지 평가를 실시하지 않을 수 없다. 따라서 사회복지조직의 평가를 위해서는 객관적이고 체계적인 평가척도가 개발되어야 하고, 전문가에 의해 평가가 이루어져야 한다.

제 13 장

사회복지 마케팅과 홍보

1절 사회복지 마케팅의 개요

2절 사회복지 마케팅 전략

3절 사회복지기관의 홍보

1절 사회복지 마케팅의 개요

1. 마케팅의 개념

마케팅(marketing)이란 일반적으로 우수한 가치와 만족을 제공함으로써 유익한 고객관계를 형성하고 관리하는 것을 말한다. 그래서 우수한 가치를 약속함으로써 새로운 고객을 끌어들이는 것과 기존의 고객들에게 만족을 제공함으로써 그들을 유지하고 성장시키는 것이 마케팅의 중요한 두 가지 목적이 된다. 사회복지조직은 지역사회와 끊임없이 상호 작용을 주고받는 존재이다. 이러한 지역사회와의 상호 작용이 바로 마케팅(marketing)과 홍보(public relations)를 통해 구체화될 수 있다. 하지만 사회복지조직을 포함한 많은 휴먼서비스 조직의 종사자들은 마케팅과 홍보의 분야에 대해 그렇게 좋은 이미지를 갖고 있지 않거나 무관심한 것이 대부분이다. 그런데 하드캐슬(Hardcastle et al., 1997: 316)에 의하면, 사회복지서비스 대상자인 클라이언트의 자기결정과 역량강화라고 하는 사회복지의 가치와 윤리는 일반적인 인식과는 달리 시장지향성과 잘 양립한다고 한다. 만약 그렇다면 사회복지행정가는 마케팅과 홍보라는 관리수단의 가치를 충분히 이해하고 기관과 클라이언트의 이익을 위해 적절히 활용할 수 있는 능력을 갖추어야 할 필요가 있다.

사회복지행정가나 사회복지기관 관리자는 급변하는 환경에 능동적으로 대처하기 위해서는 다양한 역할과 과제를 수행해야 한다. 우선 사회복지시설 평가의 제도화로 인해 사회복지조직은 기관운영의 책임성 확보와 클라이언트에 대한 양질의 서비스 제공이라는 필수과제에 당면해 있다. 또한 IMF 경제위기 이후 종교기관과 시민단체 중심의 많은 민간조직들이 사회복지서비스 제공활동에 참여함으로써 사회복지서비스 공급주체가 다원화되었다. 이러한 공급주체가 다원화된 상황에서 사회복지조직들은 스스로 경쟁우위를 확보해야 하는 과제를 안고 있으며, 또한 지역사회 자원을 놓고 서로 각축하고 극복해 나가야만 하는 어려운 입장에 있다.

공동모금회 설립과 기업복지재단이 사회복지사업에 큰 관심과 지원을 보내고 있지만 그 지원체계가 경쟁성과 선별성을 중요시하기 때문에 기관이 민간자원을 활용하는 것은 점점 더 어려워지게 되었다. 이처럼 만성적인 재원 부족 속에서 복잡 다양한 사회문제 해결을 위해 복지서비스 제공을 더욱 활성화하고, 기관을 발전적인 방향으로 변화시켜야 할 임무를 안고 있는 사회복지행정가가 특히 역점을 두어야 할 분야는 바로 자원의 개발과 활용이다.

사회복지기관이 활용할 수 있는 자원으로는 크게 인적자원과 물적자원의 두 가지가 있다. 인적자원은 직원, 클라이언트, 자원봉사자 등이며 물적자원은 주로 현금과 현물 등 일반적으로 재원(fund)으로 간주되는 것을 말한다. 사회복지기관도 하나의 조직이므로 자체의 생존과 발전을 위해 다양한 자원이 필요할 뿐만 아니라, 안정적인 재정자원의 확보가 조직의 성패를 가늠할 정도로 중요하다.

한편 사회복지기관은 비영리조직에 속하며 또한 재정자원에도 다양한 원천을 갖는 특성을 지닌다. 재원은 크게 공공재원과 민간재원으로 분류된다. 공공재원의 대표적인 것으로 정부보조금이 있으며 민간재원으로는 공동모금회, 기업 및 재단의 지원금, 일반후원금, 서비스 이용료, 기타 수익금 등이 있다. 법적 위임서비스를 제공하는 사회복지기관에게 정부보조금은 주된 재원이 되겠지만 재정할당의 문제에 대해서 기관이 스스로 결정하지 못하고 입법기관과 행정기관의 복잡한 정책결정과정에 의해 결정되므로 재원개발의 측면은 한계가 있게 된다(정무성, 2000; 황성철, 2000). 그래서 사회복지기관의 자원개발은 민간재원의 개발과 활용에 초점을 두게 된다.

지금까지 사회복지기관을 포함한 비영리기관이 자체 재원의 개발을 위해 마케팅과 홍보가 필요하다는 인식이 별로 높지 못했다. 실제로 최근까지 의사, 법률가, 회계사 등 전문직 종사자들이 서비스 확대를 위해 공공연히 마케팅 행위를 하는 것은 전문직의 윤리와 도덕에 위배되는 것으로 인식되어 왔다. 사회복지서비스를 제공하는 전문직인 사회복지사도 클라이언트 유치와 서비스 확대를 위해 공개적인 마케팅 활동을 편다면 역시 윤리적 갈등문제에 직면할 수도 있다.

사회복지기관과 같은 비영리조직이 마케팅 활동을 하는 것에 대해 전문직의 윤리문제 외에도, 시장조사나 개인의 욕구 파악을 위해 사생활을 침해하게 되는 문제가 있고, 마케팅 자체가 대중과 표적시장을 조작할 수 있는 문제가 있으며, 또 공공 서비스를 창출하는 기관이 마케팅에 예산을 투입하는 것은 자원낭비라는 비판도 제기되었다(Kotler, 1982: 17-79). 그러나 최근 들어 사회복지기관을 비롯한 비영리조직들이 조직의 목표 달성을 위한 충분한 재원의 마련, 서비스 소비자인 클라이언트의 만족 수준 향상, 그리고 기관운영의 효율화를 위해 마케팅과 홍보가 중요한 관리활동이라는 인식을 하게 되었다.

미국의 경우 1960년대 이후 대학, 교회, YMCA 등과 같은 비영리조직이 재정난 타개와 조직발전을 위해서 마케팅 활동에 많은 노력을 기울이고 있는 것을 볼 수 있다(정무성, 1998: 6). 한국의 사회복지기관도 프로그램 및 서비스의 활성화와 클라이언트에 대한 양질의 서비스 제공을 통해 소비자 만족 수준을 향상시키기에 충분한 재정자원 창출을 위해서는 적극적인 마케팅과 홍보 활동을 할 필요가 절실하다고 하겠다.

마케팅과 홍보는 모두 사회복지조직이 지역사회와 구체적인 상호 작용을 주고받는 중요한 수단이 되고 있지만, 마케팅의 개념적 범위가 홍보에 비해 보다 넓다고 할 수 있다. 홍보는 사회복지조직이 여타의 조직 및 집단을 포함한 외부 지역사회와 쌍방적 의사소통을 원활히 함으로써 조직의 이미지와 능력을 증진시키는 활동이다. 사회복지조직과 같은 서비스 조직에서는 서비스 자체가 홍보이기도 하다. 한편 마케팅은 홍보와 달리 잠재적 클라이언트나 소비자에 대한 직접적인 활동으로서 프로그램에 대한 정보가 그 주된 내용이 된다. 마케팅 관점에서 보면 홍보는 마케팅 관리활동의 한 단계이기도 하다(신복기 외, 2007: 375).

과거 기업조직에서 마케팅은 생산품을 고객에게 광고하고 판매하는 의미로 이해되었다. 하지만 오늘날 마케팅은 고객 욕구의 만족이라는 새로운 의미로 이해되고 있다. 만약 마케팅 주체가 고객 욕구를 이해하여 우수한 고객가치를 제공하는 상품과 서비스를 개발하고, 합당한 가격과 적재적소의 유통 및 효과적인 판매촉진을 기한다면, 그러한 상품은 쉽게 판매될 것이 당연하다.

광의로 정의해 보면, 마케팅은 개인이나 조직이 다른 존재들로부터 가치의 창조와 교환을 통해 자신들이 원하는 것을 획득하는 사회적 과정인 동시에 관리과정이다. 좀 더 협의로 기업경영의 맥락에서 보면, 마케팅은 고객과 가치를 담고 있는 유익한 교환관계의 형성을 포함한다. 요컨대, 마케팅은 기업이 고객을 위한 가치를 창출하고 강한 고객관계를 형성함으로써 그 대가로 다시 고객으로부터 가치를 획득하는 과정으로 정의를 내릴 수 있다(Kotler & Armstrong, 2008: 5).

마케팅의 그러한 개념이 지니는 의미를 좀 더 살펴보면 다음과 같다(강용규 외, 2007: 200). 첫째, 마케팅은 분석, 계획, 집행, 통제의 관리과정이며, 기관에 의해 파악된 사회적 욕구에 부응하는 활동이다. 둘째, 마케팅은 신중하게 공식화된 프로그램이다. 자선조직에서 자원봉사 집단이 모금활동을 하는 경우에도, 누구를 상대로, 조직의 어떤 면에 대한 홍보로, 어느 정도의 금액을 요구할 것인지에 대한 공식화된 계획과 프로그램이 있어야 한다. 셋째, 마케팅은 자발적인 가치교환의 활동을 수행한다. 마케팅의 주체는 상대방으로부터 의미 있거나 가치 있는 반응을 구하며, 또한 자발적인 교환이 이루어지도록 충분한 보상을 표적시장에게 제공해야 한다. 넷째, 마케팅은 모든 시장이 아니라 표적시장에만 선택적으로 이루어진다. 다섯째, 마케팅의 목적은 기관의 생존을 보장하고 보다 효과적인 조직을 유지하도록 돕는 것이다.

2. 사회마케팅의 특성

1) 사회마케팅의 정의

기존의 마케팅 개념이 비영리조직으로 확대되고 그 필요성에 대한 인식이 점차 확산되고 있다. 하지만 사회복지기관은 기업조직과는 달리 표준화가 어렵고 소멸성이 강한 고유한 무형의 서비스를 제공하는 조직이다. 이로 인해 마케팅을 위해 필요한 표적시장 선정을 비롯하여 가격 형성과 유통판매에도 많은 제약이 따른다. 그래서 기존의 상업마케팅 개념이 사회복지조직에 그대로 적용되기는 어렵다. 이러한 점에서 사회복지기관의 마케팅은 흔히 비영리조직에 적용되는 사회마케팅(social marketing)의 개념으로 이해되고 있다.

사회마케팅이란 기관의 서비스 소비자인 클라이언트, 재원공급자, 권위와 자격부여 기관, 일반대중이 그 기관의 서비스에 대해 보다 큰 관심과 요구를 갖게 하기 위한 활동으로 정의된다(Barker, 1995: 354). 이러한 정의에서는 두 가지 특징이 두드러지는데, 첫째는 사회마케팅의 표적시장 또는 표적집단이 다원적이라는 점이다. 즉 클라이언트뿐만 아니라 자원제공자, 자격부여 기관, 일반대중으로까지 표적시장 또는 표적집단이 확대된다. 따라서 정부나 일반대중에 대해서 기관의 프로그램과 업적을 홍보하는 것 역시 사회마케팅활동에 포함된다. 둘째는 서비스에 대한 관심과 요구의 유발이 강조되고 있다는 점이다. 그러므로 효과적인 사회마케팅의 전제조건은 기관의 가치와 서비스의 질적 수월성을 확보하는 것이 된다.

한편 사회적 이슈를 공론화시키는 하나의 전략으로 사회마케팅을 정의한 경우도 있다(Kotler et al., 2002: 5). 그러한 정의에 의하면, 사회마케팅은 표적집단에 영향을 미쳐 개인, 집단, 혹은 사회 일반에 유익한 행태를 자발적으로 받아들이도록 마케팅의 원칙과 기법들을 활용하는 것이다. 대부분의 경우 사회마케팅은 표적집단에 영향을 미쳐 건강증진, 상해예방, 환경보호, 공동체에의 기여 등을 위하여 그들의 행태를 변화시킬 목적으로 활용된다.

그리고 사회마케팅의 개념을 가치교환을 중심으로 한 체계적인 관리과정으로 규정한 정의도 있다. 코틀러(Kotler, 1982: 6)에 의하면, 마케팅은 조직목표 달성을 위해서 표적시장과 자발적인 가치교환이 이루어지게 한 프로그램의 분석, 기획, 시행, 통제의 활동이다. 즉 마케팅은 표적시장을 대상으로 공략하고 가치(value)의 자발적인 교환을 촉진시키기 위해서 주도면밀하게 이루어진 체계적인 관리활동이라는 점이 강조되고 있다.

사회마케팅 또는 비영리 마케팅의 이러한 여러 개념들을 종합해 보면, 사회마케팅은 [그림 13-1]에서처럼 생산조직의 제품 대신 서비스를 중심으로 한 가치교환이 본질적인 특성을 이룬다. 사회복지기관은 상담, 치료, 교육, 재활, 정보제공 등 무형의 서비스 제공활동을 통해 바람직한 인간회복과 사회적 가치를 실현한다. 만약 그러한 노력이 표적시장 또는 표적집단인 클라이언트, 자원제공자, 권위와 자격부여 기관, 일반대중으로부터 중요성을 인정받게 되면 그들로부터 이용료, 재원, 권위, 인정 등의 가치를 후원받는 교환관계가 성립한다. 이러한 관점에서 보면, 사회복지기관의 마케팅은 그 기관이 제공하는 서비스의 질적 우수성, 그 기관의 사명과 목적의 명확화, 나아가 기관운영의 책임성과 투명성 등의 확보를 중요한 가치로 삼을 필요가 있다. 또한 사회마케팅은 기관환경 분석과 시장욕구 분석, 마케팅의 목표 설정과 합리적인 기법의 적용 등 체계적인 관리과정을 통해서 이루어진다는 측면도 중요하다.

그림 13-1 사회복지기관 마케팅

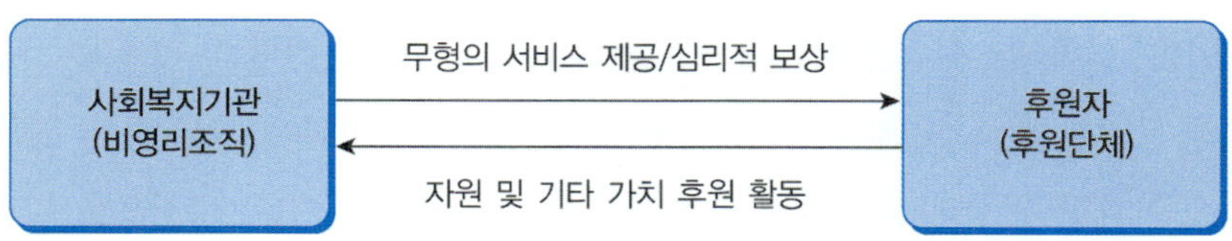

2) 사회복지조직 마케팅의 목적과 특성

(1) 사회복지조직 마케팅의 목적

상업마케팅이 이윤극대화를 지향한다면 사회복지기관의 마케팅은 조직목적의 달성을 지향한다. 예컨대, 대한적십자에서 헌혈 증진을 위해 가두헌혈을 실시하는 것이나, 헌혈에 대한 잘못된 인식을 불식시키고 헌혈의 중요성에 대한 인식을 고취하기 위해 일반대중에게 홍보용 프로그램을 운용하는 것, 그리고 아동학대예방센터에서 일반대중을 상대로 아동학대예방 교육을 실시하고 관련 책자나 비디오를 무료로 보급하는 것 등이 모두 사회복지기관의 마케팅에 포함된다. 사회복지조직 마케팅의 목적을 살펴보면 다음과 같다(정익준, 2005 재인용).

첫째, 개인의 발전을 도모한다. 사회복지관이 월별 프로그램을 알리는 것이나, 자원봉사자를 모집하려는 노력은 방법은 다르지만 모두 참여하는 개인의 발전을 위한 것이다.

둘째, 사회적인 아이디어를 제시하고 설득한다. 어떤 사회적 아이디어를 입법화하기 위한 캠페인이나 국회에 그 입법의 필요성을 탄원하는 일이 여기에 포함된다.

셋째, 새로운 정보와 실천을 전파한다. 사회복지조직은 주민들에게 이익이 되는 정보를 전달하며 어떤 실천을 촉구한다. 학교사회복지 프로그램을 실시하여 지역사회와 학교의 교류를 증진시키면서 학교사회복지가 정착될 수 있게 한다.

넷째, 행동의 변화를 유도한다. 사회복지조직은 자신과 사회에 이득이 될 수 있도록 개인행동의 변화를 시도한다. 알코올중독자, 마약사용자 혹은 아동학대자에 대한 행동변화의 노력이 여기에 해당된다.

(2) 사회복지조직 마케팅의 특성

비영리 마케팅이 상업마케팅의 개념들을 광범위하게 활용하고 있지만, 환경의 특수성으로 인해 상업마케팅보다 훨씬 더 어렵다고 볼 수 있다. 안드리젠과 코틀러(Andreasen & Kotler)는 여러 학자들의 의견을 종합하여 비영리 마케팅 혹은 사회마케팅의 특성을 다음과 같이 아홉 가지로 정리하고 있다(Andreasen & Kotler, 2003: 28-29).

첫째, 소비자의 특성, 행태, 대중매체 선호도, 인지, 태도 등에서 상업마케팅과는 달리 비영리 마케팅은 활용할 만한 신빙성 있는 이차적 자료를 거의 가지고 있지 못하다. 간혹 일반사회과학 연구문헌들에서 도움이 되는 연구들이 있지만, 중요한 마케팅 주제들은 별로 다루어지지 않고 있다.

둘째, 비영리 마케팅에서 소비자가 희생을 감수해야 하는 것에는 논란이 많거나 금기시되는 주제와 관련된 극히 자기중심적인 욕구, 태도, 행태 등이 포함되기 때문에, 소비자들로부터 마케팅 의사결정의 근거가 될 수 있는 신뢰성 있는 조사연구의 확보가 매우 어려운 경우가 많다. 사회마케팅 질문은 좋아하는 과자나 음료수를 묻는 소비성향 질문보다 자기방어적이거나 사회적 기대에 의식적으로 맞추려는 부정확한 응답을 보일 가능성이 크다.

셋째, 소비자들은 환경보호나 지구에너지 절약, 혹은 인류공동체의 존속과 같이 주로 평소에 무관심한 주제와 관련하여 어떤 희생을 요구받는다. 이것은 마케팅의 주체가 많은 비용을 치를 수도 있는 개발 마케팅이라는 어려운 문제를 안고 있다는 의미가 된다.

넷째, 소비자들이 태도나 행태 면에서 180도 다른 변화를 요구받는 경우가 많다. 영리 부문의 마케팅 주체는 단지 소비자들이 상품이나 서비스의 가치를 이전보다 더 크게 여기도록 하기만 하면 된다. 어떤 상품을 싫어하는 사람들이 그것을 좋아하도록 변화시켜야 하는 절대적인 필요성은 없다. 하지만 비영리 마케팅 주체는 그러한 노력을 해야 한다.

다섯째, 소비자의 욕구나 선호를 충족시키기 위한 제공물을 변경하는 것이 영리 부문에서는 가능하지만, 비영리 부문에서는 어려운 경우가 많다. 예를 들면 혈액 채취에는 헌혈이라는 단 한 가지 길밖에 없다. 고혈압을 관리하려면 혈압약을 반드시 복용해야 한다. 베토벤의 5장 운명 교향곡을 공연하기 위해서는 조직화된 음악가 그룹이 수많은 악보를 연주해야 하는 길밖에 없다. 하지만 교환 시 어떤 기본적인 물리적·행태적 측면이 변경될 수 없다고 해서 마케팅 믹스의 다른 요소들이 불가능하다는 것이 아니다. 예컨대 사람들이 헌혈하는 경우라도 매우 다양한 환경이나 가끔은 매우 매력적인 물리적 및 사회적 환경에서 이루어질 수 있다. 소비자의 욕구와 선호를 충족시키기 위한 기본적인 제공물이 변경될 수 없는 것은 분명하다 하더라도 마케팅 믹스의 다른 요소들은 소비자의 욕구와 선호에 충분히 부응할 수 있다.

여섯째, 비영리단체들이 다루는 주제들은 특히 헬스케어나 건강보호와 같은 영역에서 매우 복잡한 행태와 태도에 관여하기 때문에, 소비자와의 의사소통에서 많은 양의 정보가 교환되어야 한다. 예를 들면 개발도상국의 소비자들이 유약한 자녀들이 지속적이고 심각한 설사를 겪는 동안 수분과 전해질의 부족에 의한 탈수로 사망하지 않도록 구강탈수방지요법(ORT: Oral Rehydration Therapy)을 올바르게 규칙적으로 사용하도록 하기 위해서, 그들은 다음과 같은 몇 가지 사항들을 배워야 한다: ① 탈수현상 자체가 어린이의 생명에 위협적이며, ② ORT가 그러한 문제를 해결할 수 있으며, ③ 그러한 방법을 사용해서 얻는 이익이 비용보다 크며, ④ 그러한 방법은 올바로 사용되어야 하며 그렇지 않으면 효과적이지 않거나 심지어 치료는 고사하고 더 큰 문제를 야기할 수도 있으며, ⑤ 소금을 얻을 수 있는 특정한 장소들이 있고, 자국 화폐로 정확히 얼마가 든다는 것 등이다.

일곱째, 소비자의 공여 혹은 헌신으로부터 발생하는 편익이 명확하지 않은 경우가 많다. 만약 ORT가 적절히 제때에 (즉 어린이가 탈수현상을 겪기 전에) 사용된다면, 그 엄마는 자신의 행위에 따르는 어떠한 이익도 직접 보지 못할 것이다. 고혈압관리 프로그램을 마케팅하려는 사람들도 그와 유사한 문제를 만난다. 고혈압은 드러나는 증상이 없는 건강상의 문제인데, 적절한 요법으로 치료하더라도 환자에게는 직접 확인할 수 있는 효과는 나타나지 않는다. 한편 특정한 행태를 결정하고 유지하기 위해서는 어떤 긍정적인 강화가 있어야 하는데, 많은 비영리단체에서 긍정적인 강화와 부정적인 강화의 어떤 것도 찾아볼 수 없는 경우가 많다.

여덟째, 어떤 공여나 희생에 대해서는 그 이익이 다른 사람들에게 발생하고 정작 그러한 공여나 희생을 제공한 당사자는 아무런 이익을 얻지 못한다. 에너지 위기 시대에 부과된 속도제한법이 그 한 예이다. 운전자는 에너지 절약을 얻는 대신에 자신의 행태를 변화시켜야 하는데, 그 혜택은 정부가 볼 것이고, 다른 모든 사람에게 에너지 가격을 어느 정도 낮출 것이며, 미국 석유회사의 협상 지위와 이윤이 증진될 것이다. 이렇게 보면 많은 운전자들이 그러한 새로운 법을 준수하도록 고안된 마케팅 프로그램에 크게 호응하지 않는 것도 이해할 만하다.

아홉째, 마케팅이 겨냥하고 있는 많은 변화들은 무형의 사회적 및 심리적 이득이기 때문에, 그러한 공여를 대중매체로 표현하는 데에 어려움이 따르는 경우가 많다. 에너지 보존의 이득이나 교향곡 연주를 어떻게 묘사하겠는가? 설령 표현할 수 있는 물리적인 대상물이 있다 하더라도, 그것에 대한 묘사는 전달하려고 하는 진정한 이득을 포착해 내지 못할 수도 있다.

(3) 사회복지조직 마케팅의 활성화

사회복지기관의 마케팅과 후원활동에 영향을 미치는 요인들로서는 후원자의 인구사회학적 특성, 후원활동 동기, 기관관련요인 등 크게 세 가지로 나누어 볼 수 있다(강철희, 1998; 박은영, 2000; 조우홍, 2009; Houston, 1985; Marshall, 1988 외). 먼저 후원자의 인구사회학적 특성으로 부, 소득, 연령, 종교, 교육수준 등이 후원활동에 중요한 변수들이다. 두 번째로 기관관련 요인으로는 기관에 대한 신뢰도와 후원금 사용의 투명성, 그리고 후원자들에게 제공하는 서비스 등이 있다. 세 번째 후원활동의 동기는 주는 기쁨, 사회적 인정, 세금공제 혜택, 향수, 이타주의, 자기방어적인 기능, 자기존중, 자아실현적 기능 등이 있다.

한편 사회복지기관의 마케팅에서 가치교환을 본질적인 특징으로 본다면, 잠재적 후원자가 원하는 활동을 기관이 수행할 수 있다는 점을 보여주는 것이 마케팅의 활성화를 위해 중요하다. 예를 들면, 잠재적 후원자가 청소년비행 문제를 시급히 해결해야 할 사회문제로 여길 때 기관이 그 문제를 해결할 수 있는 인력, 기술 및 프로그램을 갖추었다는 것을 잠재적 후원자에게 확신시켜 준다면 그는 실제적 후원자로 변할 수 있을 것이다.

사회복지기관 마케팅의 이러한 특성에 근거하여 로드(Lord)는 그 활성화를 위해 필요한 다음의 세 가지 요인들을 제시했다(김형식 외, 2007: 280; Lord, 1981: 58). 첫째, 욕구, 가치 및 이상에서 기관과 잠재적 후원자가 서로 일치할수록 잠재적 후원자는 실제적 후원자로 될 가능성이 크다. 둘째, 잠재적 후원자가 자신이 중요하다고 여기는 사회문제에 대한 해결 능력을 기관이 갖추었다고 확신할수록 실제적 후원자로 변할 가능성이 크다. 셋째, 잠재적 후원자가 후원행위로부터 충분한 심리적 보상을 받을 수 있다고 생각할수록 실제적 후원자로 될 가능성이 크다.

그 외 강철희(1998: 54-55)는 후원행동을 결정하는 중요한 동기요인이 이타주의에서 나오는 '주는 기쁨'이라는 심리적 요인이라 하였다. 마케팅의 주체인 사회복지기관의 특성과 활동의 측면에 초점을 둔 한 연구는 마케팅과 후원사업의 전담직원 확보, 마케팅 활동에 대한 기관장의 관심과 노력, 기존 후원자에 대한 관리활동 등이 마케팅 성과를 결정하는 요인임을 밝혔다(신준섭 · 최은미, 2004). 여러 연구들을 참조하여 마케팅 활동의 활성화 요인들을 정리하면 [그림 13-2]와 같다(김형식 외, 2007: 281 재인용).

그림 13-2 사회복지기관 마케팅의 활성화 요인

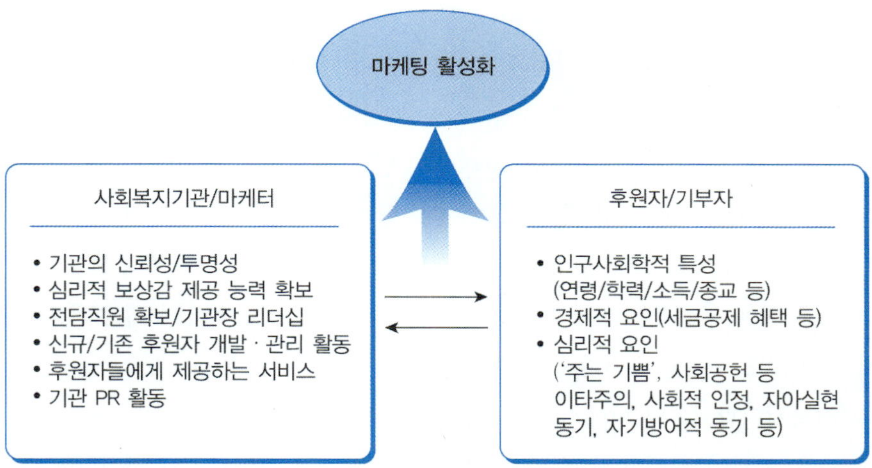

3. 사회복지기관의 마케팅 믹스

사회복지기관을 비롯한 대부분의 비영리조직은 마케팅 개념에 대한 충분한 이해도 없이 마케팅을 단지 홍보나 촉진과 동일한 개념으로 생각하는 경우가 많다. 예를 들면 대학에서는 제품보다는 교육서비스로, 가격보다는 수업료로, 광고나 판촉보다는 대학홍보로 생각한다. 그래서 지원율 감소에 직면한 대학이 단지 광고만을 마케팅의 실행으로 여기기도 한다.

그러나 최근 사회복지기관 마케팅을 환경관리 활동으로 보아 적극적으로 마케팅 원리를 적용해야 한다는 주장이 호응을 얻고 있다(Lewis et al., 2001: 35). 주로 조직의 제공물을 받아들이도록 고객을 변화시키기 위해 마련된 의사소통 전략이라는 관점에서만 마케팅을 인식하는 사람들과는 대조적으로, 현명한 마케터들은 마케팅 기능이 다양하며, 마케팅 목표 또한 특히 소비자의 욕구와 선호에 부응하는 것으로 생각한다. 다양한 마케팅 프로그램은 표적집단과의 의사소통뿐만 아니라, 그들에게 돌아가는 제공물의 성격과 비용, 그리고 이용가능한 전달통로 등에 대해서도 관심을 기울인다. 진정한 마케터의 사고방식은 제공물을 고객에게 맞추어야 하는 것이 바로 조직이라는 점을 잘 인식한다. 이것은 단지 제공물을 다른 관점에서 설명하려고 하는 것뿐만 아니라 실제로 그것을 변경시키려는 의지도 지녀야 한다는 것을 뜻한다. 마케터는 고객이 부응할 것을 기대하면서 제공물 자체를 변경시킬 의지를 가져야 하는 것이다.

요컨대, 마케팅 관리에서는 일차적으로 조직과 고객 간에 교환이 가능한 아이디어, 재화, 서비스 등을 개념화하는 것이 중요하다. 이렇게 개념화된 교환물을 기술, 생산, 관리 등의 부서와 협력하여 상품 개발로 연결시키는 것이 다음 단계의 활동이다. 그런 다음 개발된 상품이나 서비스의 교환을 용이하게 하기 위해 고객과 의사소통을 해야 하고, 나아가 교환에 따르는 서비스를 제공하는 활동을 프로그램화해야 한다.

이러한 마케팅의 관리와 기획과정은 주로 마케팅 믹스(marketing mix)로 구성된다. 마케팅 믹스란 마케팅 함수라고도 하며, 대체로 조직이 표적시장으로부터 원하는 반응을 이끌어 내고 마케팅 목표를 효율적으로 달성하기 위해 다양한 방식으로 조합하는 통제 가능한 전술적 도구의 집합과 그에 따른 자원의 할당방식을 말한다(황성철 외, 2003; 강용규 외, 2007; 조우홍, 2009; Kotler & Armstrong, 2008: 50). 그렇다면 사회복지기관의 마케팅 믹스는 표적 후원자들의 특성에 따라서 후원개발의 변수들을 조정·결합하고 각 영역에 자원을 할당하는 방식을 의미한다.

효율적인 마케팅 믹스의 전략을 수립하고 실시하기 위한 도구들은 반드시 후원자들의 입장을 고려하여 제시될 필요가 있다.

전통적으로 마케팅 믹스는 상품(Product), 가격(Price), 홍보(Promotion), 장소(Place)의 4P로 구성된다(Kotler, Roberto, & Lee, 2002; Kotler & Armstrong, 2008). 한편 로퍼(Lauffer)는 사회복지기관의 재원개발을 위한 마케팅 전략으로 기업조직이 사용하는 5P 마케팅 믹스(marketing mix)를 제시했는데, 5P란 대중(Public), 제품(Product), 가격(Price), 유통(Place), 판촉(Promotion)을 말한다(Lauffer, 1984). 여기서는 [그림 13-3]에서처럼 로퍼의 5P 마케팅 믹스를 중심으로 후원자 개발을 위한 마케팅 전략을 설명하기로 한다(Lewis et al., 2001: 35-37 재인용).

그림 13-3 마케팅 믹스의 5P

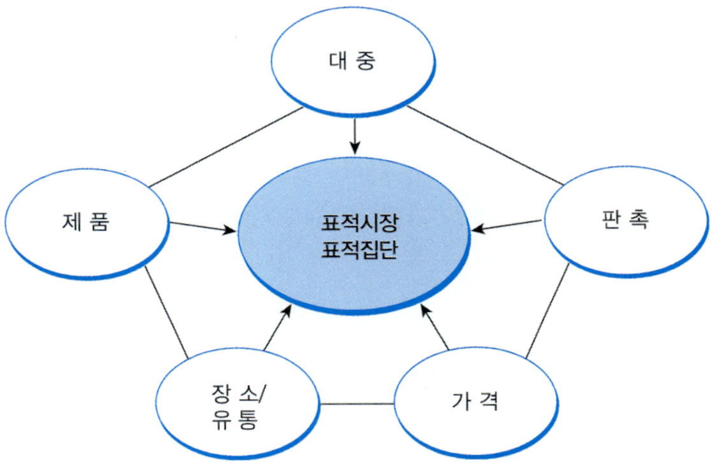

1) 대중(public)

마케팅의 표적시장 혹은 표적집단이 되는 대중은 사회복지기관에 적용될 때는 제각기 달라진다. 투입대중(input publics)은 기관의 일차적인 재원출처로서 기관에 자원을 공급해 주는 사람들이 되며, 과정대중(throughput publics)은 기관의 직원이 되며, 산출대중(output publics)은 클라이언트가 된다. 이 모든 사람들은 이해관계 당사자로서 존중될 필요가 있으며, 기관의 서비스와 과정이 그들의 중요한 관심이나 기대에 부응할 수 있도록 계획되어야 한다. 이 문제는 특히 비자발적인 클라이언트의 경우 매우 복잡하다. 아동학대 상황에서, 아동과 엄마 및 다른 가족 구성원들의 보호가 가장 중요하겠지만, 학대자, 관련된 모금활동, 국가 정책, 가족의 재결합을 유도하는 입법 취지 등에도 주의를 기울일 필요가 있다.

상업마케팅에서 잠재적 고객을 의미하는 구매자도 여기의 투입대중에 속한다. 사회복지기관의 후원자 개발을 위한 마케팅에서 구매자는 잠재적 후원자들이다. 이들은 마케팅 초기단계에서 반드시 파악되어야 한다. 사회복지기관은 이들에게 특별한 인상을 주면서 호소할 필요가 있다. 그러한 활동을 효율적으로 하기 위해서는 표적대상을 특정 기준에 따라 여러 유형으로 나누는 시장세분화의 과정이 바람직하다. 또한 파악된 대중의 욕구에 부응하는 제품을 개발하는 것뿐만 아니라 대중의 잠재욕구를 일깨울 수 있는 제품을 개발해 내는 것도 비영리조직 마케팅의 효과를 높일 수 있는 방법이다.

2) 제품(product)

제품이란 사회복지기관이 표적시장에서 반응을 이끌어낼 수 있는 산출물로서 서비스와 아이디어가 주종을 이룬다. 사회복지기관의 제품인 서비스는 상담, 치료, 교육, 재활, 보호, 정보제공 등이 있다. 마케팅의 관점에서 볼 때, 기관의 서비스들이 클라이언트나 후원자 혹은 의뢰기관들로부터 이용하고 싶어 하는 가치 있는 제품이라는 인식을 얻는 것이 중요하다. 따라서 후원자 개발을 위한 사회복지기관 마케팅에서는 후원금 자체보다는 후원행위를 통한 사회적 기여와 소외계층의 삶의 질 향상에 중점을 두어 제품이 개발되어야 한다.

이런 면에서 유용한 마케팅 개념은 시장 세분화(market segmentation) 혹은 시장영역 특정화(niche)이다. 기관은 자신의 고유한 기술과 능력에 따라 프로그램을 설계·제공하여야 한다. 또한 지역사회에서 시장영역의 특정화를 결정하고 거기에 적합한 프로그램을 설계해야 한다. 예를 들면, 어떤 지역사회에서 성범죄 예방을 위해서는 여러 프로그램들이 운영되고 있으나, 청소년 성범죄 예방을 위한 프로그램은 하나도 없다고 하자. 욕구사정을 통해 이 특정 시장영역을 겨냥한 프로그램이 가치 있는 것으로 판단되어 지역사회에 제공되는 전체 서비스 목록에 추가적으로 도입될 것이다. 지역주민이나 표적시장으로부터 서비스에 대한 호응의 정도를 판단하기 위해서는 주민욕구조사나 의견조사를 실시하는 것이 바람직하다. 이러한 방법으로 서비스 또는 제품의 매력을 크게 하고 서비스 다양화로 잠재적 수요자를 개발할 수 있을 것이다.

또한 사회복지기관도 경쟁력 분석(competition analysis)을 통하여 시장영역의 특정화를 결정할 필요가 있다. 지역사회에서 충족되지 않은 중요한 욕구에 절실하게 부응할 수 있으면서 다른 기관에 의해 제공되지 않고 있는 경쟁력 있는 고유한 서비스를 창출해야 한다.

3) 가격(price)

가격은 클라이언트가 사회복지기관이 제공하는 서비스를 얻기 위해서 지불하는 비용으로서, 무료에서부터 후원자나 사회보험 주체에게 상환하는 비율에 따라 조정되는 종가제의 요금까지 여러 형태가 있다. 비영리조직인 사회복지기관의 이용료 결정은 영리기업과 다르다. 영리기업의 가격은 이윤 극대화의 수준에서 결정되지만 비영리조직인 사회복지기관의 서비스 가격은 클라이언트의 욕구와 지불능력을 감안하여 결정된다. 일반적으로 비영리조직의 가격은 원가의 회수를 목표로 삼고 있지만 지불능력이 없는 클라이언트에게는 무료서비스가 제공되기도 한다. 사회복지기관의 평생교육 프로그램과 기타 유료서비스의 가격은 원가 개념도 적용되기 어려우며 일반적으로 관례에 따르는 경우가 많다. 가격상승과 그에 따른 재원 확충에 성공한 비영리조직이 병원이다. 전문화된 새로운 의료서비스의 개발로 가격을 차별화시켜 의료수가를 점차 높일 수 있었던 것이 사회복지기관에 하나의 시사점이 될 수 있을 것이다.

또한 클라이언트에게는 극복해야 하는 당혹스러움이나 불편함과 같은 심리적 비용도 있다. 클라이언트의 기관 방문 결정은 부분적으로는 편익과 비용에 대한 경중의 판단에 따른 것이다. 가격은 또한 보조금이나 계약금액을 감안하여 정해지고, 서비스의 단가는 기관이 제출한 모금계획서에 구체적으로 명시되어야 한다. 후원자나 클라이언트에게 최소의 비용으로 가치 있는 서비스를 제공함으로써 기관의 경쟁력을 점차 높여갈 필요가 있다. 보조금이나 계약을 통한 모금액과 서비스 제공의 범위를 협상할 때, 기관에게 어려울 수도 있는 점은 양질의 서비스와 바람직한 결과가 쌍방 간에 합의된 비용으로 전달될 수 있다는 것을 확신시켜 주는 것이다. 간혹 클라이언트가 부담하는 서비스전달 비용을 최대한 낮추기 위해 또 다른 기관의 높은 서비스 비용에 맞대응하기 위해 기관이나 당해 기관이나 재단에 기부가 이루어지기도 한다.

4) 유통(place)

유통 혹은 장소는 사회복지기관의 서비스가 전달되는 적합한 시간과 장소를 의미하며, 경쟁력 분석과 밀접한 관련성이 있는 영역이다. 어떤 기관이 분석을 통하여 특정한 지리적 영역에 서비스들이 결여되어 있다는 것을 알게 될 것이다. 그럴 경우 기관은 전략적인 면에서 새로운 프로그램의 지리적 범위가 어디까지 되어야 할 것인지 결정할 필요가 있다. 이러한 측면은 기관이 활동하던 기존의 지리적 영역을 이용하거나 아니면 어떤 지역을 겨냥한 프로그램 계획서에 따라, 후원자에 의해 정해질 수도 있다. 유통은 또한 클라이언트의 접근성과 편리성을 감안하여 서비스의 소재지를 고려해야 한다. 대중교통수단, 주차시설, 기타 접근성 요인들이 검토되어야 한다.

비영리기관의 서비스 유통은 대부분 즉시적이며 현장에서 이루어진다. 문제를 지닌 클라이언트가 사회복지기관에 내방하면 즉시 면접과 상담이 이루어지고 교육과 재활 등의 다른 서비스도 기관 내에서 제공된다. 그러나 재가복지사업의 경우 클라이언트 자신의 집에서 가사, 간병, 의료 등의 서비스가 주어지므로, 현장은 사회복지기관이 아니라 재가대상자의 거주지가 된다. 이동복지관과 거리사회사업의 경우 사회복지사와 클라이언트가 만나는 현장에서 서비스가 제공된다. 유통의 또 다른 측면으로서, 클라이언트가 서비스 이용을 언제 필요로 하는가에 맞추어 프로그램 운영의 요일과 시간을 정해야 한다. 예를 들면 클라이언트가 낮시간 혹은 저녁시간, 주중 혹은 주말 가운데 특정한 요일과 시간을 원할 수도 있는 것이다.

5) 판촉(promotion)

판촉은 앞의 모든 마케팅 믹스 요인들을 함께 묶어서 다양한 대중들에게 프로그램 서비스를 판매하는 데에 활용하는 것과 관련된다. 이때 초점이 되는 것이 시장 세분화(market segment)의 확인인데, 그것은 표적집단이 지역별, 서비스유형별, 클라이언트의 인구사회학적 특성별로 나눠는 것을 말한다. 시장 포지셔닝(특정한 구매자를 노리고 시장에 내기)은 프로그램이나 서비스가 다양한 대중들에게 제공되는 조화로운 방법을 포함한다. 이것은 부분적으로 홍보에 해당하는 것으로서, 대중매체 관계, 광고, 팸플릿, 정보망 형성 및 다른 홍보활동 등을 통해 기관이나 프로그램의 이미지를 형성하는 것이다. 하지만 보다 근본적으로, 다양한 대중들의 진정한 욕구를 충족시켜 주는 데 관심을 둘 뿐만 아니라, 서비스가 클라이언트의 삶과 지역사회에 유익하며, 후원자와 의뢰기관 직원의 기대에 부응하며, 또한 기관 직원의 근로생활의 높은 질을 보장해 줄 것이라는 점들을 확신시키는 데 많은 관심을 두어야 한다.

이러한 사회복지기관의 마케팅 믹스에 관한 관심과 아울러 협동에 대해서도 주의를 기울일 필요가 있다. 어떤 마케팅은 경쟁에 초점을 두거나 아니면 서비스전달 영역에서의 독자적인 행동을 강조하지만, 한 기관이 다른 기관과의 협동을 통해 마케팅 활동을 수행할 수도 있다. 예컨대 사회복지기관들은 각 기관이 서로 다른 지리적 영역에서 동일한 서비스를 제공하는 경우와 같이, 상호 보완적인 특정화된 시장영역을 충족시킬 수 있도록 판촉(promotion)을 함께 설계할 수도 있다. 기관들은 서로 다른 영역들의 상호 교류와 심지어 서로 다른 기관의 팀들 간에도 상호 교류 속에서 공동시설을 함께 이용할 수 있도록 서로 모여서 중단없이 지속적으로 이루어지는 패키지 서비스를 제공하는 협동체를 구성할 수도 있다. 무엇보다도 중요한 것은 명확하게 확인된 지역사회의 관심과 욕구에 그리고 그 구성원들의 삶의 질 향상에 적절하게 부응하는 것이다.

2절 사회복지 마케팅 전략

1. 마케팅 전략계획 수립

마케팅 전략계획(strategic planning)은 기관의 사명(mission)과 목적(goal)을 분명히 규정해야 한다. 먼저 기관의 사명과 목적은 기관 전체 활동의 구심점이므로 분명히 규정해야 한다. 그 다음은 마케팅 목표의 설정이다. 마케팅 목표는 기관의 사명과 목적에 부합되어야 하되 객관적으로 측정할 수 있도록 설정되어야 한다. 예컨대 시설확충으로 보다 많은 클라이언트에게 서비스를 제공해야 하는 사회복지기관에서는 시설확충 기금(fund)의 마련이 마케팅 목표로 설정될 것이다. 이러한 목표는 다시 세부목표로 분화되어, 예컨대 내년도 이용료 수입의 30% 증가와 후원금 수입의 40% 증가로 나눌 수 있을 것이다. 그 다음은 시장세분화, 시장차별화, 시장 포지셔닝 등을 통해 마케팅의 표적시장 또는 표적집단을 분명히 선정하는 일이다. 재원개발을 위한 마케팅의 표적집단은 이용료를 지불할 수 있는 클라이언트와 기부금을 내는 후원자로 압축된다. 마케팅 전략계획의 수립은 단기로는 1~2년 중장기로는 3~5년의 기간을 두고 계획을 실행하는 것이 일반적이다.

2. 마케팅 과정과 전략 수립

재원개발을 위한 사회복지기관의 마케팅 전략은 체계적인 마케팅 과정에 따라 수립될 수 있다. 체계적인 마케팅 과정에 대해서는 [그림 13-4]에서와 같이 로소(Rosso)의 10단계 순환 과정을 중심으로 살펴보기로 한다(김형식 외, 2001: 283-287; Rosso, 1991: 9-14 재인용).

그림 13-4 마케팅 과정

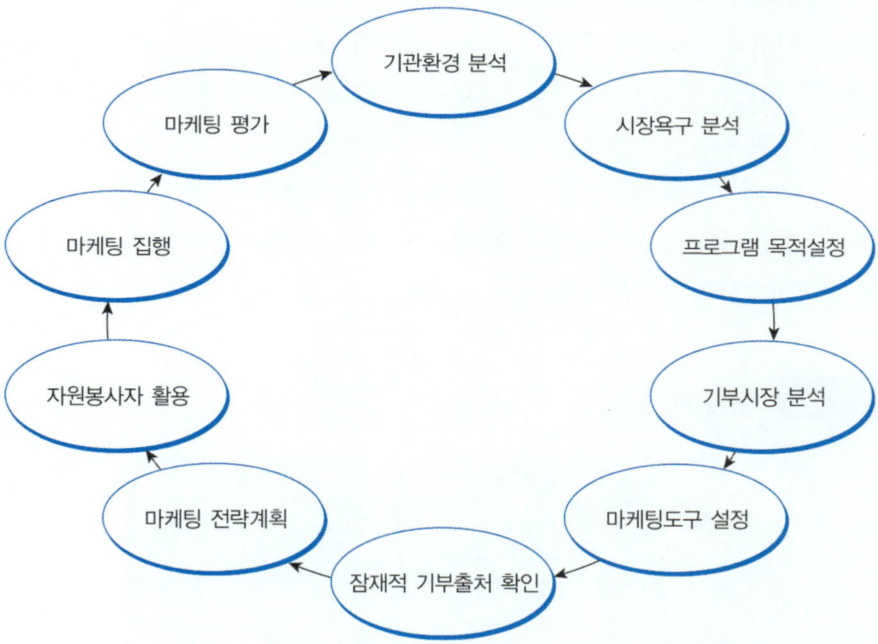

출처: 김형식 외(2001: 254); Rosso(1991: 94) 참조.

1) 기관환경 분석

사회복지기관 마케팅은 기관 및 기관이 속한 환경에 대한 분석에서 시작된다. 이 단계는 마케팅을 위한 준비 상태를 확인하는 과정으로 다음과 같은 사항들에 대한 분석이 필요하다.

① 기관의 존재 이유: 기관 활동의 중심이 되는 주요 사회문제와 욕구는 무엇인가?

② 기관 프로그램: 사회문제와 욕구에 대처하기 위한 기관의 주요 서비스와 프로그램은

무엇인가?

③ **기관후원**: 기관을 후원하는 자는 누구인가?

④ **기관후원의 당위성**: 개인, 재단, 기업 및 정부는 왜 기관을 지원하는가?

⑤ **후원자에 대한 혜택**: 교환과정에서 후원자들에게 어떠한 혜택이 제공되는가?

⑥ **정부의 사회복지정책과 경제전망**

마케팅의 과정은 이처럼 사회복지기관의 환경과 여건에 대한 면밀한 분석에서 시작된다. 마케팅 주체는 [그림 13-5]와 같은 SWOT 분석을 통해 전반적인 기관의 강점(Strengths), 약점(Weaknesses), 기회(Opportunities), 위협(Threats)을 평가할 필요가 있다(Kotler & Armstrong, 2008: 52-53). 강점은 기관이 클라이언트에게 서비스를 제공하고 목표를 달성하는 데 도움이 되는 내부역량, 자원 및 기타 긍정적인 상황요인들을 포함한다. 약점은 기관의 성과를 방해할 수 있는 내부적 한계와 부정적인 상황요인들을 포함한다. 기회는 기관이 외부환경에서 유익하게 이용할 수 있는 유리한 요인들이나 경향이다. 그리고 위협은 성과에 도전을 제기하는 비우호적인 외부요인들이나 경향이다.

그림 13-5 SWOT 분석

	긍정적	부정적
내부적	**강점(S)** 기관의 목표달성에 도움이 되는 내부 역량	**약점(W)** 기관의 목표달성 능력을 방해하는 내부적 한계
외부적	**기회(O)** 기관이 유익하게 활용할 수 있는 외부 요인들	**위협(T)** 기관 성과를 어렵게 하는 현재·장래의 외부 요인들

사회복지기관은 시장과 마케팅 환경의 분석을 통해 매력적인 기회와 환경으로부터 위협을 파악하여야 한다. 또한 현재의 가능한 마케팅 활동과 아울러 기관의 강점과 약점을 분석함으로써 어떤 기회를 최대한 추구할 수 있는가를 결정해야 한다. 기관의 강점과 환경의 매력적인 기회를 연결시키는 한편 약점을 제거하거나 극복하고 위협을 최소화하는 것이 여기

서의 목적이다.

2) 시장욕구 분석과 프로그램 목적 설정

사회복지기관이 관심을 갖고 있는 특정한 사회문제와 이 문제에 대한 지역사회의 욕구, 인식, 태도를 분석한다. 사회문제와 욕구에 대한 적절하고 정기적인 분석은 기관의 존재이유를 정당화하는 기능을 하며, 곧 성공적인 마케팅의 기초가 된다. 또 기관이 관심을 갖고 있는 사회문제에 대해 기관의 이해당사자들이 중요하게 인식할수록 마케팅의 성공 가능성은 높아진다. 이 단계에서는 시장욕구분석에 대한 결과를 토대로 욕구기술서(need statement)를 작성하여 이사, 재원공급자 및 자원봉사자 등과 같이 기관의 직·간접적인 이해관계자들에게 제공해야 한다. 이 과정이 완결되면 시장욕구는 프로그램 계획으로 전환된다.

프로그램의 목적 설정은 프로그램 계획에서 매우 중요한 과정이다. 목적 달성을 위한 구체적인 수단이 목표인데, 목표는 양적 측정이 가능한 구체적 형태로 설정되어야 한다. 예를 들어, '기아문제의 해결'은 목적으로서는 타당할지 모르나 목표로는 너무 추상적이어서 곤란하다. 이러한 추상적인 목표로는 잠재적 기부자에게도 기부를 통해 얻을 수 있는 보상에 대해 확신을 갖게 하는 데 어려움이 있다. 따라서 양적 측정이 가능한 구체적 목표의 설정이 필요하다. 특히 모금목표의 설정이 구체적이어야 하는데, 이를 위해 다음과 같은 세 가지 방법들이 있다(최성재·남기민, 2000: 356): ① 점증법(incremental approach): 점증법은 전년도 모금실적에 기초하여 경제 상황을 고려한 뒤 일정한 비율로 상향조정한다. 보통 15~20% 정도 증액하는 것이 일반적이다. ② 재정수요법(need approach): 재정수요법은 기관의 재정수요를 미리 예측하고 목표를 설정하는 방법이다. 예를 들면 신축건물과 고가장비 유치의 계획이 있다면 건축비와 장비구입비를 모금목표로 설정하는 경우이다. ③ 기회방식법(opportunity approach): 기관이 모금에 소요되는 경비를 고려하여 기부자 또는 후원자 집단별로 모금할 수 있는 금액을 과학적으로 예측하여 산출하는 방법이다.

3) 기부시장 분석과 마케팅 도구설정

욕구기술서가 완성되고 프로그램의 목표가 설정되면 잠재적 기부시장(gift market)에 대해 분석한다. 이 과정에서 잠재적인 기부출처를 개인, 복지재단, 기업, 정부 등으로 세분화하는 시장세분화(market segment)의 작업이 필요하다. 또 각각의 세분화된 시장에서 기대할 수 있는 기부의 예상수치를 분석한다. 이 과정에 6하 원칙을 적용할 수 있다. 즉 누가(who), 어떠한 분야에(what), 어떤 방식으로(how), 언제(when), 어디에서(where), 또 어떤 이유(why)로 기부를 원하는가를 분석한다(정무성, 1998: 11). 특히 개인 기부시장과 관련하여 기부동기를 잘 이해할 필요가 있다. 많은 경우 사람들은 아무것도 바라지 않는 순수한 기부보다는 어떤 교환심리나 교환적 계산에서 기부하게 된다는 것이다(Andreasen & Kotler, 2003).

적절한 마케팅 방법은 마케팅 대상인 기부시장의 분석단계와 마찬가지로 중요하다. 다음과 같은 다양한 마케팅 방법들을 활용할 수 있다: ① 연중모금(annual giving), ② 직접우편(DM: direct mail), ③ 전화 및 자동응답시스템(ARS), ④ 특별행사 및 이벤트, ⑤ 자본모금, ⑥ 대중매체광고, ⑦ 재단 기부금(grantsmanship) 등이다.

이와 같이 다양한 마케팅 도구에서 적절한 방법을 택하기 위해서는 과거 경험을 활용해야 한다. 과거 기관에서 활용한 마케팅 도구와 그 결과의 면밀한 분석이 필요한 것이다. 또 과거 마케팅의 경험을 토대로 기부출처에 따라 보다 효과적일 수 있는 마케팅 방법이 무엇인가에 대해서도 분석한다.

4) 잠재적 기부출처 확인

기부시장 분석의 결과를 토대로 구체적인 기부출처를 분석한다. 즉 세분화한 각각의 기부시장에서 잠재적 기부자를 선정하고 기부가능성을 분석하는 과정인데, 잠재적 기부자는 ① 기관에 대한 관심, ② 기부능력, ③ 기관 직원 및 자원봉사자에 의한 접근 가능성 등을 분석한 뒤 선정된다.

이 과정에서 잠재적 기부자의 파일이 작성된다. 파일 작성은 마케팅의 효과성을 높일 수 있는 매우 중요한 작업이다. 기관에서는 이 작업을 전담할 '후원자 및 기부자 개발위원회'와 같은 특별위원회를 조직하여 운영하는 것도 바람직하다.

사회복지기관이 후원자원을 개발할 때 다음과 같은 원칙에 입각하는 것이 필요하다(고선정·김성희, 2004; 강용규 외, 2007: 215-216 재인용). 첫째, 기관의 사명에 대한 명확한 인식을 내재화하여야 한다. 이것은 재원확보 노력의 동기를 제공해 준다. 기관의 사회적 존재 의미와 기능 등에 관한 의식이 분명하면 후원자 개발의 노력도 적극적으로 이루어질 것이다. 둘째, 후원자의 도움을 통한 클라이언트 변화의 결과목표를 명확하게 제시해야 한다. 이것은 후원자의 동기를 강화하는 동시에 기관의 책임성 평가의 근거를 제공한다. 목표가 결과지향성을 지닐 때 후원자들은 프로그램에 대한 이해가 쉽게 전달되고 기관의 개입 목표가 명확해져 보다 효과적인 서비스가 제공될 수 있다. 셋째, 잠재적 후원자에 대해 빈번한 접촉을 시도하여야 한다. 후원자들에 대해 감동시킬 수 있는 접근을 통해 기관과 사업에 대한 이해도를 높일 수 있는 기회를 제공하여야 한다. 넷째, 프로그램 계획이 우수해야 한다. 사회복지기관의 마케팅 제품은 결국 프로그램과 서비스의 내용이며, 이것을 통해 후원자의 마음을 움직일 수 있는 것이기 때문에 우수한 프로그램 계획을 수립하는 것이 매우 중요하다.

5) 마케팅 전략계획 작성

전략계획을 통해 기관은 각 사업단위로 무엇을 할 것인가를 결정한다. 마케팅 계획은 기관이 전반적인 전략목표를 달성할 수 있게 해 주는 마케팅 전략의 결정을 포함한다. 각 사업별, 제품별, 브랜드별로 상세한 마케팅 계획이 필요하다. 마케팅 전략은 표적시장, 포지셔닝, 마케팅 믹스, 마케팅예산 수준 등에 관한 구체적인 전략들로 구성된다. 그것은 기관이 표적집단에서 원하는 가치를 얻어내기 위해 어떻게 가치를 창출할 것인지 밝힌다.

마케팅 전략계획은 마케팅 집행의 방법과 마케팅 결과의 평가에 대한 청사진을 만드는 과정이다. 이 과정에서 첫째, 계획의 주체는 각각의 전략이 기회와 위협 및 기타 중요한 문제들에 어떻게 대응할 것인지 설명해야 한다. 둘째, 마케팅 계획은 마케팅 예산의 지원을 받는 세세한 과업들에 따라서 마케팅 전략을 집행할 행동프로그램을 상세히 밝혀야 한다. 셋째, 진행과정을 청취하고 마케팅 투자에 대한 효과를 측정하며, 교정조치를 취하기 위한 통제장치들을 명시해야 한다.

그 외 또 한 가지 중요한 요인은 잠재적 기부자들과 의사소통을 여하히 진행시킬 수 있는가 하는 것이다. 의사소통은 기관의 존재 이유와 목적을 잠재적 기부자들에게 전달할 수 있는 방법에 초점을 맞춘다. 아울러 잠재적 기부자들이 기부를 통해 얻을 수 있는 보상의 측면을 보다 명확히 전달할 수 있는 방법도 개발하여야 한다.

6) 자원봉사자의 활용

자원봉사자를 확보하는 것 자체도 하나의 마케팅 과업이긴 하지만, 잠재적 기부자를 대상으로 한 마케팅은 기관구성원뿐만 아니라 자원봉사자를 활용할 때 더욱 효과적일 수 있다. 따라서 자원봉사자들은 사회복지기관을 비롯한 비영리조직의 성공에 매우 중요하다. 일반적으로 기관을 이해하고 또 기관활동에 대해 봉사 노력을 기울이는 사람들을 자원봉사자라고 한다면 이들은 기관의 정식 구성원이 아닌 제삼자로서 같은 입장에 있는 잠재적 기부자와 의사소통을 보다 원활히 할 수 있다. 무엇보다도 자원봉사활동은 기관의 경비를 절감할 수 있게 해 주며, 사회적으로 양식 있는 사람들로 하여금 자신들이 중요하게 생각하는 사회적 명분에 시간과 노력을 제공할 수 있게 하는 통로 역할을 한다. 이 점에서 자원봉사자를 마케팅에 참여시키기 위한 기관의 지속적인 노력은 마케팅의 결과에 중요한 영향을 미칠 수 있다.

7) 마케팅 집행

좋은 전략의 계획은 성공적인 마케팅을 향한 출발에 불과하다. 만약 사회복지기관이 그것을 합리적으로 집행하지 못한다면 아무리 화려한 마케팅 전략이라도 무용지물이 될 수밖에 없다. 마케팅의 집행은 전략적 마케팅의 목표를 달성하기 위하여 마케팅 계획을 마케팅 활동으로 전환시키는 과정이다(Kotler & Armstrong, 2008: 53). 마케팅의 집행은 실제로 기부를 요청하는 과정으로서 마케팅의 전 과정에서 가장 핵심적인 단계가 된다. 마케팅 계획이 마케팅 활동의 무엇(what)과 왜(why)를 다룬다면, 마케팅 집행은 누구에게(who), 언제(when), 그리고 어떻게(how)에 관한 문제를 다룬다. 많은 관리자들이 지적하듯이, '일을 올바로 하는 것'(집행)이 '올바른 일을 하는 것'(계획)만큼이나 중요하거나 심지어 더 중요하기도 하다. 사실은 두 가지 모두 성공에 중요하며, 기관은 효과적인 집행을 통해 경쟁의 이점을 확보할 수 있다. 동일한 전략계획을 가지고서도 보다 신속하고 합리적인 집행으로 시장에서 승자가 될 수 있다는 것이다.

성공적인 마케팅 집행은 기관이 인적자원, 조직구조, 의사결정체계 및 보상체계, 기관의 문화를 전략계획을 지원하는 응집력 있는 활동계획 속으로 얼마나 잘 결합시키느냐에 달려 있다. 기관은 모든 계층에서 필요한 기술, 동기부여 및 개인적 특성을 갖춘 사람들로 충원해야 한다. 기관의 공식적 조직구조는 의사결정체계 및 보상체계와 함께 마케팅 전략을 집행하는 데 중요한 역할을 한다. 또한 성공적인 집행이 이루어지기 위해서는 기관의 마케팅 전략이 기관의 문화, 조직구성원들이 지닌 가치체계와 신념체계 등과 상호 적합성을 지녀야 한다.

그리고 마케팅 집행에서 가장 효과적인 방법은 잠재적 기부자와 직접적인 대면을 통한 개별적 방법(person to person)이다. 이때 유의할 점은 잠재적 기부자의 실제 기부행위 시점이 마케팅의 종료 시점은 아니라는 것이다. 실제 기부행위 이후에도 기부자와 지속적인 의사소통이 필요하며, 특히 기부금 사용에 대한 정보를 정기적인 피드백을 통해 기부자에게 제공해야 한다.

8) 마케팅 평가

마케팅 평가 또한 매우 중요한 과정이다. 그것은 마케팅 활동의 전 과정과 그로부터 얻은 성과를 분석하고 사정하여 기부행위의 발생에 대한 종합적인 평가를 내리는 것이다. 영리, 비영리를 불문하고 한정된 자원을 가진 기관환경에서 경쟁우위의 확보를 위해서는 내실 있고 효율성 있는 마케팅의 역량강화 노력이 지속적으로 따라야 한다. 특히 시장에서 성공을 거두고 기관의 목표를 효율적으로 달성하기 위해서는 우수한 마케팅능력(marketing proficiency)과 명확한 마케팅지향성(marketing orientation)이 필요하다. 그런데 마케팅 분야는 인사나 재무 등의 타 분야들과는 달리 체계적인 성과평가 프로그램이 별로 갖추어져 있지 않다. 또한, 현실적으로도 조직활동에서 마케팅의 성과나 기여도만을 분리해서 평가하는 것이 쉬운 일이 아니기 때문에 마케팅 활동에 대한 성과평가가 일반화되어 있지 않다.

하지만 기관에서 볼 때, 가장 기본적인 목표는 보다 작은 노력으로 큰 성과를 얻고, 또한 이 성과를 목표에 일치시킬 수 있도록 하는 것이기 때문에, 노력을 통해 달성된 성과를 정확하게 평가하는 것이 매우 중요하다. 따라서 마케팅 활동을 통해 달성된 성과 부분을 정확하게 파악하여 경쟁자의 성과와 비교할 수 있는 평가방법을 개발할 필요가 있다.

또한 마케팅 평가는 [그림 13-4]의 순환과정에서 볼 수 있듯이 또다시 새로운 기관환경 분석으로 연결되는 과정이다. 기관의 존재 이유가 되는 사명(mission)에 기초한 사회적 욕구에 대한 새로운 분석이 필요하다. 이 점에서 마케팅 평가의 과정은 마케팅의 종료가 아니라 새로운 과정으로의 변환을 의미한다.

3절 사회복지기관의 홍보

1. 홍보의 의의

사회복지기관은 공익성을 추구하고 있지만 영리조직 못지않게 홍보가 중요한 역할을 한다. 즉 기관의 공익적 목적과 사업을 효과적으로 홍보(public relations)함으로써 조직의 성과를 높일 뿐만 아니라 대외적으로 기관의 신뢰성을 쌓을 수 있다. 마케팅과 함께, 대중매체 관계를 비롯한 홍보는 기관이 환경과 상호 작용하는 중요한 측면이다. 직접 접촉하고 있는 일선 지역에서, 기관이 특히 어떤 논란이 있거나 문제성 있는 클라이언트들에게 서비스를 제공하고 있는 경우, 지역의 주민이나 다른 조직들과 좋은 관계를 유지하는 데 관심을 기울일 필요가 있다. 사실은 기관이 지역에서 프로그램을 운영하기 전에 지역사회와 좋은 관계를 진척시키는 것이 바람직하다. 예를 들면 지역 주민들과 만나서 직원과 프로그램을 소개할 경우, 기관으로 말미암아 전과자나 재활치료자들이 지역사회에 함께 생활하게 되는 것에 대한 우려가 나올 수도 있다.

프로그램을 적응시키거나 새로운 프로그램을 추가해서 지역사회의 수용을 확보하기 위한 여러 방법들이 있다. 지역 정치가들, 지역사회 지도자들, 그리고 지역을 담당하고 있는 지방정부의 공무원들과 좋은 관계를 유지하는 것이 문제해결을 보다 용이하게 할 수 있다. 나아가 기관은 대중매체와의 우호적인 관계를 진척시키기 위한 주도면밀한 전략을 지녀야 한다. 코헨(Cohen)은 지방언론의 기자나 편집인들과 접촉을 유지하기 위한 유익한 제안을 하기도 했다(Cohen, 1998). 기관은 어느 편집자와 어느 기자들이 휴먼서비스 문제를 다루며, 소개를 위한 미팅을 주선하며, 기관과 서비스에 관한 소개를 제공하고 있는가를 잘 파악하고 있어야 한다. 나아가 기관은 특정한 프로그램이 무엇을 하고 있으며, 그것이 지역사회에 어떤 긍정적 효과를 주는가에 관한 정보를 대중매체에 제공해 줄 수도 있다.

2. 홍보의 기능과 조건

사회복지기관의 홍보는 우호적인 평판을 확보함으로써 기관의 다양한 대중들과 좋은 관계를 구축하고, 좋은 기관 이미지를 형성하며, 비우호적인 소문이나 평판들을 불식시킬 수 있다. 일반적으로 홍보는 다음과 같은 기능을 수행한다(Kotler & Armstron, 2008: 441). 첫째는 언론관계나 언론기관과 관련하여, 뉴스 가치가 있는 정보를 창출하여 뉴스 매체에 제공함으로써 사람, 제품, 서비스에 관심을 갖게 한다. 둘째, 특정한 제품을 사회에 널리 알리는 제품 선전의 기능을 한다. 셋째, 전국적 혹은 지역적 관계를 구축하고 유지하는 공공사무적 기능을 한다. 넷째, 입법이나 규제에 영향을 미치기 위해 국회의원이나 정부 관리자와 좋은 관계를 구축하고 유지하는 로비기능을 한다. 다섯째, 이해관계자 및 재정적 후원자 집단과 관계를 유지한다. 여섯째, 재정이나 자원봉사의 후원을 얻기 위해 기부자들이나 다른 비영리 조직들과 좋은 관계를 유지한다.

홍보의 이러한 일반적인 기능 외에 구체적으로 사회복지기관과 관련된 기능을 살펴보면 다음과 같다(배안철, 1995 재인용). 첫째, 홍보는 사회적 취약계층의 존재 사실과 그들의 사회적 욕구를 공중, 지역사회의 주민과 조직, 공공기관에 인지시켜 사회적 지원을 동원한다. 또 취약계층에는 기관의 목표와 사업내용을 공지하여 그들이 사회복지 프로그램을 효과적으로 이용하도록 돕는다. 둘째, 홍보는 공공교육의 기능을 수행한다. 사회적 적응이 어려운 계층에 정보를 제공하고, 사회해체의 위기를 예방할 수 있는 여러 프로그램 내용을 소개함으로써 지역사회교육의 기능을 수행한다. 셋째, 홍보와 교육을 통해 지역사회에 생길 수 있는 사회문제를 예방하는 기능을 한다.

3. 효과적인 홍보의 조건

이러한 홍보가 잘 이루어지기 위해서는 다음과 같은 기본적인 조건이 갖추어져야 한다(이용교, 2001; 강용규 외, 2007: 217-218 재인용).

첫째, 기관의 신뢰성을 확보해야 한다. 기관운영의 명시적인 목표와 실제 활동이 일치하고 예산활동을 비롯한 기관의 모든 운영이 투명해야 내외부로부터 기관의 신뢰성을 얻을 수 있다.

둘째, 기관의 존재 가치를 인정받아야 한다. 기관의 내부와 외부로부터 장래 비전에 대한 동의가 있어야 하고, 개별적인 프로그램뿐만 아니라 기관운영의 전반에 대한 공감이 이루어져야 한다.

셋째, 기관 홍보를 전담할 직원이 확보되어야 한다. 마케팅과 홍보의 중요성에 비추어 전문성을 갖춘 전담직원이 있을 필요가 있다.

넷째, 기관의 모든 구성원이 홍보에 관심을 갖고 홍보마인드를 철저히 지녀야 한다. 홍보

담당자도 필요하지만, 기관의 장을 비롯한 전 구성원이 자신의 위치에서 기관을 최대한 홍보하려는 자세가 필요하다. 특히 사람들은 기관의 구성원들보다 서비스를 경험한 클라이언트나 자원봉사자의 말을 더 신뢰하는 경향이 있으므로 조직관리자는 이러한 점에도 세심한 주의를 기울여야 한다.

다섯째, 지역사회와의 관계 형성에 노력해야 한다. 이를 위해 사회복지기관의 시설을 지역사회에 개방함으로써 기관의 필요성에 대한 지역사회의 인식을 제고하는 것도 한 방법이 될 수 있다.

여섯째, 방송, 신문, 잡지 등의 각종 대중매체의 핵심적인 인물과 긴밀한 관계를 유지하고, 기관의 사업과 관련 있는 정보나 자료는 반드시 수집 · 정리 · 보관하도록 해야 한다.

참고문헌

강영실(2006), 『사회복지정책의 이해』, 신정.

강욱모 외(2004), 『21세기 사회복지정책』, 청목출판사.

고수현(2006), 『사회복지정책 : 이행과정』, 교육과학사.

고수현(2013), 『사회복지법제론』, 정민사.

김근조(1991), "한국 공무원 제도의 개선 방안에 대한 연구", 중앙대학교 대학원 박사학위논문.

김기원(2000), 『공공부조론』, 학지사.

김명수(1988), 『공공정책평가론』, 박영사.

김상균(1990), 『현대사회와 사회정책』, 서울대학교 출판부.

김신복(1982), "정책목표의 설정", 강신택 외, 『정책학』, 법문사.

김영모(1982), 『현대사회정책론』, 한국복지정책연구소 출판부.

김연성 외(2002), 『서비스 경영 – 전략 · 시스템 · 사례』, 법문사.

김영숙 외(2003), 『사회복지 프로그램 개발과 평가』, 교육과학사.

김영종(1988), 『복지정책론』, 형설출판사.

김영종(2001), 『사회복지행정』, 학지사.

김영종(2007), 『사회복지행정론』, 학지사.

김영화 외(2005), 『사회복지정책론』, 삼주사.

김용래(1980), 『교육심리』, 세광출판사.

김운태 외(1982), 『한국정치론』, 박영사.

김익균 · 김흥식 · 윤찬중 · 이현기(2003), 『사회복지행정론』, 교문사.

김정헌(2002), 『복지정책론』, 대명.

김종명 · 구재관 · 김성철 · 김재원 · 신기원 · 윤춘모(2013), 『사회복지 프로그램 개발과 평가』, 양서원.

김치영 · 최용민(2006). 『사회복지행정론』. 21세기사.

김태성(2004), 『사회복지정책입문』, 청목출판사.

김태성 · 김진수(2001), 『사회보장론』, 청목출판사.

김태성 · 손병돈(2004), 『빈곤과 사회복지정책』, 청목출판사.

김학주(2004), 『사회복지 프로그램 평가』, 집문당.

김형길 외(2002), 『사회복지개론』, 신아출판사.

김형식(1994), "프로그램 평가방법과 모델". 서울장애인종합복지관 직원교육자료.

김형식 · 이영철 · 신준섭(2002), 『사회복지행정론』, 동인.

김형식 · 이영철 · 신준섭(2009), 『사회복지행정론』. 양서원.
나기산 외 공역, William N. Dunn 저(1994), 『정책분석론』, 법문사.
남기민(2004), 『사회복지정책론』, 학지사.
남상만 외(2002), 『장애인복지론』, 형설출판사.
남일재 · 양정하 · 나용선 · 오종희 · 김영호 · 주익수 · 오 주(2006), 『사회복지행정론』, 학현사.
남일재 · 문영주 · 오 주(2012), 『현대 사회복지행정의 이해』, 정민사.
남찬섭 옮김(2000), Karl de Schweinitz, *England's Road to Social Security*, 『영국 사회복지발달사』, 인간과 복지.
노화준(2006), 『정책평가론』, 법문사.
도미향 외(2006), 『아동복지론』, 공동체.
문수열 · 김 병 · 이창희 · 정정란 · 정창훈(2013), 『사회복지 프로그램 평가』, 정민사.
박경일(2000), "사회복지 프로그램 진행과 관리기법", 2000년 추계학술대회 및 워크샵자료집, 한국사회복지행정학회.
박광덕(1998), 『현대사회복지정책론』, 박영사.
박병현(2005), 『사회복지정책론』, 학현사.
박석돈(2005), 『사회보장론』, 양서원.
박성복 · 이종열(2002), 『정책학 강의』, 대영문화사.
박용순(1999), 『사회복지개론』, 학지사.
박정호(2004), 『사회복지정책론』, 학지사.
박차상 · 이경철 · 오세영(2008), 『사회복지행정론』, 창지사.
배기효(1995), "일제시대의 복지행정", 대구대학교 대학원 박사학위논문.
보건복지부(2003), 장애인복지법령집.
보건복지부 · 한국보건사회연구원(2003), 한국의 사회복지지출추계 : 1990-2001.
사회복지사 1급 시험연구회(2006), 『사회복지정책론』, 나눔의 집.
서상목 외(1988), 사회복지전달체계의 개선과 전문인력 활용방안, 한국개발연구원.
성규탁(1998), 『사회복지행정론』, 법문사.
손병돈(1999), "사적 소득이전의 빈곤완화효과", 『한국사회복지학』, 39호, 나남출판.
송근원 · 김태성(1999), 『사회복지정책론』, 나남출판.
신복기 · 박경일 · 이명현(2008), 『사회복지행정론』, 공동체.
신상준(1989), 『복지행정학』, 한국복지행정연구소.
안홍순(2006), 『사회복지정책』, 서현사.
양점도 · 김미자 · 김장권 · 박영준 외(2012), 『사회복지 프로그램 개발과 평가』, 양서원.
양정하 외(2005), 『사회복지정책론』, 양서원.
오세영(2009), 『사회복지행정론』, 신정.
우수명(2004), 『TP 사회복지 프로그램 개발과 평가』, 인간과 복지.

우재현 역 · 丸尾直美(1979), 『福祉国家の話』(11판), 경진사.

우종모 · 김재호 · 조당호(2004), 『사회복지행정론』, 양서원.

원석조(2002), 『사회보장론』, 양서원.

원석조(2002), 『사회복지정책학원론』, 양서원.

원석조(2004), 『사회복지정책론』, 양서원.

원석조(2006), 『사회복지정책론』, 공동체.

원석희(1998), 『서비스 품질경영』. 형설출판사.

윤석범(1994), 『한국의 빈곤』, 세경사.

윤찬중(2005), 『사회복지정책과 제도』, 창지사.

이두호 외(1992), 『빈곤론』, 나남.

이병재(1994), 『최신노동법』, 현암사.

이영창(1990), 『한국정책연구』, 대영문화사.

이유재 · 이준엽(1997), "서비스 품질에 관한 종합적 고찰: 개념 및 측정을 중심으로", 『경영논집』(서울대학교), 249-283.

이정우(2004), 『사회복지정책』, 학지사.

이종열(1984), 『정책학원론』, 대왕사.

임상록 · 박주현(2010), 『사회복지행정론』, 창지사.

장동일 외, 『한국공적부조론』, 대학출판사.

장인협 역(1979), 『산업사회와 사회복지』, 대한교과서 주식회사.

장인협 외(2002), 『노인복지론』, 서울대학교 출판부.

장인협 · 오정수(2001), 『아동 · 청소년복지론』, 서울대학교 출판부.

전재일 외(2005), 『사회복지개론』, 형설출판사.

정무성(2001), 『사회복지 프로그램평가매뉴얼』, 사회복지 공동모금회 1999/2000년 조사연구사업 연구보고서.

정무성(2005), 『사회복지 프로그램개발론』, 학현사.

정무성 · 정진모(2000), 『사회복지 프로그램 개발과 평가』, 양서원.

정정길(1992), 『정책학원론』, 대명출판사.

정종우 · 선우덕(1999), 『사회복지기관 서비스향상 가이드』, 인간과 복지.

정지운 · 김지자(1986), 『사회교육개론』, 서울대학교출판부.

지은구(2005), 『사회복지 프로그램 개발과 평가』, 학지사.

표갑수(2003), 『사회복지개론』, 나남출판.

표갑수 · 이재완 · 유옥현 · 이화정 · 김현진(2013), 『사회복지 프로그램 개발과 평가』, 양서원.

한국보건사회연구원(2000), 『외국의 공공부조제도 비교연구』.

한국사회복지교육협의회(2004), 『사회복지학 교과목지침서』, 한국사회복지교육협의회.

한동우(2000), 사회복지 프로그램 평가의 방향과 실천, 2000년 추계학술대회 및 워크숍 자료. 한국사회복지행정학회.

허만형(2005), 『사회복지행정론』, 법문사.

현외성(2002), 『사회복지정책강론』, 양서원.

현외성 · 강욱모 역(1999), Pieason, C. *Beyond the Welfare State?*, 『전환기의 복지국가』, 경남대학교 출판부.

홍봉선 · 남미애(2000), 『청소년복지론』, 양서원.

황성철 · 정무성 · 강철희 · 최재성(2003), 『사회복지행정론』, 학현사.

Allison, G. T.(1971), *Essence of Decision*, Boston : Little, Brown.

Allison, J. T. and Eest, P. A.(1977), *The Economic of Health*, New York University press.

Anderson, J. E.(1987), *Public Policy Making*(2nd ed.), New York : Holt, Rinehart and Winston.

Arrow, Kenneth J.(1951), *Social Choice and Individual Values*, New Haven and London : Yale University Press.

Arrow, Kenneth J.(1963), *Social Choice and Individual Values*(2nd ed.), New York : Wiley.

Azamoff, Roy and Seliger, Jerome(1982), *Delivering Human Services*, Englewood Cliffs, NJ: Prentice-Hall.

Bachrach, P. and Baratz, M.(1970), *Power and Poverty*, N.Y. : Oxford University Press.

Bardach, Eugene(1977), *The Implementation Game : What happens After a Bill Becomes a Law?* Cambridge, MA : MIT Press.

Barr, N.(1987), *The Economics of Welfare State*, London : Weidenfeld & Nicolson.

Berrick, Jill Duerr and Neil, Gilbert(1991), *With the Best of Intentions : The Child Sexual Abuse Prevention Movement*, New York : Guilford Press.

Bitter, J. A.(1979), *Introduction to Rehabilitation*, USA : The C. V. Mosby Company.

Bixby, A. K.(1991), "Social Welfare Expenditure", *Social Security Bulletin*, 54.

Blair, T. and Schroeder, G.(1999), *Europe : The Third Way−die Neue Mitte*, London : Labour Party and SPD.

Buchanan, James and Tullock, G.(1965), *The Calculus of Consent*, Michigan : The University of Michigan Press.

Burns, E. M.(1956), *Social Security and Public Policy*, McGraw-Hill Book Company, Inc.

Campbell, Donald T.(1988), *Experimental and Quasi−Experimental Designs for Research*, Chicago : Rand McNally & Company.

Carrier, J. and Kendall, I.(1997), "Social Policy and Social Change : Explanations of the Development of Social Policy", *Journal of Social Policy*, 2(3).

Cobb, Roger W. and Elder, Charles D.(1972), *Participation in American Politics : The Dynamics of Agenda Building*, Boston : Allyn and Bacon, Inc.

Cobb, Roger W. and Elder, Charles D.(1976), "Agenda-Building as a Comparative Political Process",

APSR, Vol.70, 126-128.

Cohen, M., March, J., and Olsen, J.(1972), "A Garbage Can Model of Organizational Choice," *Administrative Science Quarterly*, 17(1), March.

Cox, E. O. & Parsons, R. J.(1994), *Empowerment Oriented Social Work Practice with the Elderly*, California: Cole Publishing Co.

Cronin, J. J. and Taylor, S. A.(1992), "Measuring Service Quality: A Reexamination and Extension", *Journal of Marketing, 55*, 56.

Cullis, J. G. and West, P. A.(1987), *The Economic of Health*, Ashgate Publishing.

Cyert, Richard M. and March, James G.(1963), *A Behavioral Theory of the Firm*, Englewood Cliffs, N.J. : Prentice-Hall.

Derthick, Martha(1975), *Uncontrollable Spending for Social Service Grants*, Washington, D.C. : Brookings Institution.

DiNitto, Diana M.(2000), *Social Welfare : Politics and Public Policy*, Needham Heights, MA : Alyn and Bacon.

Downs, Anthony(1957), *An Economic Theory of Democracy*, New York : Happer & Row Publishers.

Dror, Y.(1983), *Public Policy Making Reexamined*, New Brunswide : Transation Inc.

Dunn, William N.(1983), *Values, Ethics, and the Practice of Policy Analysis*, Massachusetts : Lexington Books.

Dunn, William N.(1994), *Public Policy Analysis : An Introduction*(2nd ed.), Englewood Cliffs, NJ : Prentice-Hall.

Dye, Thomas R.(1984), *Understanding Public Policy*(4th & 5th ed.), Englewood Cliffs, N.J. : Prentice- Hall, Inc.

Easton, D.(1953), *The Political System*, N.Y. : Alfred A. Knof.

Edleman, Murray(1964), *The Symbolic Uses of Politics*, Urbana : University of Illinois Press.

Elmore, Richard F.(1976), "Follow Through Planned Variation", In *Program Implementation,* New York : Academic Press.

Epstein, I. and Tripodi, T.(1977), *Research Techniques for Program Planning, Monitoring and Evaluation*, New York : Columbia University Press.

Esping-Anderson, G.(1985), *Politics Against Market*, Princeton : Princeton Univ. Press.

Esping-Anderson, G.(1990), *The Three World of Welfare Capitalism*, Princeton : Princeton Univ. Press.

Estes, Carroll et al.(1983), *Fiscal austerity and Aging*, Beverly Hills, CA : Sage Publications.

Etzioni, Amitai(1967), "Mixed Scanning, A Third Approach to Policy Making", *PAR*, 27(5), Dec.

Evers, A. et al. Ed.(1990), *Sifts in the Welfare Mix*, Frankfurt : Campus Verlag.

Ferge, Z.(1989), "Social Policy and the Economy", M. Bulmer et al. Eds., *The Goals of Social Policy*, London : Unwin.

Franklin, A. and R. Ripley(1980), *Congress, the Bureaucracy and Public Policy*, Homewood, Ill. : Dorsey Press.

Freeman, Howard and Sherwood, Clarence(1970), *Social Research and Social Policy*, Englewood Cliffs, NJ : Prentice-Hall, Inc.

Frerich, J. S.(1990), *Das Sozialleistungssystem der Bundesrepublik Deutischland, 2*, Aufl, Oldenbourg.

Gamble, A.(1994), *The Free Economy and the Strong State : The Politics of Thatcherism*(2nd ed.), London : Macmillan.

Gates, Bruce(1980). *Social Program Administration: The Implementation of Social Policy*, Englewood Cliffs, NJ : Prentice-Hall.

George V. and Wilding, P.(1984), *Impact of Social Policy*, London : Routledge and Kegan Paul.

George, V. and Wilding, P.(1994), *Welfare and Ideology*, Hertfordshire, UK : Harvester Wheatsheaf.

Gilber, N. and Terrell, P.(1988), *Dimensions of Social Welfare Policy*, Boston : Allyn and Bacon.

Gilbert, N. and Specht, H.(1974), *Dimensions of Social Welfare Policy*, New Jersey : Prentice-Hall.

Gilbert, N. and Specht, H.(1977), *Dynamics of Community Planning*, Cambridge, MA : Ballinger Publishing Co.

Gilbert, N. and Terrell, P.(2002), *Dimensions of Social Welfare Policy(5th ed.)*, Boston : Allyn and Bacon.

Gilbert, N. Specht, H., and Terrell, P.(1993), *Dimensions of Social Welfare Policy*, Englwood Cliffs, N.J.: Prentice-Hall.

Glennester, H.(1985), *Paying for Welfare*, Oxford : Blackwell.

Gordon, Linda(1994), *Pitied But Not Entitled : Single Mothers and the History of Welfare 1890–1935*, New York : Free Press.

Hargrove, Erwin C.(1975), *The Missing Link : The Study of the Implementation of Social Policy*, Washington, D.C. : The Urban Institute.

Hatry, H., Winnie, R., and Fisk, D.(1973), *Practical Program Evaluation for State and Local Government Officials*, Washington, D.C. : The Urban Institute.

Heffernan, Joseph(1979), *Introduction to Social Welfare Policy : Power, Scarcity, and Common Human Needs*, Itasca, IL : F. E. Peacock.

Horton, R. L.(1975), *Social Programmed Learning Aid for Problems*, Homewood Illinois : Learning Systems Company.

IMF(2001), *Government Finance Statistics Yearbook*.

Jenkins, W. I.(1978), *Policy Analysis*, London : Martin Roberton.

Joan. C. H. et al.(1987), *Evaluation's Handbook*, Sage Publication.

Johnson, N.(1987), *The Welfare in Transition*, Sussex : Wheatsheaf Books Ltd.

Jones, C.(1985), *Patterns of Social Policy : An Introduction to Comparative Analysis*, London : Tavistock Publications.

Kahn, Alfred(1969), *Theory and Practice of Social Planning*, New York : Russell Sage Foundation.

Kamerman, S. and Kahn, A.(1989), *Privatization and the Welfare State*, Princeton : Princeton Univ. Press.

Kettner, P., Morony, R. and Martin, L.(1999), *Designing and Managing Programs: An Effectiveness −based Approach*(2nd ed.) Thousand Oak, CA: Sage.

Kingson, E. R. and Berkowitz, E. D.(1993), *Social Security and Medicare : A Policy Primer*, Westport, Connecticut : Auburn House.

Klein, P.(1968), *From Philanthropy to Social Welfare*, San-Francisco, Jossey-Bass.

Lampman, R. J. and Smeeding, T. M.(1983), "Interfamily Transfers as Alternatives to Government Transfes to Pensions", *The Review of Income and Wealth*, 21.

Lasswell, H. D. and Kaplan, A.(1970), *Power and Society*, New Haven : Yale Univ. Press.

Leiby, James(1978), *The History of Social Welfare and Social Work in the United States*, New York : Columbia University Press.

Leis, DAvis and Wallace, Helen ed.(1984), *Policies into Practice*, London : Heinemann.

Lincoln, Yvonna ed.(1986), *Organization Theory and Inquiry : The Paradigm Revolution*, Beverly Hills, CA : Sage.

Lindblom, Charles E.(1959), "The Science of 'Muddling Through'", *PAR*, 19(1), Spring.

Lindblom, Charles E.(1980), *The Policy−Making Process*, Englewood Cliffs, N.J. : Prentice-Hall.

Lipsky, Michael(1980), *Street Level Bureaucracy : Dilemma of the Individual in Public Services*, New York : Russell Sage.

Lynn, R. J.(1983), *The Pension Crisis*, Lexington : Lexington Books.

Macpherson, S.(1982), *Social Policy in the Third World*, Brighton : Wheat Sheaf Books.

MacRae, Duncan, Jr. and Wilde, James A.(1988), *Policy Analysis for Public Decisions*, California : Wadsworth, Inc.

Macridis, R. C.(1992), *Contemporary Political Ideology*, New York : Harper Collins.

March, James G. and Simon, Herbert A.(1958), *Organizations*, New York : John Wiley & Sons, Inc.

Martin, R.(1977), "Equality and social Policy", *Social Service Review*, 51(4), December, 569-572, The Univ. of Chicago Press.

McCurdy, Howard E.(1977), *Public Administration : A Synthesis*, California, Cunnings Publishing Co.

Meenaghan, T., Washington, R., and Ryan, R.(1982), *Macro Practice in the Human Services*, New York : The Free Press.

Meter, Van D. and Horn, Van(1975), "The Policy Implementation Process : A Conceptual Framework", *Administration and Society*(Feb).

Midgley, J.(1981), "Diffusion and the Development of Social Policy : Evidence from the Third World", *Journal of Social Policy*, 3, 167-188.

Miley, K., O'Melia M., & DuBois, B.(2001), *Generalist Social Work Practice: An Empowering Approach*, Meedham Height, MA: Allyn and Bacon.

Mishra, R.(1977), *Society and Social Policy : Theory and Practice of Welfare*, London : Macmillan.

Mueller, Dennis C.(1979), *Public Choice*, London : Cambridge University Press.

Murphy, E. M.(1978), "Methods of Financing Social Security : An Introductory Analysis", in Methods of Financing Social Security : Their Economic and Social Effect, *ISSA Studies & Research,* 15.

Myrdal, A.(1968), *Nation and Family*, Cambridge : MIT Press.

Nachmias, D.(1979), *Public Policy Evaluation : Approaches and Methods*, New York : St. Martin's press.

Nakamura, Robert T. and Smallwood, Frank(1980), *The Politics of Policy Implementation,* New York : St. Martin's Press.

Niskanen, W.(1971), *Bureaucracy and Representative Government*, Chicago : Adline-Atherton.

Oberoi, U. and Hales, C.(1990), "Assessing the Quality of the Conference Hotel Service Product : Towards an Empirically Based Model", *The Service Industries Journal, 10*(4), 704-709.

OECD, Social Expenditure Database, www.oecd.org.

Palumbo, Dennis J.(1988), *Public Policy in America,* New York : Harcourt Brace Jovanovich, Publishers.

Parasuraman, A., Berry, L. L., and Zeithaml, V. A.(1985), "Problems and Strategies in Services Marketing", *Journal of Marketing, 49*(Spring), 35.

Parasuraman, A., Berry, L. L., and Zeithaml, V. A.(1988), "SERVQUAL: A Multiple-Item Scale for Measuring Consumer Perceptions of Service Quality", *Journal of Retailing, 64*(1), 15-16.

Parasuraman, A., Berry, L. L., and Zeithaml, V. A.(1991), "Refinement and Reassessment of the SERVQUAL Scale", *Journal of Retailing, 67*(4).

Parker, J.(1975), *Social Policy and Citizenship*, London : Macmillan.

Patton, M.(1980), *Qualitative Evaluation Methods*, Beverly-Hills, California : Sage Publications.

Patton, M. Q.(1986), *Utilization–Focused Evaluation*(2nd ed), Beverly Hills, CA : Sage Publication.

Perlman, R.(1975), *Consumers and Social Services*, New York : John Wiley.

Piven, Frances Fox and Cloward, Richard A.(1993), *Regulating the Poor : The Function of Public Welfare*, New York : Vintage Books.

Quade, E. S.(1982), *Analysis for Public Decisions(3th ed.),* New York : North Holland.

Quinn, R.(1988), "Beyond Rational Management : Mastering the Paradoxes and Competing Demands of High performance", Edwards & Austin, *Managing effectively in environment of competing values*. San Francisco: Jossey-Bass.

Rawls, John(1971), *A Theory of Justice,* Cambridge : Harvard University Press.

Rein, Martin and Rabinovitz, F.(1978), "Implementation : A Theoretical Perspective," In W.D. Burnham and M. W. Weinberg, Eds., *American Politics and Public Policy*, Cambridge, MA : MIT Press.

Rein, Mildred(1970), *Work or Welfare : Factors in the Choice for AFDC Mothers*, New York : Praeger Publications.

Rejda, G. E.(1999), *Social Insurance and Economic Security*(6th ed.), N.J. : Prentice Hall.

Rescher, N.(1972), *Welfare*, Pittsburgh : Univ. of Pittsburgh Press.

Ripley, Randall B. and Franklin, Grace A.(1984), *Bureaucracy and Policy Implementation,* Homewood, Illinois : The Dorsey Press.

Rodgers, B. et al.(1979), *The Study of Social Policy : A Comparative Approach*, London : George Allen & Unwin.

Romanyshyn, J. M.(1971), *Social Welfare : Charity to Justice*, N.Y. : Random House and Council on Social Work Education.

Rossi, P. and Freeman, H.(1982), *Evaluation : A Systematic Approach*(2nd ed.), Beverly Hills, California : Sage Publications, Inc.

Rothman, J.(1980), *Using Research in Organizations*, Beverly Hills, CA: Sage Publication.

Rutman, L.(1984), *Evaluation Research Methods: A Basic Guide*(2nd ed.), Beverly Hill, CA: Sage Publication.

Sabatier, Paul A. and Mazmanian, Daniel A.(1983), "Policy Implementation," In Stuart Nagel ed., *Encyclopaedia of Policy Studies*, New York : Marcel Dekker.

Schuman, E. A.(1967), *Evaluative Research : Principles and Practice in Public Service & Social Action Programs*, New York : Rusell Sage Foundation.

Scriven, Michael(1981), *Evaluation Thesaurus*(3rd ed), Inverness, Califomia : Edgepress.

Segal, Steven P. and Aviram, Uri(1978), *Mentally Ill in Community–Based Care*, New York : John Wiley and Sons.

Shortell, S. M. and Kaluzny, A. D.(1994), *Health care management: Organizational Design and Behavior*(3rd ed), Albany, NY: Delmar Publishers Inc.

Simon, Herbert A.(1957), *Models of Man*, New York : Wiley.

Simon, Herbert A.(1976), *Administrative Behavior*, N.Y. : The Free Press.

Skocpol, Theda(1996), *Boomerang : Clinton's Health Security Effort and the Turn Against Government in U. S. Politics*, New York : W.W. North & Co.

Smith, J. D. et al.(1995), *An Introduction to the Voluntary Sector*, Routledge.

Smith, M. J.(1990), *Program Evaluation in Social Services*, New York : Springer.

Soumelis, C. G.(1977), *Project Evaluation Methodologies and Techniques*, Unesco.

Stokey, Edith and Zeckhauser, Richard(1978), *A Primary for Policy Analysis*, New York : W.W. Norton & Company.

Thompson, F. and Williams, R.(1981), "A Horse Race Around a Mobius Strip : A Review and a Test of Utility Maximizing and Organizational Process, Models of Public Expenditure Decisions," *Policy Sciences*, 11(2).

Titmuss, R. M.(1963), *Essays on the 'Welfare State'*, London : Allen and Unwin.

Titmuss, R. M.(1974), *Social Policy : An Introduction*, London : Allen and Unwin.

Tripodi, Tony, Fellin, Phillip, and Epstein, Irwin(1971), *Social Program Evaluation*, Itasca, IL: F. E. Peacock Publishers.

Vandnamme, R. and Leunis, J.(1993), "Development of a Multiple-Item Scale for Measuring Hospital Service Quality", *International Journal of Service Industry Management, 4*(3), 46.

Webster, C. and Hung, Li-Chu(1994), "Measuring Service Quality and Promoting Decentring", *The TQM Magazine, 6*(5), 53-54.

Weicher, J. C.(1980), *Housing—federal Policies and Programs*, Washington, D.C. : American Enterprise Institute.

Weick, Karl E.(1976), "Educational Organizations as Loosely-Coupled Systems," *Administrative Science Quarterly,* Vol. 21.

Weiner, Y.(1998), "Forms of Value Systems : A Focus on Organizational Effectiveness and Cultural Change and Maintenance", *Academy of Management Review, 13*(4).

Weiss, Carl(1976), "Symposium on the 'Research Utilization Quandary'," *Policy Studies Journal*, 4(3), Spring.

Wholey, J. S. et al.(1976), *Federal Evaluation Policy*, Washington, D.C. : The Urban Institute.

Wholey, Joseph S. and Associats(1970), *Federal Evaluation Policy*, Washington: Urban Institute.

Wildavskey, A. and Pressman, J. L.(1979), *Implementation(2nd ed.)*, L.A. : Univ. of California Press.

Wilensky, H. L. and Lebeaux, C. N.(1965), *Industrial Society and Social Welfare*, N.Y. : Free Press.

Williams, B. A.(1979), "Beyond Incrementalism, Organization Theory and Public Policy", *Policy Studies Journal*, 7(4).

York, R. O.(1982), *Human Service Planning: Concepts, Tools and Method*, Chapel Hill, NC: The University of North Carolina Press.

York, R. O.(1983), *Human Service Planning: Concepts, Tools & Methods*, Chapel Hill: The University North Carolina Press.

Zeithaml, Parasuraman, & Berry(1985). "Problems and Strategies in Services Marketing", *Journal of Marketing, 49*(Spring).

http://www.4insure.or.kr

찾아보기

저 / 자 / 소 / 개

■ **고수현**

경북대학교 대학원 사회복지학과(문학박사)
현, 금강대학교 사회복지학과 교수

■ **김녹현**

대구가톨릭대학교 대학원 사회복지학과(박사과정수료)
현, 가톨릭상지대학교 사회복지과 교수

■ **남연희**

대구대학교 대학원 사회복지학과(철학박사)
현, 한일장신대학교 사회복지학부 교수

■ **박성복**

미국 텍사스 오스틴 주립대 정치학과 사회정책 전공(정치학박사)
현, 대구대학교 지역사회개발・복지학과 교수

■ **박영국**

대구대학교 대학원 사회복지학과(철학박사)
현, 안동과학대학교 사회복지과 교수

■ **서경석**

대구가톨릭대학교 대학원 사회복지학과(박사과정수료)
현, 경운대학교 사회복지학부 외래교수

■ **오 주**

대구대학교 대학원 사회복지학과(철학박사)
현, 부산디지털대학교 사회복지학과 교수

■ **윤선오**

도르트문터대학교 사회과학부 노년학과(철학박사)
현, 경운대학교 사회복지학부 교수

■ **윤종갑**

대구대학교 대학원 행정학과(행정학박사)
현, 대구보건대학교 사회복지과 외래교수

사회복지행정론

1판 1쇄 인쇄 ― 2016년 8월 15일
1판 1쇄 발행 ― 2016년 8월 20일

저　　자 - 고수현 김녹현 남연희 박성복 박영국
서경석 오　주 윤선오 윤종갑

발 행 인 - 강 철 원
발 행 처 - 양 성 원
주　　소 - 경기도 파주시 월롱산로 71(야동동)
전　　화 - 031-946-3861(代)
팩　　스 - 031-946-3864
이 메 일 - tnwpub@naver.com
출판등록 - 2015년 8월 31일 제 2015-000211 호

ISBN 979-11-87118-66-4

정가 19,000원